스크래치 코딩으로 배우는
수학의 개념과 원리

프로그래머가 알려주는 수학

스크래치 코딩으로 배우는 수학의 개념과 원리
프로그래머가 알려주는 수학

지은이 서정형

펴낸이 박찬규   엮은이 이대엽   표지디자인 아로와 & 아로와나

펴낸곳 위키북스   전화 031-955-3658, 3659   팩스 031-955-3660
주소 경기도 파주시 문발로 115 세종출판벤처타운 311호

가격 22,000   페이지 324   책규격 175 x 235mm

초판 발행 2018년 04월 13일
ISBN 979-11-5839-099-0 (93000)

등록번호 제406-2006-000036호   등록일자 2006년 05월 19일
홈페이지 wikibook.co.kr   전자우편 wikibook@wikibook.co.kr

Copyright © 2018 by 서정형
All rights reserved.
First published in Korea in 2018 by WIKIBOOKS

이 책의 한국어판 저작권은 저작권자와의 독점 계약으로 위키북스가 소유합니다.
신 저작권법에 의해 한국 내에서 보호를 받는 저작물이므로 무단 전재와 복제를 금합니다.
이 책의 내용에 대한 추가 지원과 문의는 위키북스 출판사 홈페이지 wikibook.co.kr이나
이메일 wikibook@wikibook.co.kr을 이용해 주세요.

이 도서의 국립중앙도서관 출판시도서목록 CIP는
서지정보유통지원시스템 홈페이지(http://seoji.nl.go.kr)와
국가자료공동목록시스템(http://www.nl.go.kr/kolisnet)에서 이용하실 수 있습니다.
CIP제어번호 2018010406

프로그래머가 알려주는 수학

스크래치 코딩으로 배우는 수학의 개념과 원리

서정형 지음

위키북스

머리말

벌써 5년도 더 지난 일입니다. 어린 제 아이가 수학 문제를 풀다가 머리를 식힌다면서 게임을 하는 것을 보고, 프로그램을 이용해 수학을 자연스럽고 쉽게 설명하고자 책을 쓰기로 결심했습니다. 그 후 프로그램과 수학에 관한 책을 몇 권 만들다가 이번에 좋은 인연으로 스크래치 코딩을 이용해 수학의 개념과 원리를 소개하는 책을 쓰게 됐습니다.

책을 쓰는 과정은 언제나 힘든 도전의 연속입니다. 이 작업을 언제 끝낼 수 있을까 스스로 반문하기를 거듭하다가 이제야 작업을 마무리합니다. 머리를 스치는 수많은 감사의 말을 이 짧은 글로 대신할 수 있을까요?

언제나 든든한 후원자의 자리를 지키고 있는 가족, 특히 희망과 용기를 주며 독자의 입장에서 내용을 검토해 줬던 아들 정민이와 딸 수민이에게 특별한 감사의 마음을 전합니다.

지식을 공유하는 수많은 사람들의 가르침과 도움이 없었다면 책을 준비하고 예제를 만드는 과정을 마무리할 수 없었을 것입니다. 그분들에게도 이 글을 통해 감사의 말을 전하고 싶습니다. 그리고 저도 그들처럼 작은 지식을 다른 사람들에게 공유하게 된 것을 무한한 기쁨으로 생각합니다.

마지막으로, 작은 목표를 이루고자 힘든 과정 속에서도 본인과의 약속을 지키기 위해 매진했던 저 자신에게도 감사의 말을 전하고 싶습니다.

책을 마무리하는 시점에 하나의 소망을 꿈꿔봅니다. 이 책을 보고 많은 사람들이 프로그램과 수학에 대한 이해와 희망을 키우기를 기원합니다. 수학과 프로그램은 어렵지만 좀 더 관심과 흥미를 가지면 그만큼 재미있어질 테니까요.

재미있는 프로그래밍 이야기

01장 - 시작하기
1. 스크래치란? ... 12
2. 스크래치 에디터 사용하기 ... 14
3. 스크래치 기능 둘러보기 ... 18
4. 스크래치 예제 실행하기 ... 20

02장 - 데이터
1. 데이터를 담는 상자, 변수 ... 23
2. 무대와 스프라이트 만들기 ... 24
3. 스크래치에서 변수 만들기 ... 27
4. 산술연산자 ... 31
5. 조건 연산자 ... 33
6. 논리 연산자 ... 35

03장 - 조건문
1. 만약~이라면 조건 ... 42
2. 만약~이라면~아니면 조건 ... 46
3. 두더지 게임 실행하기 ... 48
4. 두더지 게임 속 조건문 확인하기 ... 49
5. 복합 조건문 ... 52
6. 두더지 게임 완성하기 ... 54

04장 - 반복문
1. 반복문의 개념 ... 58
2. 반복문으로 만든 게임 ... 59
3. 스크래치의 반복문 ... 60
4. 게임 스프라이트 만들기 ... 61
5. 마우스로 움직이는 막대 ... 63
6. 공의 개수 설정 ... 66
7. 공 발사하기 ... 67
8. 공이 막대에 닿으면 튕기기 ... 69
9. 공이 바닥에 닿으면 다시 시작하기 ... 71

목차

05장 - 함수

1. 마법의 램프와 함수   74
2. 예제 파일 실행하기   75
3. 각도 계산 함수 만들기   76
4. 각도계산 함수 사용하기   78
5. 시작하기 함수 만들기   79
6. 속도계산 함수 만들기   81
7. 남은 공의 개수에 따라 변하는 속도   84

06장 - 이벤트

1. 이벤트의 개념   86
2. 배경과 스프라이트   87
3. 화살표 키로 우주선 조정하기   93
4. 스페이스 키로 포탄 발사하기   95
5. GameOver 이벤트 만들기   96
6. GameOver 이벤트 사용하기   97

07장 - 객체지향

1. 객체지향의 개념   101
2. 적 우주선 스프라이트 만들기   104
3. 누를 때마다 나가는 포탄   106
4. 첫 번째 적 우주선 만들기   109
5. 게임 점수 기록하기   111
6. 두 번째 적 우주선 만들기   113
7. 게임 종료 처리하기   115

목차

08장 - 일차 함수
1. 좌표와 그래프 — 122
2. 이솝우화 속 일차함수 — 124
3. 스크래치로 만든 일차함수 — 126
4. 무대와 스프라이트 만들기 — 128
5. 변수 만들기 — 131
6. 변수 초기화와 시작 이벤트 — 133
7. 거북이 스크립트 만들기 — 136
8. 토끼 스크립트 만들기 — 140

09장 - 이차 함수
1. 이차 함수의 개념 — 142
2. 이차 함수의 공식 — 143
3. 스크래치로 만든 이차 함수 — 145
4. 무대와 스프라이트 만들기 — 146
5. 변수 만들기 — 152
6. 변수 초기화와 시작 이벤트 — 155
7. 연필 스크립트 만들기 — 157

10장 - 다항 함수
1. 다항 함수의 개념 — 163
2. 다항 함수의 공식 — 165
3. 스크래치로 만든 다항 함수 — 167
4. 무대와 스프라이트 만들기 — 168
5. 변수 만들기 — 172
6. 변수 초기화와 시작 이벤트 — 174
7. 연필 스크립트 고치기 — 176

11장 - 지수와 로그
1. 지수 함수의 개념 — 181
2. 로그 함수의 개념 — 183
3. 스크래치로 만든 지수 함수 — 185

목차

4. 스프라이트 만들기   188
5. 변수 만들기   190
6. 시작 이벤트   192
7. 사람 스크립트 만들기   195
8. 가족 수 계산 함수 만들기   199

12장 - 벡터

1. 벡터의 개념   202
2. 스크래치로 만든 벡터   205
3. 무대와 스프라이트 만들기   206
4. 변수 만들기   209
5. 변수 초기화와 시작 이벤트   211
6. 벡터 스크립트 만들기   213

13장 - 사인 함수

1. 삼각함수의 개념   220
2. 미끄럼틀과 사인 함수   223
3. 스크래치로 만든 사인 함수   224
4. 무대와 스프라이트 만들기   225
5. 변수 만들기   228
6. 변수 초기화와 시작 이벤트   232
7. 그래프 스크립트 만들기   233

14장 - 코사인 함수

1. 코사인 함수의 개념   239
2. 미끄럼틀과 코사인 함수   240
3. 스크래치로 만든 코사인 함수   242
4. 무대와 스프라이트 확인하기   243
5. 변수 만들기   246
6. 변수 초기화와 시작 이벤트   247
7. 그래프 스크립트 만들기   249

15장 － 탄젠트 함수

1. 탄젠트 함수의 개념 … 256
2. 미끄럼틀과 탄젠트 함수 … 257
3. 스크래치로 만든 탄젠트 함수 … 259
4. 무대와 스프라이트 확인하기 … 261
5. 변수 만들기 … 262
6. 변수 초기화와 시작 이벤트 … 263
7. 그래프 스크립트 만들기 … 265

16장 － 미분

1. 미분의 개념 … 272
2. 일상생활 속의 미분 … 274
3. 스크래치로 만든 미분 … 275
4. 무대와 스프라이트 확인하기 … 276
5. 변수 만들기 … 281
6. 변수 초기화와 시작 이벤트 … 283
7. 그래프 스크립트 만들기 … 285

17장 － 적분

1. 적분의 개념 … 295
2. 일상생활 속의 적분 … 296
3. 스크래치로 만든 적분 … 298
4. 무대와 스프라이트 확인하기 … 300
5. 변수 만들기 … 305
6. 변수 초기화와 시작 이벤트 … 307
7. 그래프 스크립트 만들기 … 309

재미있는 프로그래밍 이야기

01장 _ 시작하기
02장 _ 데이터
03장 _ 조건문
04장 _ 반복문
05장 _ 함수
06장 _ 이벤트
07장 _ 객체지향

01 시작하기

1 스크래치란?

여러분은 게임을 만들어 본 적이 있나요? 직접 두더지 게임, 스쿼시 게임 그리고 우주선 게임을 직접 만들어 본다고 상상해 보세요. 혹은 어려운 수학 문제를 푸는 프로그램도 만들고 미분과 적분 같이 듣기만 해도 어려운 수학 개념을 프로그램으로 익힌다면 어떨까요? 모두 이 책에서 배울 내용입니다.

여러분 중에는 이미 프로그래밍을 배운 분도 있고, 처음 프로그래밍을 접하는 분도 있을 것입니다. 원하는 프로그램을 만드는 것은 무척 흥미로운 일입니다. 그렇지만 프로그램을 직접 만들어 본다는 것에 대한 약간의 두려움을 느낄 수도 있을 겁니다. 더욱이 이 책에서는 프로그래밍과 함께 수학의 다양한 원리를 설명하고 있기에 시작이 부담스러울 수도 있습니다. 그러나 전혀 걱정 없이 가벼운 마음으로 시작해도 됩니다. 여기서는 아주 쉽고 직관적인 교육용 프로그램인 스크래치를 사용할 테니까요.

스크래치는 사람들이 아주 쉽게 프로그램을 접할 수 있도록 개발된 시각적인 프로그래밍 언어입니다. 스크래치는 세계적으로 유명한 공과대학인 MIT(Massachusetts Institute of Technology)에서 사람들이 쉽고 재미있게 프로그래밍을 배우는 데 도움을 주려는 목적으로 만들어졌습니다. 그래서 스크래치를 사용하면 복잡하고 긴 명령어를 쓰는 대신 아주 쉽고 단순한 명령 블록을 장난감 쌓듯이 조작해서 프로그램을 완성할 수 있습니다.

그렇다고 스크래치로 장난감 같은 쉬운 프로그램만 만들 수 있는 것은 아닙니다. 스크래치로도 게임, 시뮬레이션, 애니메이션 동화와 과학 프로젝트 등 다양한 프로그램을 만들 수 있습니다. 그리고 다른 사람이 이미 만들어서 공유하는 작품을 사용해 원하는 프로그램을 쉽게 만들 수도 있습니다. 스크래치는 배우기 쉽게 단순화돼 있지만 프로그램의 기본적인 기능은 물론이고 이벤트, 객체지향과 같은 고급언어에서 사용하는 기술들을 모두 지원합니다. 이벤트와 객체지향이 뭔지 모르겠다고요? 걱정하지 마세요. 앞으로 차근차근 프로그램의 핵심 기능에 대해 배워나갈 예정입니다.

자, 그럼 스크래치를 배우기 위해 스크래치 홈페이지(https://scratch.mit.edu)를 방문해 볼까요? 스크래치 홈페이지에 가보니 이미 많은 사람이 자신이 만든 작품을 올려두고 있네요. 제가 방문한 2017년 12월 13일에는 무려 27,305,261개의 작품이 공유되고 있다고 나오네요. 스크래치를 사랑하는 사람들이 너무 많아서 여러분들이 홈페이지에 갈 때는 또 다른 많은 작품으로 채워져 있을 것입니다.

그럼 우리도 스크래치 회원이 되어 볼까요? 회원이 되면 나만의 작업실이 생기고 내가 만든 작품을 다른 사람과 공유할 수 있습니다. 홈페이지 오른쪽 위에 있는 [스크래치 가입] 버튼을 누르면 스크래치 가입 알림창이 나타납니다. 총 4단계에 걸쳐 이름, 비밀번호, 생년월일, 성별, 국가, 이메일을 입력하면 가입이 완료됩니다. 가입이 완료되면 오른쪽 위에 가입한 이름이 나오고 [내 작업실]이 생긴 것을 확인할 수 있습니다. 작품을 만들기 위해 꼭 회원가입을 해야 하는 것은 아닙니다. 하지만 회원으로 가입하면 자신의 작업실을 사용할 수 있는 등 여러 가지 이점이 있기에 가입하는 것이 좋습니다.

프로그래머가 알려주는 수학

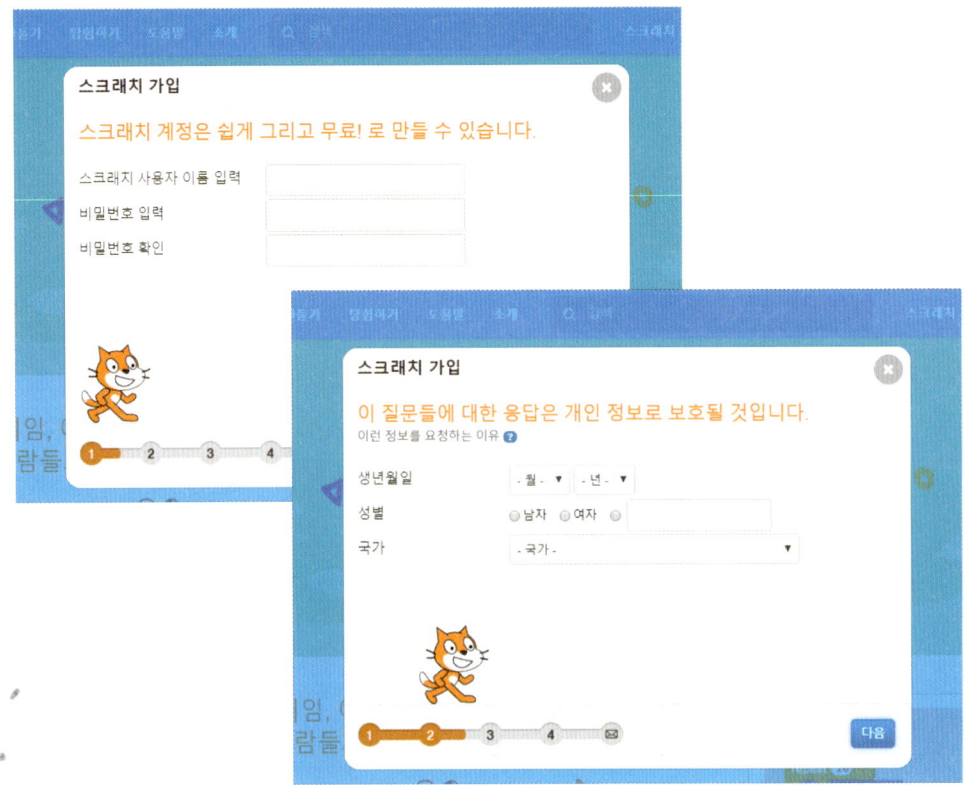

2 스크래치 에디터 사용하기

회원가입도 했으니 이제 나의 작품을 만들어 보겠습니다. 스크래치에서 하나의 프로그램을 만들기 위해 작업하는 파일을 프로젝트라고 부릅니다. 그러므로 작업을 하기 위해서는 새로운 프로젝트를 만들고 완성된 프로젝트 파일을 저장하게 됩니다. 스크래치는 별도의 프로그램을 설치하지 않고 홈페이지에서 직접 프로젝트를 만들 수도 있고, 스크래치 프로그램을 내려받아 자신의 컴퓨터에 설치하고 사용할 수도 있습니다. 자신의 컴퓨터에 설치해서 실행하는 프로그램을 오프라인 에디터라고 합니다.

먼저 홈페이지에서 프로젝트를 만드는 방법을 따라 해 볼까요? 스크래치 홈페이지 첫 화면의 왼쪽 위에 있는 [만들기] 버튼을 눌러보세요.

2장 _ 시작하기

첫 화면에서 [만들기] 버튼을 누르면 홈페이지에서 스크래치 프로젝트를 만들고 수정할 수 있는 에디터 화면이 나옵니다. 이 홈페이지 에디터를 이용하면 별도 프로그램을 설치하지 않아도 프로젝트를 만들거나 수정할 수 있습니다. 자신의 컴퓨터에 있는 프로젝트 파일을 가져다 사용하거나 다른 사람과 프로젝트를 공유해서 사용할 수도 있습니다.

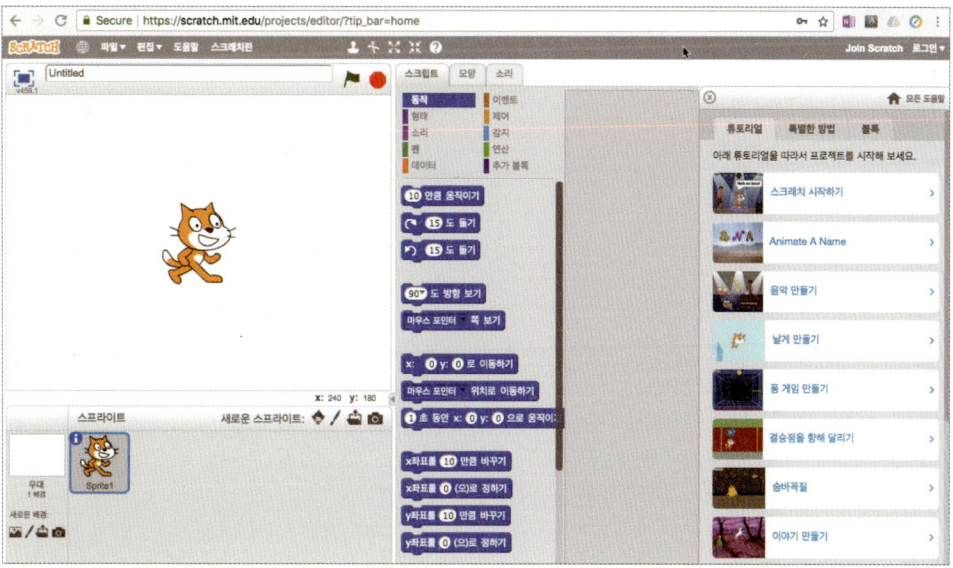

홈페이지에서 직접 에디터를 사용하면 별도 프로그램을 컴퓨터에 설치하지 않아도 되고, 프로젝트를 회원끼리 공유할 수 있다는 장점도 있지만 작업하기 위해서는 항상 인터넷에 연결돼 있어야 하는 단점도 있습니다. 인터넷에 연결되지 않은 상태에서도 스크래치 프로젝트를 만들고 수정할 수 있는 오프라인 에디터를 이용하면 언제나 스크래치를 사용할 수 있어 편리합니다.

그럼 오프라인 에디터를 컴퓨터에 설치해 볼까요? 오프라인 에디터를 설치하기 위해 다시 스크래치 홈페이지 첫 화면으로 이동하겠습니다. 화면의 맨 아래로 이동하니 [지원] 메뉴가 있습니다. 이 가운데 [오프라인 에디터]를 클릭하면 설치 화면으로 이동합니다.

오프라인 에디터를 설치하는 화면으로 이동하면 먼저 Adobe AIR라는 프로그램을 설치하라고 나옵니다. 자신의 컴퓨터에 맞는 버전을 고른 후 설치 파일을 내려받아 설치해 주세요. Adobe AIR 프로그램이 설치 완료되면 같은 요령으로 스크래치 오프라인 에디터도 내려받고 설치하세요.

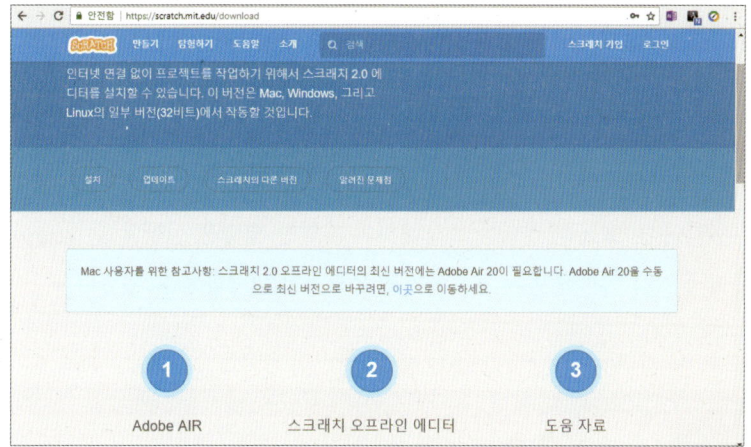

설치가 끝났나요? 그럼 컴퓨터에 설치된 오프라인 에디터를 실행해 보겠습니다. 실행된 프로그램의 메뉴가 영문으로 나오면 왼쪽 위에 있는 지구본 모양의 버튼을 누른 후 한국어를 선택해 한국어 메뉴로 변경할 수 있습니다. 홈페이지 에디터와 비교하면 공유하기, 개인 저장소 등 일부 기능만 제외하고 거의 같다는 사실을 알 수 있습니다. 이 책에서는 앞으로 오프라인 에디터를 기준으로 설명하겠습니다.

3 스크래치 기능 둘러보기

스크래치에 대해 이해했고 오프라인 에디터도 설치했습니다. 이제 스크래치 에디터의 기능을 살펴볼까요? 에디터는 크게 5가지 영역으로 구분할 수 있습니다.

첫 번째 영역은 '메뉴 바'입니다. 메뉴 바에서는 스크래치의 다양한 명령을 실행할 수 있습니다. 새로운 프로젝트를 만들거나 기존에 만든 프로젝트를 불러와서 변경할 수도 있습니다.

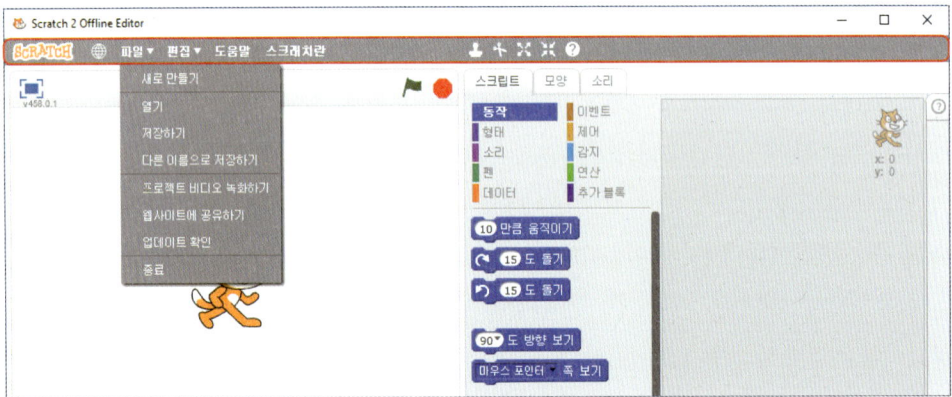

두 번째 영역은 스크래치 프로그램이 실행되는 공간인 '무대'입니다. 무대 위 오른쪽의 ▶ 버튼을 누르면 프로그램이 실행됩니다.

무대 아래에는 '스프라이트 목록'이 있습니다. 스크래치 프로그램에 사용하는 무대와 모든 스프라이트를 표시하는 공간입니다. 스프라이트가 무엇인지 궁금하다고요? 스크래치 프로젝트를 하나의 연극이라고 생각하면 스프라이트는 연극에 등장하는 배우라고 생각하면 됩니다. 앞으로 다양한 예제를 통해 스프라이트에 대해 배워나갈 것입니다.

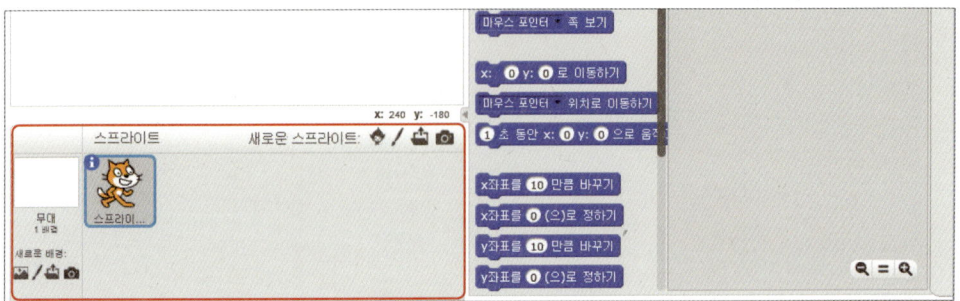

다음으로 살펴볼 영역은 '블록 팔레트'입니다. 블록은 프로그램의 명령을 스크래치에서 그림으로 나타내는 조각입니다. 여기서는 명령 블록을 8개의 색으로 구분해서 정리해 뒀습니다. 필요한 명령 블록을 선택해 스크립트 영역에 옮겨둘 수 있습니다.

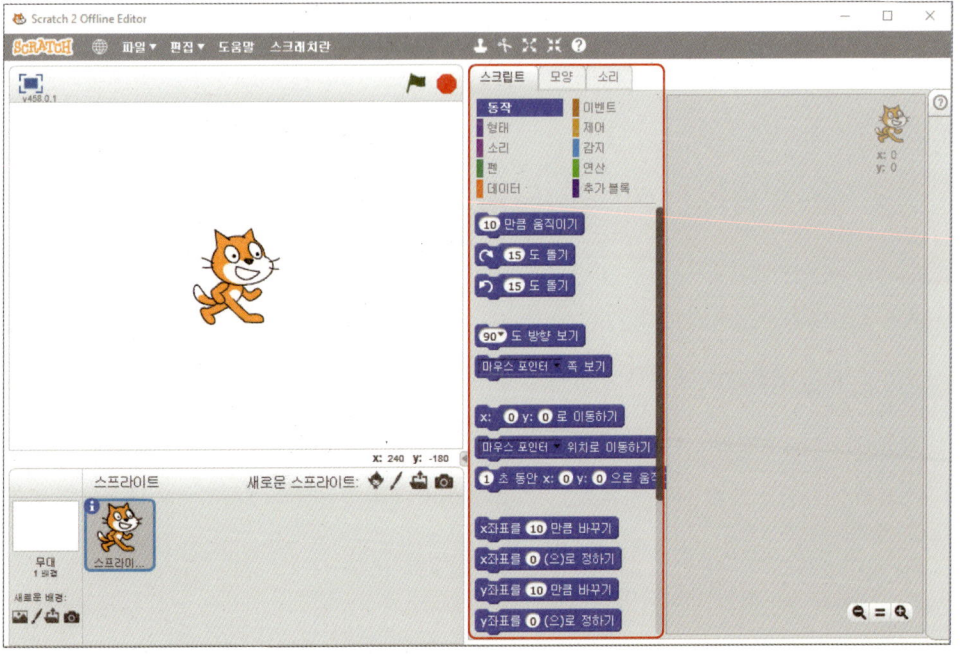

프로그래머가 알려주는 수학

마지막은 '스크립트 영역'입니다. 여기서 스크립트는 명령어 블록을 쌓아 올려 만든 프로그램 단위로, 스프라이트의 다양한 행동을 만들어 냅니다. 필요한 명령 블록을 마우스로 가져온 후 필요한 값을 입력해서 프로그램 스크립트를 만드는 공간입니다.

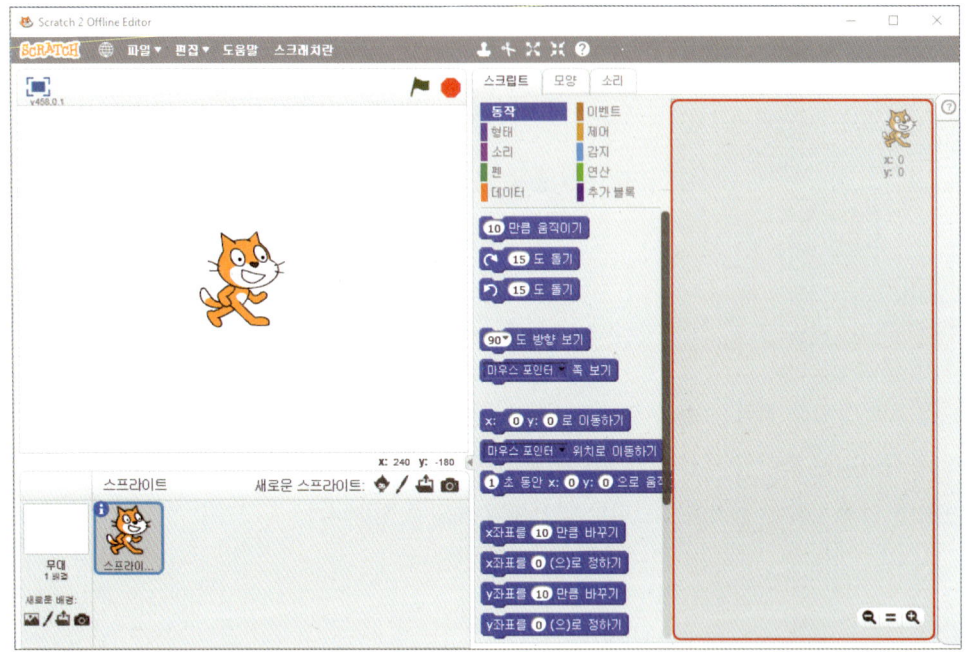

4 스크래치 예제 실행하기

그럼 프로그램을 하나 실행해 볼까요? 이 책에서 사용하는 예제 프로그램은 제가 운영하는 크리애플 홈페이지(https://www.creapple.com)에서 내려받을 수 있습니다. 앞으로 변경되는 내용, 관련 자료나 동영상 강의 등을 홈페이지에 올려둘 예정이니 많이 활용하세요.

이 책에서는 프로그램과 수학을 배우면서 몇 가지 간단한 게임을 만들어 볼 예정입니다. 그중 하나인 우주선 게임을 먼저 실행해 볼까요? 다음 페이지의 화면처럼 홈페이지에서 내려받은 파일 중 'P07' 폴더에 있는 'P07_객체지향.sb2' 파일을 더블클릭하면 우주선 게임 예제가 실행됩니다. 스크래치 오프라인 에디터의 [파일] 메뉴에 있는 [열기] 명령을 이용해 실행하겠습니다.

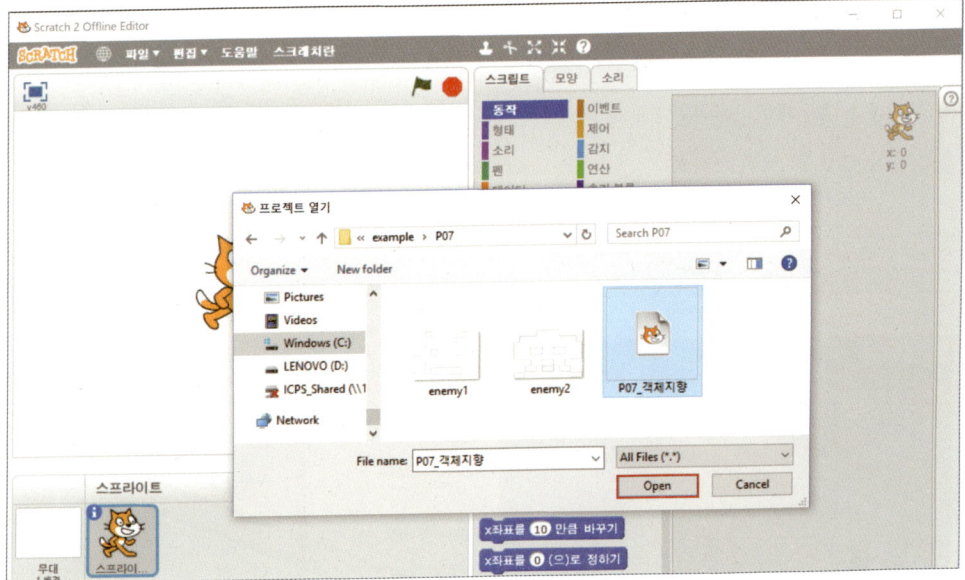

예제 파일이 열리면 다음과 같은 화면이 나타납니다. 외계에서 침입하는 적 우주선들을 우리 비행기에서 포탄을 쏘아 맞추는 우주선 게임입니다. 그럼 스크래치 프로그램을 실행해 보겠습니다. 무대 오른쪽 위에 있는 ▶ 버튼을 누르면 게임이 실행됩니다.

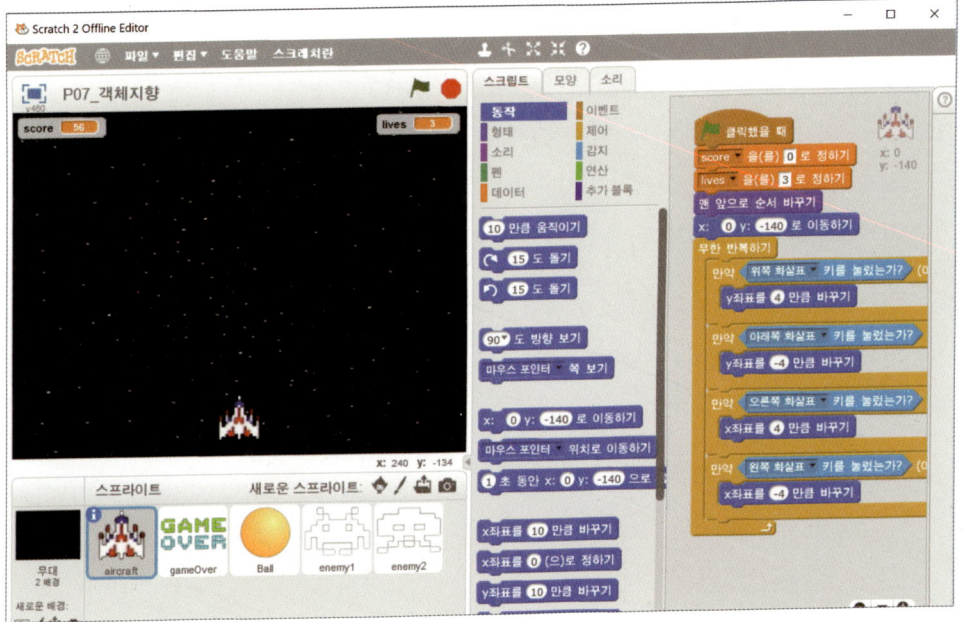

프로그래머가 알려주는 수학

우리 비행선은 키보드의 화살표 버튼으로 방향이 조정되고 스페이스 바를 누르면 포탄이 앞으로 나갑니다. 적 우주선과 부딪히지 않도록 조심하세요. 적 우주선과 닿으면 아군 비행선이 폭발합니다. 한 게임에는 단 3개의 비행선을 사용할 수 있습니다. 적 우주선을 맞추면 점수가 올라가니 기록을 세워보세요.

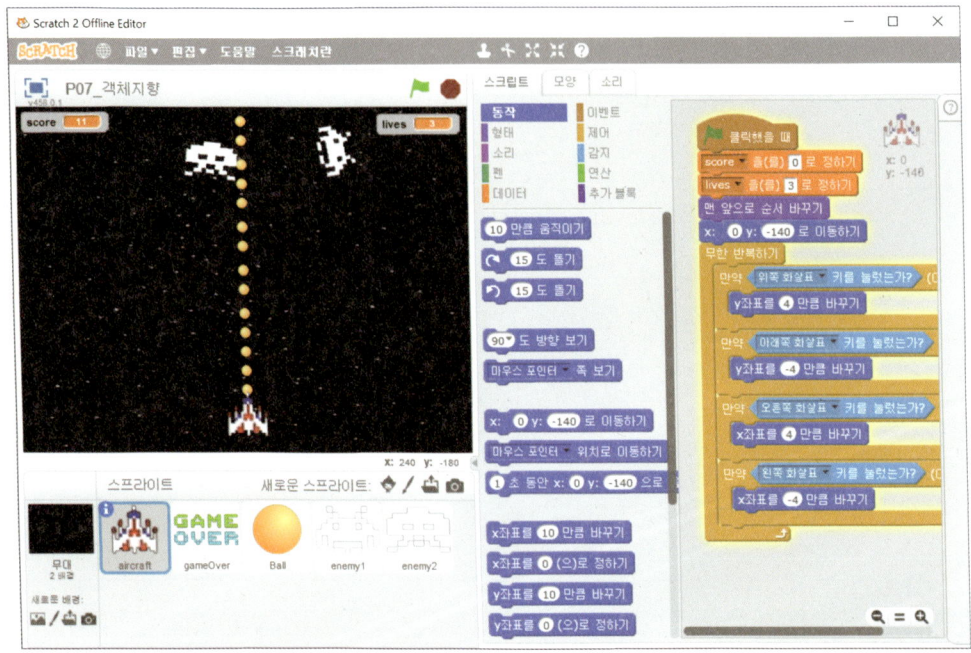

게임 프로그램을 만드는 방법에 대해서는 관련 단원에서 알아볼 예정입니다. 지금은 스크래치 프로그램이 어떻게 실행되는지 확인만 하면 됩니다. 근사하죠? 앞으로 스크래치로 다양한 게임 프로그램을 만들고 수학 문제도 해결할 것입니다.

자, 지금까지 스크래치가 무엇인지도 배웠고 간단한 사용법도 익혔습니다. 이제 스크래치를 이용해 프로그래밍도 익히고 수학의 개념과 원리도 재미있게 배워보는 여행을 시작할 준비가 끝났습니다. 함께 떠나 볼까요?

데이터 02

1 데이터를 담는 상자, 변수

이야기를 하기에 앞서 게임 예제를 하나 실행해 보겠습니다. 내려받은 파일 중 'P02' 폴더에 있는 'P02_데이터.sb2' 파일을 스크래치 오프라인 에디터에서 열어보세요. 익숙한 두더지 게임이 보이는군요. 축구장 가운데에 두더지가 나타났습니다. 무대 위에 있는 ▶ 버튼을 눌러 프로그램을 실행하면 무대 왼쪽 위 time 0 에 남은 시간이 표시됩니다. 한 게임을 60초 동안 할 수 있네요. 그리고 마우스로 두더지를 클릭하면 두더지가 놀라면서 소리를 내고 score 10 에 점수가 1씩 올라갑니다. 여러분은 한 게임에 몇 점이나 올렸나요?

두더지 게임에서 남은 시간을 표시하는 time 0 이나 점수를 담아두는 score 10 를 변수라고 합니다. 한마디로 이야기하면 변수는 숫자나 문자 등을 담아 두는 임시 저장소입니다. 변수라는 이름 자체도 그 안에 보관하는 숫자나 문자가 필요에 따라 변하기 때문입니다.

마우스로 두더지를 맞출 때마다 'score'라는 변수에 새로운 값을 넣어주는 것이지요. 그리고 변숫값을 무대 화면 왼쪽 위에 score 10 와 같이 점수로 보여주는 겁니다. 게임에서 남은 시간을 60부터 줄여서 'time'이라는 변수에 변한 값을 넣어주고 화면에 있는 time 0 에 변숫값을 보여줍니다.

변수를 사용하는 다른 경우를 생각해 보겠습니다. 보통 게임을 시작하면 1단계부터 시작해서 성공하면 점차 높은 단계로 올라가게 됩니다. 그럴 때 게임의 단계를 나타내는 'level'이라는 변수를 만들어서 사용할 수 있습니다. 게임 단계가 바뀔 때마다 다른 값을 넣어두는 것이지요. 1단계이면 'level' 변수에 1을 넣어두고, 2단계로 올라가면 'level' 변수에 2를 넣는 식으로 값을 바꿔두는 것입니다. 그리고 게임 단계를 보여줘야 할 때 화면에 'level' 변수를 보여줍니다.

그림 2.1 게임 속의 변수

이제 변수가 어떤 것인지 이해되나요?

2 무대와 스프라이트 만들기

이제 두더지 게임을 함께 만들어 볼까요? 먼저 새로운 스크래치 프로젝트를 만들겠습니다. 스크래치 오프라인 에디터를 실행하고 [새로 만들기] 메뉴를 이용해 프로젝트를 만듭니다.

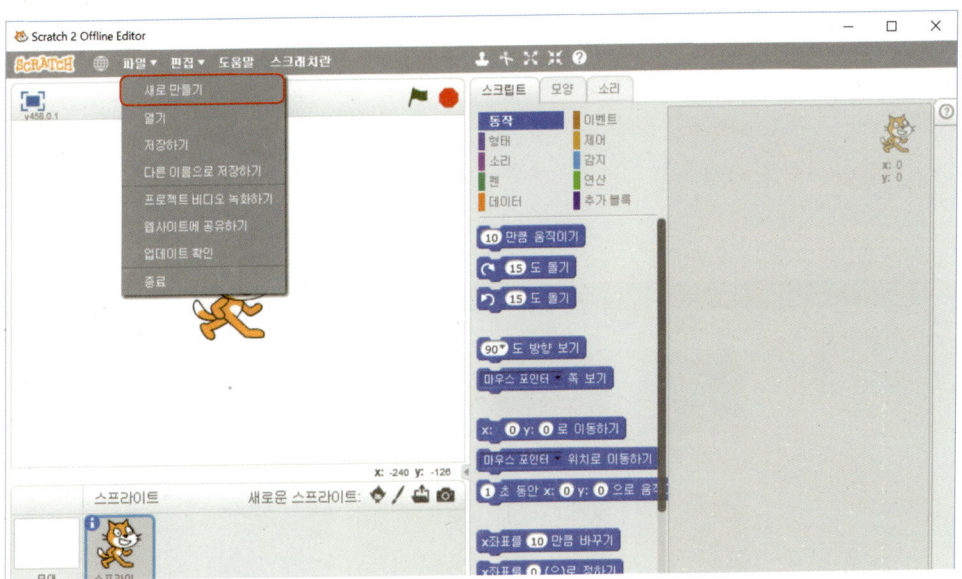

프로젝트를 새로 만들면 나오는 고양이 스프라이트는 아래 화면처럼 삭제하겠습니다. 스프라이트 영역에서 고양이 그림 위에 마우스 오른쪽 버튼을 클릭해 메뉴에서 [삭제]를 선택하면 고양이 스프라이트가 지워집니다.

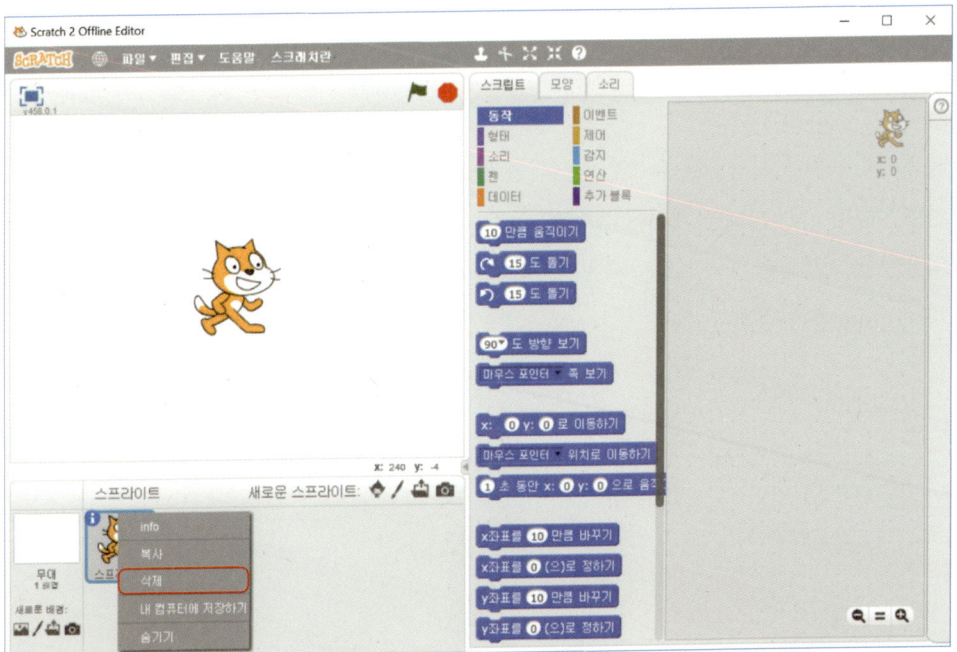

이번에는 무대의 배경을 운동장으로 바꾸겠습니다. 배경 그림은 스크래치에서 제공하는 저장소에 있는 그림을 사용하겠습니다. 그러려면 무대 아래 새로운 배경 중 맨 왼쪽에 있는 [저장소에서 배경 선택] 버튼을 누릅니다. 아래 화면처럼 스크래치 저장소에 있는 'playing-field'라는 이름의 그림을 선택한 후 [확인] 버튼을 누르세요.

다음으로 예제에서 사용할 스프라이트를 선택하겠습니다. 두더지 게임에서는 외부에서 두더지로 사용할 그림 파일을 가져올 겁니다. 다음 페이지의 화면처럼 새로운 스프라이트 버튼 중 외부에서 그림 파일을 가져오는 세 번째 버튼을 선택하고 파일 선택 창에서 'P02' 폴더에 있는 'mole.png'를 선택해 주세요.

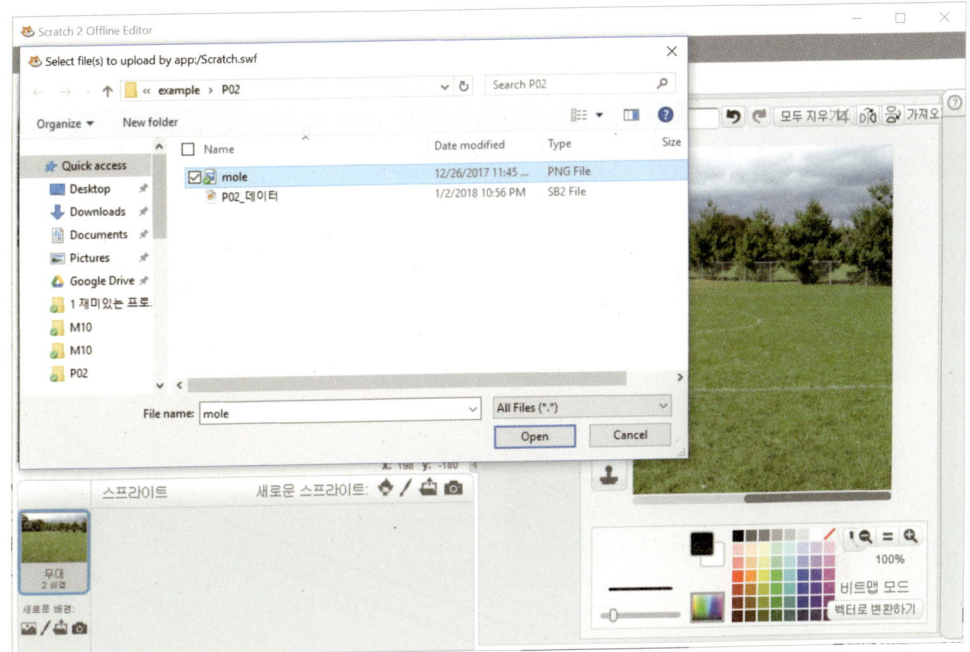

지금까지 무대의 배경 그림도 바꿨고 두더지로 사용할 스프라이트도 외부 그림 파일을 가져와서 만들었습니다. 그럼 다음 단계로 넘어갈까요?

3 스크래치에서 변수 만들기

이번 단계에서는 스크래치에서 사용할 변수를 만들 겁니다. 변수를 만들 때는 변수의 이름부터 정해야 합니다. 이처럼 변수의 이름을 정하고 새로 만드는 과정을 '변수를 선언한다'라고 합니다. 게임의 점수에 해당하는 변수 이름은 'score'라고 정하고 선언하겠습니다. 변수를 선언한다는 것은 아래 그림처럼 'score'라는 이름으로 값을 집어넣을 변수 상자가 만들어진 것입니다.

그림 2.2 변수 선언의 개념

변수를 만들기 위한 첫 번째 단계로 블록 팔레트에서 데이터 명령을 선택한 후 '변수 만들기' 버튼을 누르면 아래 그림과 같은 알림창이 나타납니다. 변수 이름에 'score'를 입력하고 [확인]을 누르면 변수가 생성됩니다. 변수를 생성할 때 모든 스프라이트에서 사용할지 해당 스프라이트에서만 사용할지 범위를 지정할 수 있습니다. 여기서는 'score'를 무대와 모든 스프라이트에서 사용하겠습니다.

같은 방법으로 게임에서 남은 시간을 의미하는 'time'이라는 이름의 변수와 게임의 모든 시간이 지났는지 여부를 확인하는 'isTimeOut'이라는 변수를 만들어 주세요.

변수가 만들어지면 데이터 블록에 'score', 'time', 'isTimeOut' 변수가 생기고 무대에도 변수가 보입니다. 지금까지 만든 세 변수 중 'isTimeOut'은 무대에서 보여줄 필요 없이 스크립트에서만 사용할 것입니다. 그러므로 다음 페이지의 화면처럼 데이터 블록 변수 이름 앞에 있는 체크를 지워주세요.

02장 _ 데이터

변수를 만들고 나면 보통 값을 지정해 둡니다. 새로 만든 빈 변수에 처음으로 값을 지정하는 것을 '초기화'라고 합니다. 그럼 'score' 변수의 값을 0으로 초기화해 보겠습니다.

나머지 두 변수의 값도 초기화하겠습니다. 게임을 시작하면 60초의 시간을 줄 것이므로 'time'의 초깃값은 60으로 정하겠습니다. 게임을 시작할 때 시간이 남아 있으므로 'isTimeOut' 변수는 'false'라는 값으로 초기화합니다. 'false'의 의미는 뒤에서 논리 연산자를 배우면서 설명하겠습니다.

변수를 초기화하는 작업을 스크래치에서 해보겠습니다. 프로그램이 실행되면, 즉 ▶ 버튼을 클릭했을 때 변수의 값을 초기화하겠습니다. 프로그램을 초기화하는 명령들은 새로 가져온 두더지 'mole' 스프라이트 스크립트 영역에 블록들을 가져다 두겠습니다.

▶ 버튼을 클릭했을 때 실행하는 명령은 블록 팔레트에서 [클릭했을 때] 블록을 가져다 두고 그 밑에 붙여줍니다. 데이터 블록 중 [변수 을(를) 0 로 정하기]를 가져와 앞에서 정한 것과 같이 'score'의 값은 0으로, 'time'은 60으로, 'isTimeOut'은 'false'로 설정합니다. 모든 설정을 마친 후 ▶

29

버튼을 클릭해서 프로그램을 실행하면 배경 무대에 있는 'score' 변숫값은 0으로, 'time' 값은 60으로 초기화된 모습을 확인할 수 있습니다.

이처럼 블록을 이용해 변수에 값을 넣는 행위를 '변수에 값을 대입한다'라고 합니다. 다시 'score' 변수 상자를 예로 들겠습니다. 변수 'score'에 0을 대입한다는 것은 아래 그림처럼 변수 상자에 0이라고 적힌 공을 집어넣는 것과 같습니다.

그림 2.3 변숫값 대입의 개념

4. 산술연산자

컴퓨터의 역할 중 연산은 가장 고전적이고 여전히 중요한 기능입니다. 그중 산술 계산은 프로그램을 작성할 때 빈번히 사용하는 기능입니다. 우리는 어린 시절부터 사칙연산이라고 하는 덧셈, 뺄셈, 곱셈, 나눗셈에 익숙합니다. 컴퓨터는 당연히 사칙연산에 능숙합니다. 사칙연산뿐 아니라 나누기할 때 생기는 나머지 값을 구하는 연산자도 있습니다. 이처럼 숫자를 계산하는 연산자를 산술 연산자라고 합니다.

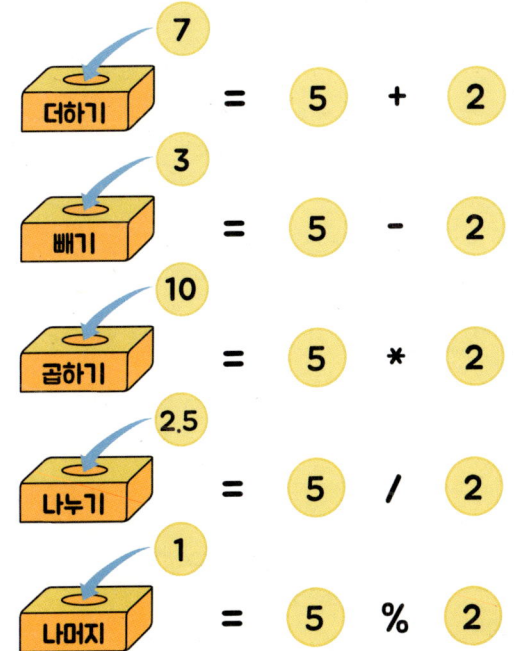

그림 2.4 산술 연산자의 개념

스크래치에서 산술 연산자를 만들어 볼까요? 스크래치 오프라인 에디터를 실행하고 블록 팔레트를 보겠습니다. 여러 명령 블록 중 연두색 연산을 선택합니다. 연산 블록 중 위에 있는 사칙연산인 덧셈, 뺄셈, 곱셈, 나눗셈 명령 블록을 스크립트 영역에 가져다 놓습니다. 나머지의 경우 아래를 보니 ●나누기 ●의 나머지 블록이 있군요. 다음 페이지의 화면처럼 스크립트 영역에 가져다 원하는 숫자인 5와 2를 입력하면 됩니다.

프로그래머가 알려주는 수학

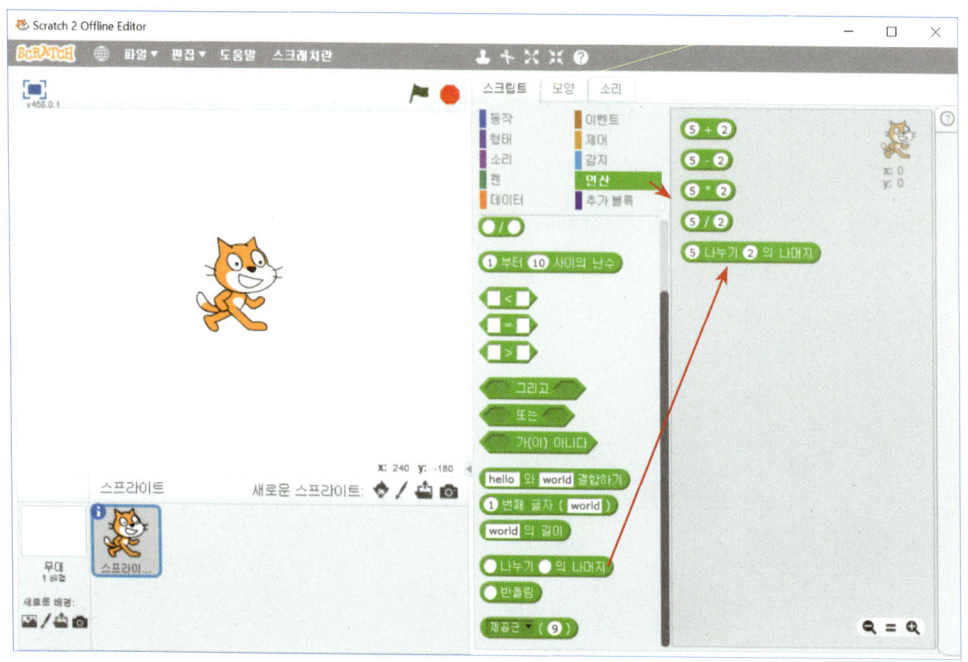

이제 두더지 게임에서도 산술 연산자를 사용해 연산 결과를 확인해 봅시다. 게임이 시작되면 'time' 변수를 이용해 남은 시각을 화면에 표시하기로 했습니다. 변수를 초기화하면서 'time' 변수의 값을 60으로 정하고 시작했으니 2초마다 'time' 변수의 값을 2만큼 빼서 그 값을 다시 'time' 변수에 넣겠습니다. 이 개념을 그림으로 표현하면 다음과 같습니다.

그림 2.5 'time' 변숫값의 산술 연산

그럼 스크래치 스크립트로 만들어 볼까요? 게임이 시작되면 시간을 줄이는 작업을 계속 반복해야 하므로 제어 블록 중 `무한 반복하기` 블록을 가져다 앞에서 변숫값을 초기화한 스크립트 아래에 붙입니다. 무한 반복하는 블록 안에 `1 초 기다리기` 블록을 넣고 그 값을 2로 바꿔서 2초를 기다리게 합니다. 그리고 `변수▼ 을(를) 0 로 정하기` 블록으로 다음 페이지의 화면처럼 'time' 변수의 값에 'time' 변수에서 2를 뺀 값을 넣게 합니다.

02장_데이터

이제 🏁 버튼을 눌러서 프로그램을 실행해 보겠습니다. 원하는 대로 'time' 변수의 값이 산술 연산자 덕분에 2초마다 2씩 줄어드는 모습을 확인할 수 있습니다. 그런데 좀 이상한 게 있네요. 시간이 0이 된 후에는 시간이 줄어드는 것을 멈춰야 하는데 'time'의 값이 계속 음수로 2씩 감소하는군요. 다음에 배울 조건 연산자로 이를 고쳐보겠습니다.

5 조건 연산자

이번에는 조건을 비교해서 판단하는 조건 연산자에 대해 알아보겠습니다. 조건 연산자는 변수의 값이나 수치를 비교해 참(true)이나 거짓(false)을 따지는 역할을 합니다. 뒤에 배울 프로그램 흐름 처리를 위한 중요한 의사판단을 하는 것이지요. 조건이 참이 되지 않을 경우 계속 반복하게 할 수도 있고 특정 명령어를 거치지 않게 할 수도 있습니다.

그럼 대표적인 조건 연산자와 그 의미를 살펴보겠습니다.

33

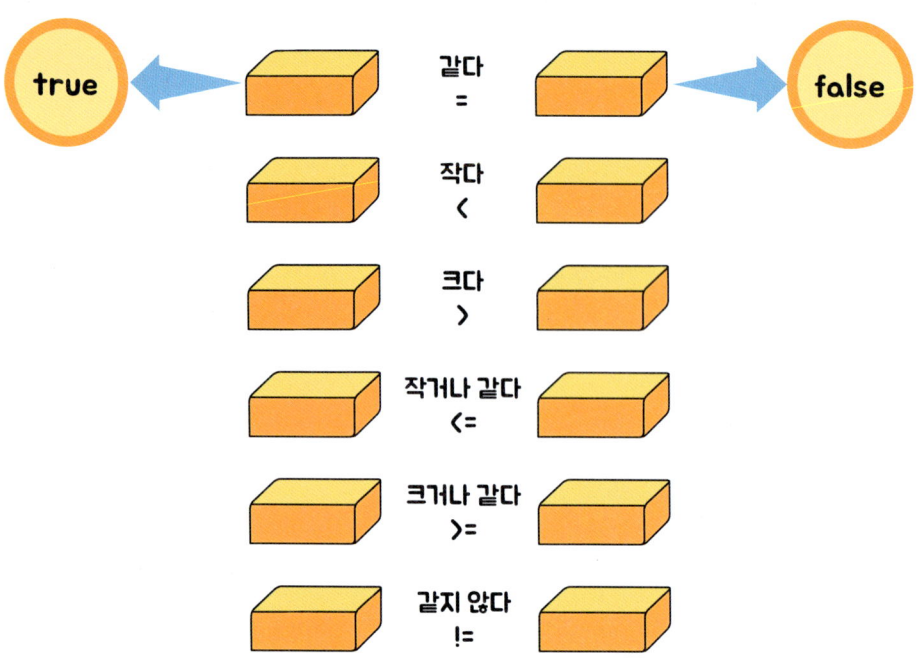

그림 2.6 조건 연산자의 개념

스크래치에서 조건 연산자를 볼까요? 가령 총점을 의미하는 'total_score'라는 변수가 있고 점수에 해당하는 'score'라는 변수가 있다고 해봅시다. 이제 조건 연산식에 따라 'total_score'와 'score' 변수를 비교해 보겠습니다. 일부 조건 연산자는 하나의 명령 블록으로 표현할 수도 있지만 때로는 몇 개의 명령 블록을 합해서 표현해야 합니다. 아래 화면처럼 말이지요.

그럼 조건 연산자를 이용해 두더지 게임에서 남은 시간이 음수로 변하는 오류를 수정해 볼까요? 'time' 변수의 값이 0보다 큰지 조건 연산자로 확인하고, 그럴 경우만 시간을 줄이면 되겠군요. 아래 화면처럼 'time' 변수의 값이 0보다 큰지 [만약~(이)라면/아니면] 제어 블록으로 확인하겠습니다. 그리고 참(true)일 경우에만 시간을 줄이겠습니다. 그리고 게임을 시작하면 'time' 변수의 값은 초깃값 60에서 시작해서 2초씩 줄어들지만 0에서 멈추게 됩니다.

6 논리 연산자

이번에 알아볼 논리 연산자는 참(true)과 거짓(false)에 관한 논리 조건을 나타내는 연산자입니다. 여러 가지 조건을 검토해서 더 복잡한 조건의 참(true)과 거짓(false)을 따지는 것입니다.

논리 연산자를 공부하기에 앞서 참(true)과 거짓(false)을 나타낼 수 있는 Boolean 자료형에 대해 알아보겠습니다. Boolean 자료형은 19세기 영국의 수학자 조지 불(George Boole)이 만들어서 그의 이름을 따서 만든 자료형입니다. 논리적 생각체계에 따라 결과를 참(true) 또는 거짓(false)으로 표시하는 것이지요.

불은 1854년에 《사고의 법칙》이라는 책을 통해 AND, OR, NOT이라는 논리 연산자를 사용해 이진 정보를 처리하는 모델을 제시했습니다. 앞으로 설명할 논리 연산자의 기본이 되는 내용입니다.

첫 번째 논리 연산자는 두 조건을 다 만족해야 하는 AND 연산자입니다. 스크래치에서는 AND 연산자로 연산 명령 블록 중 `그리고` 블록을 사용합니다.

그림 2.7 AND 연산자의 개념

과일가게에서 사과와 바나나를 골라야 하는 예를 생각해 봅시다. AND 연산자에서는 사과와 바나나를 모두 사는 경우에만 참(true)이 되고 나머지는 거짓(false)이 됩니다.

AND 연산자가 필요한 경우를 생각해 볼까요? 온라인 쇼핑몰에서 물건을 사기 위해서는 사용자 이름, 신용카드 번호, 주소, 전화번호 등 다양한 정보를 입력해야 합니다. 이 중에서 하나만 잘못 넣어도 거래는 이뤄지지 않습니다. 이럴 때 AND 연산자를 사용합니다.

두 번째 논리 연산자는 한 조건만 만족해도 참이 되는 OR 연산자입니다. 스크래치에서는 OR 연산자를 `또는` 블록으로 표현합니다.

OR 연산자를 사용할 경우 과일가게에서 사과나 바나나 중 하나만 사도 참(true)이 됩니다. 당연히 둘 다 고르면 참(true)이 되고, 둘 다 선택하지 않으면 거짓(false)이 됩니다.

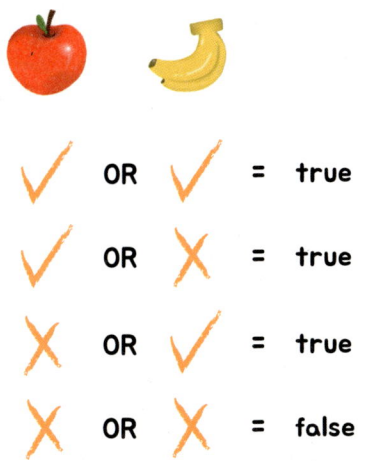

그림 2.8 OR 연산자의 개념

OR 연산자는 어떤 경우에 사용할까요? 온라인 쇼핑몰에서 회원 가입할 경우 관심 분야를 입력하는 경우가 있습니다. 여행, 쇼핑, 사진, 운동 등 몇 가지 관심 분야 중에서 선택할 수 있는데, 이 중 하나만 선택해도 참(true)이 되고 아무것도 선택하지 않을 경우에만 거짓(false)이 됩니다.

하나 더 알아볼 논리 연산자는 NOT 연산자입니다. NOT 연산자는 '~이 아니다'라고 부정하는 의미를 지닙니다. 스크래치에서는 〈가(이) 아니다〉 연산 블록으로 NOT 연산자를 표현합니다.

그럼 논리 연산자를 두더지 게임에 적용해 보겠습니다. 앞서 만든 변수 중 'isTimeOut'을 기억하시나요? 게임을 시작한 후 시간이 모두 지났는지 여부를 표시하는 논리형 변수입니다. 즉, 게임이 시작되어 'time'의 값이 60으로 초기화될 때 게임의 시간이 남아 있으므로 'isTimeOut'은 거짓 값인 'false'로 초기화됩니다. 그러다 'time' 값이 줄어서 0이 되어 게임 시간이 지났을 때 'isTimeOut'의 값을 참인 'true'로 바꿔주는 것입니다.

그럼 시간이 0이 되면 'isTimeOut' 변수에 'true'라는 값을 넣어야겠군요. 다음 페이지의 화면처럼 'time' 변수의 값이 0보다 큰지 확인하는 〈만약 (이)라면 아니면〉 조건 블록의 '아니면'에 해당하는 곳에 〈변수 을(를) 0 로 정하기〉 블록을 이용해 'isTimeOut' 변수의 값을 'true'로 지정합니다.

프로그래머가 알려주는 수학

이제 조건 연산자를 이용해 'isTimeOut' 변숫값이 'true'인지, 즉 게임 시간이 남았는지 확인하는 명령 블록을 만들겠습니다. 조건문은 뒤에서 배울 것이므로 조건이 맞으면 아래 명령을 실행하는 개념이라는 정도만 알고 넘어가겠습니다. 조건문에서 NOT 연산자인 `가(이) 아니다` 블록을 이용해 게임 시간이 남았는지 확인하고, 'isTimeOut'의 값이 'true'가 아닌 경우에만 마우스로 두더지를 클릭하면 점수가 올라가게 하겠습니다.

먼저 두더지가 마우스로 클릭될 때를 알아야겠군요. 블록 팔레트 중 이벤트 블록에서 `이 스프라이트가 클릭될 때` 블록을 두더지 스프라이트에 가져다 두면 이 스프라이트가 클릭될 때 아래에 붙인 명령 블록이 실행됩니다. 이제 `만약 (이)라면` 조건 블록을 이용해 게임 시간이 지났는지 확인해 보겠습니다. 조건 블록의 조건 안에 `isTimeOut = true 가(이) 아니다` 블록을 넣어줍니다. `isTimeOut = true` 블록의 의미가 'isTimeout'의 값이 참(true)이라는 것이므로 여기에 조건 연산자 `가(이) 아니다` 블록을 더하면 'isTimeOut'의 값이 거짓인 경우, 즉 시간이 남은 경우를 의미합니다. 이 조건 안에 점수 'score' 변수의 값을 1씩 증가시키는 명령을 `변수 을(를) 1 만큼 바꾸기` 블록으로 만듭니다. 모두 다음 페이지의 화면처럼 만드셨지요?

지금까지 만든 명령 블록을 확인하기 위해 무대에 있는 ▶ 버튼을 클릭합니다. 두더지를 마우스로 클릭하니까 'score' 점수의 값이 1씩 증가하는군요. 그리고 'time' 변수의 값이 0이 된 이후에는 클릭해도 점수가 변하지 않습니다. 프로그램이 우리가 원하는 대로 훌륭하게 작동합니다.

그런데 게임 효과를 좀 더 주고 싶다는 생각이 듭니다. 마우스를 클릭했을 때 두더지가 놀라고 소리를 내게 하면 어떨까요? 두더지가 놀라게 하려면 놀라는 모양의 새로운 그림을 사용해야겠습니다. 두더지 'mole' 스프라이트 명령 팔레트 중에서 [모양] 탭을 선택하고 새로운 모양 선택 버튼 중 세 번째 [모양 파일 업로드하기] 버튼을 클릭해 주세요. 그러면 다음 페이지의 화면처럼 외부에서 그림 파일을 선택해서 가져올 수 있는데, 내려받은 파일 중 'P02' 폴더 안에 있는 'hit_mole.png'라는 파일을 선택합니다.

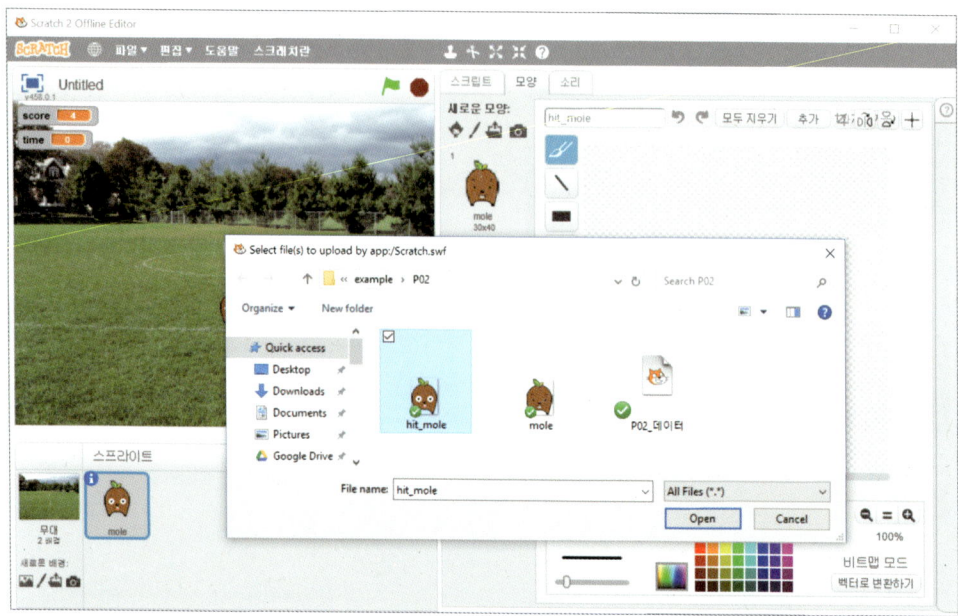

새로운 모양을 가져왔으면 남은 시간 안에 마우스로 두더지를 클릭하는 조건문 안에서 `모양을 hit_mole (으)로 바꾸기` 형태의 블록을 넣습니다. 그리고 `pop 재생하기` 블록을 아래에 붙입니다. 그러면 두더지 스프라이트의 모양이 새로 가져온 'hit_mole.png'로 바뀌면서 'pop' 효과음이 납니다. 점수가 1점 올라간 후에는 다시 두더지의 모습을 평상시 모습으로 바꾸겠습니다. 제어 블록 중 `1초 기다리기` 블록을 가져다 값을 0.5로 바꿔주면 놀란 모양이 0.5초 동안 유지됩니다. 그리고 다음 페이지의 화면에 있는 스크립트처럼 스프라이트 모양을 다시 'mole'로 바꾸면 됩니다.

02장 _ 데이터

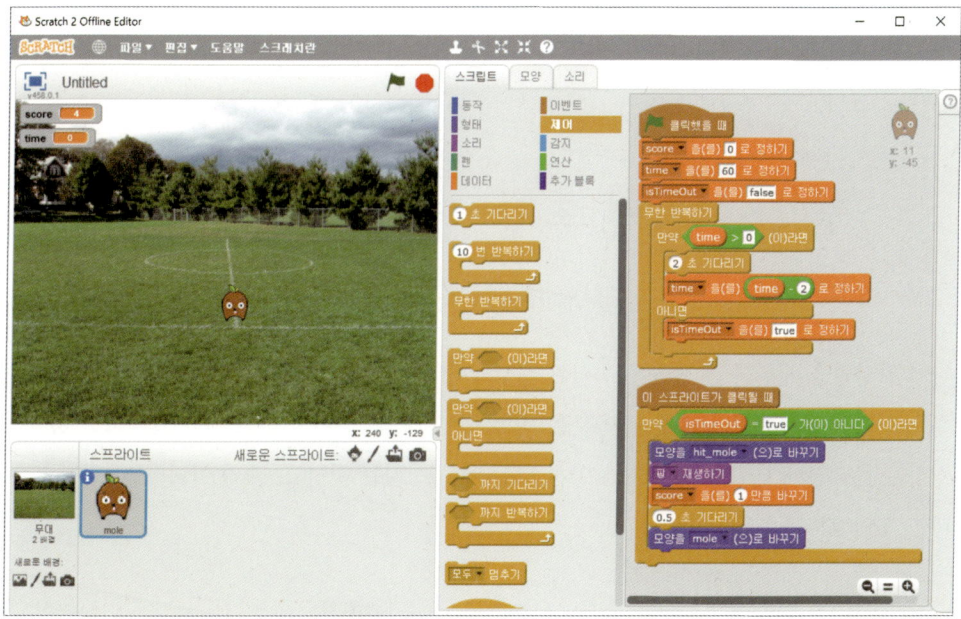

다시 🏁 버튼을 클릭해 게임을 시작해 보세요. 마우스로 두더지를 누르면 점수가 1점 올라갈 뿐만 아니라 놀라는 얼굴로 바뀌고 소리를 냅니다. 훨씬 게임이 재미있어졌군요.

다음 장에서는 조건문을 배우면서 두더지가 축구장을 뛰어다니게 해서 게임을 더 재미있게 완성해 보겠습니다. 모두 기대하고 다음 장으로 넘어가겠습니다.

03 조건문

1 만약~이라면 조건

"If I were a bird, I could fly to you."

영어 가정법을 배우면 한 번쯤은 접하는 문장입니다. 우리말로 하면 "내가 만약 새라면, 당신 곁으로 가겠다"라는 뜻입니다. 조건문은 '만약 ~이라면'과 같이 어떤 조건을 확인하고 행동을 정하는 문장입니다. 내가 새라면 날아서 당신 곁으로 가는 것이고, 새가 아니라면 그럴 수 없다는 뜻이죠.

그림 3.1 단순 조건문의 개념

그럼 스크래치에서 조건문을 만들어 볼까요? 스크래치에서 사용하는 기본적인 조건문은 블록 팔레트 제어 명령에 있는 [만약 (이)라면] 블록과 [만약 (이)라면 아니면] 블록입니다. 두 블록을 사용하거나 조합해서 다양한 조건을 처리할 수 있습니다. 다음 페이지의 화면처럼 조건에 대한 판단과 처리가 필요하면 블록 팔레트에서 조건 블록을 스크립트 영역에 가져다 사용하면 됩니다.

그럼 앞의 'If I were a bird, I could fly to you.' 구문을 조건문의 개념대로 실행하는 프로그램을 만들까요? 먼저 '나'라는 이름의 변수를 만들어 봅시다. 변수를 만드는 과정을 따라 해 볼까요? 블록 팔레트에서 데이터 블록을 클릭합니다. 그리고 [변수 만들기] 버튼을 누릅니다. 새로운 알림창에서 변수의 이름을 '나'라고 넣습니다. 이 변수를 나중에 무대나 다른 스프라이트에서 사용할 수 있도록 사용되는 범위를 [모든 스프라이트에서 사용]으로 선택한 다음 [확인] 버튼을 누릅니다.

변수를 만들었으니 변수의 값을 '새'로 초기화하겠습니다. 명령 블록 팔레트 중 데이터 명령에 있는 블록을 가져다 스크립트 영역에 둡니다. 그리고 값에 '새'를 입력합니다. 이제 이 명령 블록 아래에 조건 블록을 붙여놓습니다.

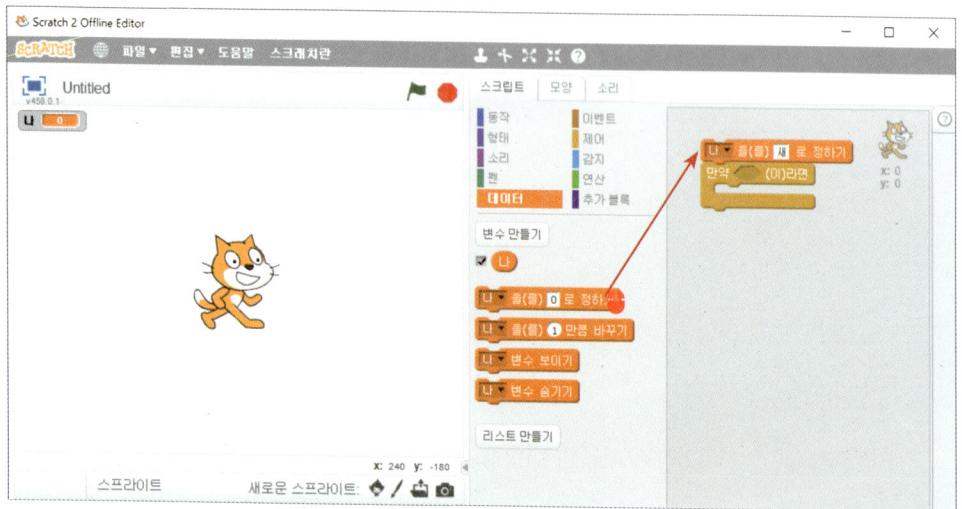

그리고 연산 블록 중 비교 연산 블록을 이용해 '나' 변수의 값과 '새'를 비교합니다. 이렇게 만든 연산 블록 을 블록의 조건식에 넣습니다.

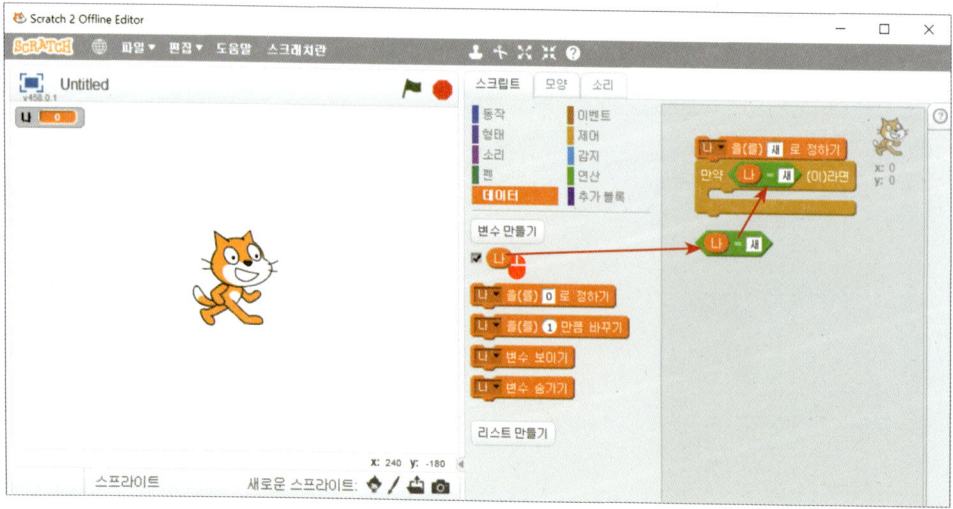

만약 조건을 만족하면 고양이가 "날아서 당신 곁으로"라고 말하게 하겠습니다. 명령 블록 팔레트에서 형태 명령 중 [Hello! 말하기] 블록을 가져다 조건문 블록 안에 넣고 값을 "날아서 당신 곁으로"로 바꿉니다.

자, 이제 만든 프로그램을 실행해서 확인해 보겠습니다. 블록 팔레트에서 이벤트 명령 중 [클릭했을 때] 블록을 스크립트 영역에 가져다 둡니다. 이 블록 밑에 지금까지 만든 명령 블록을 붙입니다. 그리고 무대에 있는 ▶ 버튼을 눌러서 프로그램을 실행하면 고양이가 "날아서 당신 곁으로"라고 말하는 것을 볼 수 있습니다.

2. 만약~이라면~아니면 조건

단순히 조건 하나를 물어보고 그에 해당하는 내용만 처리할 수도 있지만 그렇지 않을 경우를 처리하는 것도 가능합니다. 내가 새라면 날아서 당신 곁으로 가는 것이고 새가 아니면 걸어서 당신 곁으로 가게 할 수 있습니다. 이럴 때 사용하는 것이 [만약 (이)라면 아니면] 블록입니다.

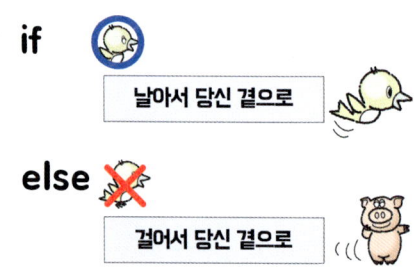

그림 3.2 '만약 ~ 아니라면' 형태의 조건문

이번에는 스크래치에서 값을 입력받아서 비교해 보겠습니다. 고양이가 "당신은 누구입니까?"하고 물어서 '새'라고 답하면 "날아서 당신 곁으로"를 말하고, 아니면 "걸어서 당신 곁으로"라고 말하게 할까요? 그럼 값을 입력받기 위해 블록 팔레트에서 감지 명령 중 [What's your name? 묻고 기다리기] 블록을 스크립트 영역으로 옮겨서 "당신은 누구입니까?"라고 질문을 바꿔둡니다. 그리고 데이터 명령 중 [변수 을(를) 0 로 정하기] 블록을 가져다 변수 '나'에 감지 명령 블록 중 [대답]의 값을 대입하게 합니다.

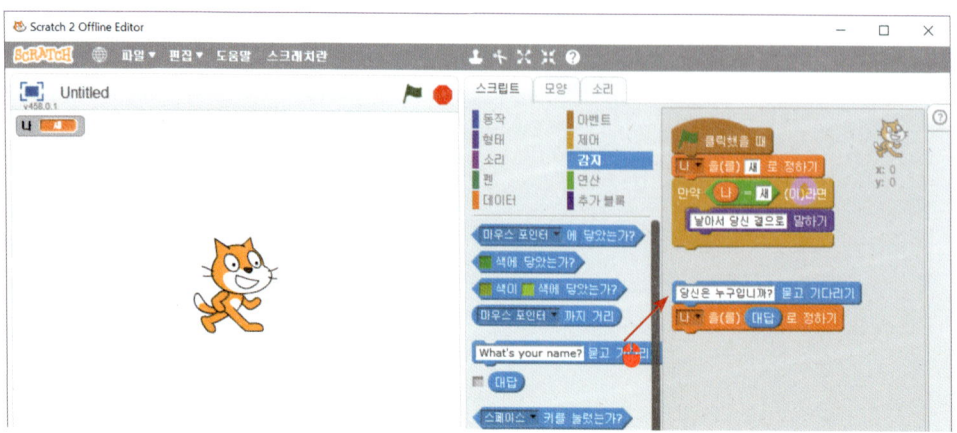

이제 ![만약이라면] 블록에 조건식을 넣어 봅시다. 여기서도 앞에서처럼 ![나=새] 연산 블록을 이용해 비교하겠습니다. 형태 명령 중 ![Hello!말하기] 블록을 조건문 안에 넣고 변수의 값이 '새'일 경우에는 "날아서 당신 곁으로"를 말하고, 아니면 "걸어서 당신 곁으로"라고 말하게 합니다.

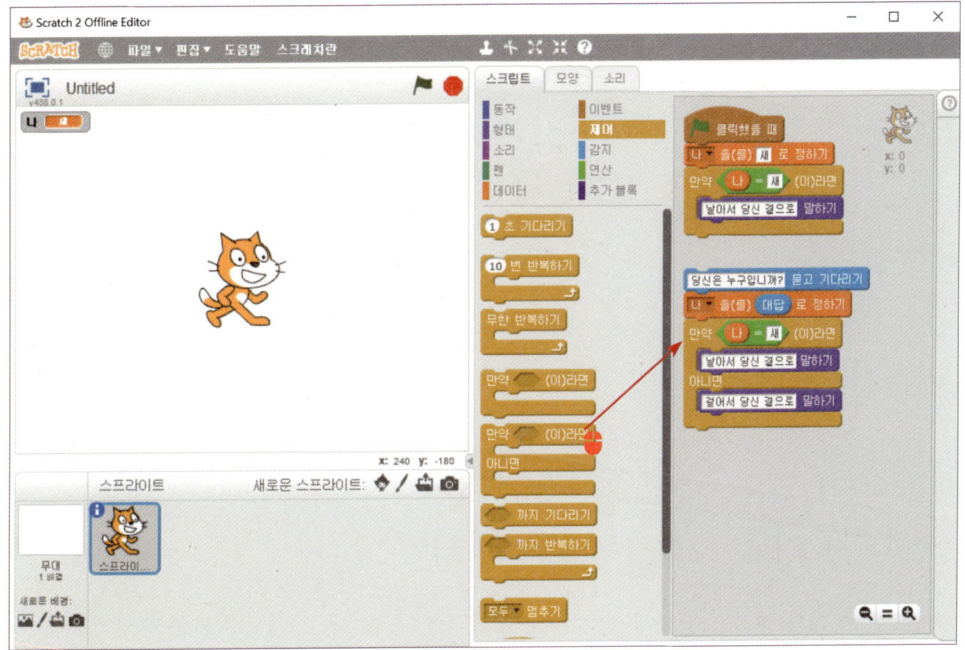

프로그램을 실행해서 확인하기 위해 ![클릭했을때] 블록을 지금 만든 명령 블록 위에 옮겨서 붙여 둡니다. 그리고 무대에 있는 🏁 버튼을 눌러서 프로그램을 실행하면 고양이가 "당신은 누구입니까?"라고 물어봅니다. 입력란에 '돼지'라고 입력해 볼까요? 그러면 고양이가 "걸어서 당신 곁으로"라고 말하는 것을 볼 수 있습니다.

프로그래머가 알려주는 수학

3 두더지 게임 실행하기

이번 장에서는 이전에 만든 두더지 게임에 조건문을 중심으로 기능을 추가해서 좀 더 재미있게 만들 겁니다. 두더지가 운동장 여기저기로 움직이고 그 속도도 점차 빨라집니다. 게임이 시작할 때와 끝날 때 두더지가 말을 합니다. 그럼 게임을 고쳐볼까요?

먼저 내려받은 파일 중 'P03' 폴더에 있는 'P03_조건문.sb2' 파일을 스크래치 오프라인 에디터에서 열어보세요. 이전 장의 두더지 게임과 모양은 비슷하지만 조금 더 복잡해진 스크립트가 보이네요. 우선 ▶ 버튼을 눌러서 게임을 실행해 보세요. 게임이 시작되니 두더지가 2초 간격으로 위치를 옮기는군요. 그런데 30초가 지나고 나니 움직이는 속도가 1초 단위로 더 빨라집니다. 게임을 시작할 때는 두더지가 '나 잡아봐라'하고 이야기하고, 게임이 끝나면 다음 페이지의 화면처럼 점수를 알려줍니다.

03장 _ 조건문

이번 두더지 게임 예제에는 스크래치 제어 블록인 ![만약 (이)라면] 블록과 ![만약 아니면 (이)라면] 블록을 사용해 다양한 조건을 처리하는 방법을 스크립트를 보면서 설명하겠습니다.

4 두더지 게임 속 조건문 확인하기

이번 장의 예제인 두더지 게임은 이전 장에서 만든 게임에 새로운 기능을 보강한 것이라고 했습니다. 그럼 이전 장의 두더지 게임 예제를 열어서 새로운 이름으로 저장하겠습니다. 내려받은 'P02' 폴더에 있는 이전 장 예제인 'P02_데이터.sb2' 파일을 열어보세요. 그리고 다음 페이지의 화면처럼 [파일] 메뉴에서 [다른 이름으로 저장하기]를 선택한 후 적당한 위치에 'P03_조건문'이라는 이름으로 저장합시다.

프로그래머가 알려주는 수학

두더지 'mole' 스프라이트의 스크립트를 유심히 보면 이미 이전 예제에서 조건문 블록인 만약 (이)라면 블록과 아니면 블록을 사용했다는 것을 알 수 있습니다. 그럼 두 블록이 사용된 스크립트를 다시 한번 살펴보겠습니다.

먼저 만약 (이)라면 블록이 사용된 곳은 어디인가요? 다음 페이지의 화면처럼 두더지 스프라이트를 마우스로 클릭할 때 남은 시간이 있는지 확인하는 조건에서 사용했군요. 다시 잠깐 복습하면 게임에 남은 시간이 없을 때 참(true)이 되는 'isTimeOut' 변수의 값을 isTimeOut = true 블록으로 검사합니다. 그리고 isTimeOut = true 가(이) 아니다 논리 블록으로 게임의 시간이 남았는지 확인합니다. 이 블록을 만약 (이)라면 조건 블록에 넣어서 게임의 시간이 남은 경우에 두더지 스프라이트가 클릭되면 다음 페이지의 그림처럼 점수를 올리는 스크립트를 실행합니다.

03장 _ 조건문

다음으로 [만약~아니면 (이)라면] 조건 블록에 대해 알아보겠습니다. 이 조건 블록은 아래 화면처럼 남은 시간을 나타내는 'time' 변수의 값이 0보다 큰지 확인하는 데 사용됩니다. 조건이 맞을 경우 'time' 변수의 값을 [변수를 0로 정하기] 블록으로 2초마다 줄이고 조건에 부합하지 않을 경우 [변수를 0로 정하기] 블록을 이용해 'isTimeOut' 변수의 값을 참(true)으로 바꿉니다.

이제 제어 블록인 [(이)라면] 블록과 [만약~아니면 (이)라면] 블록의 사용법을 이해했나요? 조건문은 스크래치뿐 아니라 여러 프로그래밍 언어와 일상생활 속에서도 자주 접하는 구문입니다.

다음으로는 조건 블록을 복합적으로 사용하는 방법과 함께 두더지 게임의 기능을 보강하겠습니다.

 ## 복합 조건문

이제 좀 더 복잡한 경우를 생각해 보겠습니다. 하나의 조건만 물어보는 것이 아니고 연속해서 질문하는 경우가 있습니다. 조건 블록  블록 또는  블록을 겹쳐서 만들면 됩니다.

온라인 쇼핑몰의 예를 들어 보겠습니다. 온라인 쇼핑몰에서 사용자가 회원으로 가입할 때 이름, 전화번호, 이메일, 주소를 제대로 입력했는지 확인하는 경우를 생각해 봅시다. 만약 이름을 제대로 입력하지 않았으면 이름을 다시 넣으라고 하고 전화번호를 잘못 넣었으면 전화번호를 다시 넣으라고 하고 이메일을 잘못 입력했으면 이메일을 다시 넣으라고 하고 주소도 같은 방식으로 처리할 수 있습니다. 이처럼 몇 가지 조건을 연속으로 처리할 때 사용하는 것이 복합 조건문입니다.

그림 3.2 복합 조건문 구조

두더지 게임에서 조건문을 연속으로 만들어 보겠습니다. 지금까지는 시간을 2초 단위로 줄였습니다. 그런데 시간이 30초 이하로 남은 경우에는 좀 더 빠르게 1초 단위로 줄여보겠습니다. 지금은 두더지가 움직이지 않지만 나중에 두더지가 시간이 줄어들 때마다 운동장 곳곳으로 움직일 것입니다. 나중에 두더지가 움직이는 스크립트를 만들어서 넣어두면 남은 시간이 30초보다 많은 경우에는 두더지가 2초마다 움직이고, 남은 시간이 30초 이하면 1초마다 움직일 것입니다. 그림 다음 페이지의 화면처럼 시간을 의미하는 'time' 변수의 값이 30보다 큰지 확인해서 'time' 변수의 값을 2 또는 1씩 줄이는  블록을 만들어서 기존 'time' 변수의 값이 0보다 큰지 확인하는  조건 블록의 참(true) 조건 안에 겹쳐서 넣겠습니다.

스크립트를 다 만들었으면 무대에 있는 🏁 버튼을 눌러서 프로그램을 실행해 봅시다. 무대에 있는 'time' 변수의 값이 변하는 것을 유심히 보세요. 남은 시간이 30초보다 많으면 2초 단위로 줄고 30초 이하이면 1초 단위로 줄어드는 것을 확인할 수 있습니다.

이처럼 조건 블록을 중첩해서 사용하면 조건 내에서 또 다른 조건을 확인하는 복잡한 조건식도 처리할 수 있다는 사실을 알게 됐습니다.

6 두더지 게임 완성하기

지금까지 두더지 게임을 이용해 다양한 형태로 조건문이 사용되는 사례를 살펴봤습니다. 이번에는 기능을 추가해서 게임을 좀 더 재미있게 만들어 보겠습니다.

처음으로 추가할 기능은 무대 위 'time'에 보이는 시간이 바뀔 때마다 두더지가 운동장 여기 저기로 움직이는 기능입니다. 두더지 스프라이트의 위치를 바꾸는 기능은 `x: 0 y: 0 로 이동하기` 동작 블록을 이용합니다. 스프라이트의 x, y 좌푯값은 `1 부터 10 사이의 난수` 블록을 이용해 임의의 수인 난수를 발생시켜 만듭니다.

두더지 스프라이트를 이동시키기 위해 스크래치 무대에서 좌표를 사용하는 방법을 알아보겠습니다. 아래 그림과 같이 무대의 크기는 가로가 480이고 세로가 360으로 정해져 있습니다. 가로와 세로가 만나는 중심 지점이 0이고 가로의 범위는 좌로 -240, 우로 240까지입니다. 세로의 범위는 위로 180, 아래로 -180까지입니다.

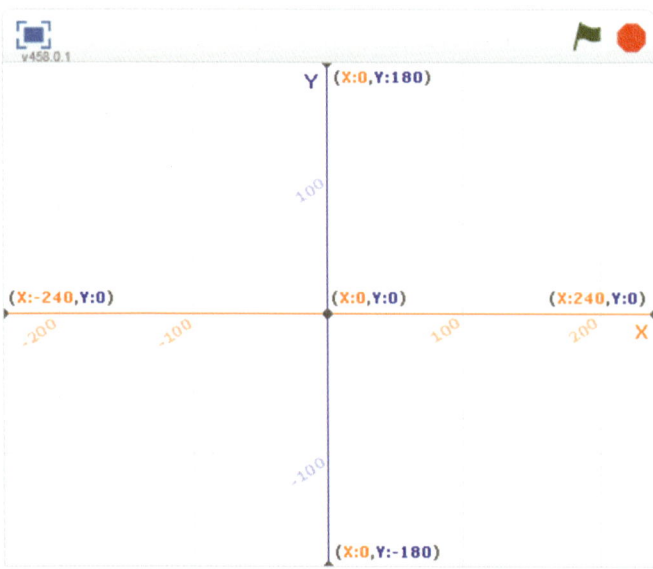

두더지 스프라이트가 무대 위에 있는 숲과 하늘 배경을 제외하고 운동장에서 위치를 이동하게 할 것이므로 x 좌표의 범위는 -130에서 130으로 정하고, y 좌표의 범위는 10에서 -110까지 한정합니다.

03장 _ 조건문

`x: -130 부터 130 사이의 난수  y: 10 부터 -110 사이의 난수 로 이동하기`

그리고 앞에서 만든 블록을 아래 화면처럼 'time' 변수의 값이 0보다 큰지 확인하는 `만약 (이)라면 아니면` 블록 중 참(true)인 조건 안에 넣습니다.

이번에 만들 기능은 게임을 시작하면 두더지가 "나 잡아봐라!"하고 이야기하는 기능입니다. 스프라이트가 일정 시간 동안 말하게 하는 것은 형태 블록 중 `Hello! 을(를) 2 초동안 말하기` 블록입니다. 오른쪽 그림처럼 시간은 그대로 2초로 두고 "나 잡아봐라!"라고 입력해 주세요.

같은 요령으로 게임이 끝날 때도 점수와 함께 게임 종료를 안내하는 문구를 두더지가 말하게 하겠습니다. 역시 `Hello! 을(를) 2 초동안 말하기` 블록을 이용해 2초간 'score' 변수와 안내 문구를 `hello 와 world 결합하기` 연산 블록으로 결합해서 말하게 합니다.

그리고 두더지가 말을 한 후 게임을 모두 종료해야 하므로 `모두 멈추기` 제어 블록을 더합니다. 이제 만든 블록을 아래 화면처럼 남은 시간이 없는 조건에 넣어줍니다.

```
클릭했을 때
score 을(를) 0 로 정하기
time 을(를) 60 로 정하기
isTimeOut 을(를) false 로 정하기
나 잡아봐라! 을(를) 2 초동안 말하기
무한 반복하기
  만약 time > 0 (이)라면
    x: -130 부터 130 사이의 난수 y: 10 부터 -110 사이의 난수 로 이동하기
    만약 time > 30 (이)라면
      2 초 기다리기
      time 을(를) time - 2 로 정하기
    아니면
      1 초 기다리기
      time 을(를) time - 1 로 정하기
  아니면
    isTimeOut 을(를) true 로 정하기
    score 와 점을 받으셨네요. 게임을 종료합니다. 결합하기
    Hello! 을(를) 2 초동안 말하기
    모두 멈추기
```

이렇게 해서 스크립트를 모두 완성했습니다. 무대에 있는 ▶ 버튼을 눌러서 프로그램을 실행해 결과를 확인해 봅시다. 다음 화면처럼 모든 게임이 끝나면 두더지가 점수와 함께 게임이 종료됐다는 안내 인사를 합니다.

03장 _ 조건문

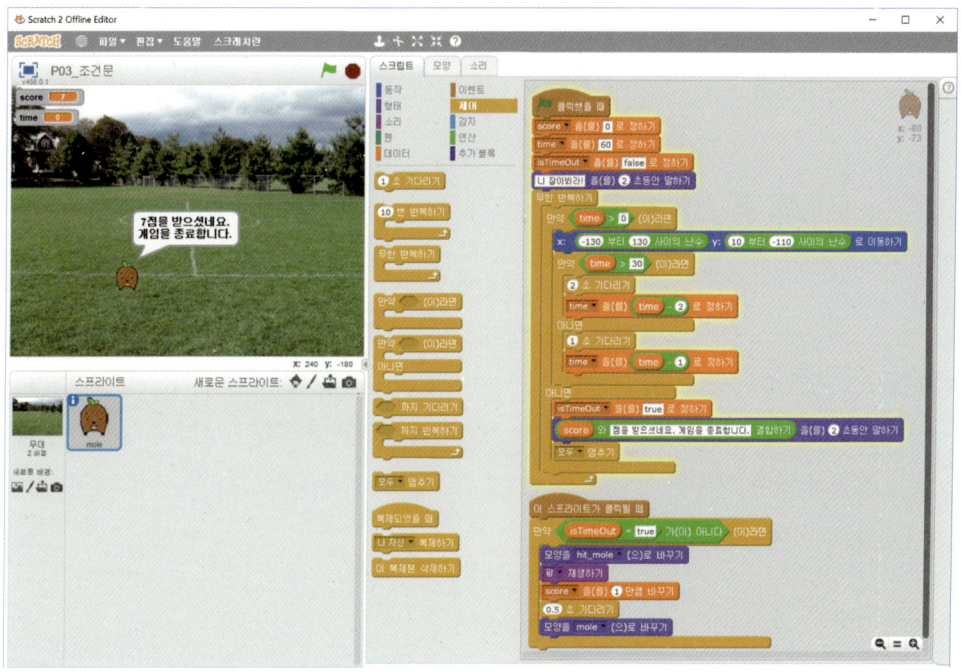

이번 장과 이전 장에서는 두더지 게임을 이용해 데이터와 조건문을 배웠습니다. 다음에는 어떤 게임이 기다리고 있을까요?

04 반복문

1 반복문의 개념

잠시 놀이공원으로 놀러갔다고 상상해 봅시다. 재미있는 놀이기구를 열 번까지 탈 수 있는 이용권을 샀습니다. 쿠폰에는 10개의 칸이 있고 1번 탈 때마다 도장을 찍어서 사용 횟수를 늘려가겠지요. 검표원은 이용권에 찍힌 도장의 숫자를 보고 열 개가 다 찰 때까지는 놀이기구를 태워줍니다. 그리고 열 개가 다 채워지고 나면 이용권을 사용할 수 없게 됩니다. 이처럼 도장의 개수(조건)를 확인해서 조건이 만족될 때 반복적으로 놀이기구를 탈 수 있는 것이 반복문의 기본 개념입니다.

그림 4.1 반복문의 개념

이처럼 프로그램이나 일상에서 반복적으로 특정 작업을 수행하는 경우가 있습니다. 이럴 때 사용하는 구문이 반복문입니다. 반복문은 조건에 따라 반복적인 업무를 처리하는 데 사용하는 유용한 구문입니다.

2 반복문으로 만든 게임

이번 장에서도 재미있는 게임을 만들어 보겠습니다. 스쿼시라는 게임을 해 본 적이 있나요? 사방이 벽으로 막힌 방에서 공을 라켓으로 치며 다시 공을 받아내는 경기입니다.

이제 스쿼시를 스크래치 게임으로 만들어 보겠습니다. 반복문을 이용해 게임을 만든다고 생각하니 흥미롭지요? 게임을 만들기에 앞서 완성된 게임을 실행해 보겠습니다. 내려받은 예제 파일 중 'P04' 폴더에 있는 'P04_반복문. Sb2' 파일을 스크래치 에디터에서 열어보겠습니다. 스크래치에서 파일을 열려면 메뉴 바에 있는 [파일]을 선택하고 [열기] 메뉴를 선택한 후 탐색 창에서 예제 파일을 고르고 [확인] 버튼을 누르면 됩니다.

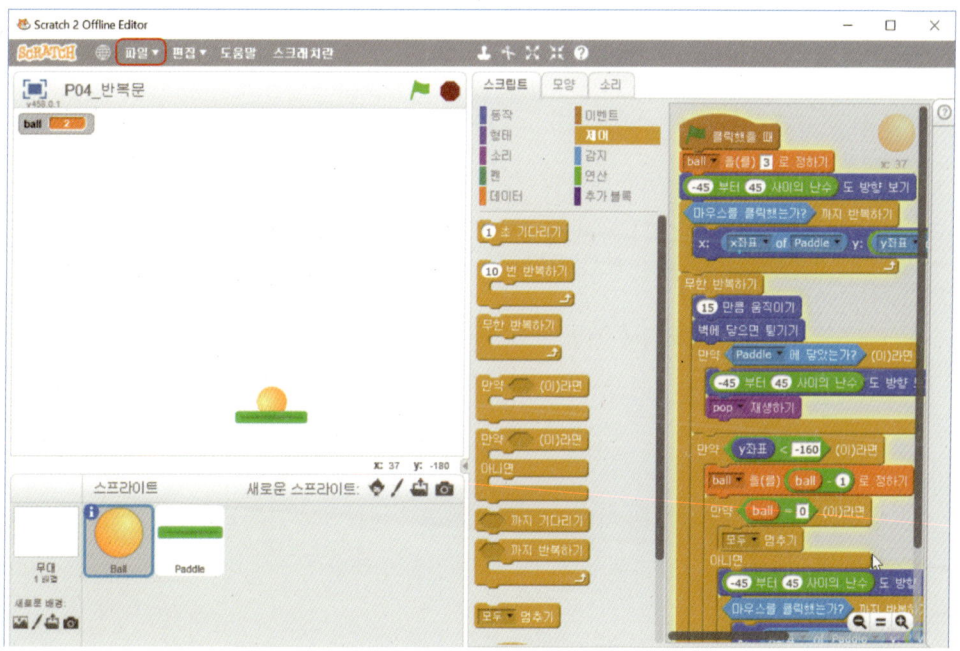

위와 같이 예제 파일이 열렸나요? 그럼 무대 오른쪽 위에 있는 ▶ 버튼을 눌러서 프로그램을 실행하겠습니다. 공은 앞과 양옆의 벽에 부딪히면 튕기게 되고 녹색 막대를 마우스로 움직여서 쳐내야 합니다. 만약 공을 놓쳐서 뒤에 있는 벽에 닿으면 공이 하나씩 줄고 공이 녹색 막대 위에 다시 위치하게 됩니다. 이때 마우스를 클릭하면 공이 다시 움직입니다. 한 게임에 3개까지 공을 쓸 수 있으니 가능한 한 공을 놓치지 않도록 조심하세요. 모두 게임을 즐기고 있나요?

프로그래머가 알려주는 수학

3 스크래치의 반복문

우선 스크래치에서 사용하는 반복문 블록에 대해 알아보겠습니다. 반복문으로 사용하는 블록은 블록 팔레트의 제어 명령 안에 있습니다. 스크래치의 대표적인 반복 명령 세 가지를 알아보겠습니다.

첫 번째는 횟수를 정하고 반복하는 블록입니다. 앞에서 반복문의 개념을 배우면서 생각한 놀이기구 이용권과 같은 경우에 사용합니다. 오른쪽 그림처럼 10번 반복하라고 하면 블록 안에 있는 명령을 10번 반복하게 됩니다. 물론 반복하는 횟수는 바꿀 수 있습니다.

다음 반복 명령은 무한 반복 블록입니다. 이 명령은 블록 안의 명령을 계속 반복하는 것으로 유용하게 사용되곤 합니다.

하지만 잘못 사용하면 프로그램이 멈추지 않고 끊임없이 실행되는 무한 반복이 생길 수 있으므로 조심해서 사용해야 합니다.

그림 4.2 무한 반복의 개념

마지막으로 살펴볼 반복 명령은 어떤 조건을 검사해서 반복하는 블록입니다. 명령 블록 안에 조건 블록을 넣어서 해당 조건을 만족할 경우에 반복하게 됩니다.

어떤 경우에 이 블록을 사용할까요? 온라인 쇼핑몰에서 사용자가 로그인하는 경우를 생각해 봅시다. 등록된 사용자로 로그인하려면 비밀번호를 입력해야 합니다. 입력한 비밀번호가 틀릴 경우 다시 반복적으로 비밀번호를 입력하게 해야 합니다. 이럴 때 조건을 검사하는 반복문을 사용합니다.

04장 _ 반복문

그림 4.3 조건 반복의 개념

4 게임 스프라이트 만들기

지금부터 스크래치로 스쿼시 게임을 만들어 보겠습니다. 먼저 새로운 프로젝트를 만들어야겠지요? 새로 프로젝트를 만들면 기본으로 생기는 고양이 스프라이트에 아래 화면처럼 마우스 오른쪽 버튼을 클릭한 후 [삭제] 명령을 선택해 지웁니다. 고양이 스프라이트를 지우고 나면 스프라이트 목록에는 아무것도 남지 않습니다.

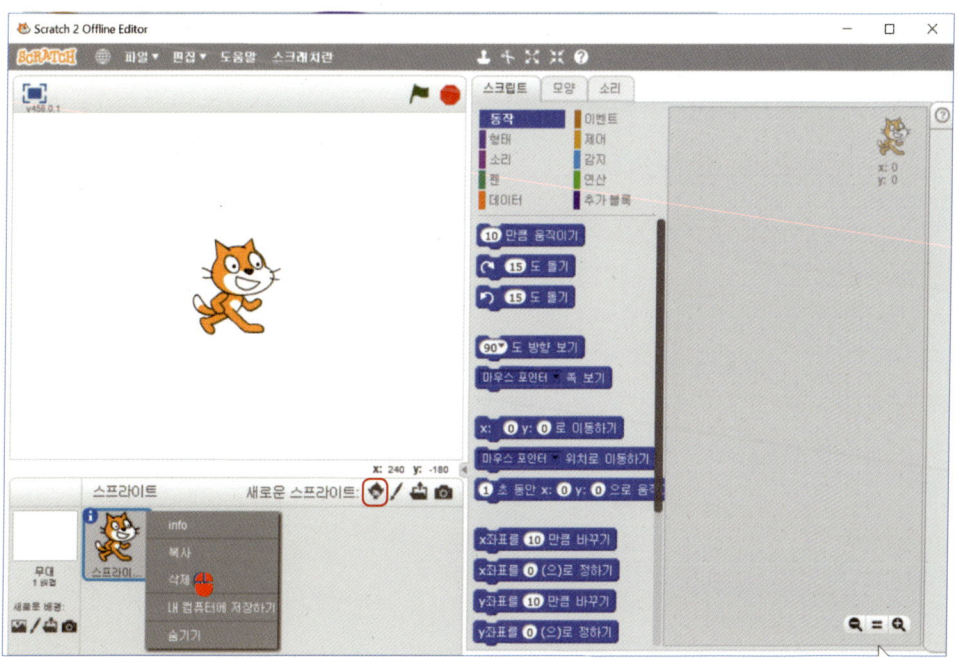

61

빈 스프라이트 목록에 게임에서 사용할 공과 막대 스프라이트를 가져오겠습니다. 스프라이트 목록에 있는 새로운 스프라이트 버튼 중 왼쪽에 있는 버튼을 누르면 새로운 창이 열리고 스크래치에서 제공하는 스프라이트를 고를 수 있습니다. 아래 화면처럼 스프라이트 저장소에 있는 스프라이트 중 'Ball'을 선택하고 [확인] 버튼을 누릅니다.

그리고 같은 방법으로 'paddle'이라는 스프라이트를 선택합니다. 그러면 다음 페이지의 화면처럼 스프라이트 목록에 게임에서 사용할 공과 막대가 생깁니다.

04장 _ 반복문

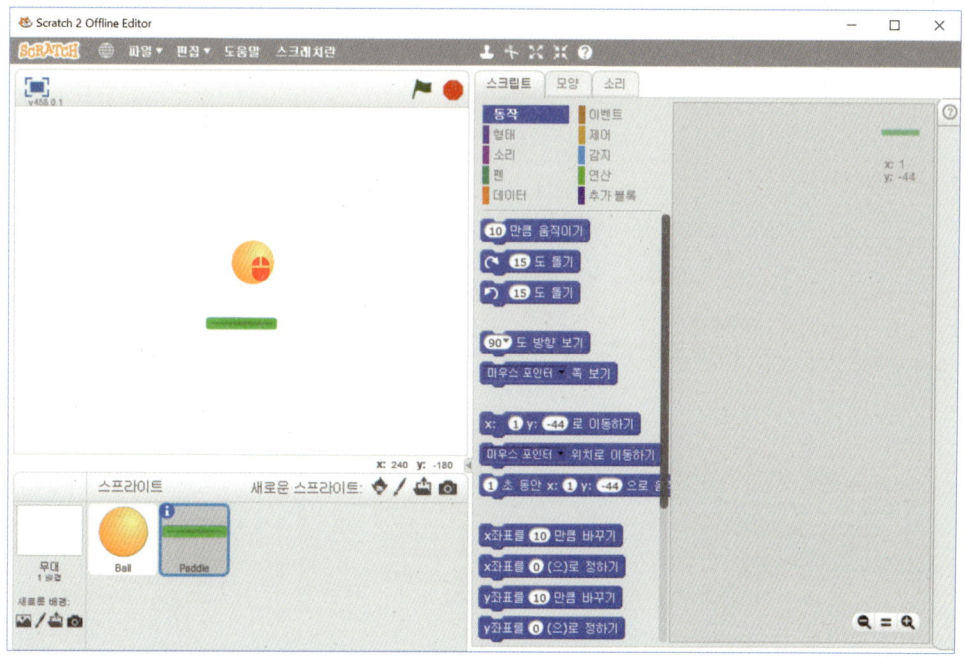

5 마우스로 움직이는 막대

이제 막대가 마우스에 따라 움직이는 기능을 만들어 보겠습니다. 막대를 움직이는 기능이니까 막대를 의미하는 'Paddle' 스프라이트에서 스크립트를 만들어야겠지요? 프로그램을 실행하면 마우스에 따라 막대가 움직이도록 [클릭했을 때] 명령 블록을 스크립트 영역에 드래그해서 가져다 둡니다. 그리고 프로그램이 실행되는 동안 계속 마우스의 움직임을 살피려면 무한 반복 블록 [무한 반복하기]을 사용합니다.

프로그래머가 알려주는 수학

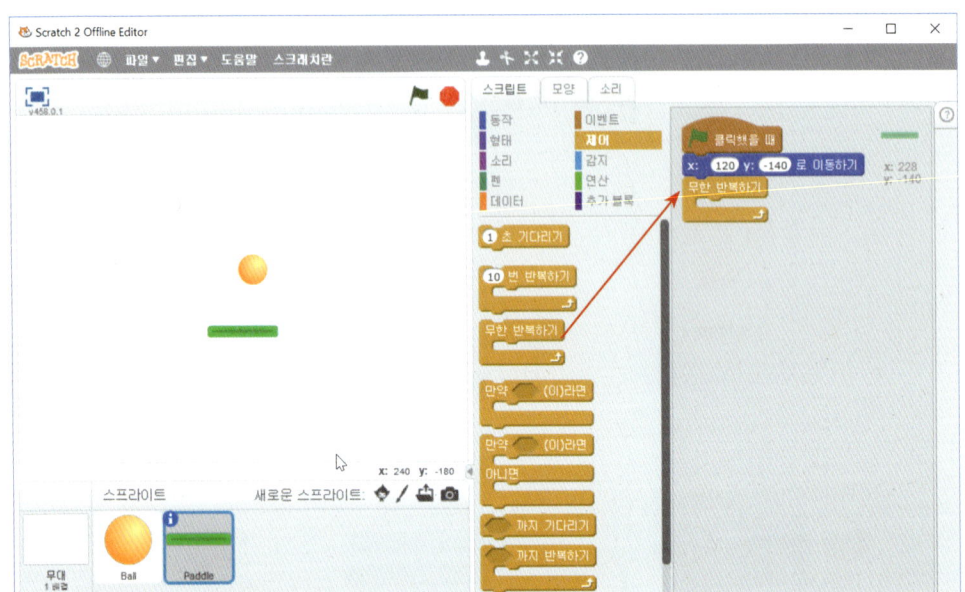

이제 무한 반복 블록 안에서 마우스의 x 좌표를 살펴서 그 위치에 막대를 이동시키겠습니다. 스프라이트의 x 좌표를 정하는 명령 블록은 동작 명령에 있는 `x좌표를 0 (으)로 정하기` 블록입니다. 여기에 감지 명령에 있는 `마우스의 x좌표` 블록을 드래그해서 둡니다. 그리고 아래 그림처럼 `무한 반복하기` 블록 안에 가져다 둡니다.

지금까지 만들어진 스크립트를 테스트해 봅시다. 무대 영역에 있는 🏳 버튼을 눌러서 프로그램을 실행해 볼까요? 마우스로 녹색 막대를 좌우로 옮겨보세요. 그러면 막대가 마우스를 따라서 움직이는 모습을 볼 수 있습니다.

게임을 할 때 막대의 가로 위치는 마우스를 따라 움직이지만 세로 위치를 고정하고 싶습니다. 무대에서 스프라이트의 위치를 정하기 위해 스크래치 무대에서 어떻게 좌표를 표현하는지 복습하겠습니다. 스크래치 무대의 크기는 가로가 480이고 세로가 360입니다. 이를 그림으로 표현하면 다음 페이지의 그림과 같습니다. 가로와 세로가 만나는 중앙이 0이고 가로는 좌로 -240, 우로 240까지 표시할 수 있습니다. 세로는 위로 180, 아래로 -180까지 위치를 정할 수 있습니다.

04장 _ 반복문

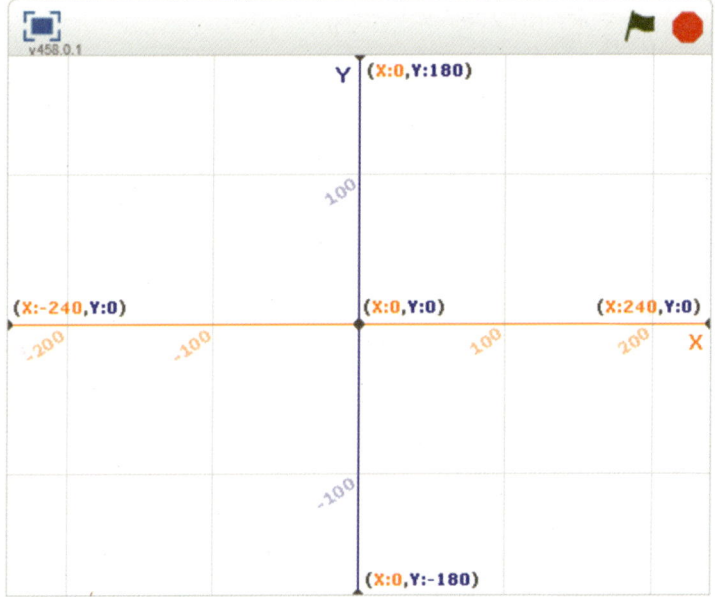

그러면 막대 스프라이트 위치를 x 좌표 120, y 좌표를 −140으로 지정하겠습니다. 스프라이트의 위치를 정하기 위해 동작 명령에 있는 [x: 120 y: -140 로 이동하기] 블록을 [클릭했을 때] 블록 아래에 두고 ⚑ 버튼을 눌러서 실행해 볼까요? 아래 화면처럼 녹색 막대는 좌우로는 위치가 마우스를 따라가도 y 좌표를 −140으로 고정해 뒀기 때문에 항상 무대의 아래 바닥 부근에 있는 것을 볼 수 있습니다.

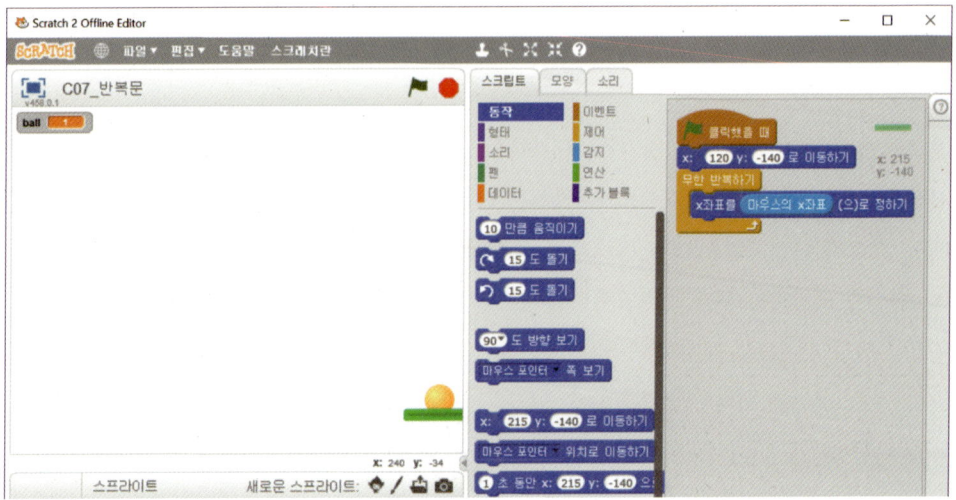

6 공의 개수 설정

앞에서 게임 방식을 설명하면서 한 게임에 3개의 공을 준다고 했습니다. 공의 개수를 저장하고 변경하고 보여주기 위해서는 무엇부터 해야 할까요? 그렇습니다. 공의 개수를 의미하는 'ball'이라는 이름의 변수를 만들겠습니다. 변수를 만들려면 다음 화면처럼 데이터 블록에서 [변수 만들기] 버튼을 누르고 알림창에서 변수 이름에 'ball'이라고 적은 후 [확인] 버튼을 누릅니다.

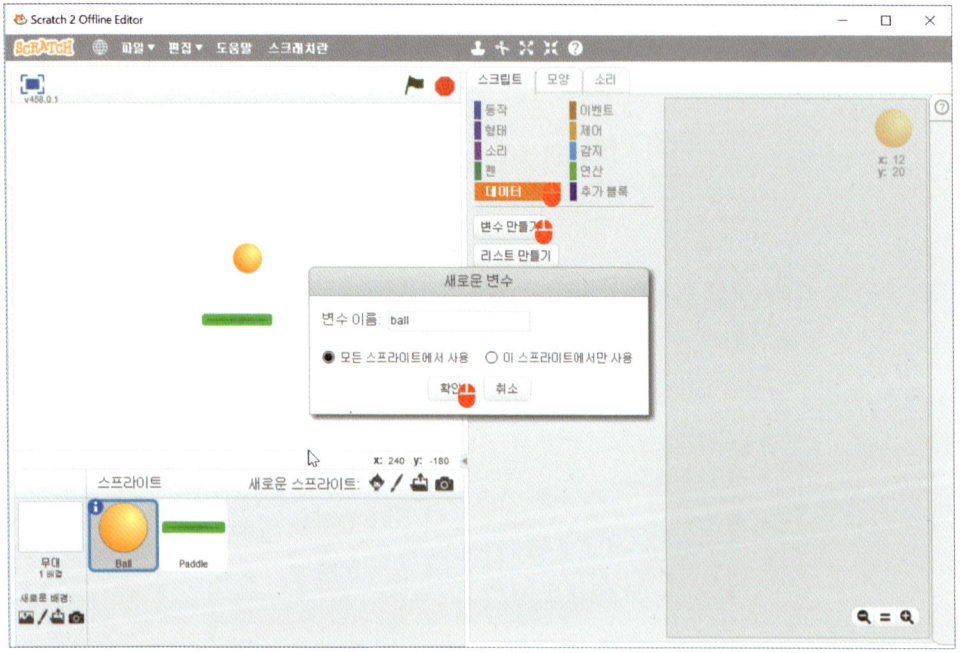

게임에서 사용 가능한 공의 개수를 저장하는 'ball'이라는 이름의 변수를 만들었으니 게임이 시작하면 공의 개수를 3개로 정하는 작업을 하겠습니다. 변수의 값을 초기화하는 방법은 앞에서 이미 배운 것처럼 데이터 명령에 있는 [변수 을(를) 0 로 정하기] 블록을 이용해 값을 정하면 됩니다. 변수의 초기화는 무대의 스크립트에서도 할 수도 있지만 공 스프라이트에서 나중에 스크립트를 만들 것이므로 여기서 하겠습니다. 다음 페이지의 화면처럼 공을 의미하는 'Ball' 스프라이트의 스크립트 영역에 [클릭했을 때] 블록을 가져다 두고, 그 밑에 'ball' 변수를 초기화하는 [변수 을(를) 0 로 정하기] 블록을 붙이면 됩니다. 물론 값을 3으로 바꿔야 합니다.

04장 _ 반복문

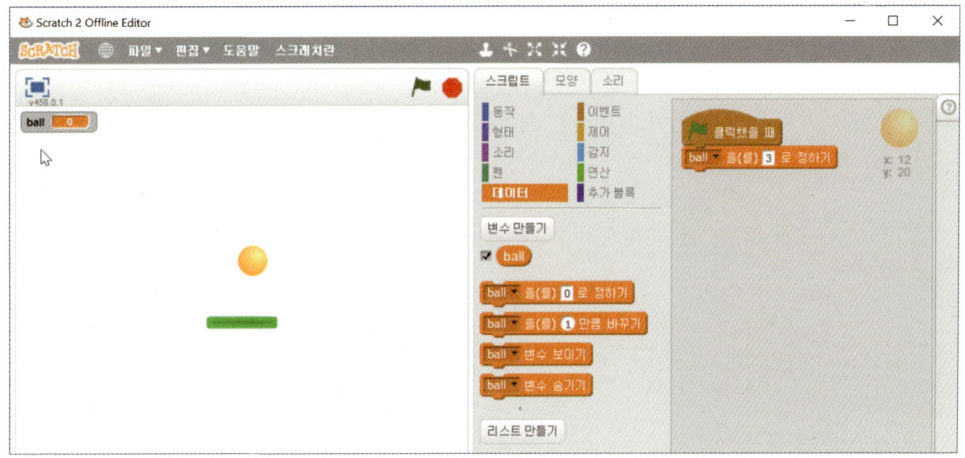

7 공 발사하기

이제 공이 녹색 막대에 부딪히면 튕겨 나가는 방향을 정해 보겠습니다. 게임의 재미를 높이기 위해 공이 튕기는 방향은 우로 45도, 좌로 -45도 사이의 임의의 값, 즉 난수를 쓰겠습니다. 스크래치에서 난수를 만드는 명령인 `-45 부터 45 사이의 난수` 블록을 스프라이트의 방향을 정하는 `180도 방향 보기` 블록에 넣으면 `-45 부터 45 사이의 난수 도 방향 보기` 처럼 원하는 스크립트가 만들어집니다. 그러면 아래 화면처럼 공은 우로 45도, 좌로 -45도 사이의 임의의 각도로 무대의 위를 바라보게 됩니다.

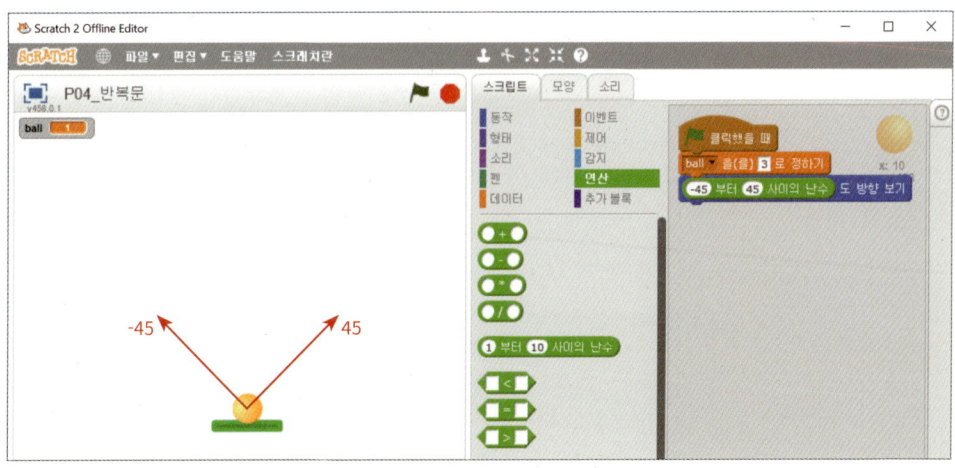

67

공의 방향을 정하는 기능을 만들었으니 이번에는 다음 화면처럼 마우스가 클릭될 때까지 공이 녹색 막대에 붙어있는 기능을 만들겠습니다. 게임을 시작할 때나 공을 놓쳐서 새로 시작할 때 공은 녹색 막대 위에 대기하고 있다가 사용자가 마우스를 클릭하는 순간 출발하게 됩니다.

앞에서 배운 내용을 바탕으로 쉽게 생각해 보겠습니다. 우선 마우스가 클릭됐는지 확인하는 기능은 감지 명령에 있는 〔마우스를 클릭했는가?〕 블록을 쓰면 됩니다. 마우스가 클릭됐는지 확인하는 작업을 〔마우스를 클릭했는가? 까지 반복하기〕 블록을 이용해 반복해서 실행하겠습니다. 즉, 마우스가 클릭되기 전까지는 〔까지 반복하기〕 블록 안에 있는 스크립트를 계속 실행하겠지요. 그럼 이 반복 구문 안에 공 스프라이트의 위치를 정해두겠습니다. 공의 x 좌표는 녹색 막대를 의미하는 'Paddle' 스프라이트의 x 좌표로 하고 y 좌표는 'Paddle' 스프라이트의 y 좌표보다 15만큼 위에 위치시키겠습니다. 그리고 아래 그림처럼 앞에서 만든 반복 블록 안에 넣으면 원하는 기능이 만들어집니다.

다음으로 마우스를 클릭해서 공이 출발하면 계속 움직이되 벽에 닿으면 튕기게 만들어 봅시다. 공을 반복해서 계속 움직이게 만들려면 [무한 반복하기] 블록을 사용하고, 이 안에 앞에서 정해진 방향으로 움직이게 [15 만큼 움직이기] 블록과 [벽에 닿으면 튕기기] 블록을 순서대로 넣으면 됩니다. 모두 아래 화면처럼 스크립트를 만들었나요? 그럼 ▶ 버튼을 눌러서 프로그램을 실행해 봅시다. 그러면 공이 계속해서 움직이고 벽에 닿으면 튕기는 것을 볼 수 있습니다.

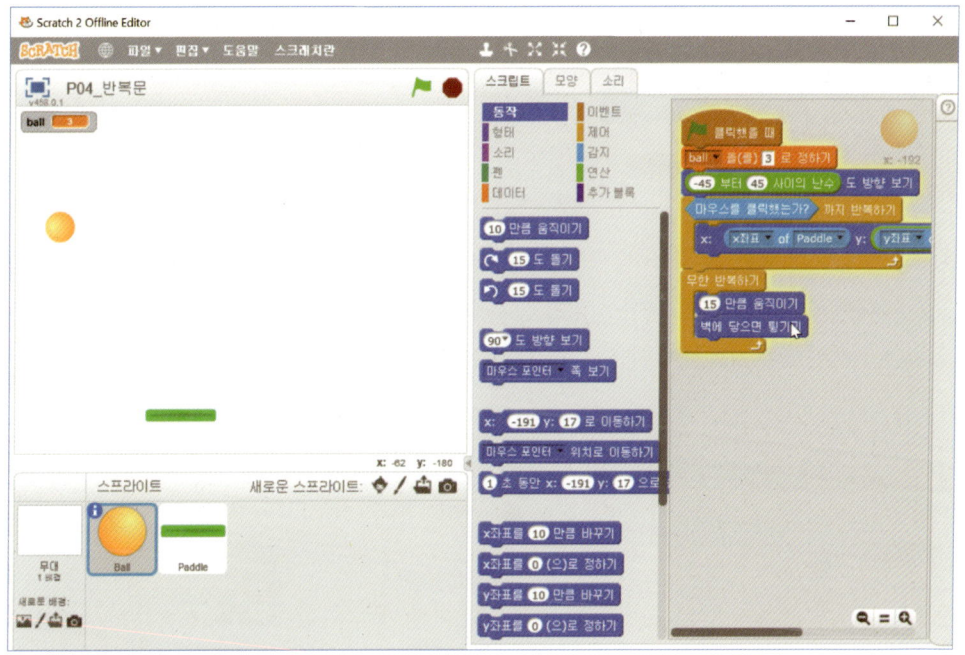

8 공이 막대에 닿으면 튕기기

지금까지 공이 움직이는 동작을 만들었습니다. 이제는 녹색 막대에 공이 닿으면 앞으로 튕기는 기능을 만들겠습니다. 앞에서 공을 움직이게 하고 벽에 닿으면 튕기는 기능을 하는 [무한 반복하기 / 15 만큼 움직이기 / 벽에 닿으면 튕기기] 블록을 만들었습니다. 여기에 원하는 기능을 추가하겠습니다. 먼저 막대를 의미하는 'Paddle' 스프라이트에 닿았는지 반복적으로 점검하는 [만약 Paddle 에 닿았는가? (이)라면] 블록을 만들어야겠군요. 만약 막대 스프라이트에 닿은 경우에는 공을 처음 시작한 것과 같이 좌우 45도 각도 중 임의의 방향으로 향하도록 `-45 부터 45 사이의 난수 도 방향 보기` 블록을 넣어줍니다. 그리고 게임의 재미를 높이기 위해 `pop 재생하기` 블록을 아래에 붙여서 공이 막대에 닿으면 소리가 나도록 만들겠습니다. 이제 이렇게 만들어진 명령 블록을 이전의 블록 안에 넣으면 됩니다. 다음 그림처럼 만들었나요?

지금까지 만든 명령이 잘 작동하는지 🏁 버튼을 다시 눌러서 프로그램을 실행해 보겠습니다. 공이 막대에 닿으면 소리가 나면서 튕기는 것을 확인했나요? 혹시 문제가 있으면 아래 화면을 보고 스크립트가 정확하게 만들어졌는지 확인해 보세요.

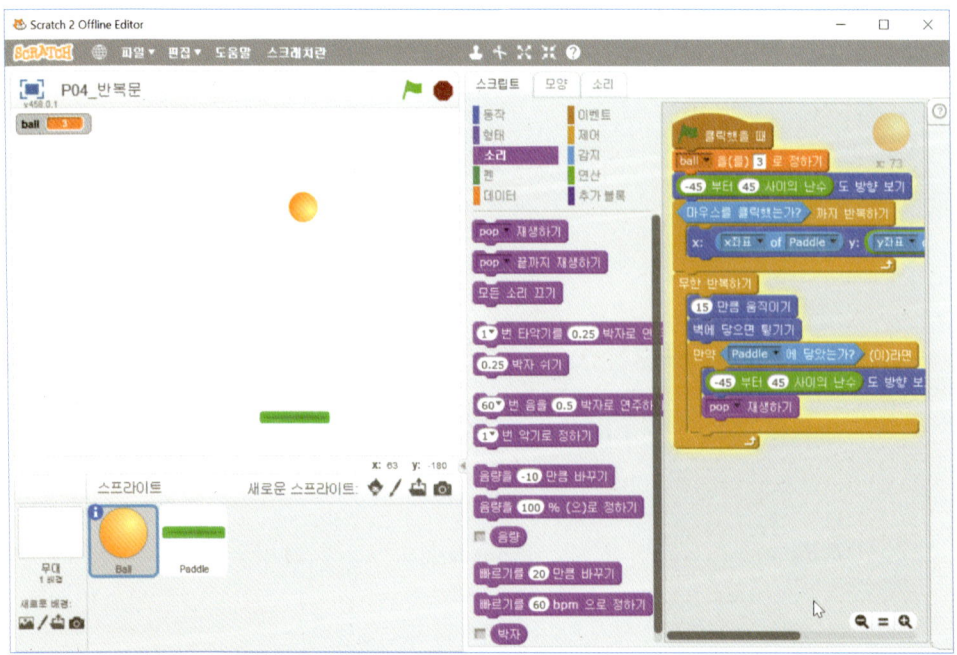

9 공이 바닥에 닿으면 다시 시작하기

공이 녹색 막대를 지나쳐 바닥에 닿으면 다시 시작하거나 남은 공이 없을 때는 게임이 종료됩니다. 공이 바닥에 닿은 것은 어떻게 감지할까요? 녹색 막대의 y 좌표가 −140이므로 공의 y 좌표가 −160보다 작은 것을 `y좌표 < -160` 블록으로 확인하면 공이 막대를 지나쳐 바닥에 닿았다 생각하겠습니다. 공이 바닥에 닿은 경우에는 `ball 을(를) ball - 1 로 정하기` 블록을 이용해 'ball' 변수의 값을 1만큼 줄이겠습니다. 여러분도 아래와 같이 블록을 만드셨나요?

```
만약 y좌표 < -160 (이)라면
    ball 을(를) ball - 1 로 정하기
```

바닥에 닿은 경우 남아있는 공의 숫자가 0이면 게임을 멈춰야 합니다. 공의 숫자가 0인지 확인하는 `ball = 0` 블록과 모든 동작을 멈추는 `모두 멈추기` 블록을 사용해 아래와 같이 조건문 안에 넣으면 됩니다.

```
만약 ball = 0 (이)라면
    모두 멈추기
아니면
```

바닥에 닿았지만 아직 공이 남아있는 경우 위의 조건문의 '아니면' 조건을 수행하게 됩니다. 이때 해야 하는 일은 처음 게임을 시작할 때와 같습니다. 우선 공이 좌우 45도 사이의 임의의 각도를 바라보게 하는 `-45 부터 45 사이의 난수 도 방향 보기` 블록을 다시 사용합니다. 그리고 마우스를 클릭했는지 점검하는 `마우스를 클릭했는가? 까지 반복하기` 블록을 사용해 공의 위치를 고정합니다. 아래와 같은 블록이 완성됐나요?

```
-45 부터 45 사이의 난수 도 방향 보기
마우스를 클릭했는가? 까지 반복하기
    x: x좌표 of Paddle  y: y좌표 of Paddle + 15 로 이동하기
```

프로그래머가 알려주는 수학

그리고 지금까지 만든 블록을 [만약 ball = 0 (이)라면 모두 멈추기 아니면] 블록의 조건 중 공이 바닥에 닿았지만 공이 아직 남은 조건에 해당하는 '아니면' 부분에 넣습니다. 다음 화면에 있는 완성된 스크립트를 봅시다. 게임을 처음 시작할 때의 명령 블록과 다시 시작할 때의 블록이 똑같군요.

이제 완성된 프로그램을 🏁 버튼을 눌러서 실행해 보겠습니다. 마우스를 클릭해 스쿼시 게임을 즐겨보세요. 지금까지 반복문이 게임에서 유용하게 사용되는 것을 확인했습니다.

04장 _ 반복문

05 함수

1 마법의 램프와 함수

여러분은 '알라딘과 마법의 램프'라는 이야기를 들어봤나요? 아랍의 유명한 천일야화라는 고전에 나오는 유명한 이야기입니다. 주인공 알라딘은 마법의 램프 정령인 지니를 불러서 원하는 것을 이야기하면 지니는 무엇이든 가져다 줍니다. 책을 보면서 한번쯤은 '나에게도 마법 램프가 있었으면'하고 생각했을 겁니다. 불러서 무엇이든 원하는 것을 이야기하면 결과를 가져다 준다니 얼마나 편할까요? 이번에 배울 주제인 함수가 바로 마법의 램프 지니와도 같은 것입니다.

함수란 무엇일까요? 함수는 프로그램의 기본 단위로서 어떤 입력을 받아 내부의 기능을 통해 결과를 출력하는 것을 의미합니다. 어떤 사람들은 특정한 기능을 담고 있는 함수를 만들고 이 함수들을 실행 순서에 따라 나열하는 것을 프로그램이라고도 합니다.

아직은 함수의 개념이 와 닿지는 않죠? 그럼 아주 쉬운 예를 들어 보겠습니다. 자주 사용하는 계산기를 보겠습니다. 계산기에 숫자를 입력하고 계산 명령을 내리면 계산된 결과가 나옵니다. 계산기에는 더하기, 빼기, 곱하기, 나누기를 비롯한 여러 다른 계산 관련 기능이 함수로 구현돼 있습니다. 예를 들어, 계산기의 더하기 함수에 3과 4라는 숫자를 입력하면 그 함수가 결괏값을 계산해서 7을 출력하는 것입니다.

그림 5.1 함수의 개념

2 예제 파일 실행하기

스크래치에서는 함수를 어떻게 만드는 걸까요? 아무리 찾아봐도 함수라는 이름의 명령은 안 보입니다. 스크래치에서는 함수를 '추가 블록'이라는 이름으로 표현합니다. 명령어 블록에 있는 보라색으로 표시된 추가 블록을 이용해 함수를 만들 수 있습니다.

이번 장에서는 앞 장에서 만든 스쿼시 게임을 함수를 이용해 좀 더 세련되게 만들어 보겠습니다. 먼저 완성된 프로그램을 실행해 볼까요? 내려받은 예제 파일 중 'P05' 폴더에 있는 'P05_함수.sb2' 파일을 스크래치 에디터에서 열어보겠습니다. 그리고 ▶ 버튼을 눌러서 프로그램을 실행하겠습니다. 게임을 시작하니 앞 장에서 만든 예제와 기능이 같아 보이네요. 그런데 게임을 하다 보니 남은 공의 개수가 줄어들 때마다 공의 속도가 빨라지는군요.

이번 장에서는 함수를 사용해 스크립트를 좀 더 효율적으로 꾸며 보고 또한 남은 공의 개수에 따라 속도를 조절하는 기능을 추가하겠습니다.

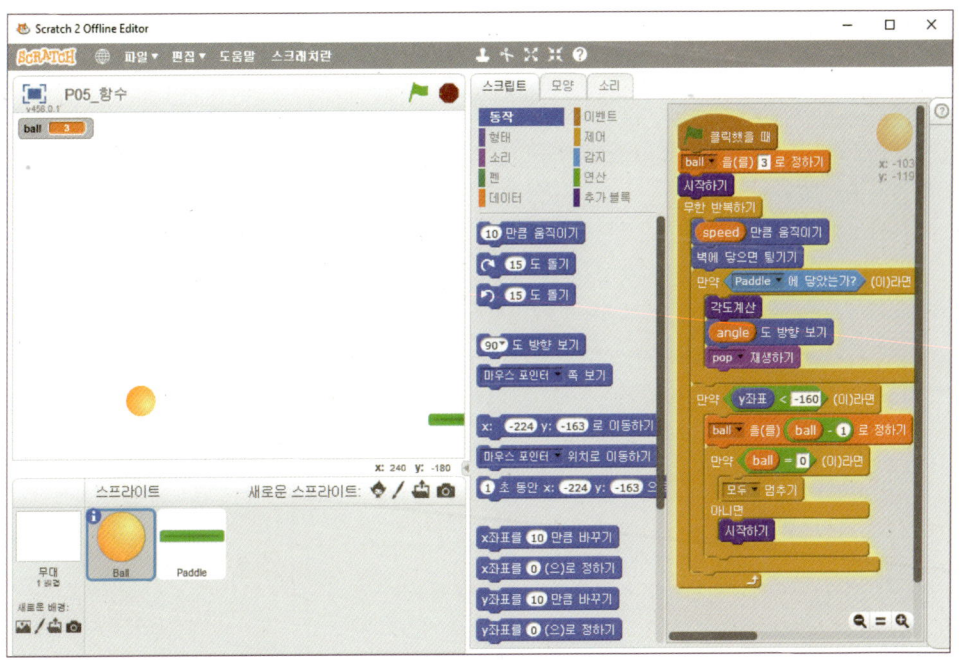

프로그래머가 알려주는 수학

 ## 각도 계산 함수 만들기

그럼 이전 장의 예제 파일을 열어서 함수를 추가하는 작업을 시작하겠습니다. 내려받은 'P04' 폴더에 있는 'P04_반복문. sb2' 파일을 열어봅시다.

함수에는 다양한 용도가 있지만 중복되는 기능을 일관되고 단순화하게 만드는 데도 사용됩니다. 다음 화면처럼 공 스프라이트의 스크립트를 보니 공의 각도를 정하는 블록이 세 군데나 있습니다. 지금은 좌우 45도 사이의 임의의 각도를 정하게 돼 있는데 만약 이 각도를 좀 더 넓혀서 좌우 60도로 조정하려면 세 군데를 찾아가서 모두 고쳐야 합니다. 여러 군데를 바꾸는 것이 불편하기도 하지만 바꾸는 중간에 실수할 수도 있습니다.

각도를 계산하는 기능을 함수로 만들고 그 함수를 여러 군데서 사용하겠습니다. 함수 안에서 기능을 변경하거나 추가하면 사용되는 여러 곳에 한 번에 적용됩니다. 그럼 '각도계산'이라는 이름의 함수를 만들어 볼까요? 명령어 블록에서 보라색 추가 블록을 선택하고 [블록 만들기] 버튼을 누르겠습니다. 새로운 블록 알림창에서 블록의 이름을 '각도계산'으로 지정하고 [확인] 버튼을 누릅니다.

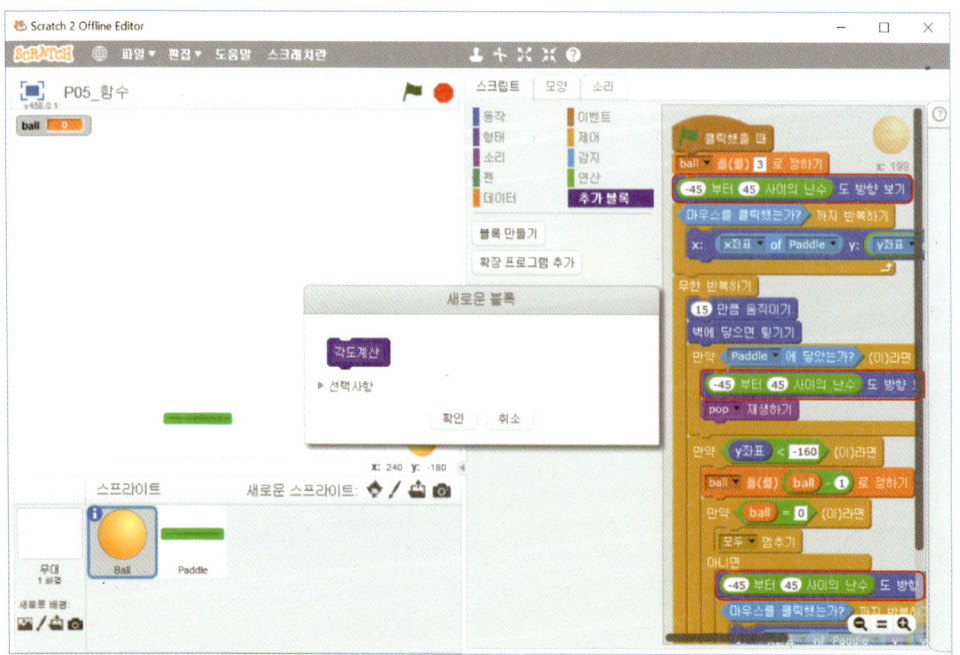

05장_함수

이렇게 만든 각도계산 함수를 부르면 공의 방향을 정하는 임의의 각도를 정해 줍니다. 그렇게 정해진 각도를 사용하기 위해 결괏값을 저장할 변수가 필요하겠군요. 그럼 데이터 명령에 있는 [변수 만들기] 버튼을 클릭해 'angle'이라는 이름의 변수를 만들어 봅시다. 각도계산 함수에서 임의의 각도를 정하고 angle 변수에 저장해두고 사용하면 됩니다.

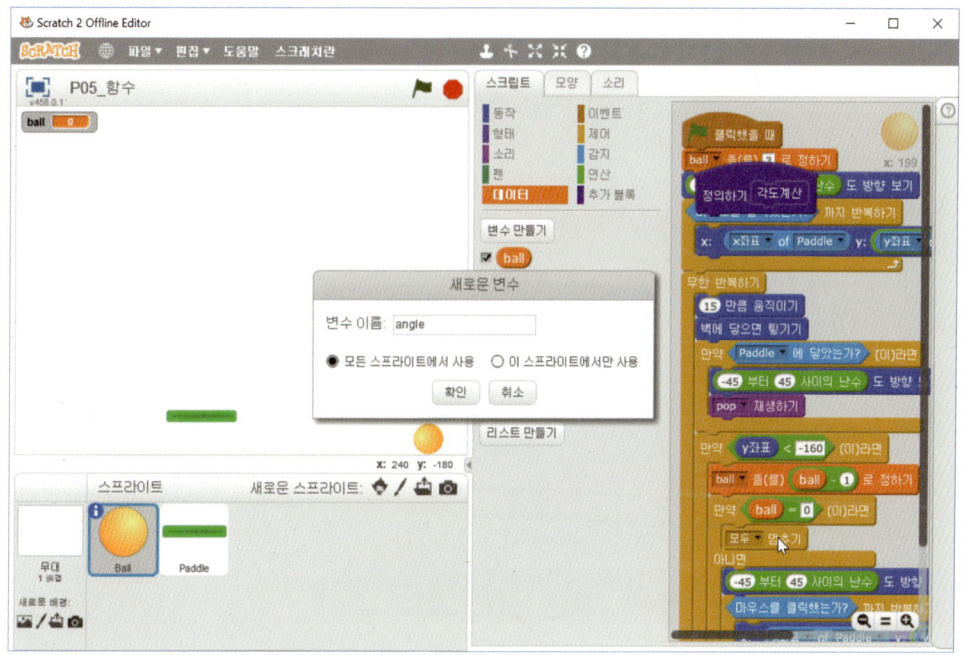

각도계산 함수에서 좌우 45도 사이의 임의 각도를 정할 때는 이전에 배운 -45 부터 45 사이의 난수 블록을 사용하면 됩니다. 그리고 angle 을(를) -45 부터 45 사이의 난수 로 정하기 블록을 이용해 난수 값을 angle 변수에 넣습니다. 이제 각도계산 함수의 기능을 정하는 정의하기 각도계산 블록 아래에 붙이면 함수가 완성됩니다.

77

프로그래머가 알려주는 수학

4 각도계산 함수 사용하기

지금까지 `각도계산` 함수를 만들었으니 이제 사용해볼 차례입니다. 'Ball' 스프라이트의 스크립트 중 각도를 계산하는 부분에 앞에서 만든 `각도계산` 추가 블록을 가져다 놓습니다. 그러면 `각도계산` 함수가 공의 각도를 알아서 정해줄 것입니다. 이 함수는 결괏값을 `angle`에 저장해 두기로 했으니 `-45 부터 45 사이의 난수 도 방향 보기` 블록에서 `-45 부터 45 사이의 난수` 블록 대신 `angle` 변수를 가져다 둡니다. 모두 아래 화면처럼 바꾸셨나요?

함수를 만들면 여러 군데에서 사용하는 같은 코드를 한 곳에서 관리할 수 있다고 했습니다. 'Ball' 스프라이트의 스크립트를 보니 세 군데나 각도를 계산하는 코드가 있습니다. 다음 페이지의 화면처럼 나머지 두 군데도 `각도계산` 함수를 사용하도록 스크립트를 바꿔줍니다. 함수를 사용하니 스크립트도 간단해졌지만 기능을 바꾸는 작업도 단순해집니다. 가령 각도의 범위를 좌우 60도로 바꾸려 한다면 `정의하기 각도계산` 추가 블록에서 한 번만 바꾸면 됩니다. 프로그램에서 함수를 사용하는 이유가 이해되지요?

05장_함수

5 시작하기 함수 만들기

이번에는 다른 함수를 하나 더 만들어 보겠습니다. 다음 페이지의 화면에서 스크립트를 유심히 보면 게임을 시작할 때와 공을 놓친 후 다시 게임을 시작할 때는 같은 동작을 한다는 사실을 알 수 있습니다. 공의 각도를 정하고 마우스가 클릭될 때까지 공을 막대 위에 대기시키는 작업입니다. 이 같은 공통 작업도 새로운 함수인 [정의하기 시작하기] 추가 블록으로 만들면 프로그램이 훨씬 간단하고 효율적으로 바뀝니다. 다음 화면을 보면 시작하기로 묶을 수 있는 공통적인 부분이 두 군데 있습니다.

프로그래머가 알려주는 수학

앞에서 각도계산 추가 블록을 만든 것과 같은 방법으로 시작하기 라는 이름의 추가 블록을 만듭니다. 혹시 추가 블록을 만드는 방법이 기억나지 않는다면 5.3절로 돌아가서 다시 익혀 보세요. 추가 블록이 만들어지면 위 화면의 스크립트에서 시작하기와 관련해서 공통으로 사용한 블록을 가져다가 새로 만든 정의하기 시작하기 추가 블록에 붙이면 새로운 함수가 완성됩니다. 잘 따라 왔다면 다음 화면처럼 블록이 완성됐을 겁니다.

이제 시작하기 추가 블록을 사용해 봅시다. 앞에서 확인한 두 군데의 공통 부분을 시작하기 블록으로 바꾸겠습니다. 그럼 정의하기 시작하기 을 실행하게 됩니다. 아래의 완성된 스크립트를 보고 자신이 만든 블록과 비교해 보세요. 추가 블록 함수를 만들고 나니 훨씬 코드가 간결해진 것을 확인할 수 있습니다.

6 속도계산 함수 만들기

이번에는 단순하게 반복적인 코드를 묶는 기능을 넘어서 좀 더 고차원적인 함수를 만들어 보겠습니다. 지금까지는 세 개의 공의 속도가 같았지만 공을 놓칠 때마다 속도를 높여서 게임의 흥미를 높여볼까요? 현재 공이 몇 개 남아있는지 확인하고 이에 따라 공의 속도를 정하는 '속도계산' 함수를 만들어 보겠습니다.

공의 속도를 저장하기 위한 'speed'라는 이름의 변수를 만드는 것으로 작업을 시작하겠습니다. 변수를 만들기 위해 데이터 명령에서 [변수 만들기] 버튼을 누릅니다. 다음 페이지의 화면처럼 알림창에 변수의 이름으로 'speed'를 입력하고 [확인] 버튼을 누르면 공의 속도를 저장하는 변수인 speed 가 만들어집니다.

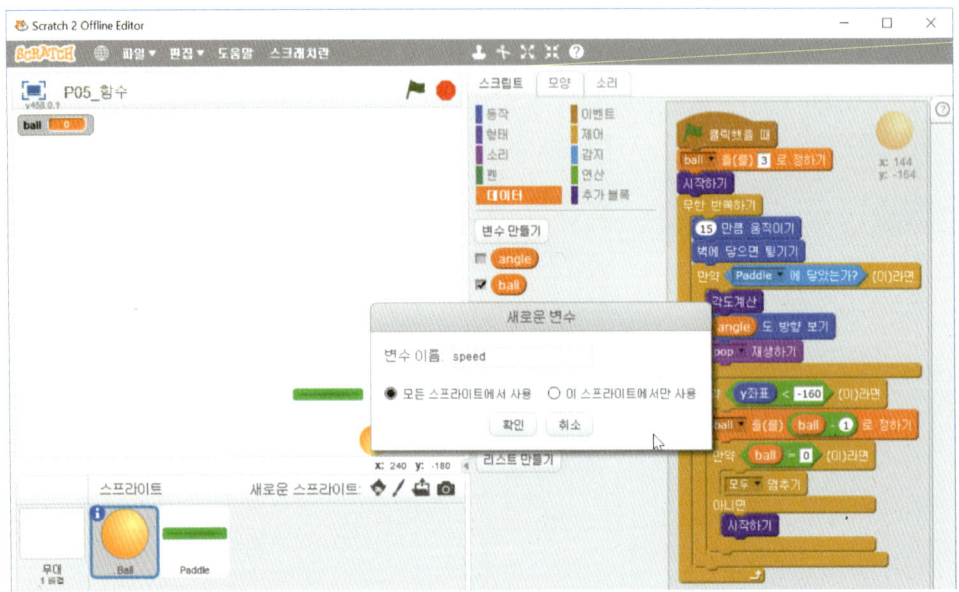

다음으로 명령어 블록 중 추가 블록에서 새로운 블록을 만들겠습니다. 공의 속도를 계산하는 함수이므로 이름은 '속도계산'이라고 정하겠습니다. 그리고 앞에서 각도계산, 시작하기 추가 블록을 만드는 방법과 같은 요령으로 새로운 블록을 만듭시다.

여기서 주목할 것은 앞에서 만든 추가 블록과는 다르게 선택사항으로 매개변수라는 것을 사용하는 것입니다. 매개변수라는 것은 추가 블록 함수에 보내는 메시지와 같은 것입니다. 앞에서 남은 공의 개수에 따라 속도를 계산한다고 했으니 남은 공의 개수를 함수에 보내야겠군요. 바로 이것이 매개변수입니다. 남은 공의 개수는 숫자이므로 오른쪽 화면처럼 [숫자 매개변수 추가하기]를 선택하고 매개변수 이름에 '남은공'이라고 적어두면 됩니다.

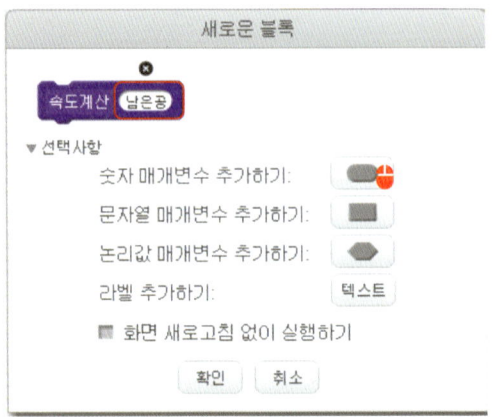

새로운 블록의 이름과 매개변수를 정하고 [확인] 버튼을 누르면 스크립트 영역에 정의하기 속도계산 남은공 블록이 생긴 것을 확인할 수 있습니다. 앞에서 만든 정의하기 시작하기 블록과 비교하니 '남은공'이라는 이름의 매개변수가 있다는 점이 다르군요.

남은 공의 개수를 확인해서 3개 남았으면 speed 변수의 값을 10으로 하고, 2개 남았으면 15로 높이고, 마지막 1개만 남았으면 20으로 빠르게 변경하겠습니다.

이렇게 하기 위해서는 먼저 남은공 = 3 블록을 만들어서 공의 개수가 3개인지 확인하고 만약 남은공 = 3 (이)라면 아니면 블록으로 공의 개수가 3개이면 speed 을(를) 10 로 정하기 블록을 이용해 speed 변수의 값을 10으로 지정하면 됩니다.

만약 남은 공의 개수가 3개가 아닌 경우에는 다시 공의 개수가 2개인지 확인해서 맞으면 speed 의 값을 15로 정하고, 아니면 20으로 정하겠습니다.

그리고 정의하기 속도계산 남은공 블록 아래에 지금까지 만든 블록을 붙이면 우리가 원하는 '속도계산' 추가 블록이 완성됩니다. 모두 다음 화면처럼 만드셨나요?

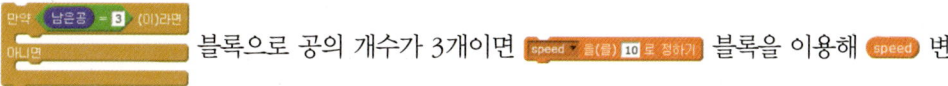

프로그래머가 알려주는 수학

7 남은 공의 개수에 따라 변하는 속도

지금까지 만든 [속도계산 1] 추가 블록을 사용하는 단계에 왔습니다. 공의 속도를 정하는 것은 게임을 처음 시작하거나 공을 놓치고 다시 시작할 때입니다. 우리는 앞에서 이 기능을 [시작하기]라는 이름의 추가 블록 함수로 만들었습니다. 그러므로 [속도계산 1] 함수는 [정의하기 시작하기] 추가 블록을 정의하는 곳에서 사용하겠습니다. [속도계산 1] 블록을 가져다 두고 '남은공' 매개변수는 남아있는 공의 개수를 의미하는 [ball] 변수의 값으로 정하겠습니다. 그러면 [시작하기]를 실행할 때마다 [속도계산 ball] 블록을 불러서 남은 공의 개수에 따라 공의 속도를 정하고 이 값을 [speed] 변수에 저장하게 됩니다.

그렇게 공의 속도가 정해지면 공이 움직이는 곳에서 공의 속도를 의미하는 [speed] 변수의 값만큼 움직이게 하면 되겠지요? 다음 화면처럼 [15 만큼 움직이기]의 값을 [speed]로 바꾸면 됩니다. 그러면 [speed]의 값만큼 공이 움직이게 됩니다.

지금까지 세 가지 함수를 만들고 마지막 함수에서는 매개변수를 이용해 남은 공의 개수에 따라 속도를 바꾸는 기능도 만들어 봤습니다. 이제 함수의 개념이 이해되시나요? 아직도 함수가 익숙하지 않으면 지금까지 고친 스크립트를 다시 찬찬히 살펴보세요.

이제 완성된 스크립트를 실행해 봅시다. 무대 영역에 있는 ▶ 버튼을 눌러 볼까요? 게임을 하면서 공을 놓치면 공의 속도가 조금씩 빨라지는 것을 확인할 수 있습니다. 단순한 기능이지만 게임의 흥미를 높여주는군요.

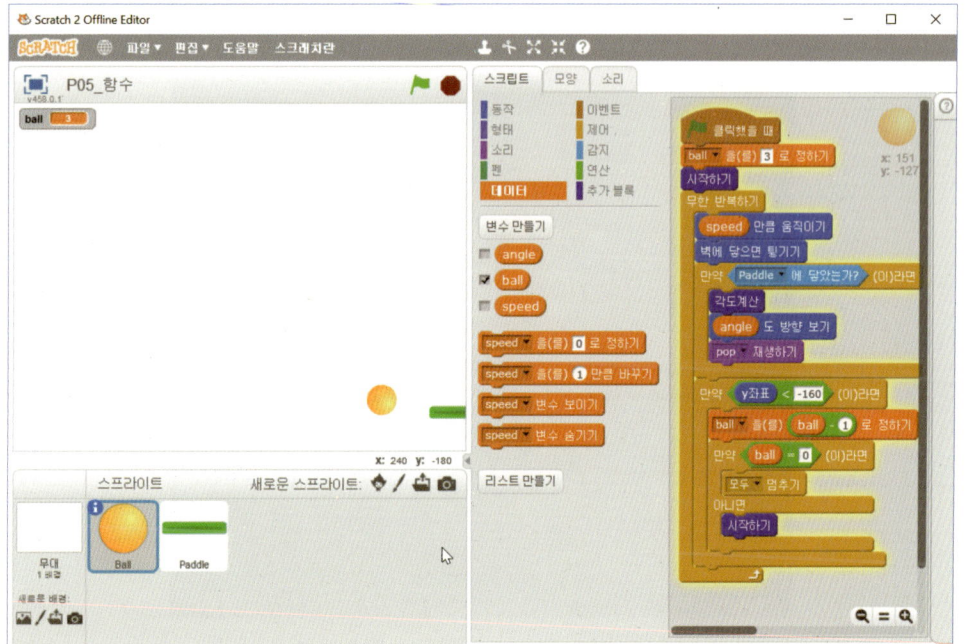

06 이벤트

1 이벤트의 개념

제가 어릴 때 인베이더라는 게임이 유행했습니다. 외계에서 적의 우주선 단이 침입하고 자신의 우주선에서 포탄을 쏘아 적의 비행선을 격퇴하는 게임입니다. 아주 단순하지만 게임의 기본을 갖춘 명작이죠.

그림 6.1 추억의 인베이더 게임

이번 장에서는 인베이더와 비슷한 우주선 게임을 만들 겁니다. 게임에서 키보드의 화살표를 누르면 비행선의 방향을 전후좌우로 조정할 수 있습니다. 그리고 스페이스 바를 누르면 앞으로 포탄이 발사됩니다. 이처럼 게임에서 화살표나 스페이스 키를 누르는 행위를 모두 이벤트라고 합니다.

프로그램에서 사용하는 다른 이벤트는 어떤 것이 있을까요? 마우스 버튼을 클릭하거나 텍스트를 입력하거나 마우스가 버튼 위에 위치하는 것과 같은 사용자의 행동뿐 아니라 화면이 나타나거나 타이머가 작동하는 것과 같은 동작을 모두 이벤트라고 할 수 있습니다.

06장_이벤트

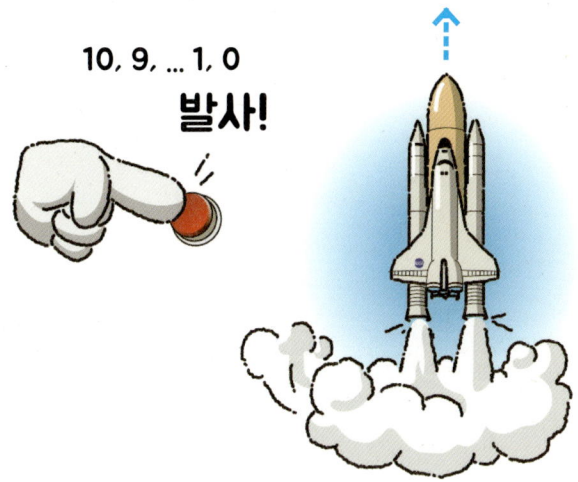

그림 6.2 이벤트의 개념

이벤트를 이해하기 위해 우주왕복선 발사를 생각해 봅시다. 모두 우주왕복선 발사 장면을 상상해 봅시다. '10, 9, 8, 7…' 초읽기가 진행되다 '…1, 0 발사!' 명령과 함께 발사 버튼을 누르면 우주왕복선이 불꽃과 굉음을 내며 하늘로 날아가지요.

여기서 이벤트는 무엇일까요? 그렇습니다. 버튼을 클릭하는 것이 이벤트입니다. 이벤트가 발생하면 실행해야 하는 명령은 우주 비행선을 발사하는 것입니다.

2 배경과 스프라이트

먼저 우주선 게임에서 사용할 배경과 스프라이트를 정하겠습니다. 배경 그림은 스크래치에서 제공하는 저장소에 있는 그림을 선택하겠습니다. 무대의 새로운 배경 중 [저장소에서 배경 선택] 버튼을 누릅니다.

프로그래머가 알려주는 수학

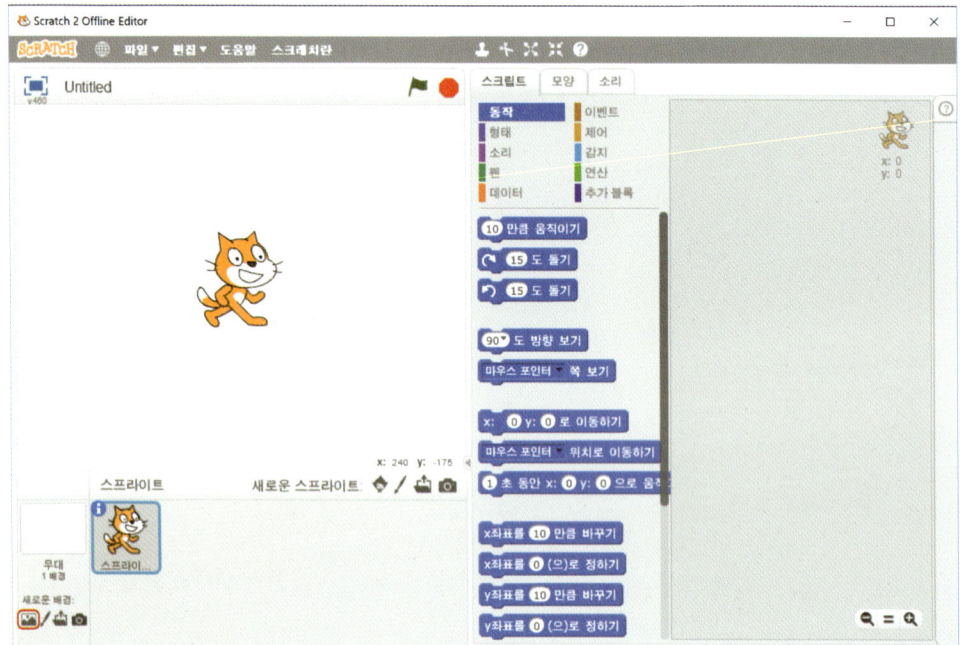

배경 저장소의 배경 그림을 고르는 화면에서 우주의 배경화면으로 적당한 'starts'를 선택합니다. 그리고 [확인] 버튼을 누릅니다.

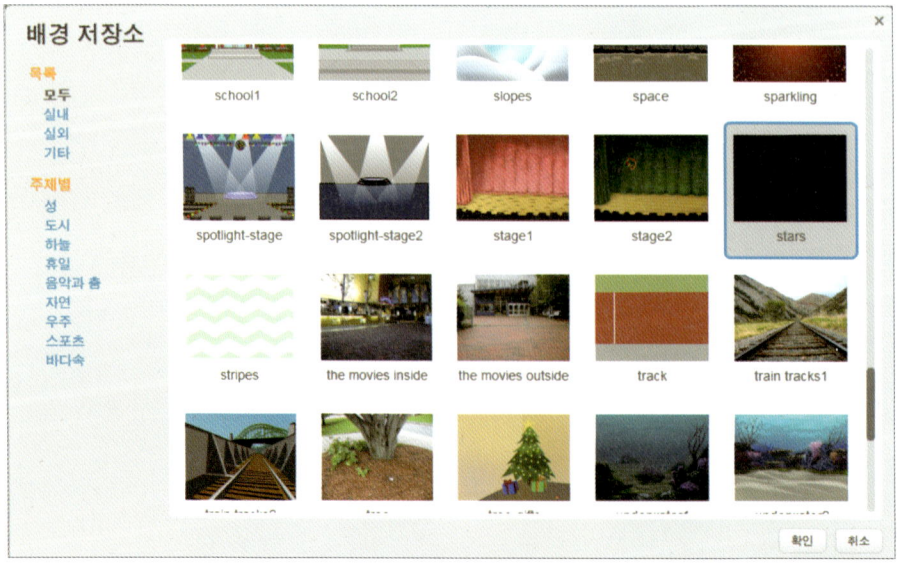

그러면 무대의 배경이 아래 그림처럼 우주화면으로 바뀐 것을 볼 수 있습니다. 우주선 게임에서 고양이 스프라이트는 사용하지 않을 테니 스프라이트를 없애겠습니다. 고양이 스프라이트 위에서 마우스 오른쪽 버튼을 누르고 메뉴에서 [삭제]를 선택합니다.

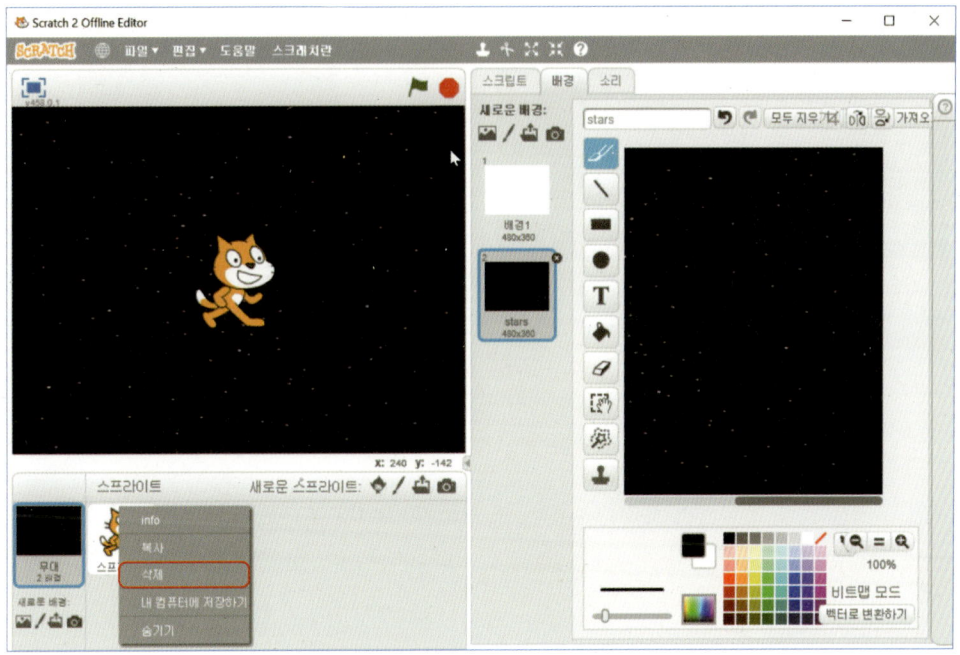

이번에는 게임에서 사용할 우주선과 게임 종료를 알리는 스프라이트를 선택하겠습니다. 내려받은 예제 파일 중 'P06' 폴더에 두 스프라이트에 쓸 그림 파일을 넣어뒀습니다. 다음 페이지의 화면처럼 새로운 스프라이트 버튼 중 [스프라이트 파일 업로드하기] 버튼을 선택합니다.

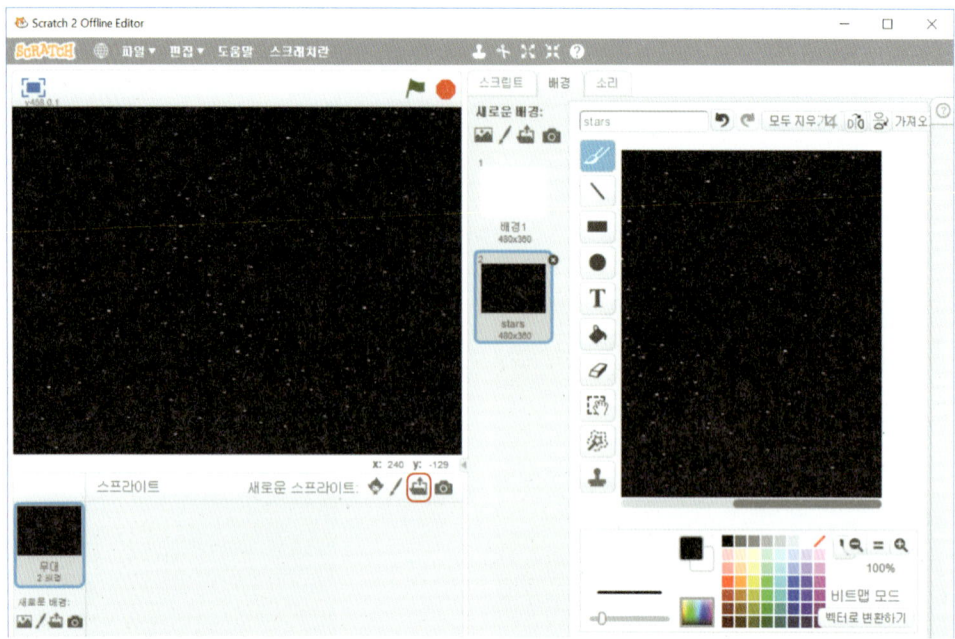

그리고 파일 선택 창이 나타나면 'P06' 폴더에 있는 'gameOver.png'와 'aircraft.png'를 선택하고 [확인] 버튼을 누릅니다.

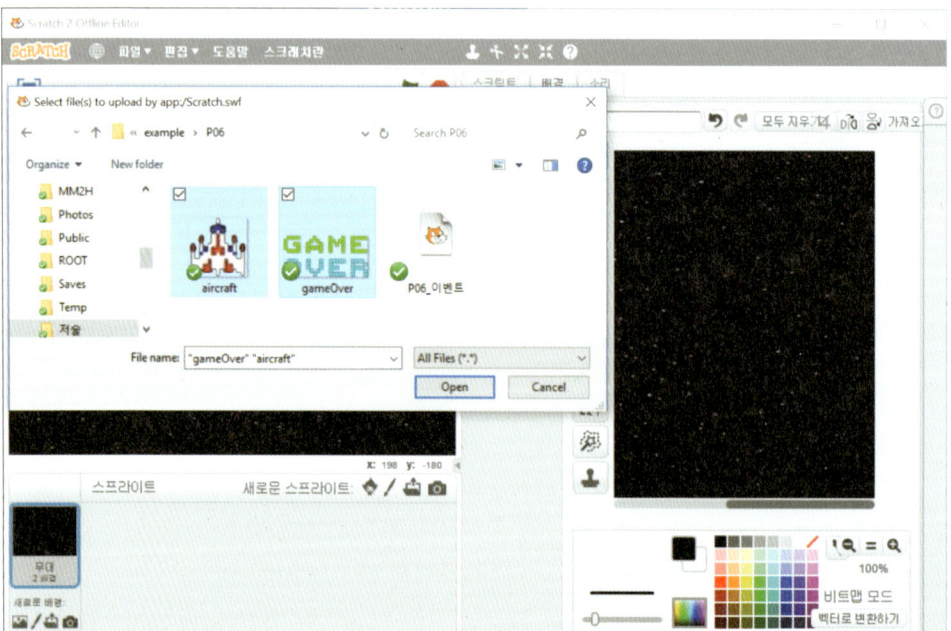

06장 _ 이벤트

두 그림 파일을 가져오면 아래 화면처럼 'gameOver'와 'aircraft'라는 이름의 스프라이트가 생깁니다.

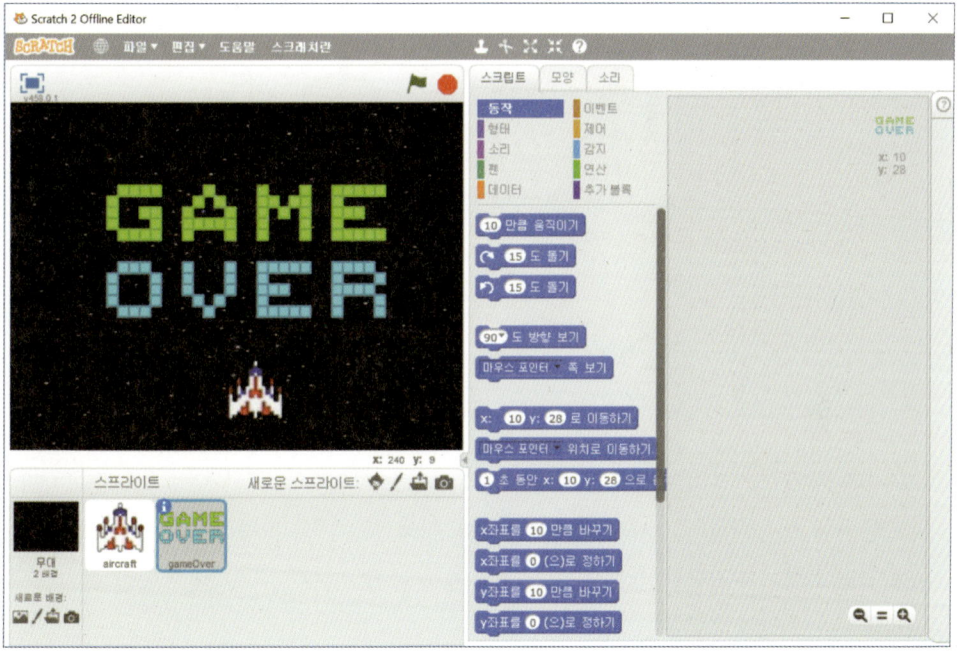

이번에는 포탄으로 사용할 스프라이트를 저장소에서 가져오겠습니다. 저장소에 있는 스프라이트를 가져오려면 새로운 스프라이트 버튼 중 첫 번째에 위치한 [저장소에서 스프라이트 선택] 버튼을 누릅니다.

스프라이트 저장소 화면이 나타나면 그중에서 'Ball'이라는 스프라이트를 선택하고 [확인] 버튼을 누릅니다.

91

프로그래머가 알려주는 수학

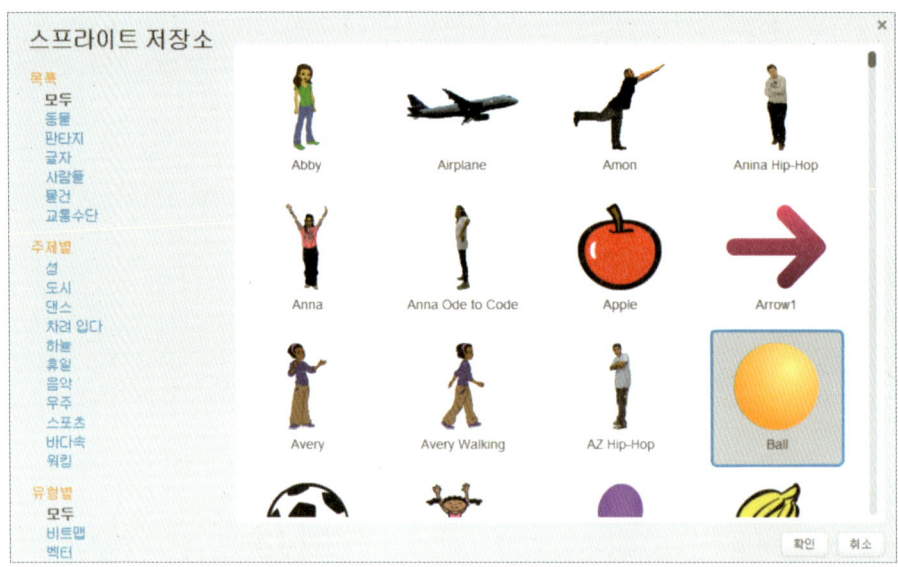

스프라이트로 가져온 Ball의 크기가 포탄으로 쓰기에는 너무 크군요. 무대에 있는 Ball 스프라이트를 마우스로 클릭하고 아래 화면처럼 무대 위에 있는 메뉴바 중 축소 버튼을 클릭하면 스프라이트의 크기가 작아집니다. 축소 버튼을 계속 눌러 포탄으로 쓰기에 적당한 크기로 줄입니다.

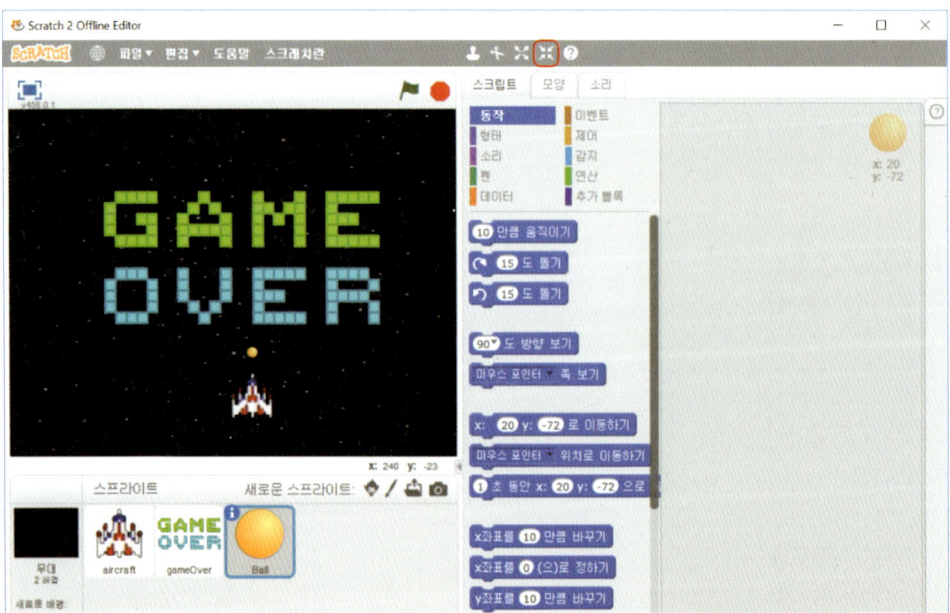

3 화살표 키로 우주선 조정하기

이번에는 화살표 키로 우주선의 방향을 조정하겠습니다. 우주선을 조정하기 위해 우주선 'aircraft' 스프라이트에서 스크립트를 만들겠습니다. 먼저 무대에서 🏁 버튼을 누르면 명령들이 실행되도록 [클릭했을 때] 블록을 가져다 둡니다. 그 아래에 우주선이 포탄이나 다른 스프라이트보다 앞에 위치하도록 [맨 앞으로 순서 바꾸기] 블록을 가져다 둡니다. 게임을 시작하면 우주선이 무대의 중앙 아래에 위치하도록 [x: 0 y: -140 로 이동하기] 블록을 사용합니다. 스크래치 무대에서 좌표를 표현하는 방법을 다시 한번 복습해 볼까요? 스크래치 무대의 크기는 가로가 480이고 세로가 360입니다. 이를 그림으로 표현하면 아래와 같습니다. 가로와 세로가 만나는 중앙이 0이고 가로는 좌로 -240, 우로 240까지 표시할 수 있습니다. 세로는 위로 180, 아래로 -180까지 위치를 정할 수 있습니다. 우주선 스프라이트의 위치를 x 좌표를 0으로 하고 y 좌표를 -140으로 정하면 가로는 중앙에 세로는 아래쪽에 위치하게 됩니다.

프로그래머가 알려주는 수학

이번에는 화살표 키가 눌리면 우주선이 움직이는 기능을 만들어 보겠습니다. 게임이 실행되는 동안 계속해서 화살표 키가 눌리는지 확인하려면 ▭무한 반복하기▭ 반복 블록을 사용합니다. 화살표 키가 눌리는 이벤트는 어떻게 확인할 수 있을까요? 감지 명령 블록을 보면 다양한 키보드 버튼이 눌린 이벤트를 확인하는 ▭위쪽 화살표 키를 눌렀는가?▭ 블록이 있는데 이 블록을 사용하면 됩니다. 그리고 ▭만약 (이)라면▭ 조건 블록을 이용해 위쪽 화살표 키가 눌린 이벤트를 확인합니다. 만약 키가 눌리면 우주선을 위로 약간 이동하기 위해 ▭y좌표를 4 만큼 바꾸기▭ 블록을 사용해 우주선 스프라이트의 y좌표를 4만큼 바꿉니다.

아래쪽, 오른쪽, 왼쪽 화살표 이벤트도 같은 방법으로 만듭니다. 모두 만들고 나면 스트립트가 다음과 같이 만들어집니다.

4 스페이스 키로 포탄 발사하기

이번에는 스페이스 키를 눌러서 포탄을 발사하겠습니다. 포탄이 발사되는 기능은 포탄을 의미하는 'Ball' 스프라이트에서 만드는 것이 좋겠군요. 먼저 무대에서 🏁 버튼을 누르면 실행되도록 `클릭했을 때` 블록을 가져다 둡니다. 포탄은 항상 위쪽으로 움직여야 하므로 `0도 방향 보기` 블록을 사용하겠습니다. 포탄이 발사되기 전에는 포탄이 보이지 않도록 `숨기기` 블록을 이용합니다. 게임이 실행되는 동안 포탄은 계속 우주선을 따라 다녀야 하므로 `무한 반복하기` 반복 블록 안에 `aircraft 위치로 이동하기` 블록을 넣어둡니다. 스페이스 키가 눌렸는지 확인하기 위해 `스페이스 키를 눌렀는가?` 블록을 `만약 (이)라면` 조건 블록에 넣어 확인합니다. 포탄이 발사되면 벽에 닿기 전까지 앞으로 나아가고 벽에 닿으면 사라지게 됩니다. 그러므로 `벽에 닿았는가?` 블록과 `까지 반복하기` 블록으로 계속 벽에 닿았는지 확인합니다. 포탄이 벽에 닿기 전까지는 `보이기` 블록으로 포탄이 보이게 하고 `5만큼 움직이기` 블록으로 5만큼 이동하게 합니다. 만들어진 블록을 모아보면 다음과 같은 화면처럼 됩니다.

프로그래머가 알려주는 수학

5 GameOver 이벤트 만들기

스크립트 블록 팔레트를 유심히 보면 이벤트 명령이 있습니다. 이것은 스크래치에서 필요할 때 새로운 이벤트를 만들 수 있다는 의미입니다. 이벤트를 만들어서 사용하면 편리할 때가 있는데 어떤 경우에 이벤트를 만들어서 사용할까요?

우주선 게임에서 우주선이 벽에 부딪히면 게임을 끝내고 싶습니다. 우주선이 벽에 닿았는지 확인하고 'GameOver'라는 이벤트를 만들고 이를 이용해 게임을 종료하면 되겠군요.

그럼 어떻게 새로운 이벤트를 만들고 이것으로 프로그램을 종료할까요? 우주선이 벽에 닿았는지 확인할 때는 〈벽▼에 닿았는가?〉 감지 블록을 사용합니다. 〈만약 (이)라면〉 조건 블록으로 벽에 닿았는지 계속 확인하겠습니다. 만약 벽에 닿았다면 우주선 스프라이트에서 프로그램의 모든 스프라이트와 무대에 "게임이 끝났어!"라는 메시지를 보내는 겁니다. 그 메시지를 다른 스프라이트에서 받고 프로그램을 종료하면 되겠네요.

06장 _ 이벤트

메시지를 방송하기 위해 이벤트 명령에 있는 `메시지1▼ 방송하기` 블록을 이용합니다. 블록을 `만약 〈 에 닿았는가?〉(이)라면` 블록 안에 가져다 둔 후에 메시지를 누르면 '새 메시지…'라는 메뉴를 선택할 수 있습니다. 새로운 메시지를 입력하는 알림창이 나타나면 메시지의 이름을 'GameOver'라고 지정합니다.

6 GameOver 이벤트 사용하기

이제 새로 만든 'GameOver' 이벤트를 사용해 보겠습니다. 게임이 종료되면 게임에서 어떤 일이 일어날까요? 커다랗게 'GAME OVER'라는 글씨가 화면을 채우고 모든 동작을 멈추도록 하겠습니다. 게임이 종료됐다는 것을 알리는 글씨는 앞에서 가져다 둔 'gameOver'라는 이름의 스프라이트를 사용하면 됩니다. 'GAME OVER'라는 글씨는 🏁 버튼을 눌러서 게임이 실행되면 보이지 않게 숨겨야 합니다. 그러려면 'gameOver' 스프라이트의 스크립트 영역에 `클릭했을 때` 블록을 가져다 두고 `숨기기` 블록을 사용해 스프라이트가 안 보이게 합니다.

프로그래머가 알려주는 수학

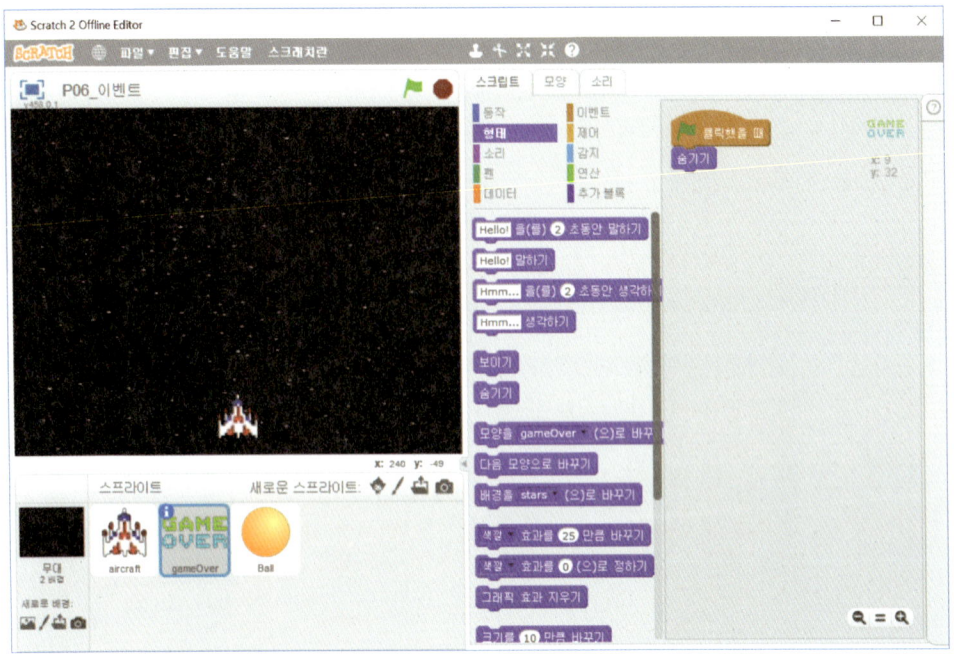

이제 앞에서 만든 'GameOver'라는 이름의 메시지를 받았을 때 처리하는 기능을 만들어 봅시다. 우주선 스프라이트에서 우주선이 벽에 닿으면 `GameOver 방송하기` 블록으로 'GameOver' 메시지를 방송하는 것을 기억하실 겁니다. 'GameOver' 메시지가 방송되면서 이벤트가 발생하면 게임이 종료되는 기능을 만들겠습니다. 이벤트 명령 중 메시지를 받았을 때 실행되는 `메시지1 을(를) 받았을 때` 블록을 가져다가 앞에서 만든 'GameOver'라는 이름의 메시지를 선택합니다. 이번에는 숨겨뒀던 'GAME OVER'라는 글씨를 보여줘야 하므로 `보이기` 블록을 아래에 붙입니다. 그리고 모든 동작을 멈추고 게임을 끝내야 하는데 이 기능은 제어 명령에 있는 `모두 멈추기`를 사용하면 됩니다. 다음 페이지의 화면처럼 말입니다.

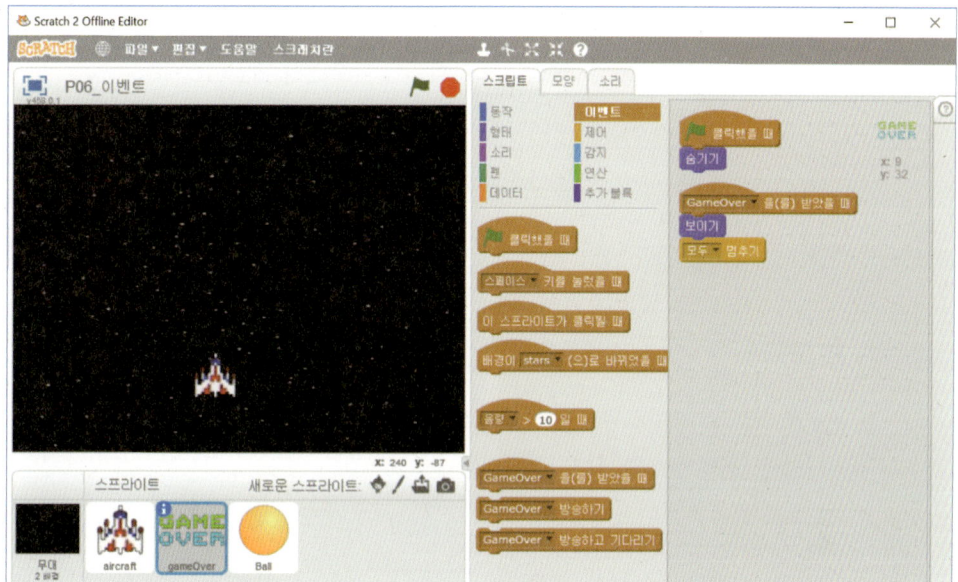

자, 그럼 만들어진 게임을 실행해 보겠습니다. 무대에 있는 ▶ 버튼을 눌러서 게임이 시작되면 우주선이 중앙 하단에 자리 잡고 있습니다. 화살표 키를 눌러보세요. 화살표의 방향에 따라 우주선이 조금씩 움직이지요. 이번에는 스페이스 키를 눌러보세요. 포탄이 발사되는 것을 볼 수 있습니다.

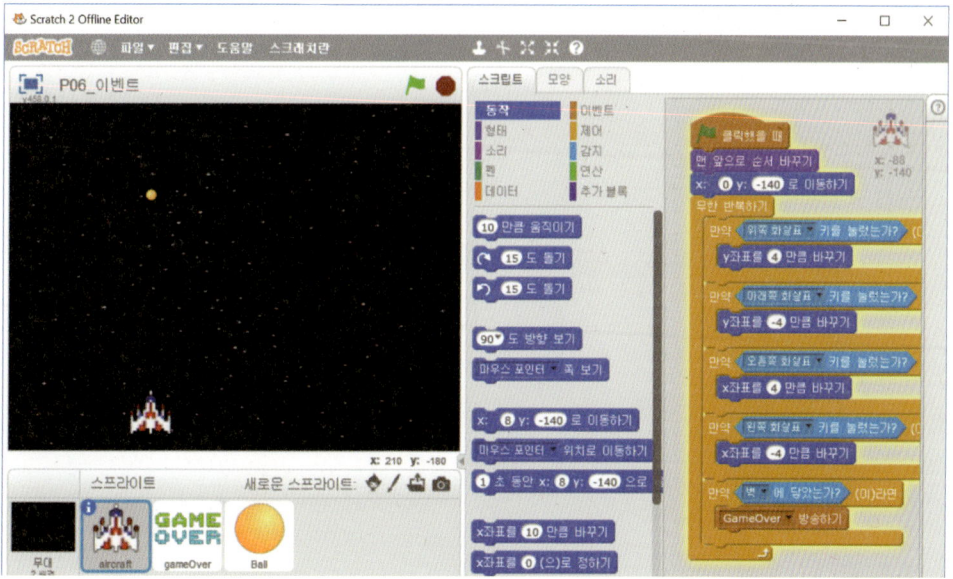

그럼 우측 화살표를 계속 눌러서 우주선이 우측 벽에 닿도록 만들어 보겠습니다. 벽에 우주선이 닿는 순간 원하는 대로 'GAME OVER' 글씨가 화면에 나오면서 게임이 종료하게 됩니다.

지금까지 간단한 게임을 만들어 보면서 다양한 이벤트의 개념과 사용법을 익혔습니다. 다음 장에서는 객체지향이라는 개념을 배우면서 우주선 게임을 더욱 재미있게 완성해 보겠습니다.

객체지향 07

1 객체지향의 개념

서유기라는 소설의 주인공인 손오공을 아시나요? 손오공은 비록 원숭이지만 막강한 힘과 멋진 무기를 가지고 적을 물리칩니다. 손오공에게는 여의봉이나 근두운 같은 좋은 무기도 있지만 그중에서도 저는 분실술이라는 기술이 가장 부러웠습니다. 머리카락 몇 개를 뽑아서 "후~" 하고 불면 자신의 분신이 여럿 생겨서 대신 싸워주고 일을 해주니 얼마나 편할까요?

저는 객체지향 프로그래밍이라는 어려운 용어를 들을 때마다 손오공의 분실술이 떠오릅니다. 객체지향이란 손오공이 분신을 만드는 것처럼 클래스라는 설계도를 잘 만들고 실제 객체를 필요한 만큼 분신으로 사용하는 개념이니까요. 스크래치에서는 설계도를 의미하는 클래스라는 용어 대신 우리가 많이 사용한 스프라이트를 쓰고 있습니다. 자신의 스프라이트를 분신술처럼 필요에 따라 여러 개의 객체로 만들 때는 제어 명령에 있는 `나 자신▼ 복제하기` 블록을 사용합니다.

우주선 게임의 예를 들겠습니다. 게임을 시작할 때 외계에서 침입하는 적의 우주선은 몇 개일까요? 만약 적의 우주선을 100개라고 정했다면 프로그램에서 100개의 우주선을 하나씩 스프라이트로 만들어야 할 것입니다. 그렇게 하기보다는 적의 우주선을 설계도처럼 스프라이트로 만들고 필요할 때마다 `나 자신▼ 복제하기` 블록을 이용해 수에 제한 없이 필요한 만큼 여러 개 만들면 프로그램이 훨씬 효율적이겠죠?

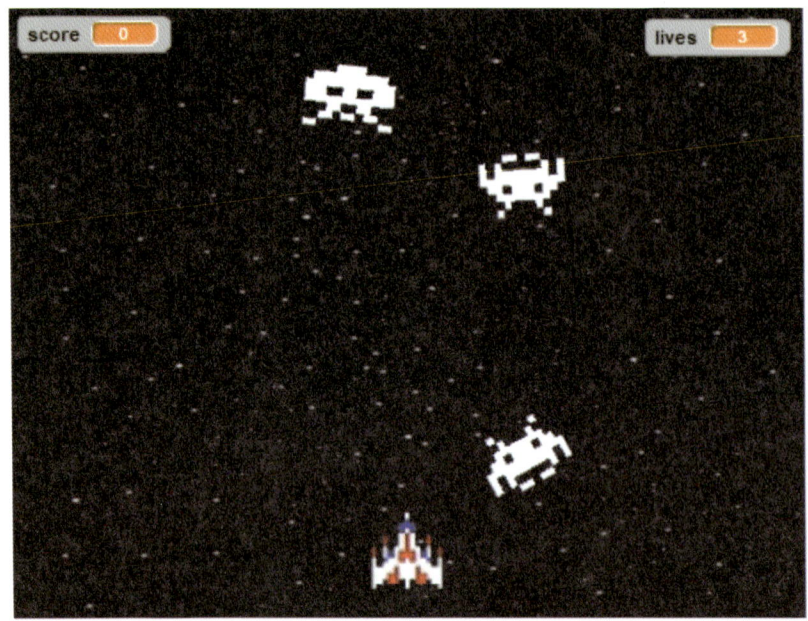

그림 7.1 게임 속의 우주선 객체들

정리하면 객체지향은 아래 그림처럼 적 우주선의 설계도에 해당하는 스프라이트를 하나 만들고 필요할 때마다 복제하기를 이용해 실제 우주선 객체를 여러 개 만들 수 있는 편리한 개념입니다.

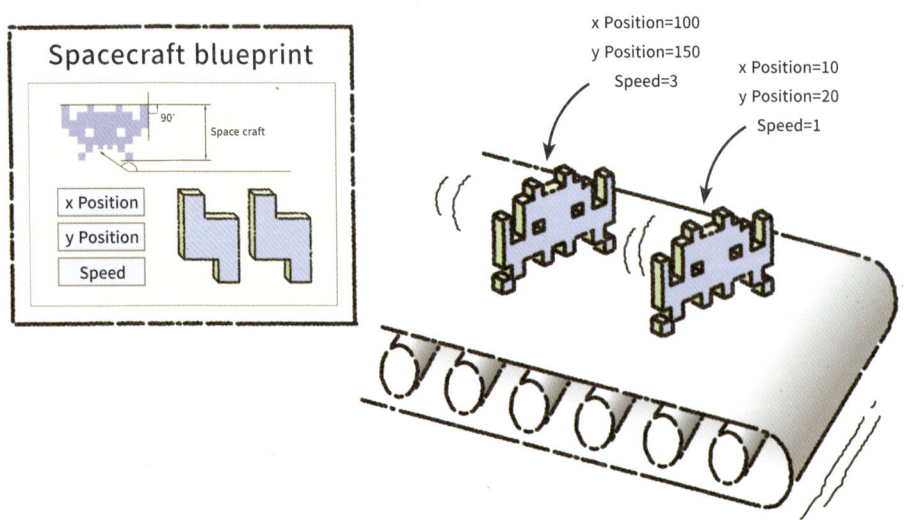

그림 7.2 스프라이트와 복제된 객체들

또 다른 객체지향의 예를 우주선 게임에서 찾아보겠습니다. 앞 장에서 포탄을 'Ball'이라는 이름의 스프라이트로 만들어서 스페이스 바를 누르면 발사했던 것을 기억하시죠? 유심히 살펴본 분은 알겠지만 포탄은 벽에 닿아 없어지기 전에는 아무리 스페이스 바를 눌러도 하나밖에 안 생깁니다. 하나의 스트라이트로 돼 있으니까요. 그런데 우리는 기관포처럼 스페이스 바를 누를 때마다 포탄이 나가게 만들고 싶습니다. 아래 화면처럼 말이죠. 포탄이 몇 개나 필요할지도 모르고 여러 개 필요하다고 'Ball1', 'Ball2', ….'Ball100', ….와 같은 식으로 스프라이트를 여러 개 만드는 것은 비효율적이겠죠?

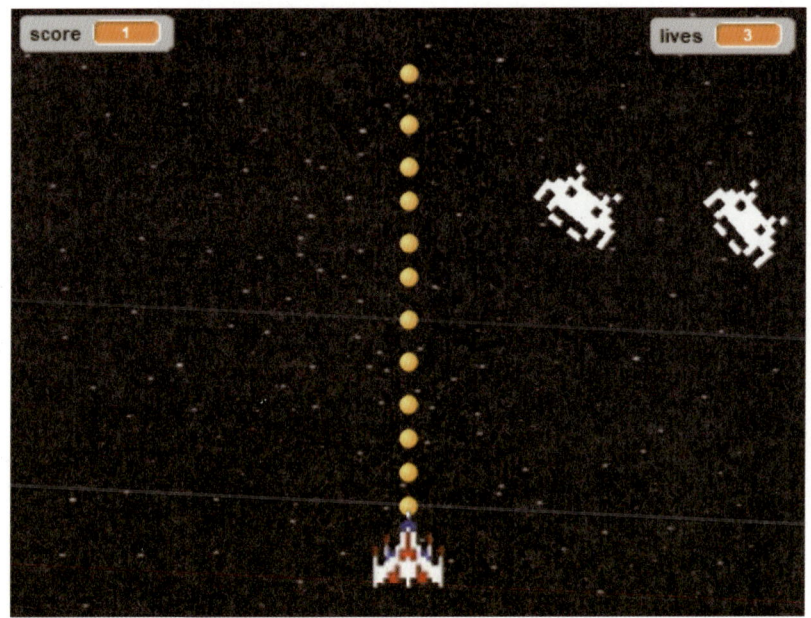

이럴 때도 객체지향의 개념을 적용하면 편리합니다. 앞 장에서 사용한 'Ball' 스프라이트를 설계도처럼 하나만 사용하고 스페이스 바를 누를 때마다 나 자신 복제하기 블록을 이용해 포탄의 분신인 객체를 여러 개 만들면 됩니다. 참 편리한 개념이죠? 그러면 이를 어떻게 우주선 게임에 적용할지 하나씩 따라 해 보세요. 모두 준비됐나요?

프로그래머가 알려주는 수학

2 적 우주선 스프라이트 만들기

이번 장에서는 앞 장에서 만든 우주선 게임에 기능을 추가해서 게임을 완성할 것입니다. 그러므로 앞 장의 예제인 'P06' 폴더에 있는 'P06_이벤트.sb2' 파일을 열고 'P07_객체지향'이라는 이름으로 새로 저장하겠습니다. 또는 'P07' 폴더에 있는 'P07_객체지향.sb2'이라는 완성된 예제를 실행해 보면서 스크립트를 확인하실 수도 있습니다.

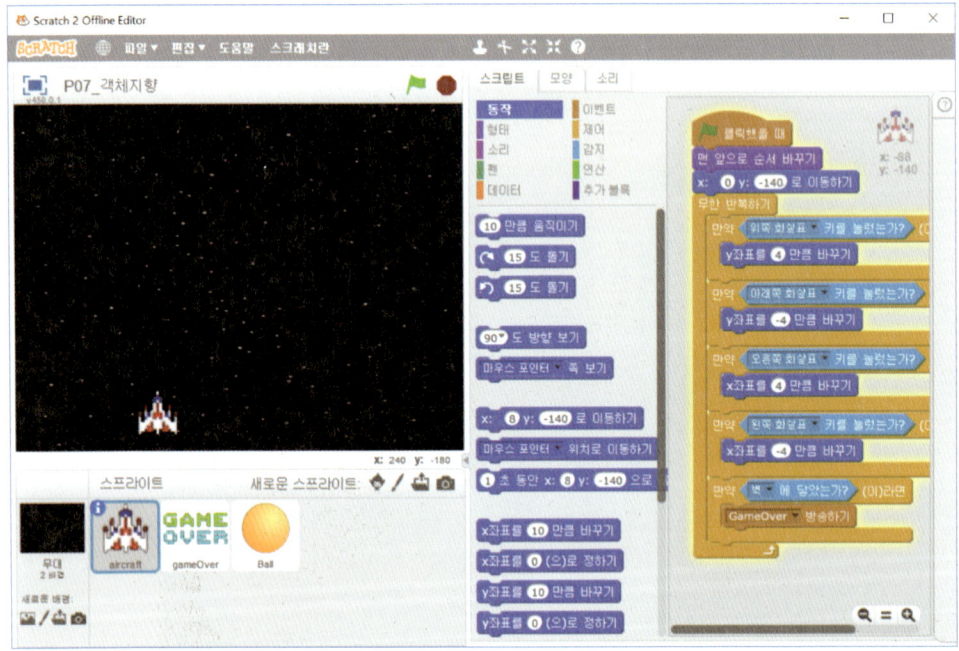

처음 할 일은 적 우주선의 설계도를 만드는 것입니다. 이번 게임에서는 두 가지 형태의 적 우주선을 만들 예정이므로 다른 모양의 두 스프라이트를 만들겠습니다.

적 우주선으로 사용할 그림 파일은 따로 만들어 뒀습니다. 새로운 스프라이트를 가져오는 버튼 중 세 번째 있는 [스프라이트 파일 업로드하기] 버튼을 누릅니다. 그리고 파일 선택 창에서 내려받은 'C10' 폴더 안에 있는 'enemy1.png'와 'enemy2.png'라는 이름의 그림 파일을 선택합니다.

07장 _ 객체지향

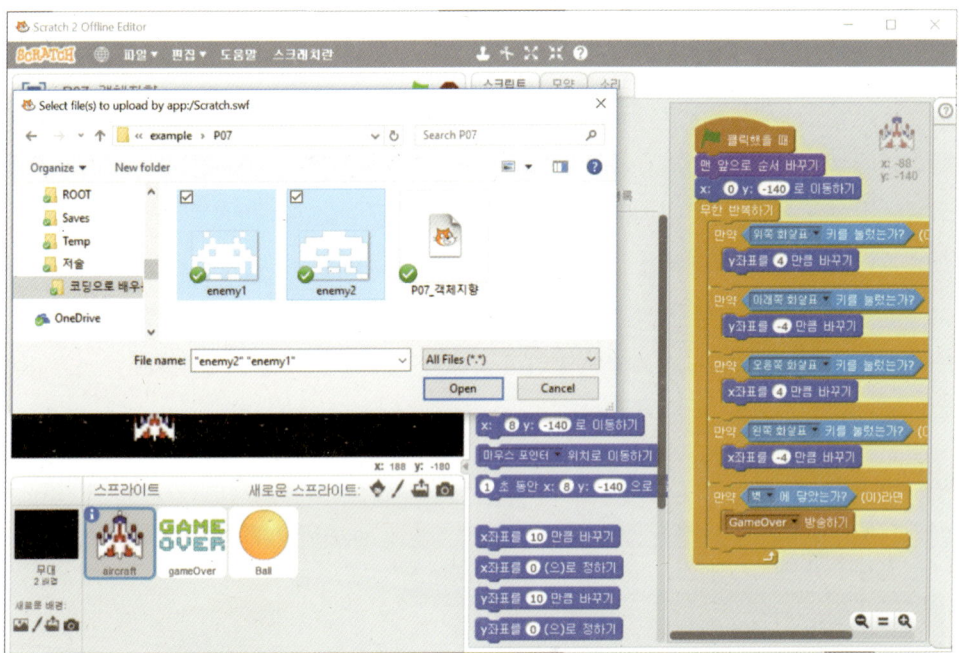

두 개의 그림 파일을 가져오면 아래 화면처럼 'enemy1'과 'enemy2'라는 이름의 스프라이트가 새로 생긴 것을 확인할 수 있습니다.

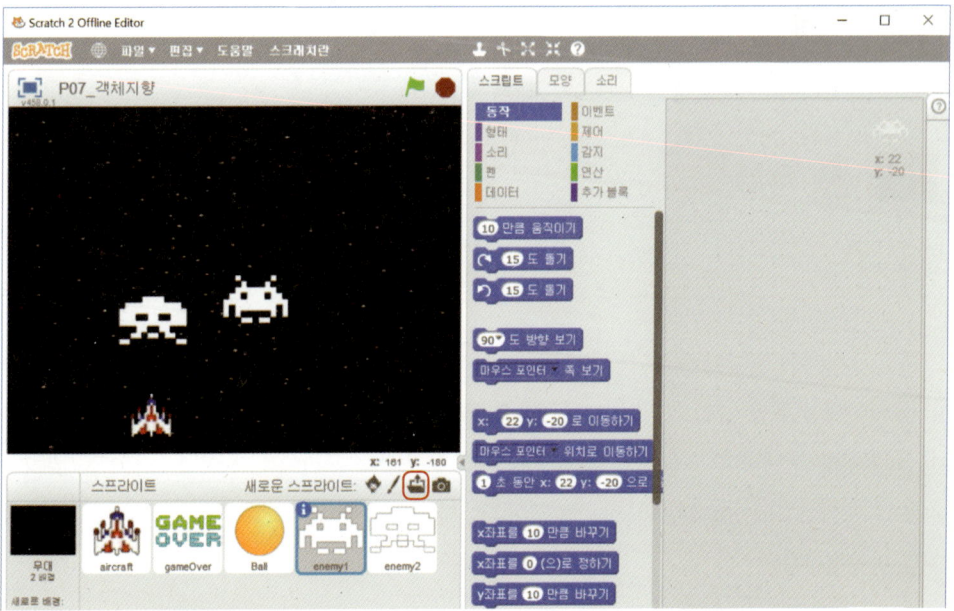

105

프로그래머가 알려주는 수학

3 누를 때마다 나가는 포탄

앞에서 객체지향의 개념을 이용해 스프라이트를 복제하면 포탄이 스페이스 바를 누를 때마다 여러 개 발사된다고 했습니다. 그럼 객체지향의 개념을 사용하지 않은 지난 6장의 예제를 실행해 볼까요? 우선 내려받은 예제 중 'P06' 폴더에 있는 'P06_이벤트.sb2' 파일을 열고 무대 위에 있는 ▶ 버튼을 눌러 프로그램을 실행해 봅시다. 스페이스 바를 여러 번 눌러 보세요. 그래도 아래 화면처럼 단 하나의 포탄만이 보일 겁니다. 포탄이 벽에 닿아 사라진 이후에야 스페이스 바를 누르면 새로운 포탄이 하나 더 생깁니다. 아래 화면처럼 포탄 스프라이트는 하나이고 스프라이트가 직접 벽에 닿을 때까지 움직이기 때문이지요.

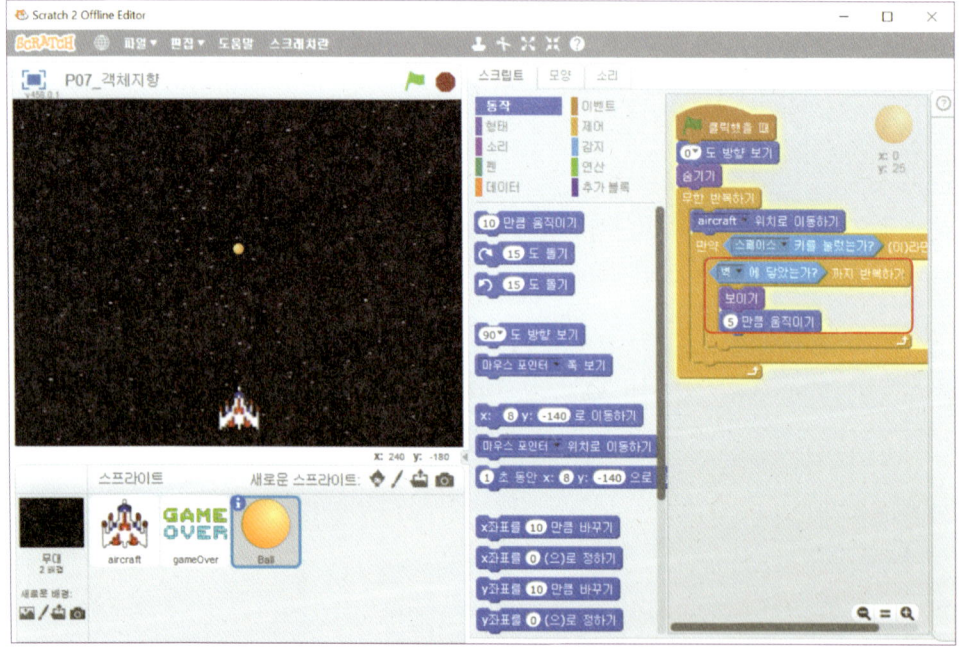

이제 스프라이트 자신이 움직이는 것이 아니라 스프라이트를 복제해서 만든 분신들인 객체들이 움직이게 하겠습니다. 그러려면 나 자신 복제하기 제어 블록을 이용해 포탄 스프라이트를 스페이스 바가 눌릴 때마다 객체로 복제합니다. 이전에 포탄 스프라이트가 직접 움직이는 명령을 지우고 그 대신 포탄 복제를 만드는 나 자신 복제하기 블록을 넣어주세요. 모두 다음 페이지의 화면처럼 바꾸셨나요?

07장 _ 객체지향

이제 복제본인 객체가 벽에 닿을 때까지 움직이도록 만들겠습니다. 복제본의 스크립트는 [복제되었을 때] 블록 아래에 만듭니다. 제어 명령 중 [복제되었을 때] 블록을 가져다 스크립트 창에 놓습니다. 그리고 [보이기] 블록을 이용해 복제 후 바로 화면에 보이게 합니다. 게임의 재미를 높이기 위해 포탄이 발사됐을 때 효과음을 넣겠습니다. 소리 명령 중 [pop 재생하기] 블록을 가져다 둡니다. 스크래치에서는 다양한 소리를 낼 수 있는데 이 가운데 'pop'이라는 효과음을 사용하겠습니다. 포탄이 벽에 닿을 때까지 움직이게 하는 블록은 이전에 사용했던 [만약 벽에 닿았는가? (이)라면] 블록과 [5만큼 움직이기] 블록을 사용합니다. 포탄 객체가 벽에 닿으면 객체를 없애야 합니다. 복제된 객체를 없애기 위해서는 제어 명령 중 [이 복제본 삭제하기] 블록을 사용하면 됩니다.

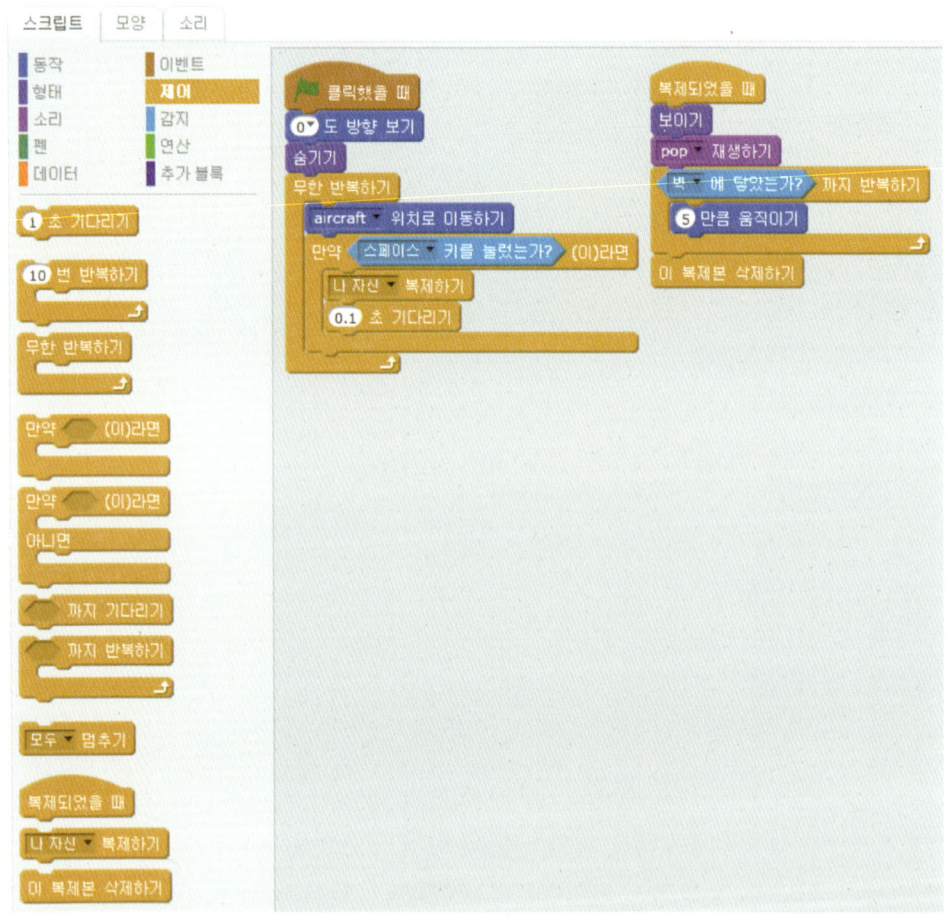

지금까지 복제본의 기능을 만들었습니다. 포탄이 스페이스 바를 누를 때마다 나가게 했지만 스페이스 바를 빨리 계속 눌러도 발사된 포탄마다 약간의 간격을 두고 싶군요. 그럴 때는 포탄의 분신인 객체를 생성하는 "나 자신 복제하기" 블록 뒤에 "0.1초 기다리기" 블록을 둬서 스페이스 바를 빠르게 계속 눌러도 0.1초 기다린 후 새로 생기게 하면 됩니다. 모두 완성했으면 ▶을 눌러 프로그램을 실행해 봅시다. 스페이스 바를 계속 누르면 경쾌한 pop 효과음과 함께 포탄이 0.1초 간격으로 발사되는 것을 확인할 수 있습니다. 근사하죠?

07장 _ 객체지향

4 첫 번째 적 우주선 만들기

이제 적 비행선을 이용해 복제본인 객체를 만드는 실습을 해 보겠습니다. 게임이 시작되면 첫 번째 적 우주선의 복제본은 화면 위에서 아래 방향으로 계속 나오게 하고 싶습니다. 우선 🏁 버튼을 누르면 바로 실행되도록 [클릭했을 때] 블록을 스크립트 영역에 가져다 둡니다. 그리고 계속 우주선의 복제본을 만들려면 [무한 반복하기] 블록으로 반복해서 작업을 실행합니다. 그리고 우주선의 복제본은 무대의 천정에서 나와야 하므로 y 좌표의 값은 무대의 가장 위를 의미하는 180으로 정합니다. x의 위치는 -140부터 140까지 좌우로 임의의 위치에 있게

[x: (-140 부터 140 사이의 난수) y: (180) 로 이동하기] 블록을 사용합니다. 우주선의 복제본은 아래 방향으로 움직여야 하므로 오른쪽 화면처럼 180도를 보도록 [180 도 방향 보기] 블록을 사용해 방향을 정합니다.

109

프로그래머가 알려주는 수학

자, 이제 복제본을 만듭시다. 한 번에 2대씩 우주선이 생기게 하려면 `나 자신▼ 복제하기`를 `2 번 반복하기` 블록을 이용해 2회씩 반복하게 합니다. 그런데 우주선 두 대가 1초 간격으로 생기게 하려면 `1 초 기다리기` 블록을 함께 넣어줍니다. 우주선의 움직임이 좀 더 실감 나도록 복제된 우주선이 -30도에서 30도 사이의 임의 각도로 돌게 `-30 부터 30 사이의 난수 도 돌기` 블록을 사용합니다. 우주선 복제본 2개를 만드는 코드가 아래 그림처럼 완성됐는지 확인해 보세요.

우주선 복제본 2대가 2~5초 사이에 임의의 간격으로 만들어지는 작업을 하려면 `2 부터 5 사이의 난수 초 기다리기`을 앞에서 만든 코드 아래에 붙입니다. 그리고 우주선은 복제본을 만들고 나서 보일 것이므로 `숨기기` 블록을 오른쪽의 완성된 코드처럼 넣습니다.

이제 우주선 복제본에 대한 코드를 만들겠습니다. 먼저 `복제되었을 때` 블록 아래에 `보이기` 블록을 두고 객체가 복제된 후 바로 우주선이 보이게 합니다. 그리고 `4 만큼 움직이기` 블록으로 조금씩 움직이는 동작을 `10 번 반복하기`를 이용해 10회 반복합니다. 이후 움직임은 우주선 복제본이 벽에 닿을 때까지 일어날 것이므로 `벽▼ 에 닿았는가?` 감지 블록의 결과를 `만약 벽▼ 에 닿았는가? (이)라면` 조건 블록으로 계속 관찰합니다. 그럼 지금까지 만든 코드는 오른쪽 화면과 같은 모양일 것입니다.

110

5 게임 점수 기록하기

게임의 흥미를 높이는 방법의 하나는 점수를 표시하는 겁니다. 우주선 게임에서는 좌우로 흔들면서 움직이는 첫 번째 적 우주선을 포탄으로 맞추면 2점이 올라가고 직선 비행을 하는 두 번째 우주선을 맞추면 1점을 받게 할 것입니다.

점수를 보여주려면 'score'라는 이름의 변수를 만들어야겠죠? 명령어 블록 중 데이터 명령에서 [변수 만들기] 버튼을 누르고 알림 창에서 변수 이름에 'score'라고 적고 [확인] 버튼을 누르겠습니다.

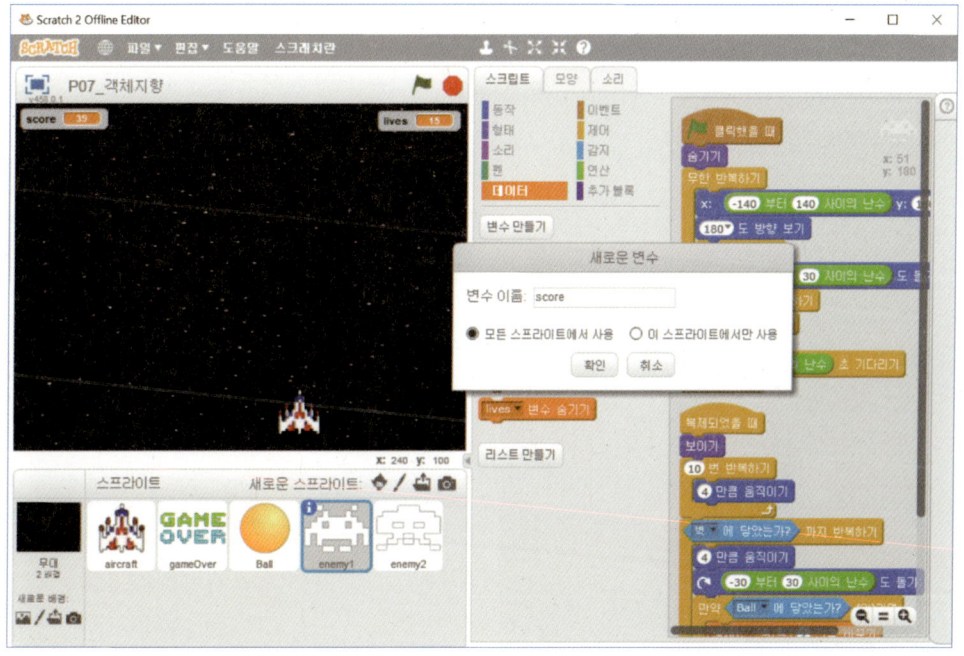

점수를 저장하는 변수인 'score'를 만들었으니 포탄이 우주선을 맞추면, 다시 말해 포탄 객체가 우주선 객체에 닿으면 점수를 올리겠습니다. 포탄 객체인 'Ball'에 닿았는지 감지 블록으로 확인하고, 닿았으면 블록으로 'score' 변수의 값을 2만큼 올립니다. 그리고 소리 명령 중 블록을 사용해 우주선이 포탄에 맞으면 폭발음이 나게 합니다. 이제 우주선이 사라졌으니 블록으로 복제본 객체를 없앱니다.

프로그래머가 알려주는 수학

앞에서 첫 번째 우주선은 좌우로 흔들리면서 비행하며, 포탄으로 맞추면 2점을 얻는다고 한 것을 기억하나요? 비행선이 움직이는 명령은 `4만큼 움직이기` 블록을 이용하고 좌우로 흔들리는 동작은 `-30 부터 30 사이의 난수 도 돌기` 블록을 이용합니다. 이 동작을 벽에 닿을 때까지 `만약 벽에 닿았는가? (이)라면` 블록 안에서 반복하면 우주선이 좌우로 흔들리면서 벽에 닿을 때까지 움직입니다.

그럼 🏁 버튼을 눌러서 프로그램을 실행해 보겠습니다. 첫 번째 우주선 복제본이 좌우로 흔들면서 불규칙하게 비행하는 것을 볼 수 있나요?

112

6 두 번째 적 우주선 만들기

두 번째 우주선을 만드는 방법은 첫 번째와 유사합니다. 다른 점은 우주선 복제본인 객체를 만들 때 두 대가 아니라 하나씩 만든다는 점과 비행하는 방법이 직선으로 단순해서 포탄으로 맞춰도 점수가 1점이라는 것입니다. 앞에서 첫 번째 우주선 만든 과정을 복습한다는 마음으로 따라 하면 됩니다.

프로그램 실행 ▶ 버튼을 누르면 계속 우주선이 날아와야 하므로 [클릭했을 때] 블록과 [무한 반복하기] 블록을 이용합니다. 첫 번째 우주선과 같은 방식으로 우주선의 복제본이 출발 위치를 정합니다. y 좌표는 무대의 천정을 의미하는 180으로 정하고 x의 좌표는 -140부터 140까지 좌우로 임의의 위치하게 [x: -140 부터 140 사이의 난수 y: 180 로 이동하기] 블록을 사용합니다. 그리고 우주선의 복제본이 아래 방향으로 움직이도록 [180 도 방향 보기] 블록의 값을 180도로 설정합니다.

두 번째 우주선의 복제본은 1대씩만 만들 것이므로 [나 자신 복제하기] 블록을 사용합니다. 그리고 2~5초의 임의 간격으로 복제본을 만들기 위해 [2 부터 5 사이의 난수 초 기다리기] 블록을 아래에 붙입니다. 우주선은 복제본을 만들고 나서 보일 것이므로 [숨기기] 블록을 다음 페이지의 그림과 같이 사용하면 됩니다.

프로그래머가 알려주는 수학

[코드 블록 이미지: 클릭했을 때 / 숨기기 / 무한 반복하기 / x: -180 부터 -140 사이의 난수 y: 180 로 이동하기 / 180도 방향 보기 / 나 자신 복제하기 / 2 부터 5 사이의 난수 초 기다리기]

이번에는 두 번째 우주선 복제본을 만드는 코드를 보겠습니다. `복제되었을 때` 블록 아래에 `보이기` 블록을 둬서 객체가 복제되면 우주선이 화면에 보이게 합니다. 처음에는 `4만큼 움직이기` 블록과 `10번 반복하기`를 이용해 10회에 걸쳐 4만큼 복제본을 이동하게 합니다. 이후 움직임은 우주선 복제본이 벽에 닿을 때까지 이뤄질 것이므로 `벽에 닿았는가?` 감지 블록의 결과를 `만약 벽에 닿았는가? (이)라면` 조건 블록으로 계속 확인합니다.

[코드 블록 이미지: 복제되었을 때 / 보이기 / 10번 반복하기 / 4만큼 움직이기 / -90 부터 -60 사이의 난수 도 돌기 / 벽에 닿았는가? 까지 반복하기 / 4만큼 움직이기 / 만약 Ball에 닿았는가? (이)라면 / score 을(를) 1만큼 바꾸기 / 1번 타악기를 0.25 박자로 연주하기 / 이 복제본 삭제하기 / 이 복제본 삭제하기]

우주선이 포탄인 'Ball'에 닿는 조건과 부합하면 'score' 변수 값을 1만큼 증가시키고 우주선 폭발음에 해당하는 `1번 타악기를 0.25 박자로 연주하기` 블록으로 소리를 냅니다. 그리고 우주선이 사라졌으니 `이 복제본 삭제하기` 블록으로 복제본 객체를 없애는 동작을 합니다.

어떤가요? 첫 번째 우주선을 만들고 좀 더 단순한 두 번째 우주선을 만들어 보니 쉽게 이해되나요? 하나씩 따라 해 보면 어려워 보이는 코드도 이해될 것입니다.

7 게임 종료 처리하기

이제 게임을 종료하는 과정을 좀 더 흥미롭게 완성해 보겠습니다. 우선 한 게임에는 비행선 3대의 생명을 줄 것입니다. 비행선이 적의 우주선과 부딪혀도 3대까지는 사용할 수 있다는 뜻입니다. 그리고 외부 소리 파일을 사용해 비행선이 적 우주선에 닿으면 폭발 효과음이 나오게 하겠습니다.

먼저 게임이 종료하면 나오는 효과음을 외부에서 가져오겠습니다. 스크래치에서는 무대나 스프라이트에서 사용할 수 있는 다양한 그림, 소리 자원을 저장소에 가지고 있습니다. 물론 필요에 따라 외부에서 소리 파일을 가져올 수도 있습니다. 이번 예제에서는 저장소에 있는 소리 파일을 가져다가 효과음으로 사용하겠습니다. 저장소에 있는 소리 파일을 가져오려면 아래 화면처럼 소리 탭에서 새로운 소리 중 [저장소에서 소리 선택] 버튼을 누릅니다.

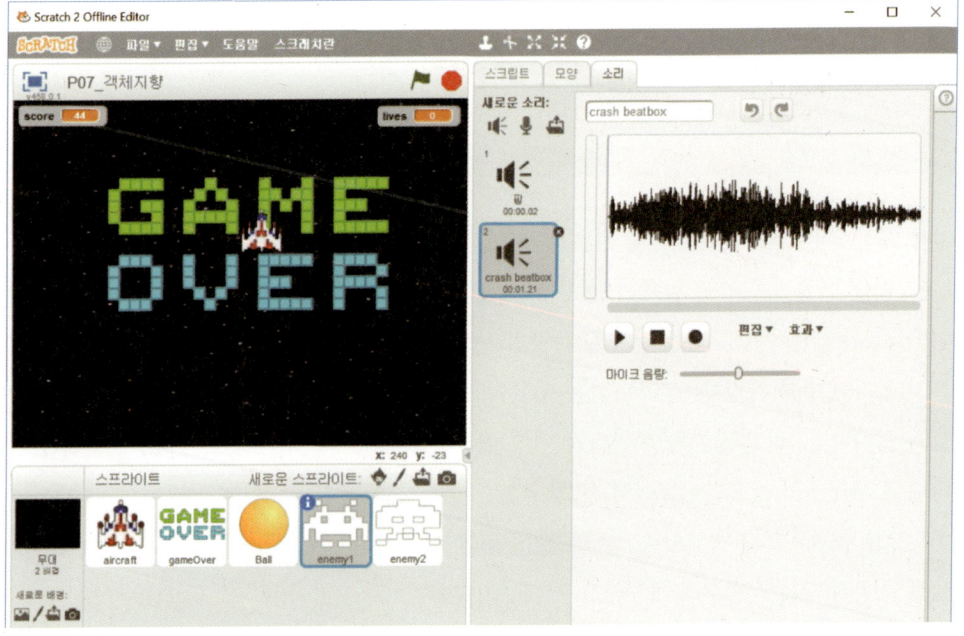

그러면 저장소에 있는 다양한 소리를 선택할 수 있습니다. 여러 소리 파일 중 'crash beatbox'라는 소리 파일을 폭발음으로 선택하겠습니다. 이 폭발음은 첫 번째와 두 번째 우주선의 스프라이트에서 모두 사용할 예정이니 두 군데 모두 소리 파일을 가져오고 스크립트에

프로그래머가 알려주는 수학

서 사용해야 합니다. 물론 외부에서 소리 파일을 가져올 수도 있고 첫 번째와 두 번째 우주선에서 서로 다른 소리를 사용할 수도 있습니다.

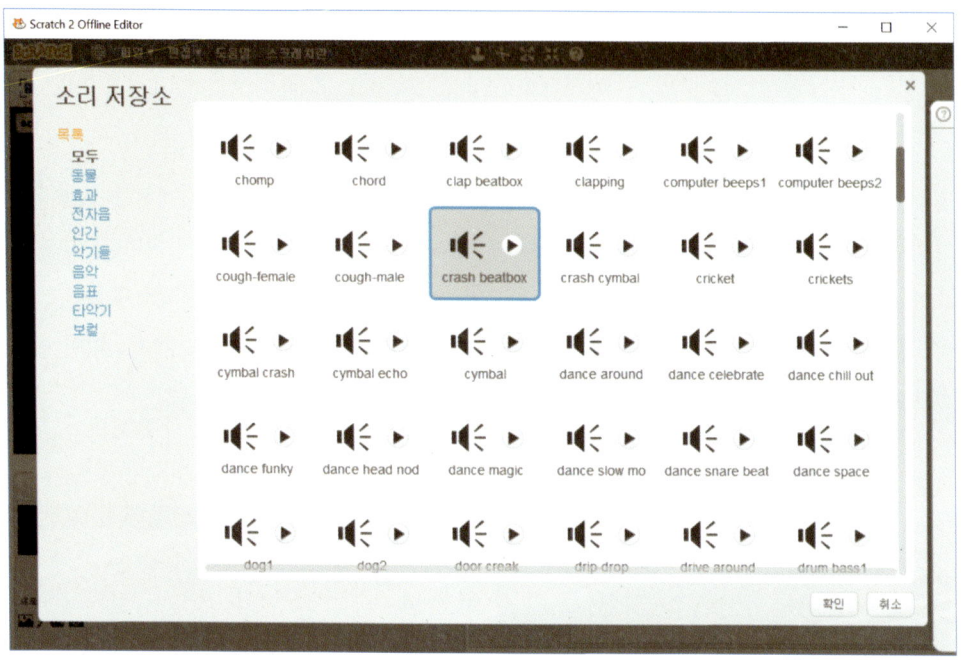

이제 게임에서 3대까지 비행선을 사용할 수 있게 하는 기능을 만들겠습니다. 앞에서 점수를 저장하기 위해 'score'라는 변수를 만든 것과 같은 방법으로 남은 비행기의 수를 저장하는 'lives'라는 이름의 변수를 만듭니다. 그리고 오른쪽 화면처럼 비행선을 나타내는 'aircraft' 스프라이트에서 블록으로 'score'의 값을 0으로, 블록을 이용해 'lives' 변수의 초깃값을 3으로 지정합니다.

이번에는 두 가지 적 우주선인 'enemy1'과 'enemy2' 스프라이트의 스크립트에서 아군 비행기 'aircraft'와 부딪혔을 때 생명이 줄어들거나 게임을 종료하는 기능을 만들겠습니다. `aircraft에 닿았는가?` 감지 블록과 `만약 (이)라면` 조건 블록을 이용해 아군 비행기에 닿았는지 확인합니다. 비행기가 적 우주선과 부딪히면 `lives를(를) -1만큼 바꾸기` 블록으로 남은 비행선의 수를 하나 줄여야겠죠? 그리고 저장소에서 가져온 효과음을 `crash beatbox 재생하기` 블록으로 재생합니다. 비행기가 남아 있지 않으면 게임을 종료해야겠죠? `lives = 0` 블록과 `만약 (이)라면` 조건 블록을 이용해 만약 비행선이 남아 있지 않다면 `GameOver 방송하기` 블록을 이용해 게임을 종료하겠습니다. 이제 더는 우주선 복제본이 필요없으므로 `이 복제본 삭제하기` 블록으로 객체를 제거합니다.

```
복제되었을 때
보이기
10 번 반복하기
    4 만큼 움직이기
벽에 닿았는가? 까지 반복하기
    4 만큼 움직이기
    -30 부터 30 사이의 난수 도 돌기
    만약 Ball 에 닿았는가? (이)라면
        score 을(를) 2 만큼 바꾸기
        1 번 타악기를 0.25 박자로 연주하기
        이 복제본 삭제하기
    만약 aircraft 에 닿았는가? (이)라면
        lives 을(를) -1 만큼 바꾸기
        crash beatbox 재생하기
        만약 lives = 0 (이)라면
            GameOver 방송하기
        이 복제본 삭제하기
이 복제본 삭제하기
```

이렇게 해서 우주선 게임이 완성됐습니다. 🏁 버튼을 눌러서 게임을 실행해 볼까요? 게임을 즐기면서 코드가 어떻게 게임의 기능으로 구현되는지 잘 생각해 보세요.

지금까지 스크래치 프로그램에 대해 공부했습니다. 다음 단원에서는 어떻게 스크래치 프로그램을 수학에 활용할 수 있는지 수학의 10가지 핵심 개념을 통해 배워 보겠습니다.

프로그래머가 알려주는 수학

수학 농담

선생님: 7 곱하기 6은
　　　　얼마인지 아는 사람?

학생: 42입니다.

선생님: 아주 좋았어.
　　　　그럼 거꾸로 6 곱하기 7은 얼마지?

학생: 24입니다.

재미있는 수학 이야기

08장 _ 일차 함수
09장 _ 이차 함수
10장 _ 다항 함수
11장 _ 지수와 로그
12장 _ 벡터
13장 _ 사인 함수
14장 _ 코사인 함수
15장 _ 탄젠트 함수
16장 _ 미분
17장 _ 적분

08 일차 함수

1 좌표와 그래프

우리는 좌표에 그래프를 그리면서 여러 가지 수학 문제를 해결합니다. 너무도 익숙하게 사용하고 있는 좌표와 그래프는 누가 만든 것일까요? 아니면 우리가 쓰는 언어처럼 자연스럽게 발전돼 온 것일까요?

좌표라는 개념은 "나는 생각한다. 그러므로 나는 존재한다."라는 말로 유명한 근대철학의 아버지 데카르트가 만들었습니다. 데카르트는 철학자로 유명하지만, 수학과 물리에도 큰 업적을 남겼습니다.

데카르트가 좌표를 발견하게 된 것은 아주 우연한 계기였다고 합니다. 하루는 데카르트가 침대에 누워있는데 천장에서 파리가 이리저리 움직이고 있었습니다. 데카르트는 '파리의 위치를 어떻게 효과적으로 표현할까?'라는 고민을 하다가 천장을 세로 선과 가로 선으로 잘게 구분하면 위치를 쉽고 정확하게 표현할 수 있다는 생각에 도달합니다. 바로 좌표라는 개념이 탄생하는 순간입니다.

먼저 좌표에 익숙해질 필요가 있습니다. 여러분 중에는 좌표를 아주 잘 아는 친구도 있을 것이고 좌표라는 개념을 전혀 모르는 친구도 있을 것입니다. 사격을 한다고 상상해 보세요. 목표의 중앙에 맞추면 가장 점수가 높고 중앙에서 멀어지면 점수가 낮아집니다.

표적지에 좌표를 그려보겠습니다. 총탄이 명중하는 목표 지점이 원점이 되겠군요. 다음 페이지의 그림처럼 원점을 중심으로 가로축과 세로축으로 면을 4개로 나누고 원점을 중심으로 크기가 다른 여러 원을 그려서 표적지 위에 좌표를 완성합니다. 이렇게 표적지에 표시하면 총을 쐈을 때 총탄의 흔적으로 사격을 잘했는지 못했는지 또는 얼마나 어디에 치우쳤는지 쉽게 알 수 있습니다.

08장 _ 일차 함수

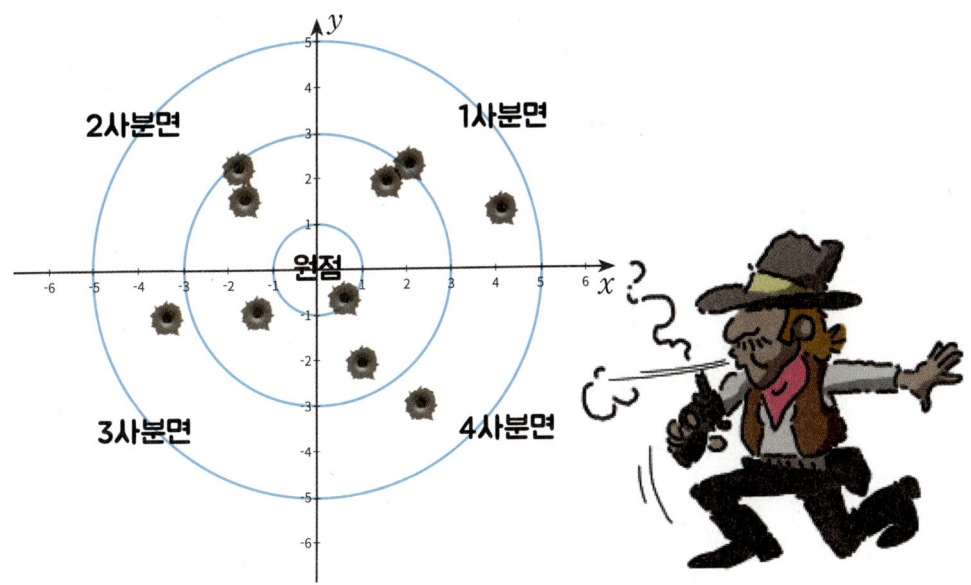

그림 8.1 사격으로 표현한 좌표의 개념

좌표를 정의할 때 오른쪽과 왼쪽으로 움직이는 축을 x축이라고 부르고 위와 아래로 움직이는 축을 y축이라고 부르겠습니다. 그리고 사격 표적지의 중앙, 두 축이 만나는 점을 원점이라 합니다. x, y라는 두 개의 축으로 화면을 나누면 4개의 구역이 만들어진 것을 알 수 있습니다. 그림에서 보는 바와 같이 x, y라는 두 축의 값이 양수인 오른쪽 위에 위치한 구역을 1사분면이라 하고 시계 반대 방향으로 각각 2, 3, 4사분면이라고 부릅니다.

이러한 x축의 값과 y축의 값 사이의 다양한 관계를 토대로 그래프를 그리고 수학 문제를 풀 수 있습니다. 여기서 어떤 x의 값에 따라 변하는 y값의 관계를 함수라고 부릅니다. 일차함수는 x의 제곱 차수가 1인 직선으로 표시되는 함수 관계를 의미합니다.

여기서 제곱 차수란 무엇을 의미할까요? 자연수 n을 반복적으로 곱하는 횟수를 뜻합니다. 자연수 n의 제곱 차수가 1인 경우는 n이고 제곱 차수가 2인 경우 $n \times n$이며, 3인 경우는 $n \times n \times n$ 형식이 됩니다. 이를 간단하게 n, n^2, n^3 같은 형식으로 표시합니다.

조금씩 머리가 아파지고 이해가 안 되는 부분이 생겼죠? 너무 걱정하지 마세요. 앞으로 아주 쉬운 예와 스크래치 예제로 일차함수를 이해할 테니까요.

프로그래머가 알려주는 수학

2 이솝우화 속 일차함수

아주 쉬운 예를 들어서 일차함수를 알아보겠습니다. 어릴 적에 읽었던 이솝우화 '토끼와 거북이'를 생각해 보겠습니다. 자신의 능력만 믿고 자만하다 보면 낭패를 볼 수 있다는 좋은 교훈을 주는 동화입니다.

토끼가 자는 동안 거북이는 4km를 앞서 나가고 있었습니다. 그러다 토끼가 깨어 달리기 시작했지요. 거북이는 1시간에 1km를 기어갈 수 있고 토끼는 거북이보다 두 배 빨라서 1시간에 2km를 달릴 수 있습니다. 그러면 토끼는 얼마나 달려야 몇 시간 후에 거북이를 만날 수 있을까요?

먼저 토끼의 경주를 수학적으로 이해해 보겠습니다. 토끼는 1시간에 2km를 가고 2시간에 4km를, 3시간에는 6km를 가는 방식으로 달립니다. 시간을 나타내는 x값이 1일 때 거리를 나타내는 y값은 2가 되는 규칙을 볼 수 있습니다. 이를 수식으로 나타내면 $y=2\times x$라고 표현합니다. 간단히 $y=2x$라고도 표시합니다.

시간(hour)	1	2	3	4	5
거리(km)	2	4	6	8	10

이번에는 거북이의 경주도 수학식으로 표현해 보겠습니다. 거북이는 1시간에 1km를 가고 2시간에 2km를, 3시간에는 3km를 가는 방식으로 이동합니다. 여기서 하나 더 고려해야 할 것은 처음부터 토끼보다 4km를 앞서 있었기 때문에 매번 4를 더해야 한다는 것입니다. 시간을 나타내는 x값이 1일 때 거리를 나타내는 y값도 1씩 증가하고 여기에 4를 더하는 규칙이 있습니다. 거북이의 경주 방식을 수식으로 표현하면 $y=1\times x+4$가 됩니다. 좀 더 쉽게 $y=x+4$라고 하는 것이 좋겠습니다.

시간(hour)	1	2	3	4	5
거리(km)	1+4=5	2+4=6	3+4=7	4+4=8	5+4=9

08장 _ 일차 함수

지금까지 토끼와 거북이가 달린 거리와 시간을 표로 만들어서 답을 알아낼 수 있었습니다. 토끼가 깨어나서 달리기 시작한 지 4시간이 지난 후 8km 지점에서 둘은 만나게 되는군요.

여러분도 다양한 방식으로 문제를 풀 수 있지만 여기서는 데카르트가 만든 좌표와 일차함수 그래프를 이용해 풀겠습니다. x축은 시간으로 정하고 하나의 눈금은 1시간을 의미합니다. y축은 거리를 의미하며 하나의 눈금이 1km라고 생각하겠습니다. 시간이나 거리나 음수가 될 수는 없으므로 x, y값이 모두 양수인 1사분면만 사용해도 되겠네요.

토끼의 일차함수를 나타내는 직선과 거북이의 막대 그래프가 만나는 지점인 (4, 8), 즉 경주를 재개한 후 4시간이 지난 시간에 8km 지점에서 토끼와 거북이가 만난다는 답을 쉽게 알 수 있습니다. 좌표와 그래프를 이용하면 답과 함께 값이 변화하는 과정을 쉽게 알 수 있습니다.

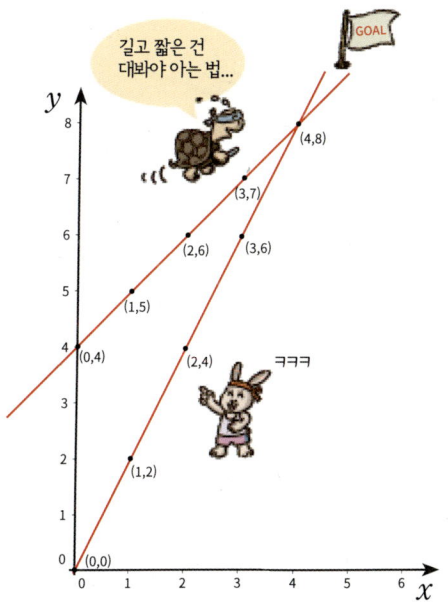

그림 8.2 좌표로 이해하는 토끼와 거북이의 경주

토끼와 거북이의 식을 포함한 모든 일차 함수를 일반식으로 정리하면 $y=ax+b$로 표현할 수 있습니다. 이때 a와 b는 상수이고 a는 0이 될 수는 없습니다. 상수란 변수의 반대 개념, 즉 수식에서 값이 변하지 않는 값을 뜻합니다.

3 스크래치로 만든 일차함수

그럼 스크래치를 이용해 토끼와 거북이의 일차 함수를 프로그램으로 만들어 보겠습니다. 먼저 프로그램을 어떻게 만들지 생각해 볼까요? 앞의 토끼와 거북이 예제를 그대로 이용해 일차함수 그래프를 스크래치로 그려보는 게 좋을 것 같군요. 시간을 x축으로 하고 거리를 y축으로 하는 좌표 위에서 토끼와 거북이가 경주하듯이 일차함수를 그리게 해 보겠습니다.

완성된 모습이 궁금하시다고요? 그럼 먼저 완성된 예제 파일을 실행해 보겠습니다. 스크래치 오프라인 에디터를 실행하고 아래 화면처럼 [파일] 메뉴에서 [열기] 메뉴를 클릭합니다. 그러면 프로젝트 열기 창이 나타나는데 미리 저장해 둔 예제 파일 중 'M01' 폴더에 있는 'M01_일차함수.sb2' 파일을 열어보겠습니다.

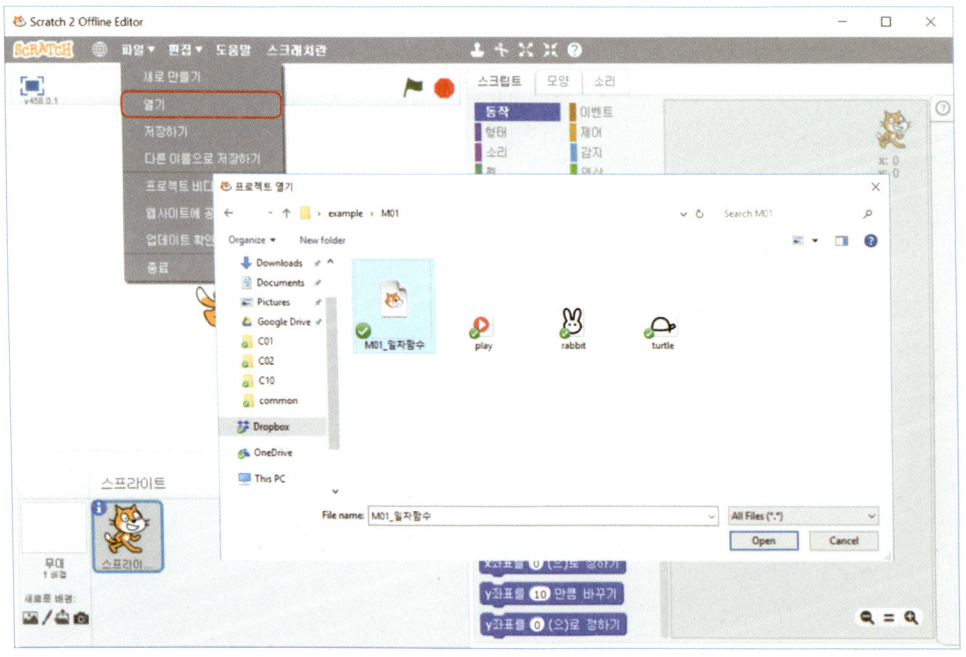

완성된 예제 파일이 열리면 다음 페이지에 나온 것과 같은 화면이 보입니다. 먼저 스크래치 프로그램을 실행해야겠죠? 무대 오른쪽 위에 있는 ▶ 버튼을 클릭합니다. 거북이의 출발점과 속도 그리고 토끼의 속도가 앞의 예제에 나온 숫자로 초기화돼 있으니 무대에 있는 빨간색 'play' ▶ 버튼을 눌러서 토끼와 거북이의 경주를 실행해 보겠습니다.

08장 _ 일차 함수

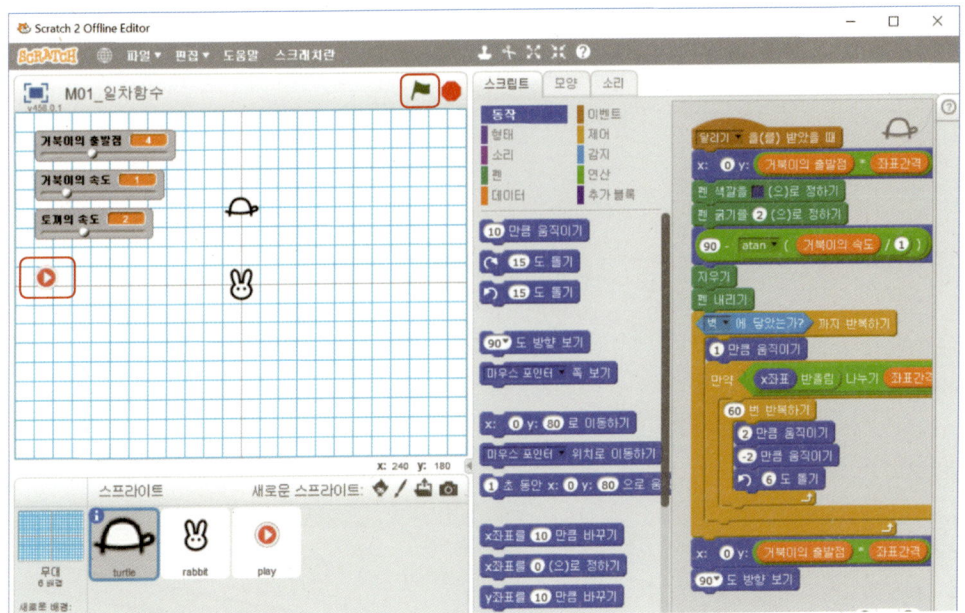

프로그램이 실행되면 아래 그림에서 보는 것처럼 시간을 x축으로 하고 거리를 y축으로 하는 좌표 위에서 토끼와 거북이가 경주하듯 일차함수 그래프가 그려집니다. 프로그램을 실행한 후 두 선이 만나는 지점인 (4, 8), 즉 경주를 재개한 후 4시간이 지난 시간에 8km 지점에서 토끼와 거북이가 만난다는 답을 스크래치에서 확인할 수 있습니다.

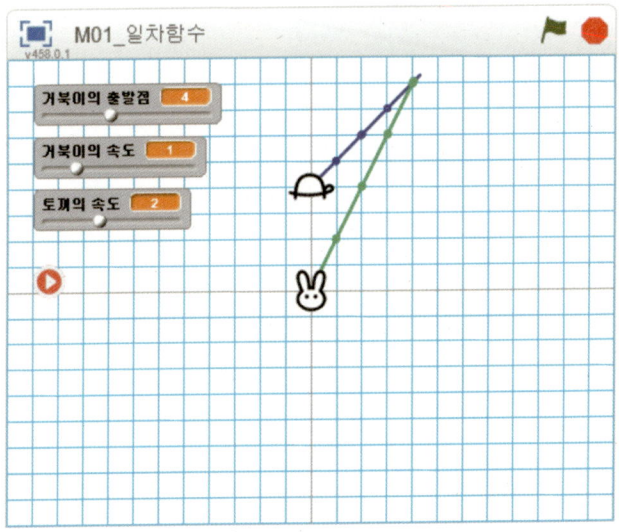

127

프로그래머가 알려주는 수학

거북이의 출발점과 속도, 그리고 토끼의 속도를 슬라이드로 다른 값으로 변경한 후, 다시 ▶ 버튼을 눌러서 실행하면 다른 모양의 그래프와 결과가 나오는 것을 확인할 수 있습니다. 스크래치로 일차함수를 만들어 보니 참 재미있죠?

무대와 스프라이트 만들기

완성된 모습을 확인했으니 이제는 새로운 프로젝트를 만들어 보겠습니다. 화면 위에 있는 메뉴바에서 파일로 이동한 후 [새로 만들기] 메뉴를 클릭하겠습니다.

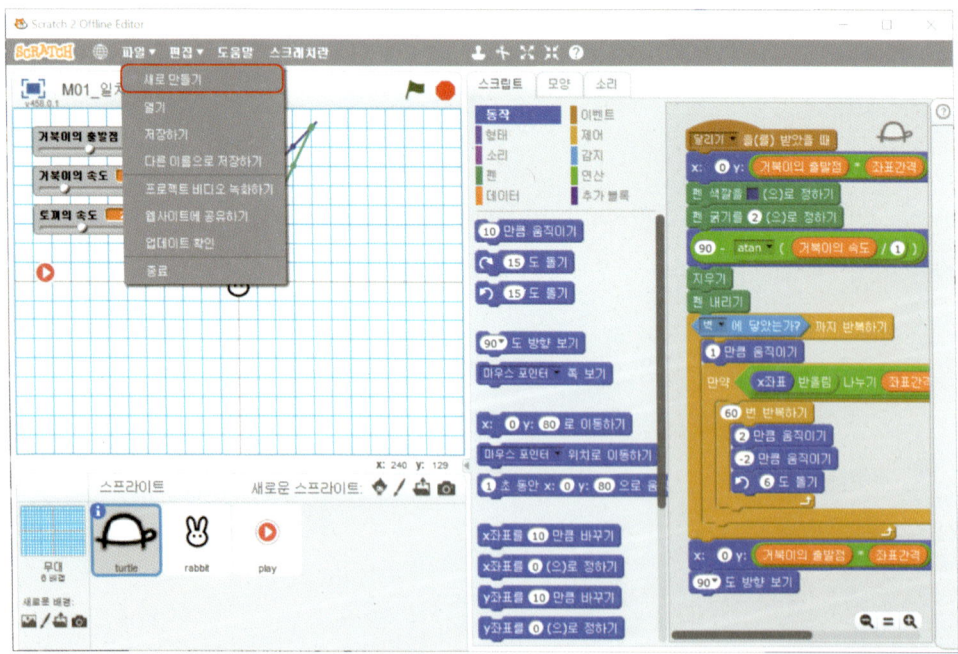

그럼 다음 페이지의 그림처럼 새로운 프로젝트 화면이 나옵니다. 맨 먼저 할 일은 무대의 배경부터 바꾸는 것입니다. 화면 왼쪽 아래에 있는 무대의 새로운 배경 버튼 네 개 중 맨 왼쪽에 있는 [저장소에서 배경 선택] 버튼을 클릭하겠습니다.

08장 _ 일차 함수

그러면 스크래치에서 제공하는 다양한 배경 그림이 나오고 이 중에서 필요한 그림을 선택할 수 있습니다. 우리는 스크래치 저장소에서 20픽셀 단위로 좌표가 표시된 'xy-grid-20px'이라는 그림을 쓰겠습니다. 그림을 선택하고 [확인] 버튼을 누르면 됩니다.

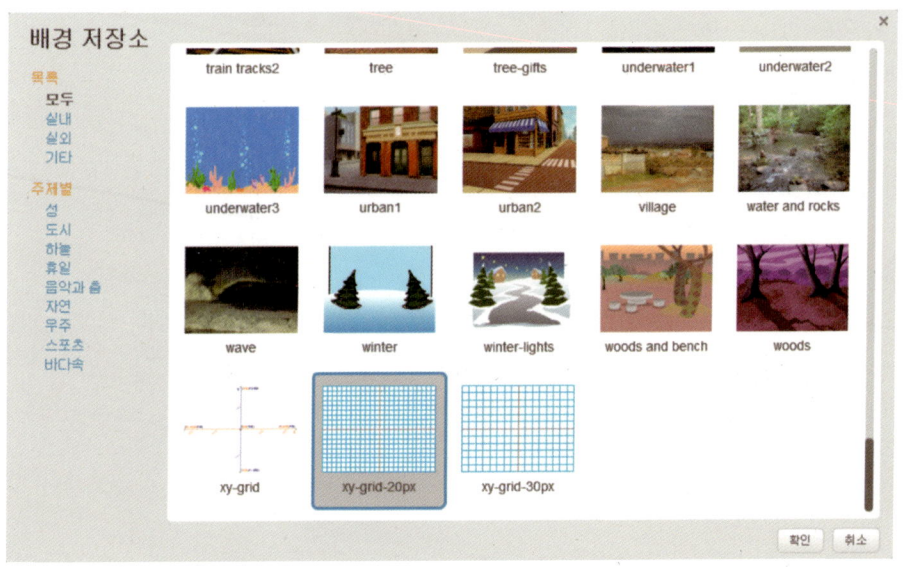

먼저 새 프로젝트에 기본적으로 포함된 고양이 스프라이트는 사용하지 않을 것이므로 지웁니다. 화면처럼 스프라이트에 있는 고양이 그림 위에서 마우스 오른쪽 버튼을 클릭하면 메뉴가 나오는데 이 중에서 [삭제]를 클릭하면 그림이 지워집니다.

다음으로 프로그램에서 어떤 스프라이트를 사용할지 생각해 보겠습니다. 토끼와 거북이를 좌표에 표시하기로 했으니 거북이를 나타내는 'turtle'( )과 토끼를 나타내는 'rabbit'( )이라는 이름의 스프라이트를 사용하겠습니다. 그리고 변숫값을 조정하고 경주를 시작하는 기능을 할 'play'( )라는 이름의 스프라이트도 사용하겠습니다.

예제 'M01' 폴더에 있는 'play.png', 'turtle.png', 'rabbit.png' 그림 파일을 가져다 프로그램에서 스프라이트로 사용할 것입니다. 스프라이트 창에 있는 새로운 스프라이트 버튼 중 세 번째에 위치한 [스프라이트 파일 업로드하기] 버튼을 누르고 알림창에서 'M01' 폴더에서 그림 파일을 선택합니다.

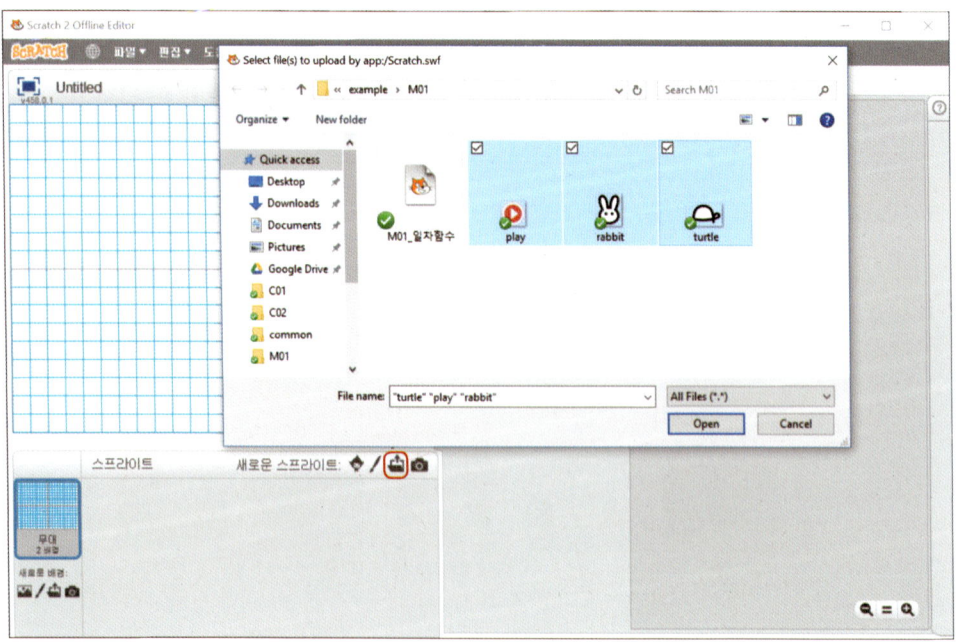

세 가지 그림 파일을 가져오면 아래와 같이 세 개의 새로운 스프라이트가 만들어집니다.

5 변수 만들기

프로그램을 만들기 전에 사용하는 변수를 정리해보면 좀 더 체계적으로 프로그램을 만들 수 있습니다. 앞으로 토끼와 거북이 각자의 $y=ax+b$ 일차함수를 만들어야 합니다. 거북이의 경우 a가 '거북이의 속도'를 나타낼 것이고 b는 '거북이의 출발점'을 의미합니다. 토끼의 일차함수는 더 간단합니다. 토끼는 원점(0, 0)에서 시작하므로 b가 필요 없고 a에 해당하는 값은 '토끼의 속도'입니다.

정리하면 일차 함수를 그리기 위해서는 '거북이의 속도', '거북이의 출발점', '토끼의 속도'라는 세 가지 변숫값이 필요합니다. 변수를 만들기 위해서는 블록 팔레트에서 데이터 블록을 클릭합니다. 그러면 [변수 만들기]와 [리스트 만들기] 버튼이 보이는데 여기서는 변수를 만들 것이므로 [변수 만들기] 버튼을 누릅니다. 새로운 변수 창에서 변수의 이름을 '거북이의 출발점'이라고 넣습니다. '거북이의 출발점'이라는 변수는 무대나 다른 스프라이트에서 사용할 것이므로 사용되는 범위를 [모든 스프라이트에서 사용]이 선택되게 한 다음 [확인] 버튼을 누릅니다. 나머지 '거북이의 속도'와 '토끼의 속도' 변수도 같은 방법으로 만듭니다.

프로그래머가 알려주는 수학

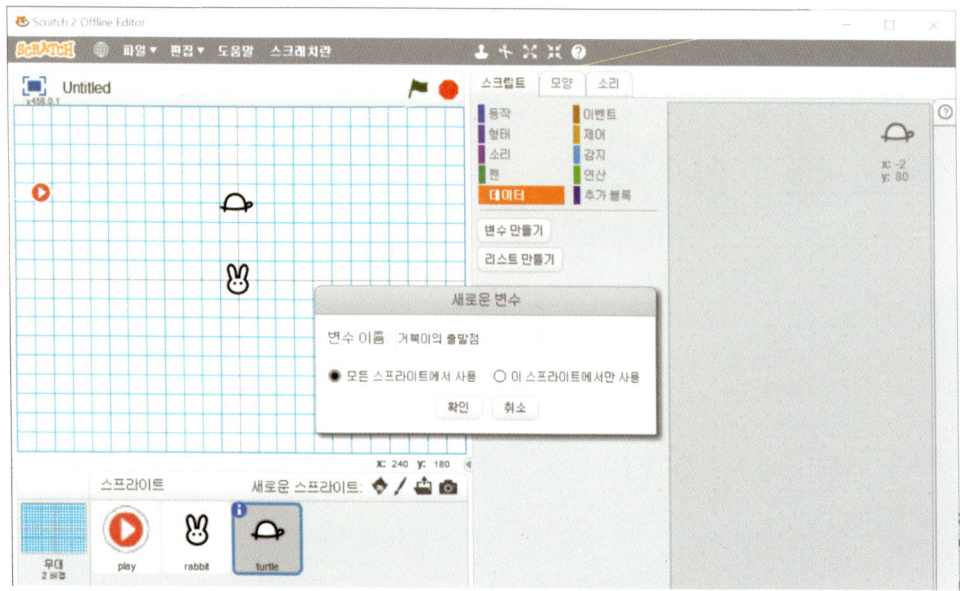

변수의 값은 입력받을 수도 있지만 슬라이더를 이용해 편하게 조정하는 것으로 하겠습니다. 그러려면 아래 그림처럼 무대에 표시된 변수 이름 위에서 마우스 오른쪽 버튼을 누른 후 메뉴에서 [슬라이더 사용하기]를 선택하면 됩니다. 세 변수 모두 같은 방법으로 슬라이더를 사용하겠습니다.

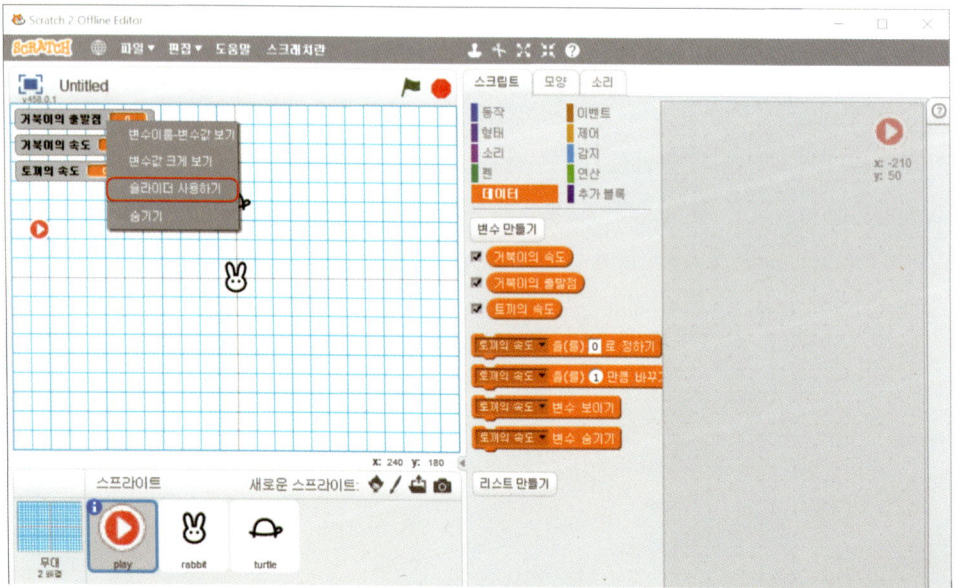

무대에 표시된 변수 이름 아래에 슬라이더가 생긴 것을 볼 수 있습니다. 기본적으로 슬라이더의 최솟값은 0, 최댓값은 100으로 지정됩니다. 이번 일차함수 프로그램에서는 그렇게 큰 범위가 필요하지 않으므로 최솟값과 최댓값을 조정해 보겠습니다. 역시 변수의 이름 위에서 마우스 오른쪽 버튼을 누르면 메뉴가 나옵니다. 이 중 [슬라이더의 최대값과 최소값]이라는 메뉴를 선택합니다. 슬라이더 범위라는 알림창에서 최솟값과 최댓값을 입력하고 [확인] 버튼을 누르면 값이 변경됩니다. '거북이의 출발점' 변수의 최댓값은 10으로, 최솟값을 0으로 지정하고 나머지 두 변수인 거북이와 토끼의 속도는 0부터 5까지 입력하겠습니다.

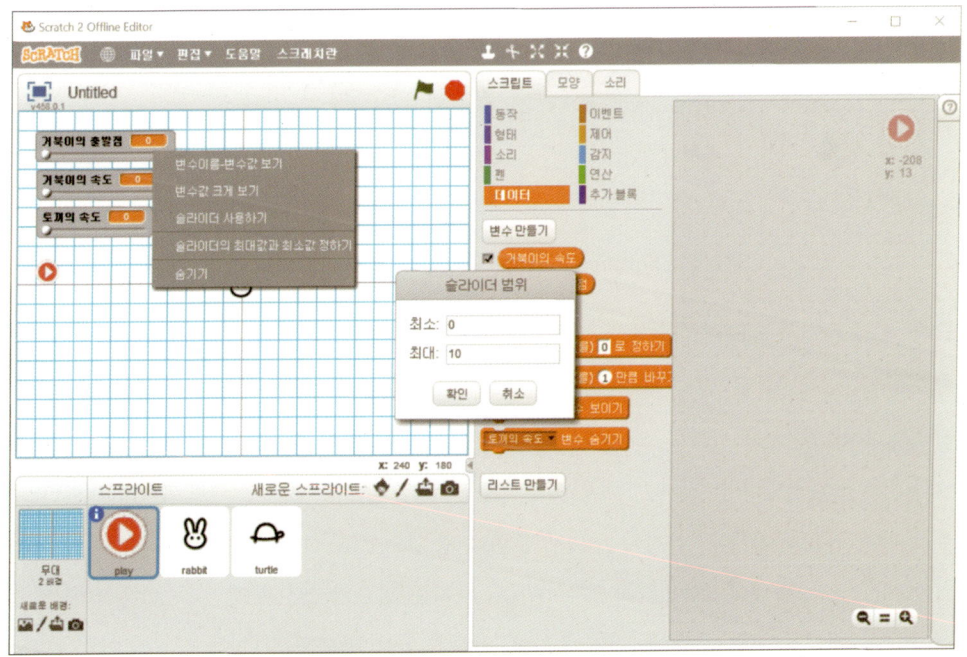

6 변수 초기화와 시작 이벤트

이제 본격적으로 프로그램 스크립트를 작성해 볼까요? 🏁 버튼을 눌러서 프로그램이 실행될 때 여러 변수를 초기화하는 스크립트는 무대에서 구현했습니다. 먼저 무대를 마우스로 클릭해서 선택한 후 블록 팔레트에서 이벤트 블록을 선택합니다. 여러 이벤트 블록 중 블록을 마우스로 드래그해서 스크립트 영역으로 옮겨둡니다.

프로그래머가 알려주는 수학

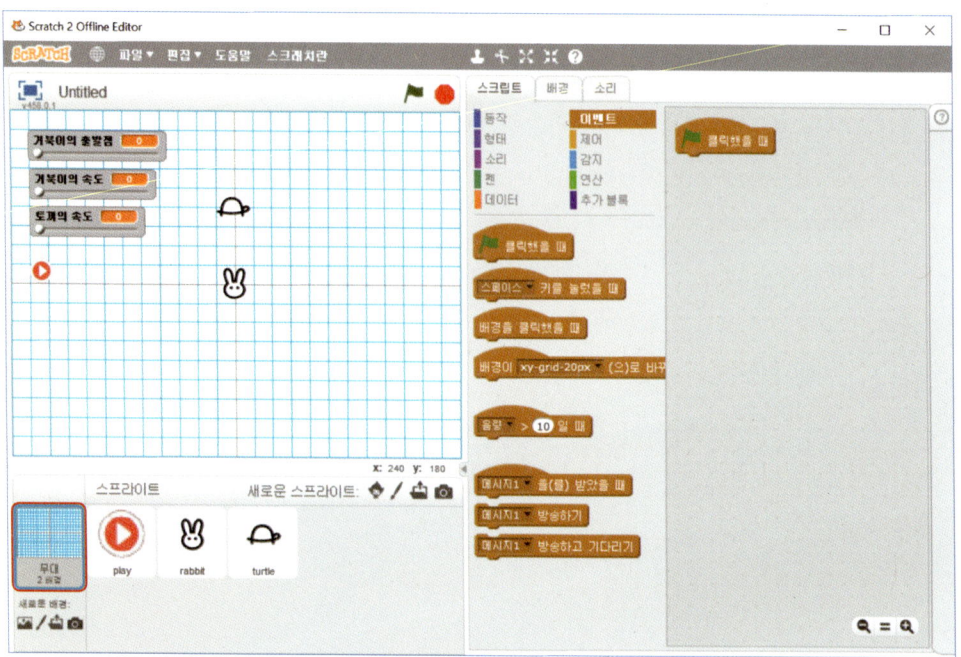

블록 팔레트에서 데이터 블록을 선택하고 변수를 초기화하겠습니다. 데이터 블록 중 `토끼의 속도 을(를) 0 로 정하기` 블록을 스크립트 영역으로 드래그합니다. 그리고 변수 이름을 마우스로 클릭해서 리스트에서 선택한 후 필요한 값을 입력합니다. 앞의 토끼와 거북이의 예제에 맞춰 '거북이의 출발점'을 4로 정하고 '거북이의 속도'는 1로, '토끼의 속도'는 2로 초기화했습니다. 현재 배경 좌표의 격자 선 간격이 20픽셀 단위로 돼 있으므로 '좌표간격'이라는 변수를 만들어 20을 값으로 넣습니다. '좌표간격'은 무대에서 보여줄 필요가 없으므로 변수 이름 앞에 체크를 지웁니다. 그래프를 무대에 그릴 때 값에 '좌표간격'인 20을 곱하면 한 격자가 마치 1단위인 것으로 확대할 수 있습니다.

08장 _ 일차함수

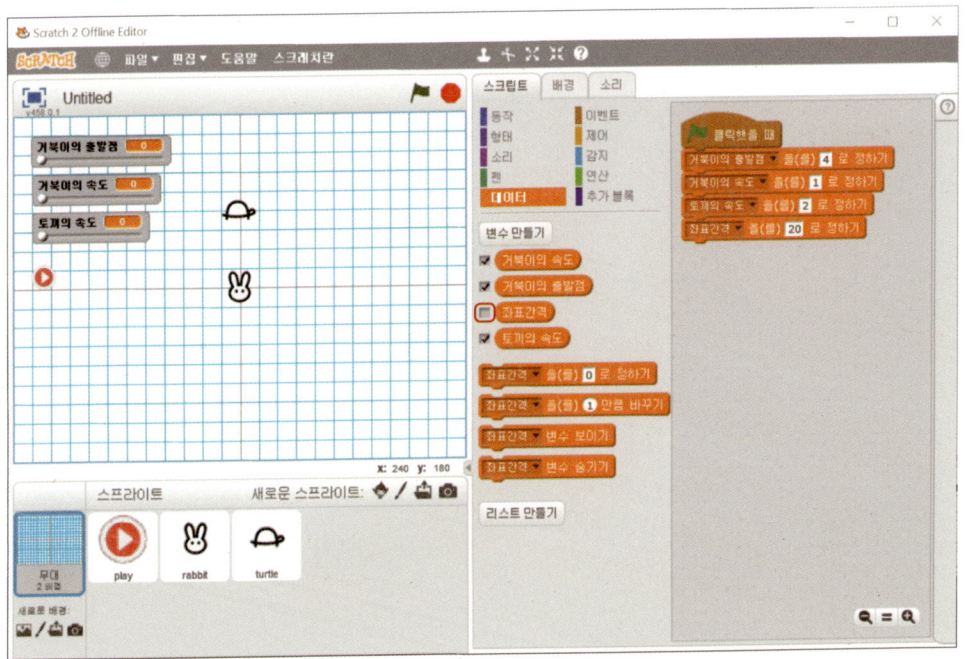

프로그램 화면에서 거북이의 출발점이나 토끼와 거북이의 속도를 일차함수의 원리에 따라 다양한 값으로 바꿔 보고 싶습니다. 그래서 변하는 값, 즉 변수를 사용한 것입니다. 그러려면 사용자가 🚩 버튼을 누를 때는 준비만 하고 있다가 마음껏 변수의 값을 슬라이드로 바꾸고 나서 ▶ 버튼을 누를 때 그래프를 그리게 해야 합니다. 프로그램 단원에서 이런 것을 이벤트라고 배웠습니다.

이 기능을 구현하려면 실행 버튼인 'Play'(▶) 스프라이트에 이벤트를 실행하는 스크립트를 만들어야 합니다. 먼저 'Play' 스프라이트를 클릭해서 선택하고 블록 팔레트 중 이벤트 블록을 선택해 `이 스프라이트가 클릭될 때` 블록을 가져다 스크립트 영역에 옮겨 둡니다. 그리고 `메시지1▼ 방송하기` 명령 블록을 `이 스프라이트가 클릭될 때` 블록 아래에 붙입니다. 그리고 '메시지1'을 클릭한 후 '새 메시지…' 메뉴를 선택합니다. 새로운 메시지를 입력하는 창에 '달리기'라는 이름의 메시지를 만듭니다. 간단히 새로운 이벤트가 만들어졌군요. 이제 ▶ 버튼을 클릭하면 `달리기▼ 방송하기` 블록이 무대와 모든 스프라이트에게 '달리기'라는 이벤트를 방송하게 되는 것입니다.

프로그래머가 알려주는 수학

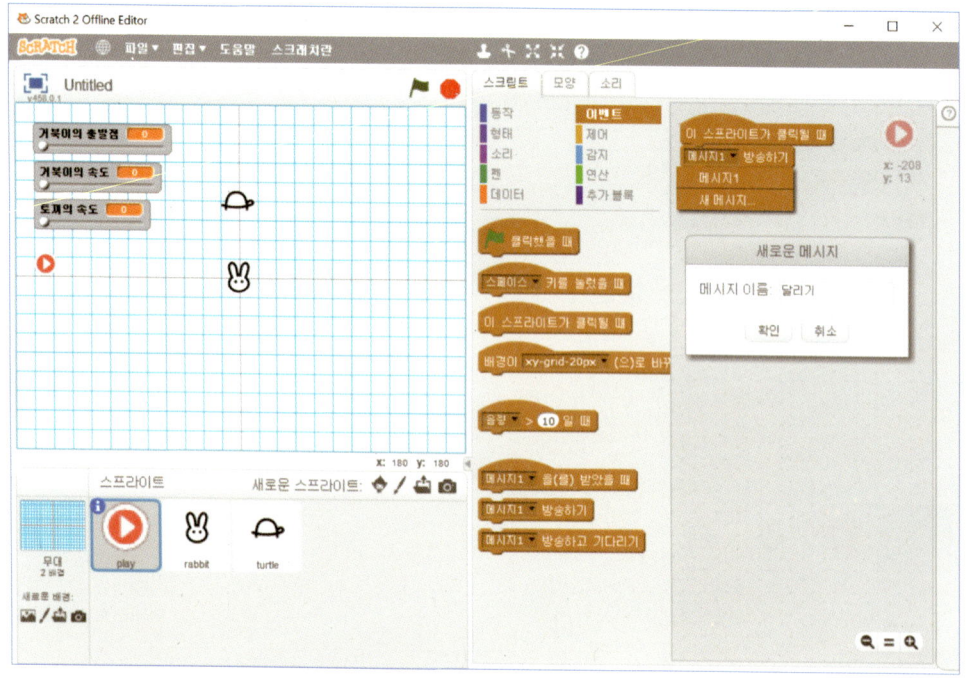

7 거북이 스크립트 만들기

그림 ▶ 버튼이 눌러서 '달리기' 이벤트가 발생한 후, 거북이 스트라이트에서 '달리기' 메시지를 받아 실행하는 스크립트를 만들어 보겠습니다. 이벤트 명령 블록에서 [메시지1▼ 을(를) 받았을 때] 블록을 가져와 '달리기' 이벤트를 선택합니다. 그러면 '달리기'라는 이벤트가 실행될 때 [달리기▼ 을(를) 받았을 때] 블록 아래의 명령이 실행됩니다.

08장_일차 함수

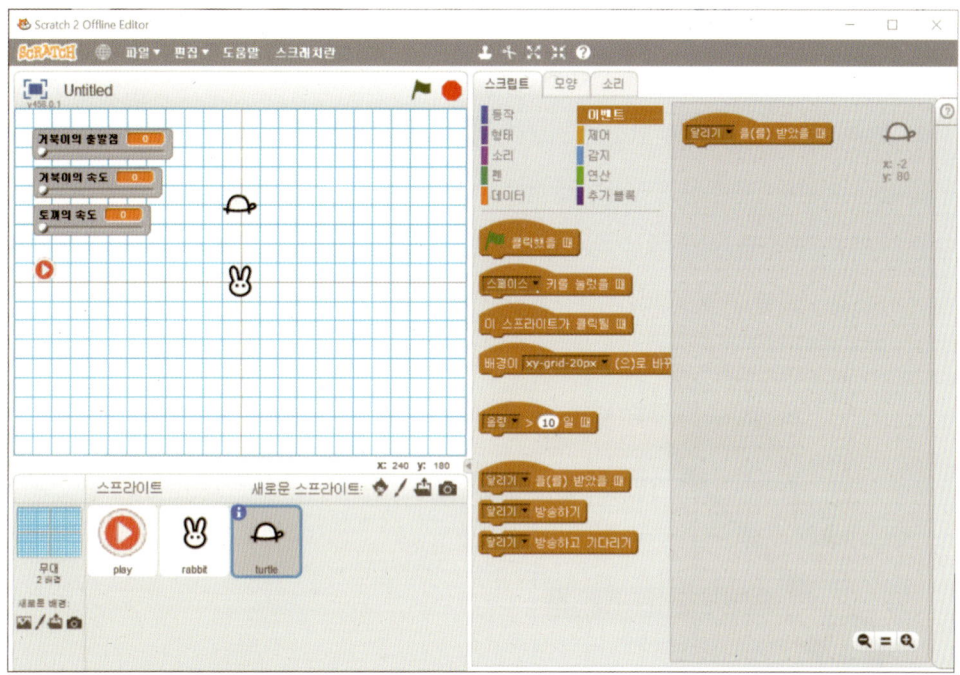

'달리기'라는 이벤트를 받아서 처음 하는 일은 거북이 그림을 x좌표는 0, y좌표는 '거북이의 출발점'에 '좌표간격'을 곱한 값에 위치시키는 것입니다. 가령 '거북이의 출발점'에 4가 지정된 경우 '좌표간격'인 20을 곱하면 거북이 스프라이트는 원점에서 y축 위 4번째 격자 선에 위치하게 됩니다. 먼저 동작 명령 블록에서 위치 이동 [x: 0 y: 0 로 이동하기] 블록을 가져온 후 연산 명령 블록에서 곱하기 [○*○] 블록을 가져다 y 값에 넣고 데이터 명령 블록에서 두 변수 [거북이의 출발점]과 [좌표간격]을 가져다가 아래 그림처럼 새로운 명령 블록을 만듭니다. 만들어진 명령 블록을 앞에서 가져다 둔 [달리기▼ 을(를) 받았을 때] 블록 아래에 붙여둡니다.

[x: 0 y: 거북이의 출발점 * 좌표간격 로 이동하기]

이제 새로운 명령 블록을 만든 후 이전 블록 아래에 붙이겠습니다. 그래프 선은 펜을 이용할 텐데 색을 파란색으로 지정하는 [펜 색깔을 ■(으)로 정하기] 블록과 굵기를 2로 지정하는 [펜 굵기를 2 (으)로 정하기] 블록을 사용하겠습니다.

그리고 중요한 것이 일차함수 그래프의 방향을 정하는 것인데 한 시간당 거북이의 속도를 `거북이의 속도 / 1` 블록으로 구하고 이 값에 탄젠트 삼각함수를 적용하면 각도가 구해집니다. 여기서는 연산 블록에 있는 atan 함수를 적용해 `atan ( 거북이의 속도 / 1 )` 블록으로 삼각함수 각도를 구합니다. 그런데 스크래치에서 각도의 시작은 y축을 기준으로 시작됩니다. 그러므로 앞에서 구한 삼각함수 각도를 90도에서 빼는 방식으로 `90 - atan ( 거북이의 속도 / 1 )` 블록을 이용해 좌표에서 바라 볼 각도를 구했습니다.

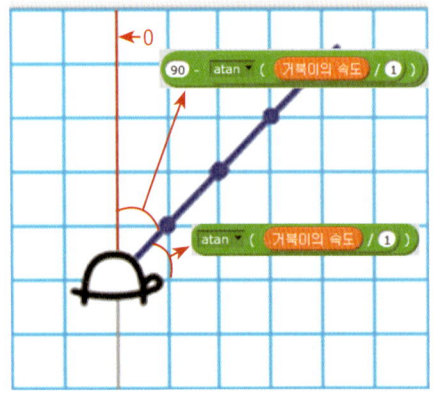

그림 8.3 삼각함수로 계산한 일차함수 기울기

당장 이해하기 어렵더라도 당황할 필요는 없습니다. 뒤에서 탄젠트와 삼각함수를 배우면 이해하기 쉬울 것이므로 이 부분은 너무 어렵게 생각하지 말고 넘어가도 됩니다. 그리고 스프라이트의 방향을 정하는 `90도 방향 보기` 동작 블록에 스크래치 좌표 각도를 계산한 `90 - atan ( 거북이의 속도 / 1 )` 블록을 값으로 가져다 두면 됩니다. 오른쪽 그림처럼 만드셨나요?

다음으로 만들 명령은 기존에 그려진 그림이 있다면 무대에서 지우고 펜을 내려서 새롭게 그림을 그리는 것입니다. 펜 블록에서 `지우기` 블록을 가져온 후 `펜 내리기` 블록을 이용해 그리기를 준비합니다. 그림 그리기는 `벽 에 닿았는가?` 블록으로 벽에 닿았는지 감지하고 `까지 반복하기` 블록으로 조건을 계속 확인해서 벽에 닿을 때까지 반복합니다.

08장_일차 함수

벽에 닿을 때까지 반복되는 그림 그리기 내용을 살펴보겠습니다. 파란색 동작 블록에서 `10 만큼 움직이기` 블록을 가져온 후 값을 1로 바꿔서 `1 만큼 움직이기` 블록으로 바꾸면 벽에 닿을 때까지 선의 길이를 1만큼 조금씩 반복해서 펜이 그리게 됩니다.

그래프를 좀 더 보기 좋게 만들기 위해 무대에 격자가 그려진 선을 만날 때는 거북이가 회전하면서 점을 찍게 하겠습니다. 프로그램에서 어떻게 격자를 만났는지 알 수 있을까요? 거북이의 x좌표의 값을 `좌표간격`인 20으로 나눴을 때 나머지가 0이 되는 위치인 20, 40, 60, 80 등 20의 배수가 좌표를 만나는 지점이겠군요. 그런데 스크래치 프로그램이 실행될 때 x좌표의 값은 소수점이 있는 실수로 조금씩 변경됩니다. 조건문에서 정수인 20과 비교하기 위해 x 좌표의 값을 `x좌표 반올림` 블록으로 반올림해서 정수로 만들어야 합니다. 이 값을 격자가 그려진 간격인 20을 의미하는 `좌표간격` 변수로 나누겠습니다. 그렇게 나눈 값이 0이라는 것은 20의 배수, 그러니까 격자를 만나는 x 좌표의 값이 되는 것입니다.

거북이가 격자 선을 만날 때마다 점을 찍어보겠습니다. 격자선에서 점의 크기인 2만큼 움직이며 6도씩 60번을 360도 제자리에서 돌면 크기가 2인 점이 찍힙니다.

이렇게 그래프를 그린 후 거북이가 천장이나 옆면 벽에 닿으면 그리기를 멈추고 원래 자리로 돌아가서 똑바로 90도 방향을 보고 서게 하겠습니다. 처음에 거북이의 위치를 지정한 명령과 같이 동작, 연산, 데이터 명령 블록을 이용해 거북이를 처음 위치로 이동시키기 위해 `x: 0 y: 거북이의 움닿섬 좌표간격 로 이동하기` 블록을 다시 사용합니다. 그리고 회전하던 거북이 그림이 똑바로 서게 하려고 동작 블록 중 `90도 방향 보기` 블록을 가져와 위 방향을 의미하는 90도 값으로 돼 있는지 확인하면 거북이의 스크립트가 완성됩니다.

프로그래머가 알려주는 수학

```
x: 0 y: 거북이의 출발점 * 좌표간격 로 이동하기
90▼ 도 방향 보기
```

이제 완성된 거북이 스크립트를 확인하기 위해 무대의 ▶ 버튼을 눌러서 프로그램을 실행해 보겠습니다. 그리고 ▶ 버튼을 클릭하면 아래 화면처럼 거북이가 일차함수 그래프를 그리는 것이 확인되시나요?

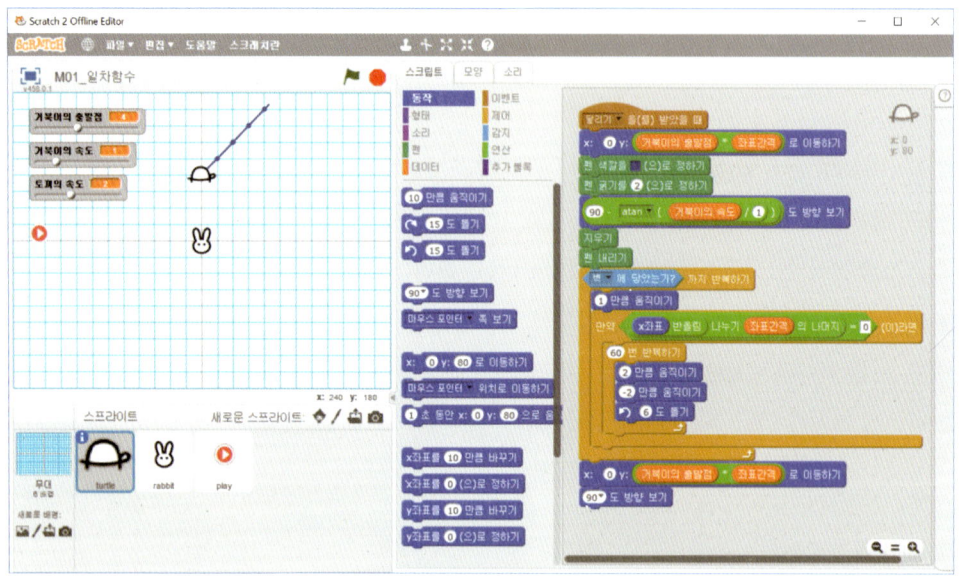

8 토끼 스크립트 만들기

토끼의 경우도 거북이와 유사하니 다음 페이지의 토끼의 스크립트를 한꺼번에 보면서 거북이 스크립트를 복습하고 토끼의 스크립트도 이해해 보세요. 내용을 이해하셨다면 문제를 하나 내겠습니다. 토끼의 스크립트를 보고 거북이의 스크립트와 다른 점을 찾아보세요.

08장 _ 일차 함수

다른 부분이 몇 가지인가요? 정답은 세 개입니다. 하나씩 확인해 볼까요?

첫 번째는 토끼의 출발점은 좌표의 원점인 (0, 0)이라는 것입니다. 이솝우화 속에서 토끼가 낮잠을 자는 동안 거북이는 `x: 0 y: 거북이의 출발점 * 좌표간격 로 이동하기` 블록의 위치로 이동해 있겠죠? 그때 토끼는 `x: 0 y: 0 로 이동하기` 블록의 위치인 원점에서 깨어나서 경주를 시작합니다.

두 번째 다른 점은 토끼 일차함수 펜의 색깔을 녹색으로 해서 거북이의 파란색과 구별한 점입니다. 거북이 그래프의 펜 색깔은 `펜 색깔을 (으)로 정하기` 블록을 사용해 파란색으로 정했습니다. 토끼의 선은 `펜 색깔을 (으)로 정하기` 블록으로 녹색으로 색깔을 바꿔줬습니다.

마지막 세 번째 다른 점은 토끼의 스크립트에서는 거북이의 속도가 아니고 토끼의 속도를 이용해 그래프의 기울기를 구해야 한다는 것입니다. 앞에서 거북이 일차함수의 기울기를 `90 - atan ( 거북이의 속도 / 1 )` 블록으로 구했습니다. 그러므로 토끼 그래프의 기울기는 `거북이의 속도` 변수 대신 `토끼의 속도` 변수를 사용해야 합니다. 모두 `90 - atan ( 토끼의 속도 / 1 )` 블록으로 바꾸셨죠? 앞에서 거북이의 스크립트를 단계별로 살펴봤으니 전체적인 흐름과 차이점이 이해될 것입니다.

지금까지 일차함수를 스크래치로 이해해 봤습니다. 재미있으신가요? 앞으로 남은 장을 마치면 수학도 스크래치 프로그래밍도 더욱 재미있어질 것입니다. 그럼 다음 장으로 넘어가 볼까요?

09 이차 함수

1 이차 함수의 개념

이번에는 이차 함수에 대해서 배워볼 시간입니다. 일차 함수를 쉽게 익혔으니 이차 함수도 약간의 변형된 개념만 추가하면 됩니다.

앞에서 일차 함수를 제곱 차수가 1인 함수라고 했으니 이차 함수는 제곱 차수가 2인 함수가 되겠군요. 앞에서 제곱 차수는 자연수 n을 반복적으로 곱하는 횟수라고 했습니다. 제곱 차수가 2인 경우는 $n \times n$이며 이를 간단하게 n^2같은 형식으로 표시합니다.

제곱 차수가 2인 이차 함수를 이해하기 위해 재미있는 예를 들어 보겠습니다. 옛날 어떤 마을에 힘이 세고 심술궂은 청년이 살고 있었습니다. 청년의 몸무게는 90kg으로 자신의 몸무게만큼 들 수 있을 정도로 힘이 셉니다. 청년이 주변 사람들을 괴롭히는 것을 보다 못한 수학자가 청년에게 내기를 걸었습니다. "이 보게, 여기 1kg짜리 돌이 있네. 자네가 10번만 이 돌을 들면 자네에게 황금 100냥을 주겠네. 단, 처음에는 1개만 들고 두 번째부터는 횟수의 제곱만큼 돌의 개수를 늘려서 들어야 하네. 만약 중간에 실패하면 자네는 마을을 영원히 떠나야 하네."

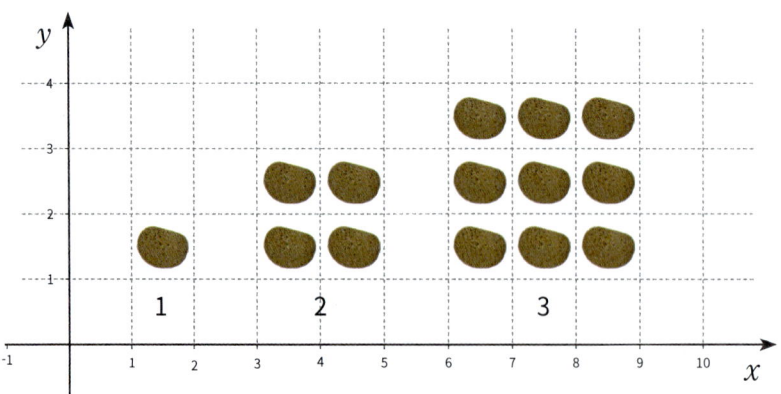

그림 9.1 제곱으로 증가하는 돌의 개수

힘쓰기라면 자신 있던 청년은 흔쾌히 수학자의 제안을 받아들였습니다. 제곱이 뭔지 잘 모르지만, 무게를 늘인다는 것이 약간 마음에는 걸렸지만 딱 10번만 들면 황금 100냥을 얻을 수 있으니까요. 과연 청년은 내기에서 이겼을까요?

차수	무게 (kg)
1	1 × 1 = 1
2	2 × 2 = 4
3	3 × 3 = 9
4	4 × 4 = 16
5	5 × 5 = 25
6	6 × 6 = 36
7	7 × 7 = 49
8	8 × 8 = 64
9	9 × 9 = 81
10	10 × 10 = 100

그림 9.2 수학자와 청년의 시합 결과

청년은 아홉 번째 시도까지는 가까스로 성공했지만 마지막 열 번째 시도에서는 본인의 몸무게보다 10kg 많은 돌을 들지 못했습니다. 그리하여 제곱의 원리를 잘 알고 있었던 수학자가 내기에서 이기고 청년은 마을을 떠나야만 했습니다.

수학자와 청년의 내기를 수학 함수로 표현하겠습니다. 도전 차수를 x라고 하고 결괏값인 돌의 무게를 y라고 한다면 y의 값은 x를 두 번 곱한 관계입니다. 다시 말해 x의 제곱 차수가 2인 함수입니다. 수식으로는 $y=x^2$이라 표현할 수 있습니다.

2 이차 함수의 공식

그림 앞에서 배운 좌표와 그래프로 이차 함수를 표현해 보겠습니다. 앞의 예에서 살펴본 $y=x^2$과 함께 $y=2x^2$, $y=-x^2$의 그래프도 함께 보겠습니다.

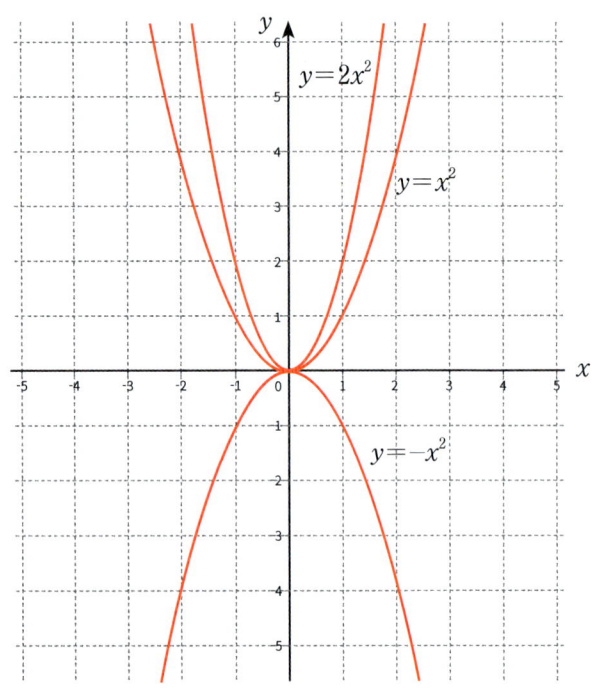

그림 9.3 다양한 이차함수

그렇습니다. 이차 함수의 그래프는 곡선을 나타내고 있습니다.

$y=x^2$ 그래프를 보면 현수교라는 아치형 다리를 연상하게 됩니다. 실제로 거대한 주탑 사이에 케이블을 연결하고 밧줄로 다리의 무게를 버티는 현수교를 설계할 때 이차 함수를 활용합니다.

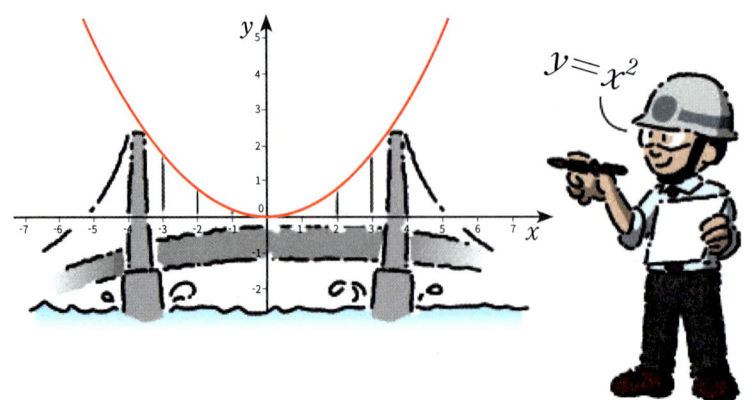

그림 9.4 현수교에 사용된 이차함수의 원리

$y=-x^2$ 형태의 그래프는 우리에게 익숙한 포물선 운동을 보여줍니다. 종이비행기를 날리거나 게임에서 포탄을 쏘는 경우도 포물선 운동을 합니다. 포탄을 45도 각도로 쏘아 올리면 날아가다 지구 중력의 영향으로 어느 시점이 되면 점차 땅 쪽으로 기울다 결국은 땅에 떨어지게 됩니다.

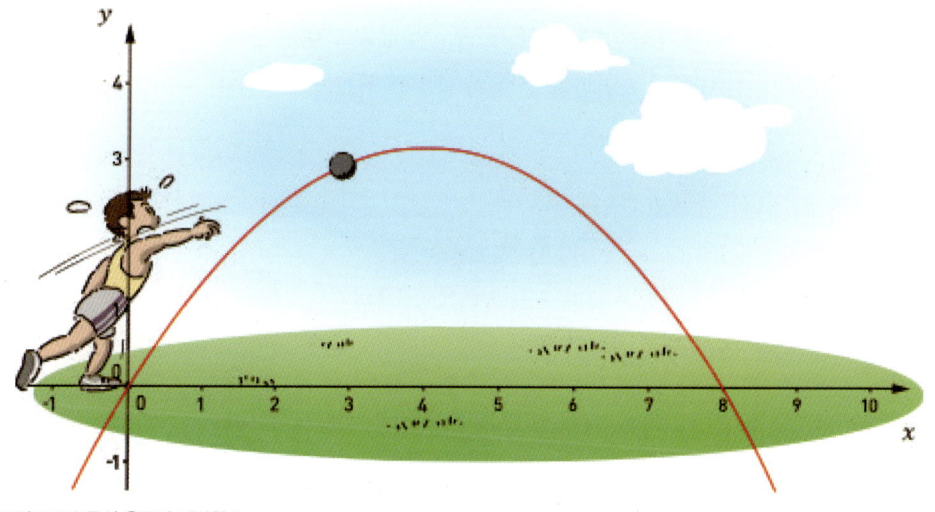

그림 9.5 포물선 운동과 이차함수

이차 함수를 일반형으로 정리하면 $y=ax^2+bx+c$라는 형태로 표현할 수 있습니다. 이때 a, b, c는 상수이고 a는 0이 될 수 없습니다.

3 스크래치로 만든 이차 함수

먼저 스크래치를 이용해서 만든 이차 함수 프로그램을 실행해 보겠습니다. 예제가 어떻게 구성돼 있는지 볼까요? 앞에서 이차함수를 배우면서 함수의 일반형을 $y=ax^2+bx+c$라고 정리했습니다. 스크래치에서 a, b, c의 값에 따라 이차함수 곡선을 그려준다면 근사하겠죠? 이번 예제에서는 a, b, c 변수의 값을 조정해서 다양한 이차 함수 곡선을 좌표에 그리는 예제를 만들 겁니다.

프로그래머가 알려주는 수학

그럼 먼저 완성된 예제 파일을 실행해 보겠습니다. 스크래치 오프라인 에디터를 실행하고 [파일] 메뉴에서 [열기]를 눌러 내려받은 예제 파일 중 'M02' 폴더에 있는 'M02_이차함수.sb2' 파일을 열어보겠습니다.

완성된 예제 파일이 열리면 아래와 같은 화면이 보입니다. 먼저 스크래치 프로그램을 실행해야겠죠? 무대 오른쪽 위에 있는 ▶ 버튼을 클릭합니다. 프로그램이 실행되면 a, b, c 변수의 값이 1, 2, 3으로 초기화돼 있습니다. 일단 세 변수의 값을 그대로 두고 무대에 있는 ▶ 버튼을 누르면 연필이 천천히 아래 화면과 같은 이차 함수를 좌표에 그립니다.

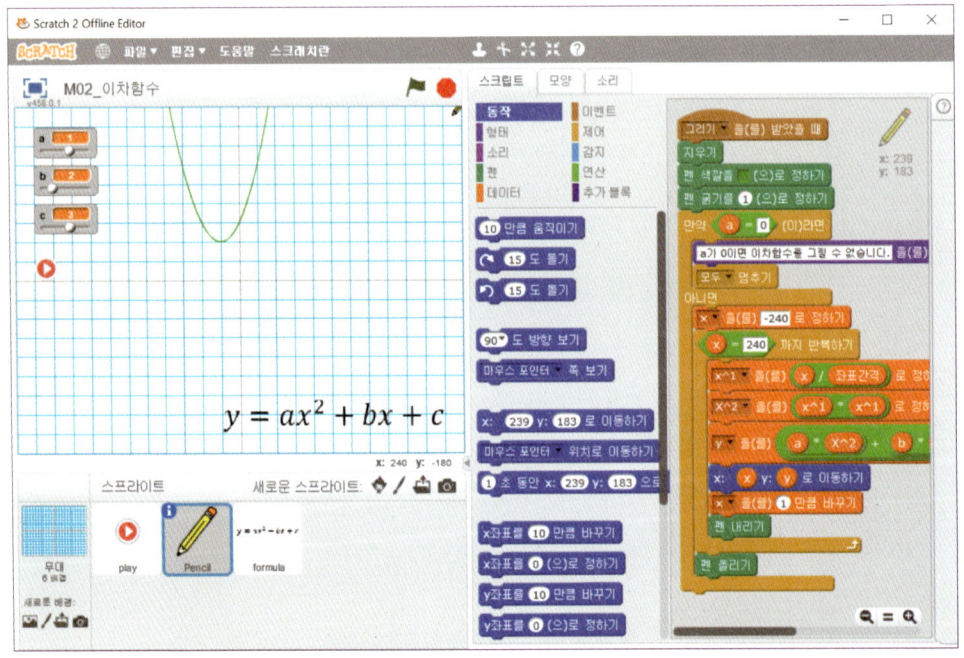

4 무대와 스프라이트 만들기

스크래치가 이차 함수 그래프를 그려주다니 대단하죠? 그럼 이번에는 새로운 프로젝트를 만들어서 처음부터 하나씩 따라가며 만들어 보겠습니다. 화면 상단의 메뉴에서 [파일]로 이동한 후 [새로 만들기] 메뉴를 클릭하겠습니다.

09장 _ 이차 함수

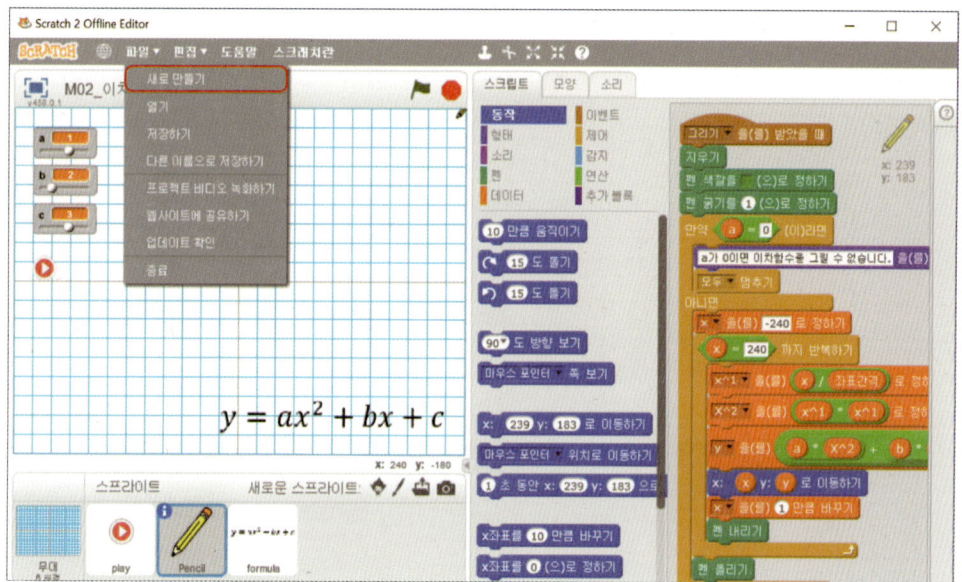

아래 화면처럼 새로운 프로젝트 화면이 나오면 무대의 배경부터 바꾸겠습니다. 무대 배경은 스크래치에서 제공하는 저장소 그림 중에서 선택할 것입니다. 무대의 새로운 배경 버튼 네 개 중 맨 왼쪽에 있는 [저장소에서 배경 선택] 버튼을 클릭합니다.

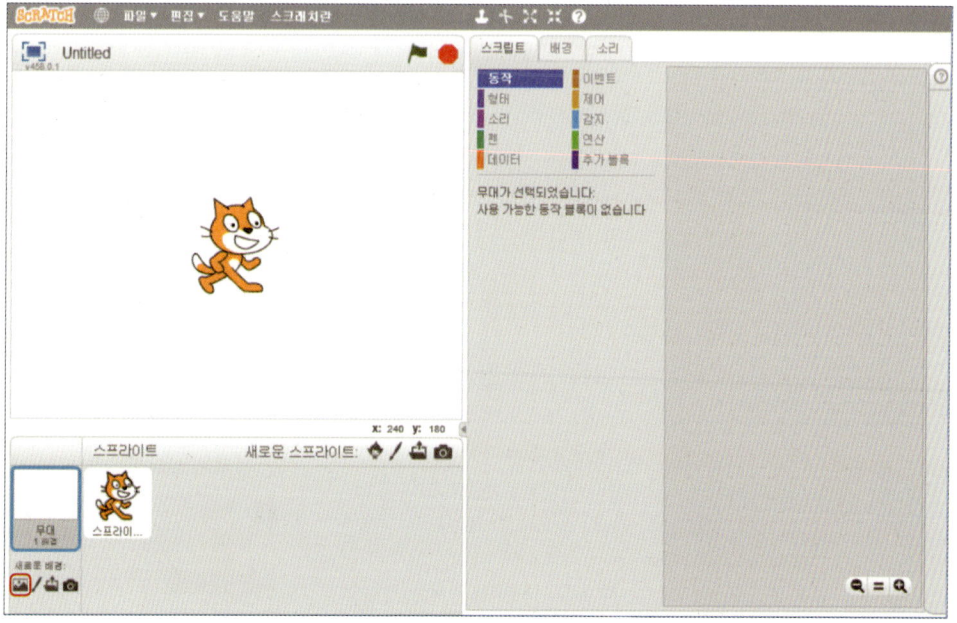

프로그래머가 알려주는 수학

그러면 스크래치가 제공하는 다양한 배경 그림이 나오겠죠? 앞에서 일차함수 예제에서 사용했던 20픽셀 단위로 좌표를 표시하는 'xy-grid-20px'라는 그림을 쓰겠습니다. 그림을 선택하고 [확인] 버튼을 누르면 됩니다.

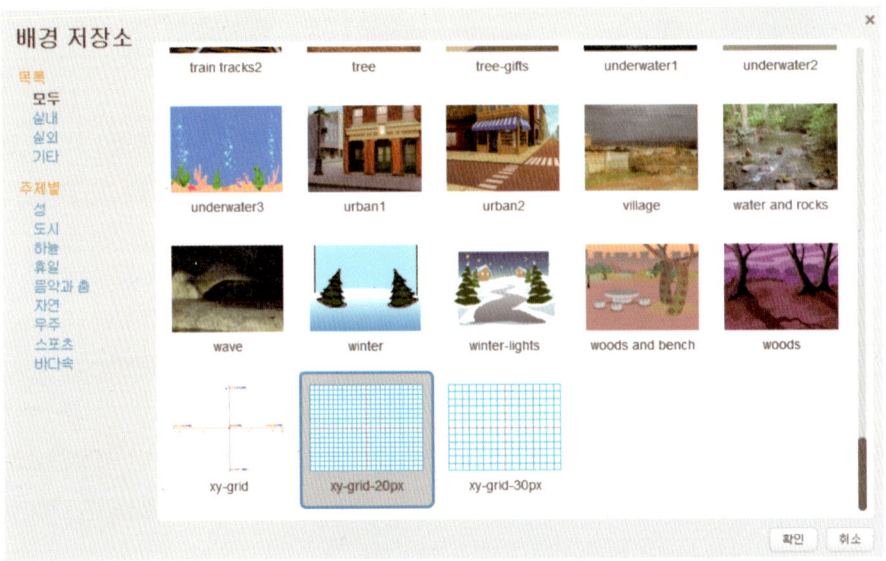

이번 프로젝트에서도 고양이 스프라이트는 사용하지 않을 예정이므로 지워버리겠습니다. 아래 화면처럼 스프라이트에 있는 고양이 그림 위에서 마우스 오른쪽 버튼을 클릭하면 메뉴가 나오는데 이 중에서 [삭제]를 클릭하면 그림이 지워집니다.

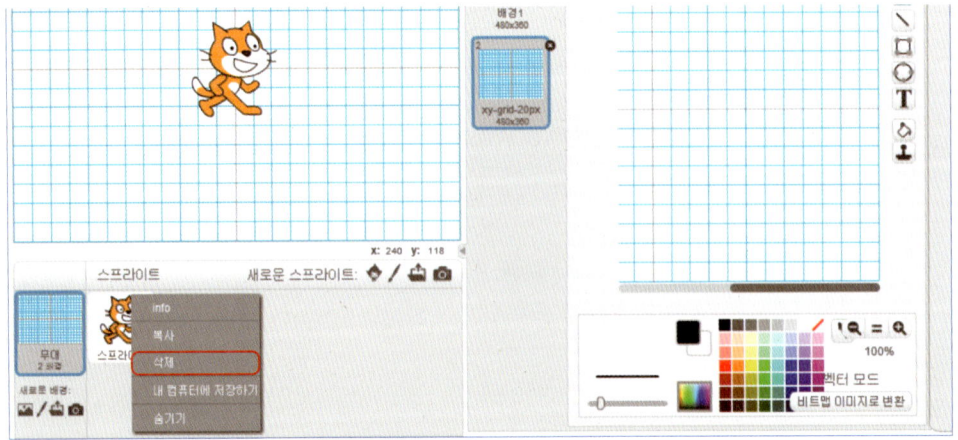

이차 함수 프로그램에서도 변숫값을 조정한 후 경주를 시작하는 이벤트를 이용해 그래프를 그리겠습니다. 그러기 위해 시작 버튼에 해당하는 'play'(▶)라는 이름의 스프라이트를 사용합니다. 그리고 화면에서 이차 함수 공식을 보여주기 위해 'formula'($y=ax^2+bx+c$)라는 이름의 스프라이트도 만듭니다.

예제 파일의 'M02' 폴더에 있는 'play.png', 'formula.png' 그림 파일을 가져와서 사용하겠습니다. 스프라이트 창에 있는 새로운 스프라이트 버튼 중 세 번째에 위치한 [스프라이트 파일 업로드하기] 버튼을 누르고 알림창에서 'M02' 폴더에서 그림 파일을 선택합니다.

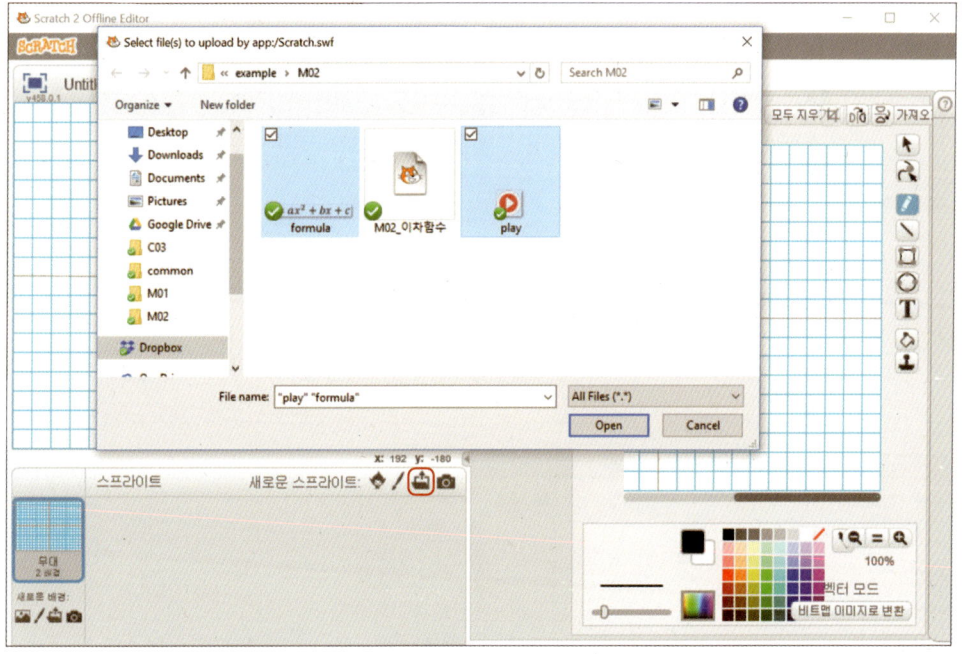

두 개의 그림 파일을 가져오면 두 개의 스프라이트가 생기는데 그중 'formula' 스프라이트는 너무 크기가 크군요. 그러면 다음 페이지의 화면처럼 메뉴 바 오른쪽에 있는 축소 버튼을 사용합니다. 먼저 축소 버튼을 누르고 무대에 있는 'formula'($y=ax^2+bx+c$)의 글자 부분을 클릭하면 그림의 크기가 작아집니다. 적당한 크기가 될 때까지 반복해 보세요.

프로그래머가 알려주는 수학

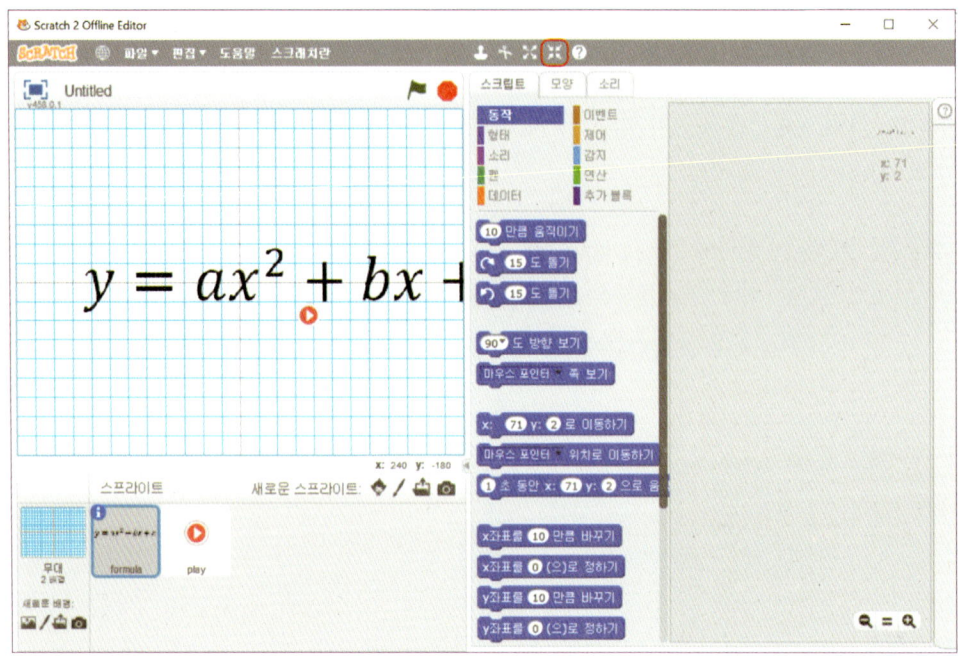

무대 위에 있는 'formula'($y=ax^2+bx+c$)가 아래 화면처럼 적당한 크기로 작아지면 두 스프라이트를 마우스로 드래그해서 아래 화면처럼 적당한 위치로 옮겨주세요.

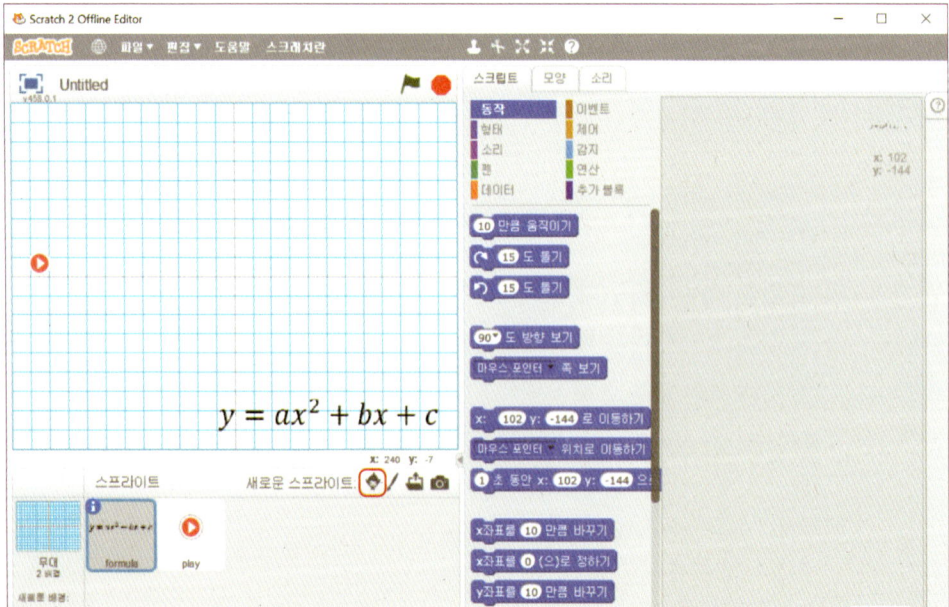

프로그램에서 이차함수 곡선은 연필로 그릴 것입니다. 연필 스프라이트로 사용할 그림은 스크래치 저장소에서 가져오겠습니다. 위 화면처럼 새로운 스프라이트 중 첫 번째 버튼인 [저장소에서 스프라이트 선택] 버튼을 누르면 스프라이트 저장소 그림을 선택하는 화면이 나옵니다. 이 중에서 'Pencil'이라는 이름의 연필 모양 스프라이트를 선택하고 [확인] 버튼을 누르세요.

저장소에서 가져온 연필 스프라이트도 크기가 크군요. 앞에서처럼 메뉴 바에 있는 축소 버튼을 누르고 무대에 있는 연필 버튼을 적당한 크기로 작아질 때까지 눌러주세요.

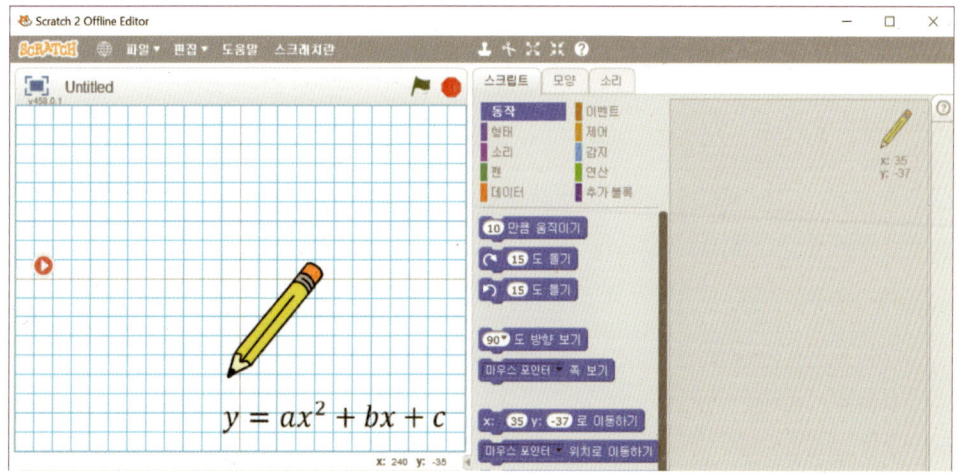

아래 화면처럼 연필의 크기가 그래프를 그리기에 적당한 크기로 줄어들면 됩니다. 지금까지 무대의 배경을 좌표로 바꿔줬고 'play', 'formula', 'Pencil'라는 세 가지 스프라이트도 준비됐습니다. 이제 다음 단계로 넘어가 볼까요?

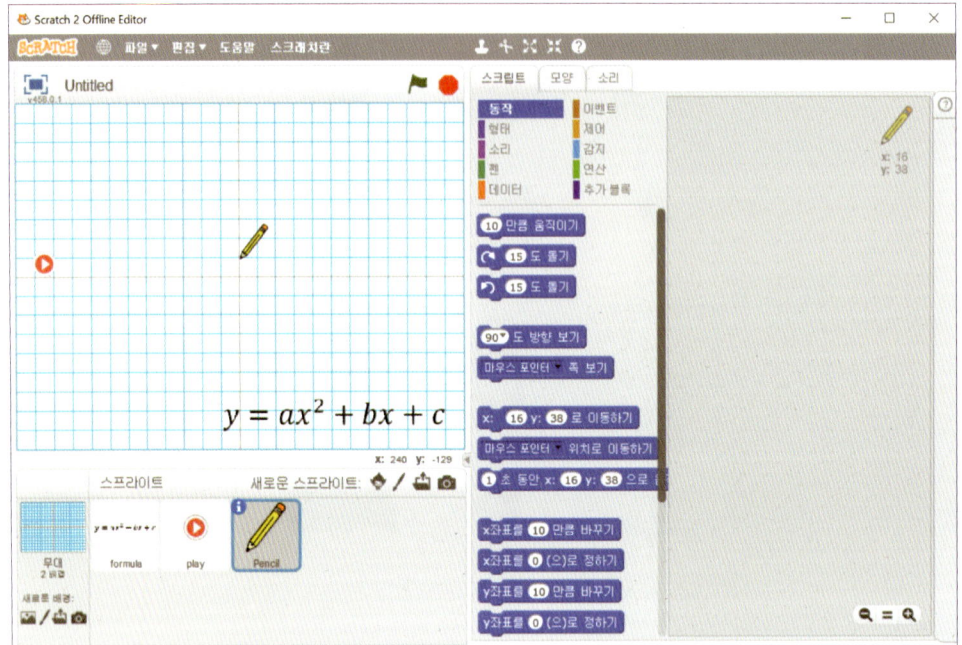

 **변수 만들기**

이차 함수의 일반형인 $y=ax^2+bx+c$를 스크래치에서 그래프로 표현하기 위해 a, b, c를 변수로 지정하겠습니다.

블록 팔레트에 있는 데이터 명령 중 '변수 만들기' 버튼을 누르고 알림창이 나타나면 변수 이름으로 'a'를 넣고 [확인]을 누릅니다. 변수 b와 c도 같은 방법으로 만듭니다.

09장_이차 함수

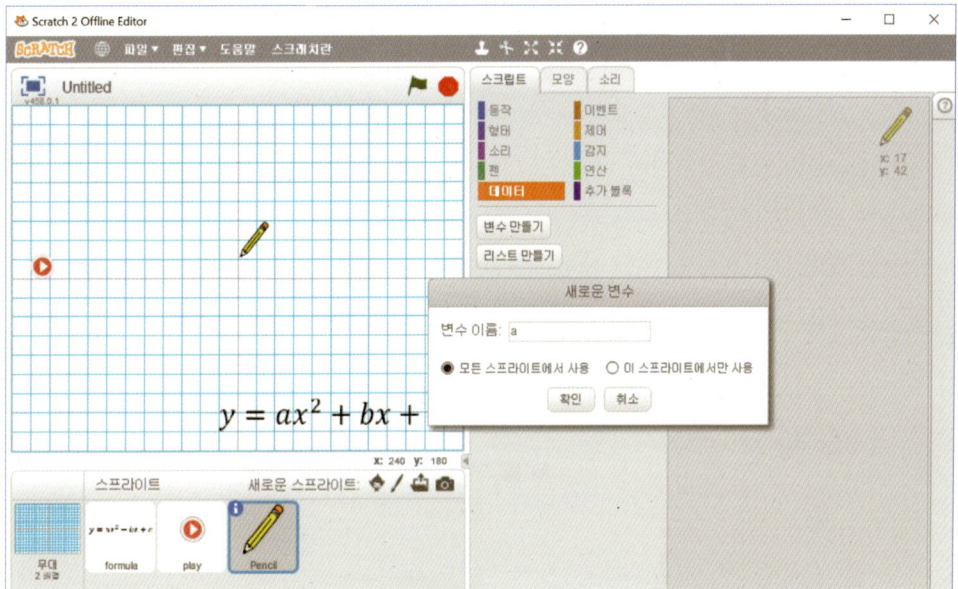

이번에도 변수의 값은 슬라이더를 이용해 편하게 조정하겠습니다. 아래 화면처럼 무대에 표시된 변수 이름 위에서 마우스 오른쪽 버튼을 누른 후 메뉴에서 [슬라이더 사용하기] 메뉴를 선택하면 됩니다. 세 변수 모두 같은 방법으로 슬라이더를 사용하겠습니다.

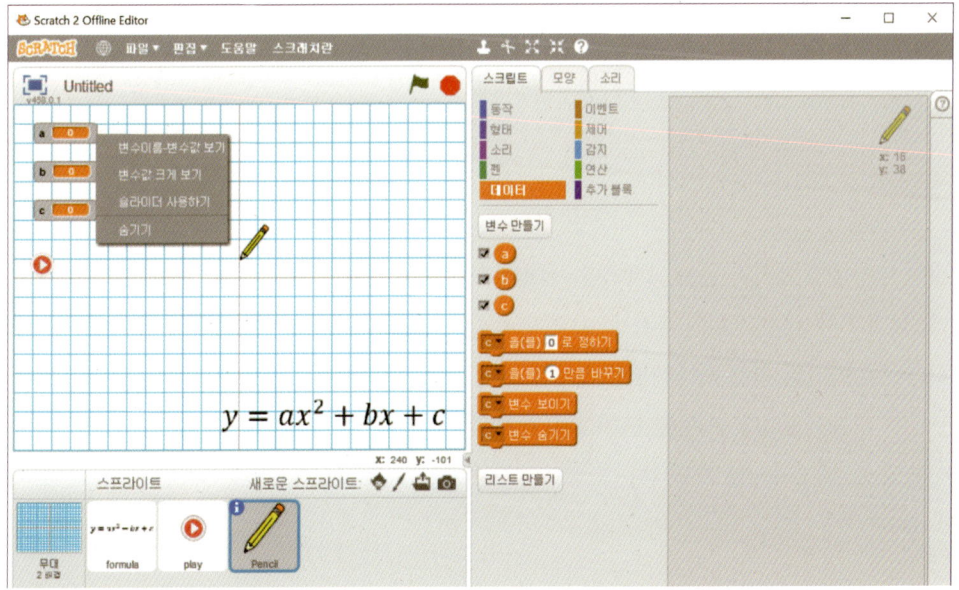

무대에 표시된 변수 이름 아래에 모두 슬라이더가 생겼습니다. 이번 이차 함수 프로그램에서도 슬라이더의 최솟값과 최댓값을 필요한 범위로 조정해 보겠습니다. 변수의 이름 위에서 마우스 오른쪽 버튼을 누르면 [슬라이더의 최대값과 최소값]이라는 메뉴가 나옵니다. 메뉴를 클릭하면 슬라이더 범위 알림창이 나타나는데 여기에 최솟값, 최댓값을 입력하고 [확인] 버튼을 누르면 값이 변경됩니다. 변수 a는 소수점이 있는 음과 양의 실수가 필요하므로 최솟값을 -5.0으로 하고 최댓값은 5.0으로 정합니다. 변수 b의 최솟값은 0으로 하고, 최댓값은 10으로 하겠습니다. 나머지 변수 c의 범위는 0부터 5까지 입력하겠습니다.

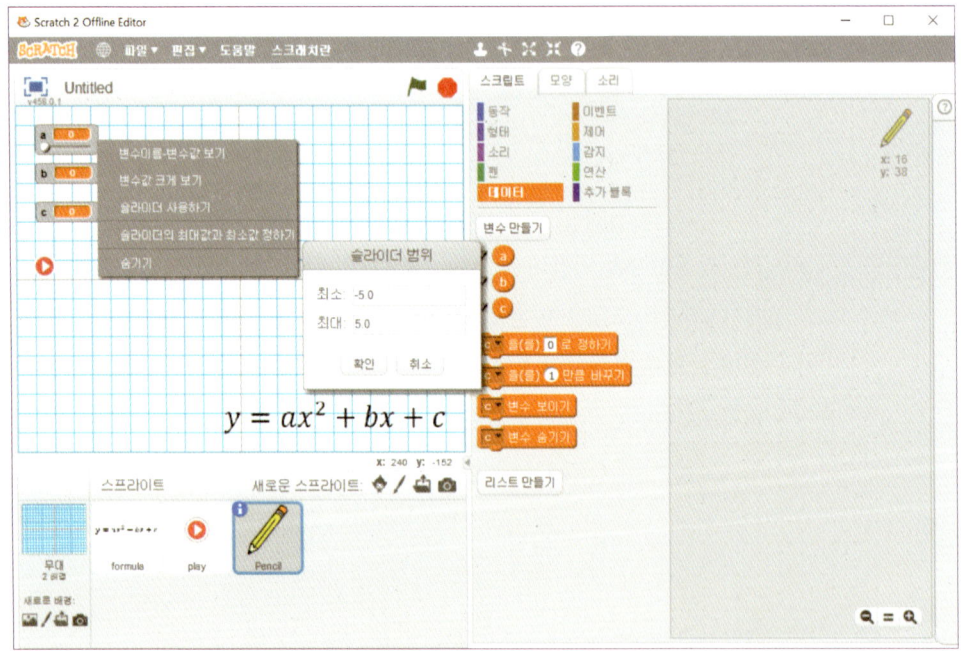

앞의 일차함수 예제와 같이 그래프를 무대의 좌표에 표현하기 위해 변수 하나를 더 선언합니다. 현재 무대 배경 좌표의 격자 선 간격이 20픽셀 단위로 돼 있으므로 결괏값에 20을 곱해서 확대해야 화면의 격자 하나가 1인 것처럼 보여줄 수 있습니다. 그러기 위해 '좌표간격'이라는 변수를 만들겠습니다. 이번에 만든 '좌표간격'의 값은 무대에서 보여줄 필요가 없으므로 변수 이름 앞에 체크 표시를 지웁니다.

09장_이차 함수

6 변수 초기화와 시작 이벤트

변수를 만들었으니 프로그램을 실행할 때 초기화하겠습니다. 변수의 초기화는 무대의 스크립트 영역에서 합니다. 무대의 스크립트 영역에 블록 팔레트 내 이벤트 블록 중 [클릭했을 때] 을 가져다 둡니다. 그러면 ▶ 버튼이 눌려 프로그램이 실행되면 [클릭했을 때] 블록에 붙어있는 명령이 실행됩니다. 다음으로 블록 팔레트에서 데이터 블록을 선택하고 변수의 값을 정하는 [변수 을(를) 0 로 정하기] 블록을 스크립트 영역으로 드래그합니다. 그리고 변수 이름을 변경한 후 필요한 값을 입력합니다. 변수 'a'의 값은 1로 정하고 'b'는 2로, 'c'는 3으로 초기화하겠습니다. '좌표간격' 변수의 값은 격자의 간격인 20으로 해줘야겠죠? 아래 화면처럼 만들었는지 비교해 보세요.

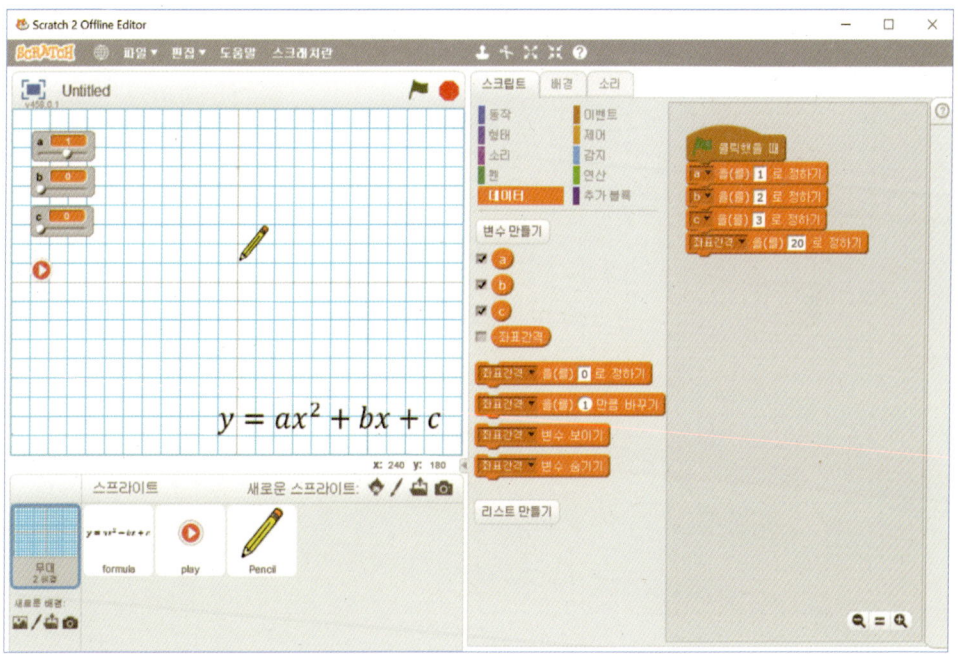

프로그램 속 이차 함수 그래프는 a, b, c의 변숫값에 따라 다른 형식으로 그려질 것입니다. ▶ 버튼을 눌러서 프로그램이 실행된 후에도 사용자가 a, b, c의 값을 슬라이더로 바꿀 수 있습니다. 그래서 변수들의 값을 슬라이드로 바꾸고 나서 ▶ 버튼을 누를 때 그래프를 그리게 할 수 있습니다. 그러려면 ▶ 버튼을 누르면 그래프를 그리게 하는 이벤트를 발생시켜야겠죠?

155

이 기능을 구현하기 위해 실행 버튼인 'Play'(▶) 스프라이트에 이벤트를 실행하는 스크립트를 만들겠습니다. 먼저 'Play' 스프라이트를 선택하고 이벤트 명령에서 스프라이트 자신이 클릭될 때 실행되는 `이 스프라이트가 클릭될 때` 블록을 가져다 스크립트 영역에 가져다 둡니다. 만약 'Play'(▶) 스프라이트가 클릭되면 연필 스프라이트에 그래프를 그리라고 이벤트 신호를 보내야겠죠? 그러려면 `메시지1▼ 방송하기` 블록을 `이 스프라이트가 클릭될 때` 블록 아래에 붙입니다. 그리고 '메시지1'이라는 이름을 클릭한 후 [새 메시지…] 메뉴를 선택합니다. 메시지 이름을 입력하는 창에 '그리기'라고 적은 후 [확인] 버튼을 누릅니다. 그래프를 그리는 이벤트가 만들어졌군요. 이제 ▶ 버튼을 클릭하면 `그리기▼ 방송하기` 블록이 무대와 모든 스프라이트에 '그리기'라는 이벤트를 방송하게 됩니다.

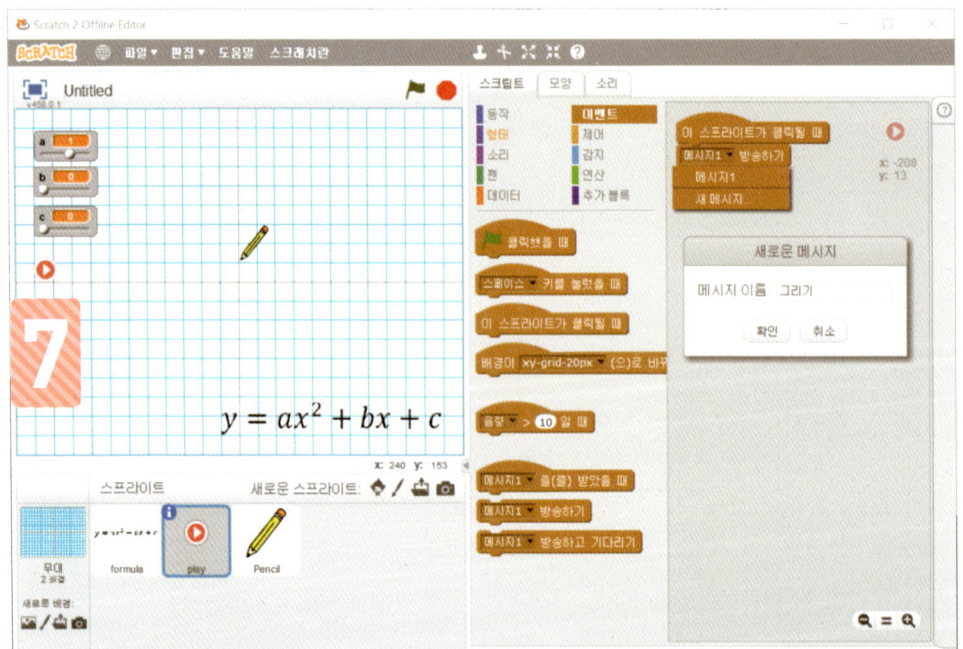

7 연필 스크립트 만들기

이번에는 ▶ 버튼이 눌러서 '그리기' 이벤트가 발생한 후, 연필 스프라이트에서 '그리기' 메시지를 받아 그래프를 그리는 스크립트를 만들어 보겠습니다. 이벤트 명령 블록에서 [메시지1▼ 을(를) 받았을 때] 블록을 가져와 메시지 이름으로 '그리기'를 선택합니다. 그러면 '그리기'라는 이벤트가 실행될 때 [그리기▼ 을(를) 받았을 때] 블록 아래의 명령이 실행됩니다.

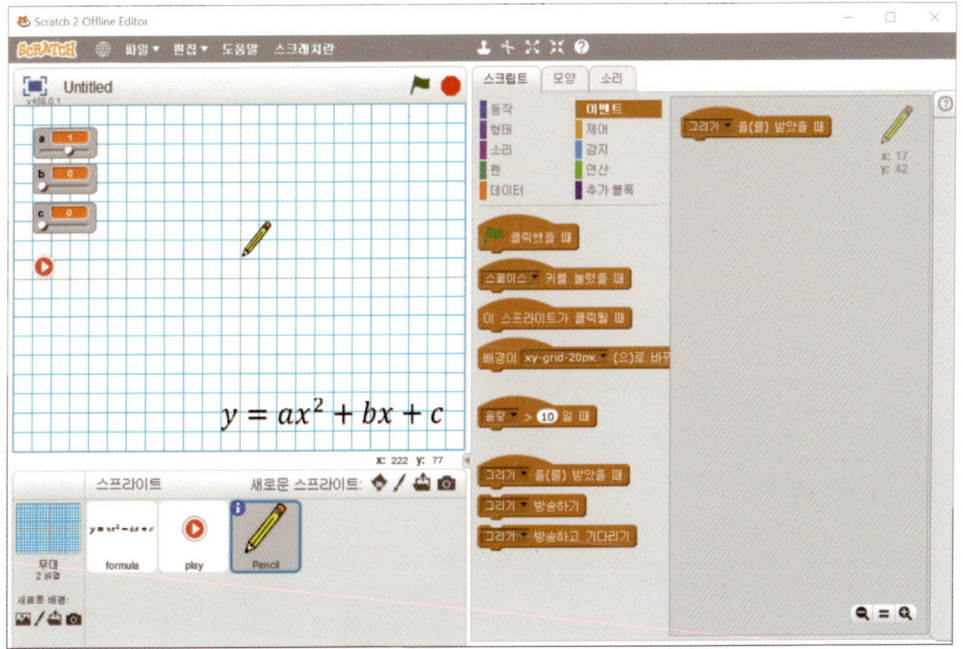

그럼 '그리기'라는 이벤트를 받아서 이차함수 그래프를 그리는 명령을 차례로 만들어 보겠습니다. 기존에 그래프가 무대에 그려졌을 수도 있으므로 그래프를 새로 그리기 위해서는 [지우기] 블록으로 지우고 시작해야 합니다. 그리고 [펜 색깔을 ▉ (으)로 정하기] 블록과 [펜 굵기를 1 (으)로 정하기] 블록을 이용해 펜의 색과 굵기를 지정합니다. 다음 페이지의 화면처럼 만드셨죠?

프로그래머가 알려주는 수학

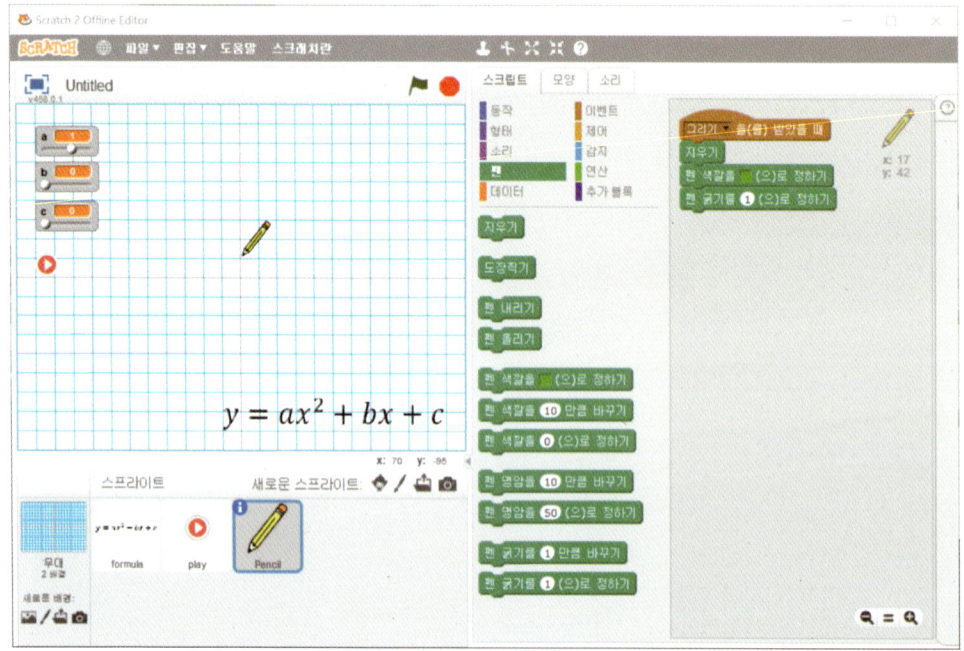

앞에서 이차 함수의 공식을 $y=ax^2+bx+c$라는 형태로 정리하면서, 이때 a, b, c는 상수이고 a는 0이 될 수 없다고 했습니다. 그러므로 혹시 변수 'a' 값이 0으로 조정될 경우는 잘못됐다는 경고를 보여주고 프로그램을 멈춰야 합니다.

그럼 변수 'a'의 값이 0으로 입력된 경우 프로그램을 정지하는 기능을 만들어 보겠습니다. 먼저 연산 블록으로 변수 'a'의 값이 0인지 조건 블록으로 확인하겠습니다. 만약 a의 값이 0이면 블록을 이용해 'a가 0이면 이차함수를 그릴 수 없습니다.'라고 화면에 보여주게 합니다. 그리고 다음 페이지의 화면처럼 블록으로 프로그램을 멈춥니다.

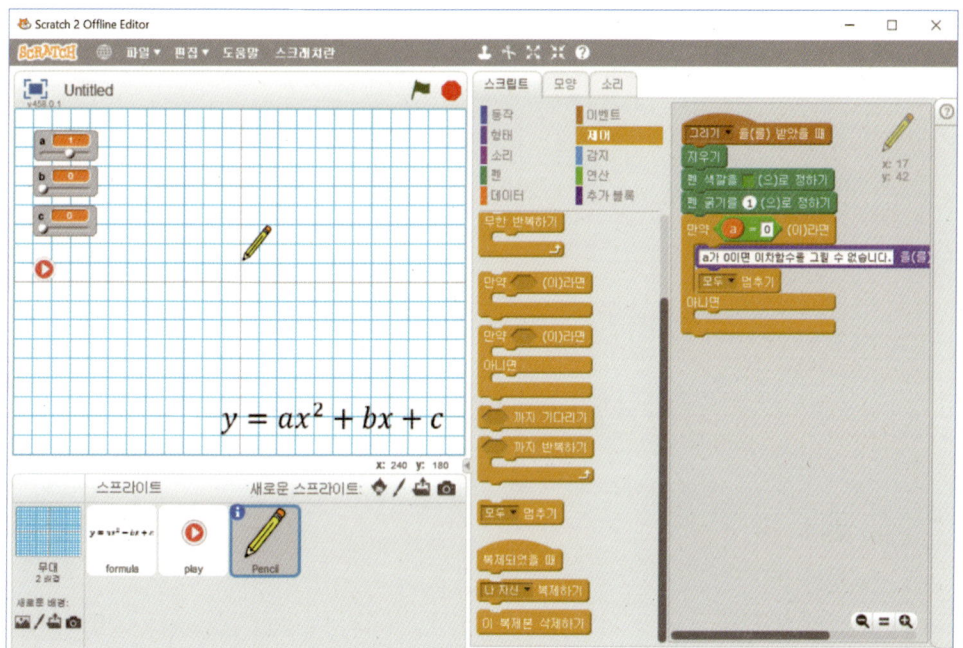

이제 이차 함수 공식에 따라 그래프를 그리기 위해 몇 가지 변수를 더 만들겠습니다. 그래프의 좌표를 의미하는 'x', 'y' 변수와 이차 함수 공식 $y=ax^2+bx+c$ 중 x^2을 의미하는 'x^2'라는 변수와 x를 표시하는 'x^1'이라는 변수도 만듭니다. 다음 페이지의 화면처럼 블록 팔레트 데이터 명령에서 '변수 만들기' 버튼을 눌러 각 변수를 만들어 둡니다. 그리고 모두 내부 계산에만 사용하고 화면에 값을 보여줄 필요가 없으므로 데이터 블록에서 변수 앞에 있는 체크박스를 지웁니다.

프로그래머가 알려주는 수학

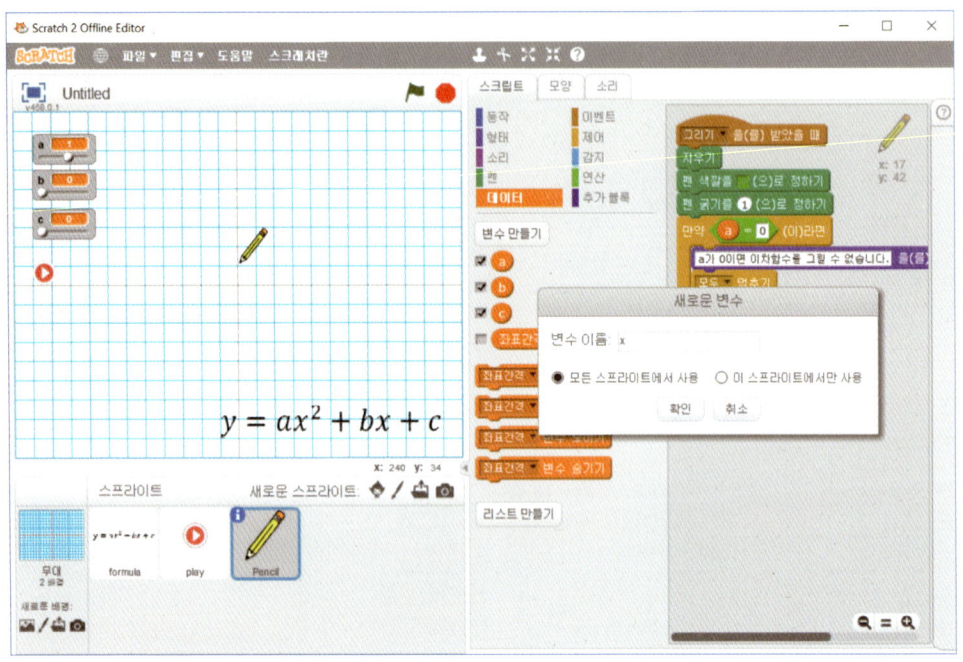

이번에는 펜이 그래프를 그리기 위해 이동하는 기능을 만들 때가 됐네요. 좌표 어디서부터 그래프를 그릴지 모르니까 펜을 화면의 왼쪽 끝에서 오른쪽 끝으로 이동시키면서 그리겠습니다. 앞의 조건으로 `a=0`를 확인하고 변수 'a'의 값이 0이 아닌 경우에만 그래프를 그려야겠죠? 앞에서 `a=0`과 `만약 (이)라면 아니면` 블록으로 만든 조건 중 '아니면'에 해당하는 영역에 `x를(를) -240 로 정하기` 블록으로 x 좌푯값을 무대의 맨 왼쪽인 -240으로 이동하게 합니다. 그리고 `x = 240` 연산 블록으로 x 좌표의 값이 무대 우측 끝의 위치인 240이 될 때까지 `까지 반복하기` 조건 블록을 이용해 `x를(를) 1 만큼 바꾸기` 블록을 반복합니다. 이 스크립트는 연필 스프라이트의 위치를 무대 x축 왼쪽 끝인 -240으로 이동시키고 무대 오른쪽 끝인 240까지 1만큼씩 움직이게 합니다.

09장 _ 이차 함수

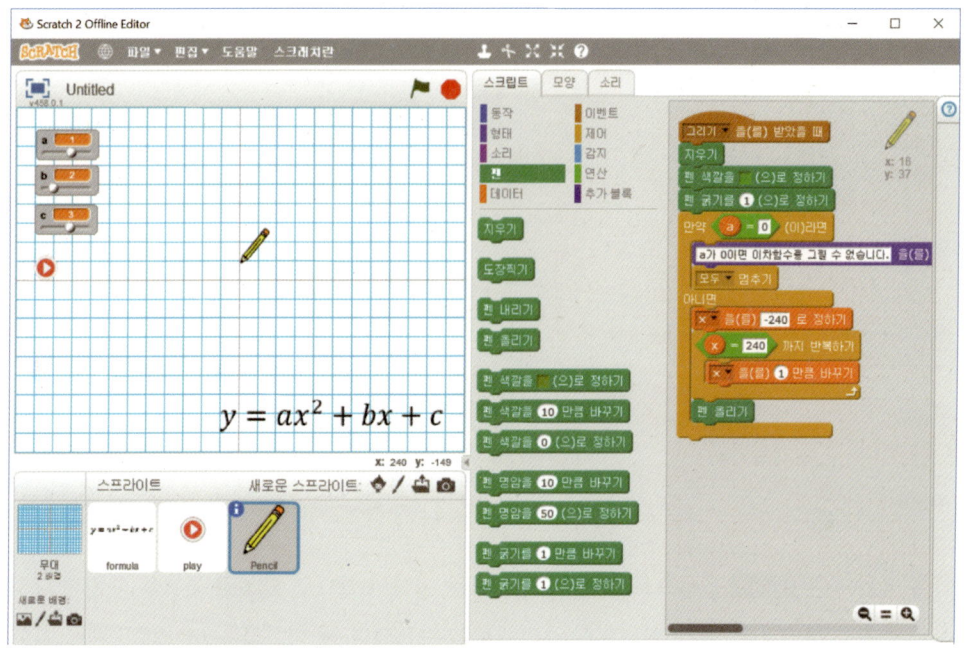

이제 연필이 무대 좌에서 우로 이동하면서 공식에 맞춰서 그래프를 그리게 하는 부분을 만들 차례입니다. 화면에는 20픽셀의 격자가 1을 의미하므로 결괏값에 `좌표간격`을 곱한다고 했습니다. 나중에 y 좌표를 구하는 결괏값에 `좌표간격`을 곱해줄 것입니다. x^2을 의미하는 'x^2'는 `x^1 * x^1` 블록처럼 'x^1'이라는 변수의 제곱을 의미합니다. 그러므로 'x^2' 변수 계산에 앞서 'x^1' 변숫값은 `x / 좌표간격` 블록처럼 x의 값을 `좌표간격`으로 나눠야 합니다. 그러고서 'x^2' 변수의 값을 `x^2 를(을) x^1 * x^1 로 정하기` 블록처럼 'x^1'이라는 변수의 제곱으로 정해줍니다.

이제 이차 함수의 일반식 $y=ax^2+bx+c$를 `a * x^2 + b * x^1 + c` 연산 블록으로 만듭니다. 앞에서도 이야기했지만 무대 좌표에 보여주기 위해 `좌표간격`을 여기에 곱해서 `a * x^2 + b * x^1 + c * 좌표간격` 블록을 만듭니다. 이 연산 결과를 `y 를(을) a * x^2 + b * x^1 + c * 좌표간격 로 정하기` 블록으로 변수 'y'에 입력합니다.

그리고 연필 스프라이트의 위치를 `x: x y: y 로 이동하기` 블록을 이용해 변수 'x'와 'y' 값으로 이동하게 합니다. 다음 페이지의 화면처럼 만들었는지 확인해 보세요.

프로그래머가 알려주는 수학

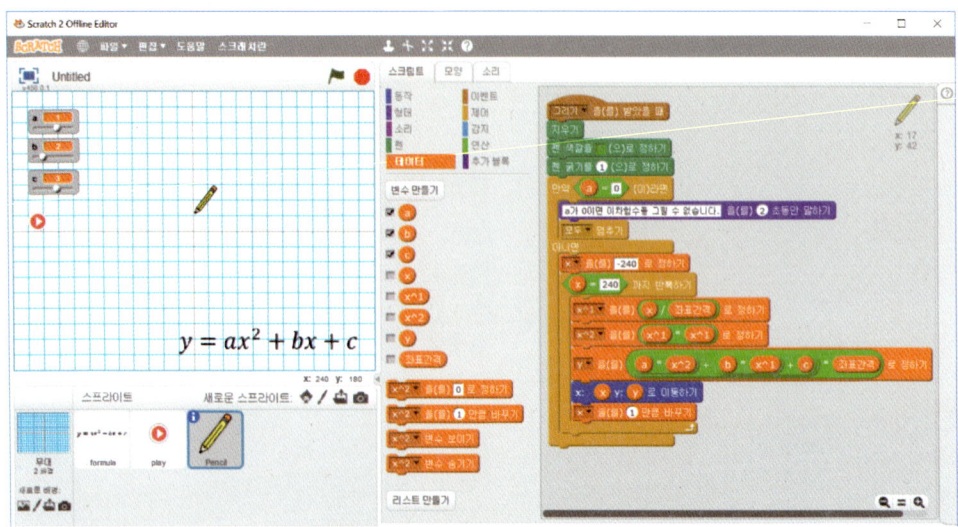

이제 남은 것은 펜 내리기 블록으로 펜을 내리고 모든 동작이 끝나면 펜 올리기 블록을 사용해 그리기를 멈추는 것입니다. 아래 화면처럼 스크립트가 완성되면 ▶ 버튼을 눌러 프로그램을 실행해 보세요. a, b, c 변숫값을 확인한 후 ▶ 버튼을 눌러서 그래프를 그려보세요. 멋진 그래프가 그려졌나요?

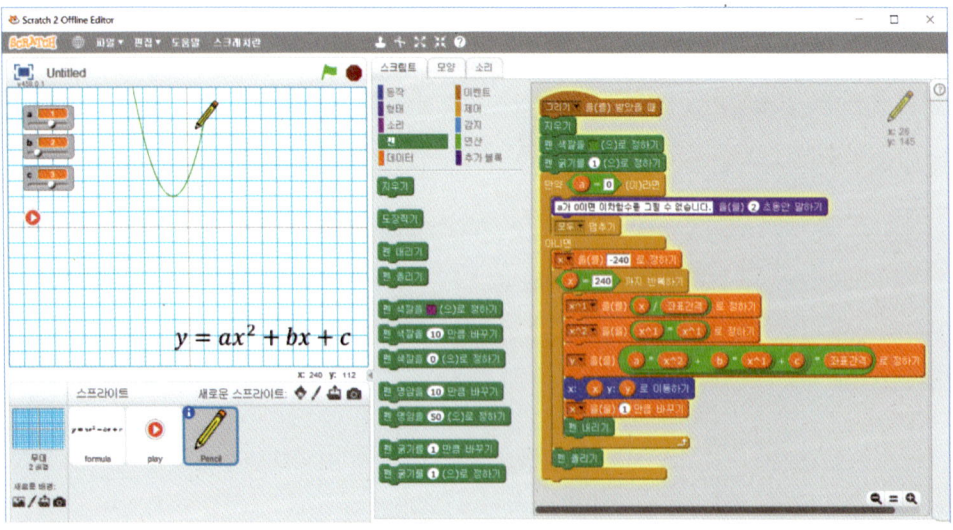

다항 함수 10

1 다항 함수의 개념

이제 다항 함수에 대해 알아볼 시간입니다. 사실 다항 함수는 새로운 개념이 아니고 앞에서 배운 일차, 이차 함수를 포함하는 개념입니다. 다항이라는 용어에서 짐작했겠지만 일차부터 n차까지 모든 차수에 해당하는 다양한 형태의 함수를 의미합니다. 다항 함수의 원리를 잘 이용하면 우리가 원하는 다양한 형태의 그래프를 표현할 수 있습니다. 차수와 x값의 변화에 따라 구해지는 y값을 표로 정리해 보겠습니다.

차수 \ x값	-2	-1	0	1	2
1차 $y=x$	-2	-1	0	1	2
2차 $y=x^1$	-2×-2 =4	-1×-1 =1	0	1×1 =1	2×2 =4
3차 $y=x^2$	-2×-2×-2 =-8	-1×-1×-1 =-1	0	1×1×1 =1	2×2×2 =8
4차 $y=x^3$	-2×-2×-2×-2 =16	-1×-1×-1×-1 =1	0	1×1×1×1 =1	2×2×2×2 =16
5차 $y=x^4$	-2×-2×-2×-2×-2 =-32	-1×-1×-1×-1×-1 =-1	0	1×1×1×1×1 =-1	2×2×2×2×2 =32

표 10.1 다항 함수의 다양한 결과

다항 곡선을 제곱 차수별로 나타내면 다음 페이지의 그래프와 같습니다. 앞에서 살펴본 차수별 값의 변화와 비교해 보면 쉽게 이해할 수 있습니다.

프로그래머가 알려주는 수학

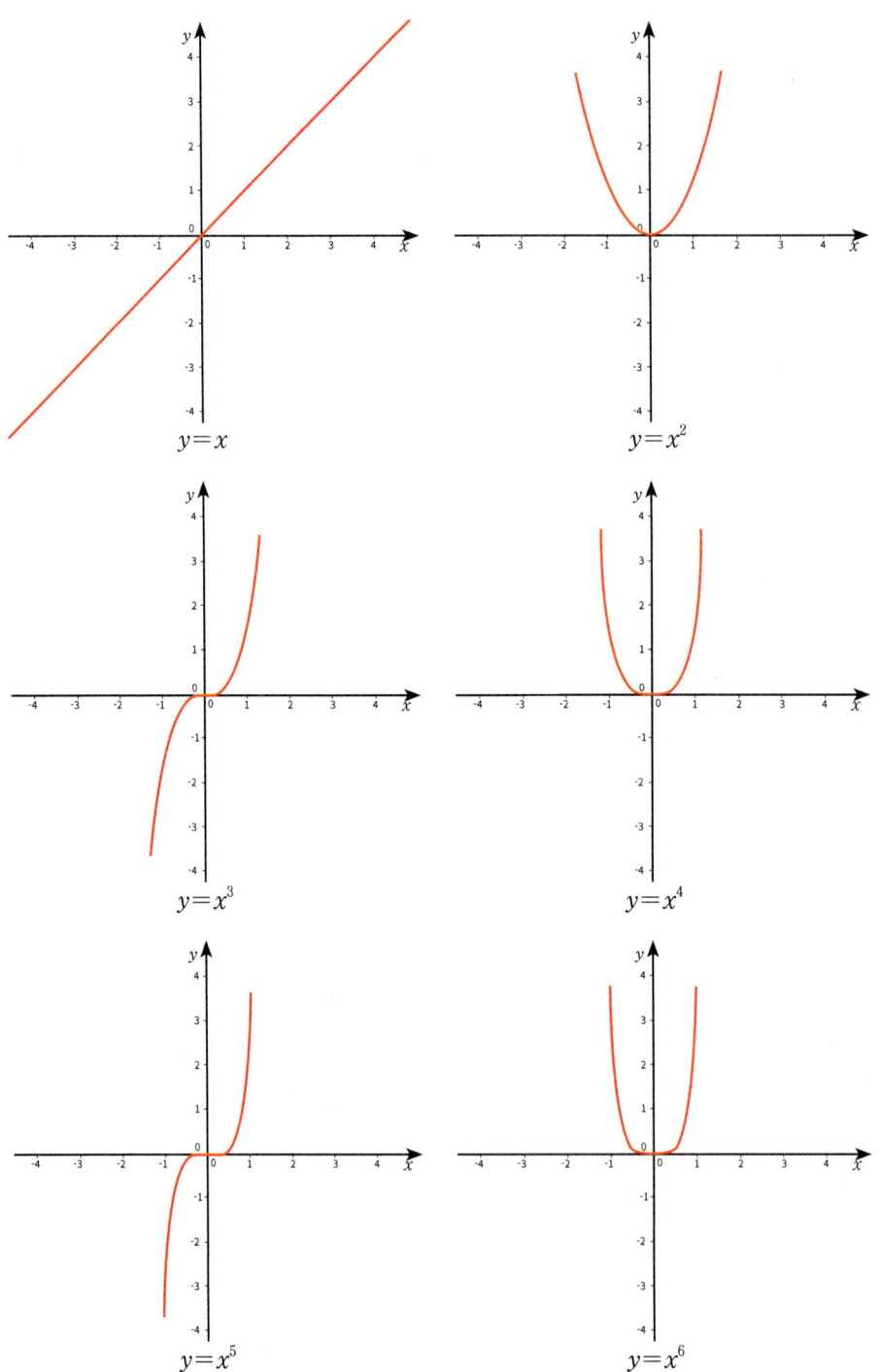

그림 10.1 다양한 다항함수 그래프

2. 다항 함수의 공식

다항함수를 잘 활용하면 우리가 원하는 다양한 그래프와 결괏값을 쉽게 알아낼 수 있습니다. 예를 들어 $y=(x-1)(x-2)^3(x-3)^2$로 표현되는 함수를 그래프로 나타내겠습니다. 그래프는 x의 값이 1과 2일 때 x축을 지나고 x의 값이 3일 때 x축에 접하는 곡선입니다. 다항 함수의 그래프가 x축과 만나는 점이 다항 방정식의 결괏값입니다. 다항 함수를 잘 이용하면 복잡한 곡선도 표현이 가능합니다.

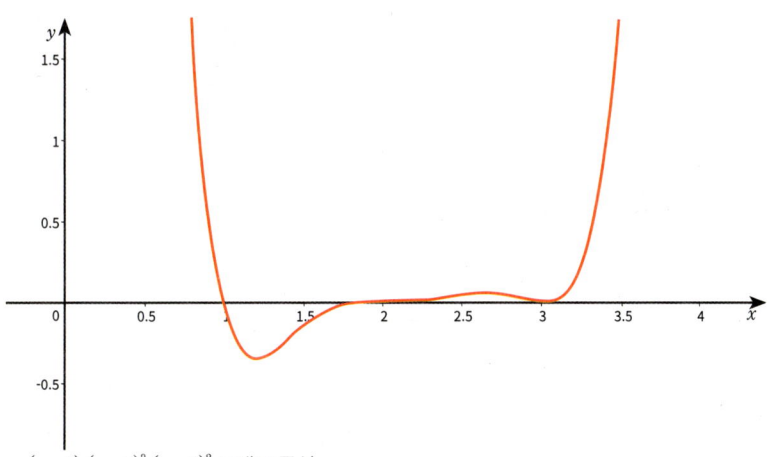

그림 10.2 $y=(x-1)(x-2)^3(x-3)^2$ 그래프 곡선

예를 들어 다항 함수 중 삼차 함수의 일반형을 정리하면 $y=ax^3+bx^2+cx+d$라는 형태로 표현 가능합니다. 이때 a, b, c, d는 상수이고 a는 0이 될 수 없습니다.

다항함수와 그래프 곡선이 사용되는 재미있는 예를 들어 보겠습니다.

저녁에 불빛을 환히 비춰주는 자동차의 헤드라이트와 손전등의 반사경에도 다항 함수의 원리가 있다는 사실을 아십니까? 램프 옆에 포물선 곡선 형태의 오목한 반사경이 약한 빛을 골고루 반사해 멀리 보내는 역할을 합니다.

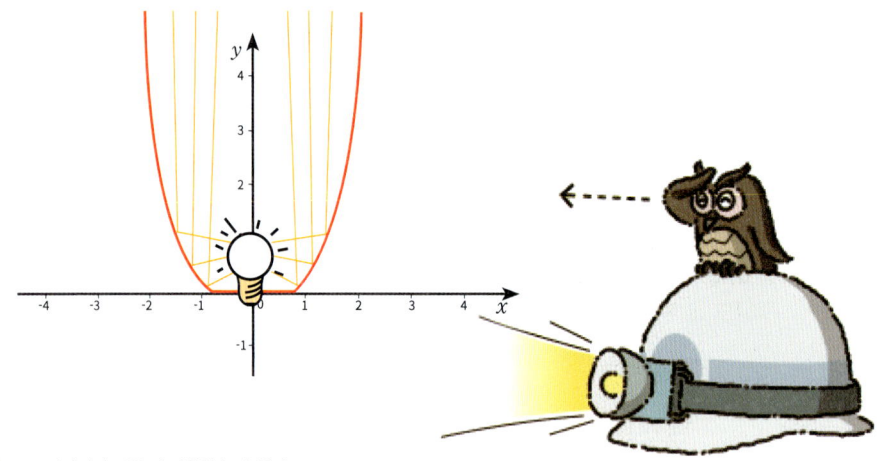

그림 10.3 반사경에 적용된 다항함수의 원리

아주 옛날에도 반사경의 원리를 전쟁에 활용한 인물이 있었습니다. 바로 고대 그리스의 유명한 수학자 아르키메데스입니다. 아르키메데스는 그리스의 조그마한 도시국가 시라쿠사에 살고 있었습니다. 당시 막강했던 로마군대의 침입 앞에 위태로웠던 조국의 운명을 구하고자 수학자 아르키메데스는 반사경의 원리를 이용해 햇빛을 모아 로마의 함선을 불태웠다는군요. 로마군은 이를 '죽음의 광선'이라 부르고 무서움에 떨었다고 합니다.

실제 아르키메데스의 반사경으로 함선에 불을 붙일 수 있었는지는 확인할 길이 없지만 아르키메데스의 무용담은 훗날 계속 발전해서 다양한 방식으로 활용되고 있습니다. 대표적인 것이 포물면 반사광을 이용한 태양광 발전입니다. 반사경을 이용해 태양광을 한곳에 모으면 발생하는 열이 3,800도가 넘는다고 하니 대단하지 않나요?

10장 _ 다항 함수

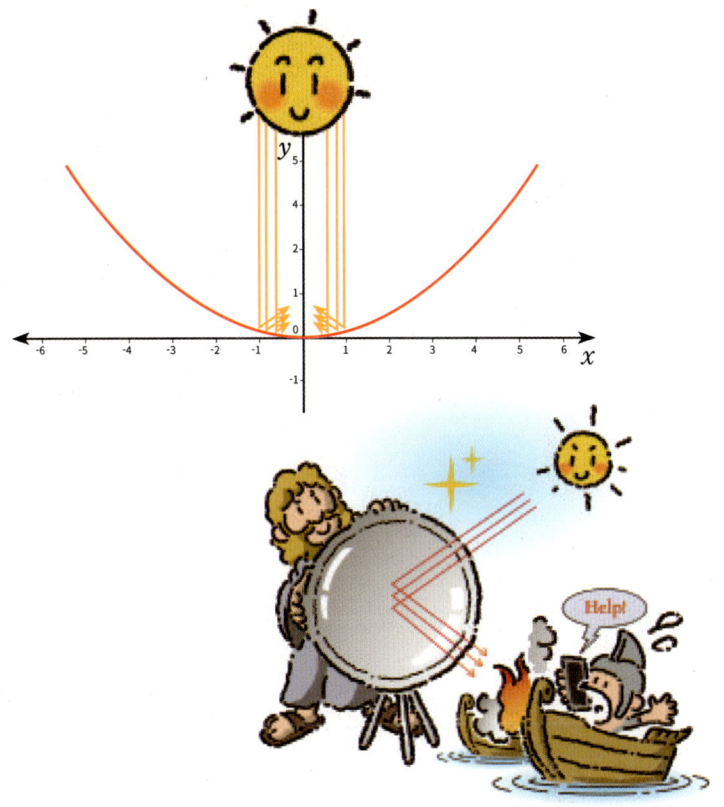

그림 10.4 아르키메데스의 반사경과 다항함수

3 스크래치로 만든 다항 함수

이번에도 완성된 예제 프로그램을 실행해 보겠습니다. 이번 예제는 다항 함수 중 차수가 삼차인 함수가 그리는 그래프에 관한 것입니다. 예제가 어떻게 구성돼 있는지 볼까요? 앞에서 다항 함수를 배우면서 삼차 함수의 일반형을 $y=ax^3+bx^2+cx+d$ 라고 정리했습니다. 이번에도 스크래치에서 a, b, c, d 변수의 값에 따라 다항 함수 곡선을 그려줄 것입니다.

스크래치 오프라인 에디터의 [파일] 메뉴에서 [열기]를 눌러 'M03' 폴더에 있는 'M03_다항함수.sb2' 파일을 열어보겠습니다.

다항 함수 예제 파일이 열리면 다음 페이지와 같은 화면이 보입니다. 먼저 스크래치 프로그램을 실행해야겠죠? 무대 오른쪽 위에 있는 ⚑ 버튼을 클릭해서 프로그램을 실행해 보겠습니다. 프로그램이 실행되면 변수 a, b, c, d의 값이 1, 2, 3, 4로 초기화됩니다. 초기화된 변수의 값을 그대로 두고 무대에 있는 ▶ 버튼을 누르면 연필이 천천히 변숫값에 맞는 삼차 함수를 좌표에 그려줍니다.

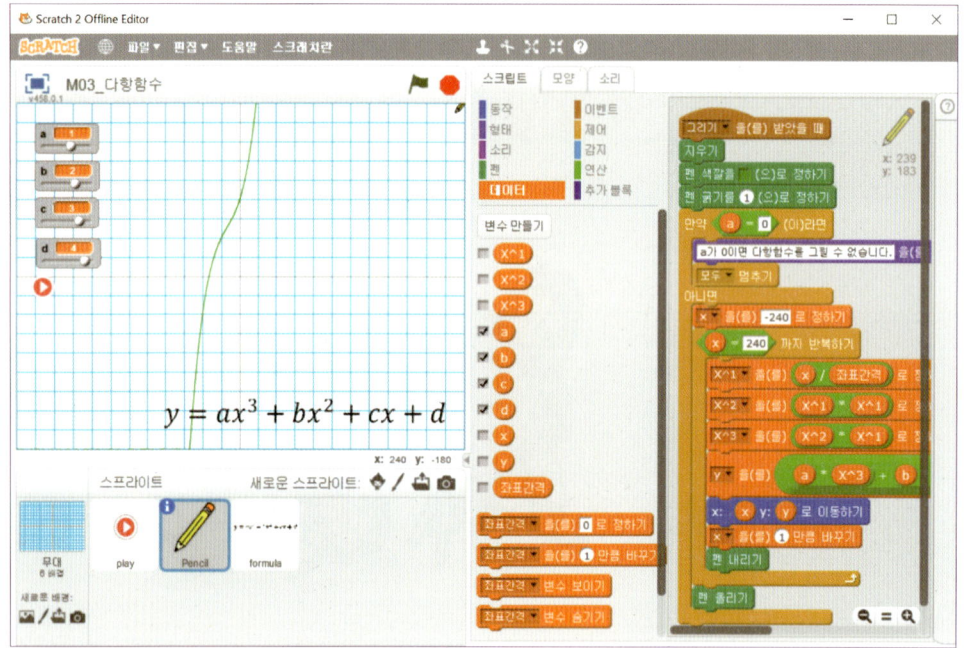

4 무대와 스프라이트 만들기

스크래치가 삼차 함수 그래프까지 그려주다니 대단하군요. 그럼 직접 프로젝트를 하나씩 따라가며 만들어 보겠습니다. 이번 프로젝트는 새로 만들지 않고 이전 장의 이차 함수 프로젝트를 가져다 고쳐서 만들어 보겠습니다.

그러려면 이전 장의 예제 파일을 열어야겠죠? 화면 상단의 메뉴에서 [파일]로 이동한 후 [열기] 메뉴를 클릭해 'M02' 폴더에 있는 'M02_이차함수.sb2' 파일을 열겠습니다. 그리고 나서 다시 [파일] 메뉴로 가서 [다른 이름으로 저장하기] 메뉴를 선택합니다.

10장_다항함수

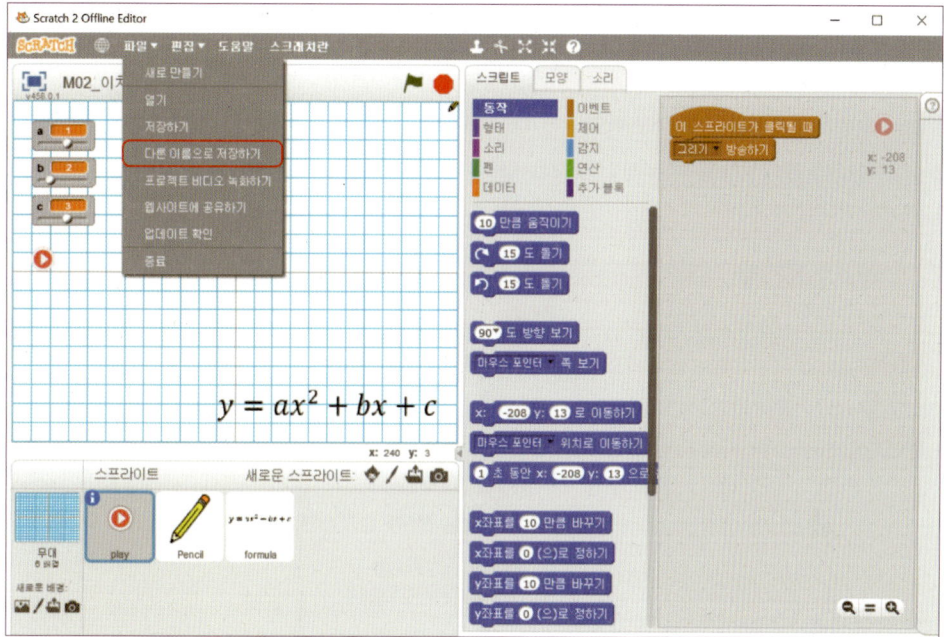

아래 화면처럼 새로운 프로젝트 저장 창이 나타나면 원하는 위치에 'M03_다항함수'라고 이름을 지정하고 [확인] 버튼을 누릅니다.

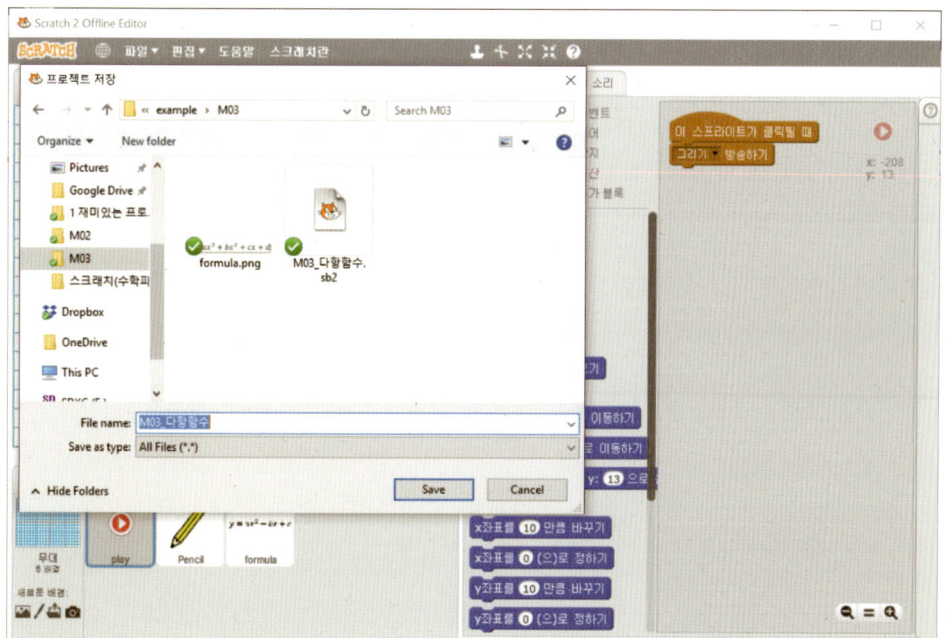

이번 프로젝트에서는 이차 함수 예제에서 사용하던 'formula'($y=ax^2+bx+c$) 스프라이트 대신 삼차 함수의 공식을 사용할 것이므로 이차 함수 'formula' 스프라이트를 지웁니다. 아래 화면처럼 이차 함수 공식에 해당하는 $y=ax^2+bx+c$ 스프라이트 위에서 마우스 오른쪽 버튼을 클릭합니다. 그런 다음 메뉴서 [삭제]를 클릭해 스프라이트를 지워버립니다.

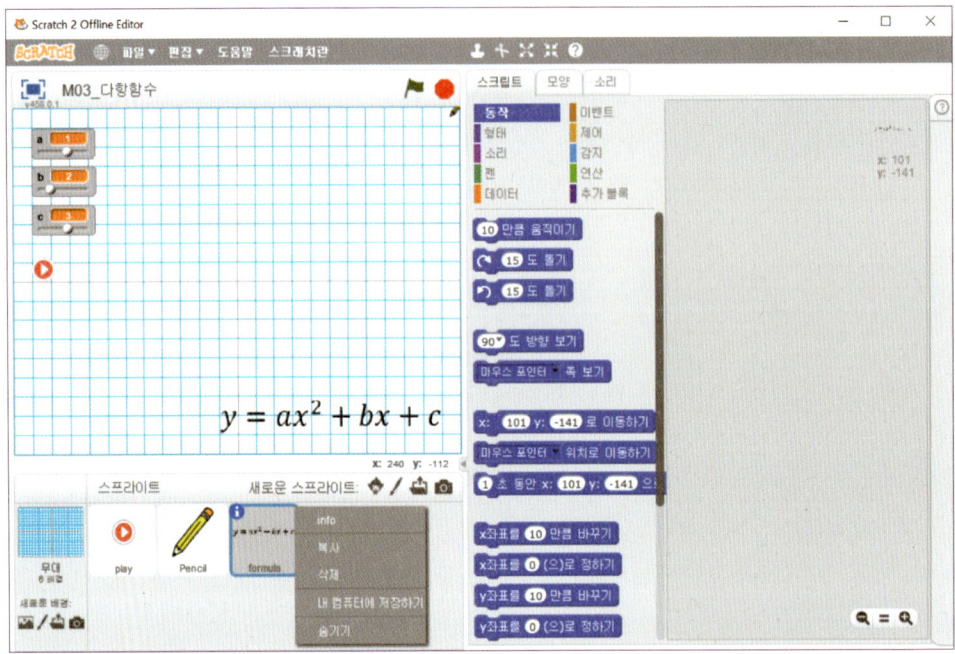

그리고 삼차 함수 공식에 해당하는 $y=ax^3+bx^2+cx+d$ 그림 파일을 가져다 스프라이트로 사용하겠습니다.

다음 페이지의 화면처럼 스프라이트 창에 있는 새로운 스프라이트 버튼 중 세 번째에 위치한 [스프라이트 파일 업로드하기] 버튼을 누르고 알림창에서 'M03' 폴더를 선택한 후 'formula.png'라는 그림 파일을 가져옵니다.

10장 _ 다항 함수

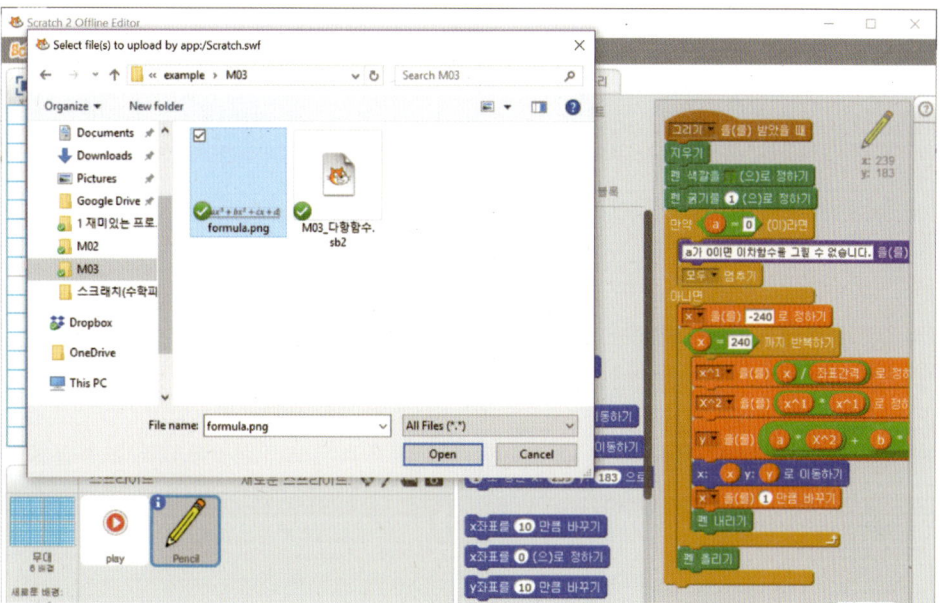

무대 위에 가져온 'formula'($y=ax^3+bx^2+cx+d$) 스프라이트는 이미 적당한 크기로 조정돼 있으니 별도로 축소하지 않아도 됩니다. 아래 화면처럼 'formula' 스프라이트를 무대 오른쪽 아래의 적당한 위치로 옮겨주세요.

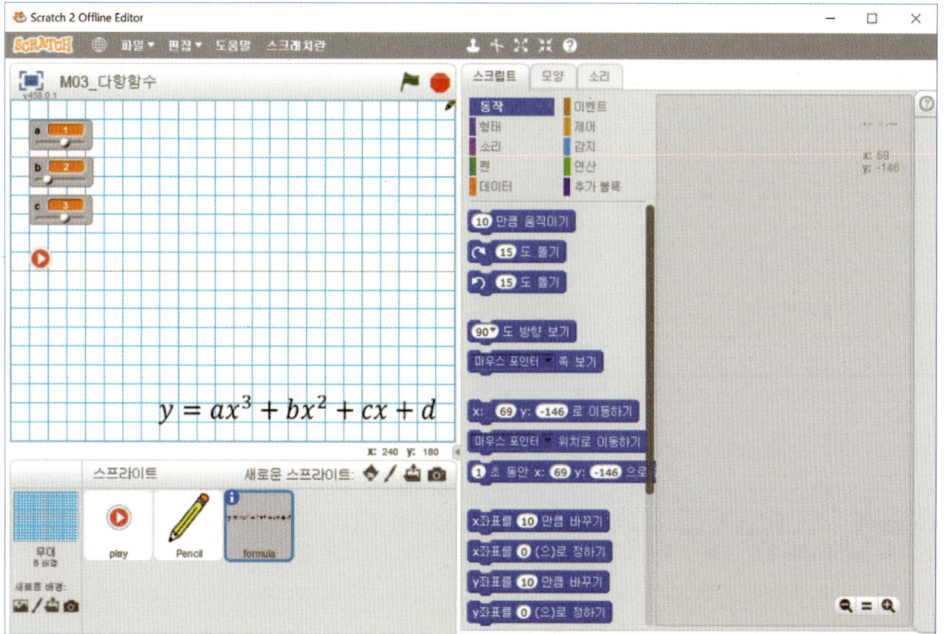

171

5 변수 만들기

이번 프로젝트는 이차 함수 예제 프로젝트를 다른 이름으로 저장해서 사용하고 있으므로 많은 변수가 이미 만들어져 있습니다. 그러니 이번 장에서는 이차 함수에는 없고 삼차 함수에서만 사용하는 변수를 찾아서 선언하면 됩니다.

그럼 이차 함수의 일반형인 $y=ax^2+bx+c$와 삼차 함수의 공식인 $y=ax^3+bx^2+cx+d$를 비교해보고 다른 점을 찾아볼까요? 두 가지를 찾으셨다면 정답입니다. 삼차 함수를 만들기 위해서는 x^3과 d가 새로 필요하겠네요.

블록 팔레트에 있는 데이터 명령 중 [변수 만들기] 버튼을 누르고 알림창이 나타나면 변수 이름으로 x의 3차수인 ax^3을 의미하는 'x^3'을 입력하고 [확인]을 누릅니다. 변수 'd'도 같은 방법으로 만듭니다.

새로 만든 'x^3' 변수는 내부 계산에만 사용하고 화면에 값을 보여줄 필요가 없으므로 블록 팔레트의 데이터 블록에서 변수 이름 앞에 있는 체크 표시를 지웁니다.

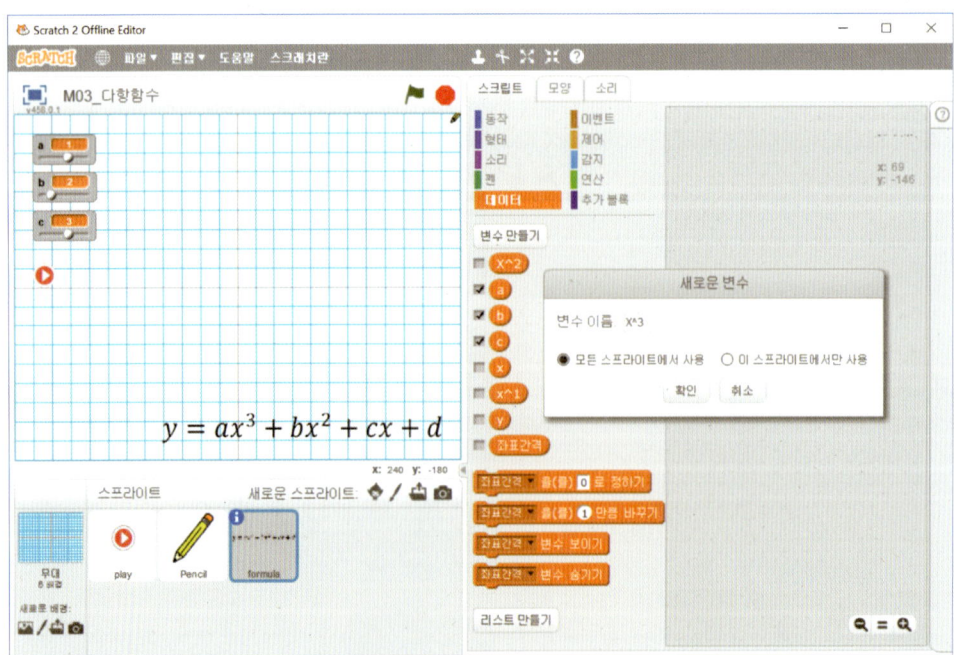

새로 만든 'd' 변수도 기존의 'a', 'b', 'c' 변수와 같이 값을 슬라이더로 조정하도록 바꾸겠습니다. 아래 화면처럼 무대에 표시된 d 변수 위에서 마우스 오른쪽 버튼을 누른 후 메뉴에서 [슬라이더 사용하기] 메뉴를 선택하면 됩니다.

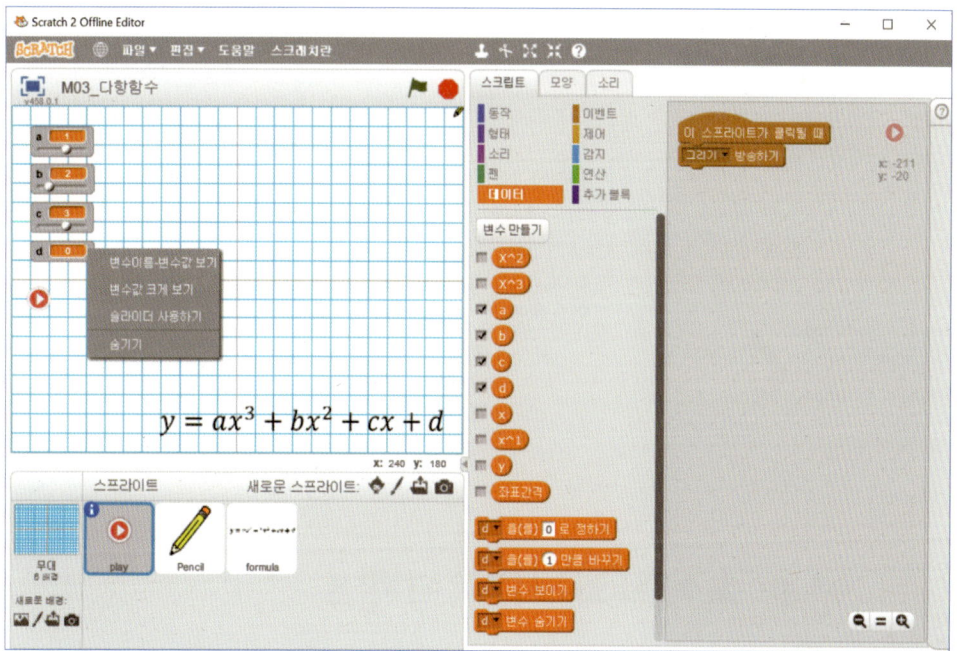

무대에 표시된 a, b, c, d 변수 모두 슬라이더를 사용하고 있습니다. 함수 그래프를 적절하게 표현하기 위해 네 변수 모두 슬라이더의 최솟값과 최댓값을 필요한 범위로 조정하겠습니다. 변수의 이름 위에서 마우스 오른쪽 버튼을 눌러서 나오는 [슬라이더의 최대값과 최소값]이라는 메뉴를 선택합니다. 그리고 슬라이더 범위 알림창에 각 변수의 최솟값과 최댓값을 입력하겠습니다.

변수 a는 변경할 필요 없이 이차 함수에서 정한 최솟값 −5.0과 최댓값 5.0을 그대로 사용하면 됩니다. 나머지 변수 b, c, d의 경우 최솟값은 −5로 하고 최댓값은 5로 값을 설정하겠습니다.

프로그래머가 알려주는 수학

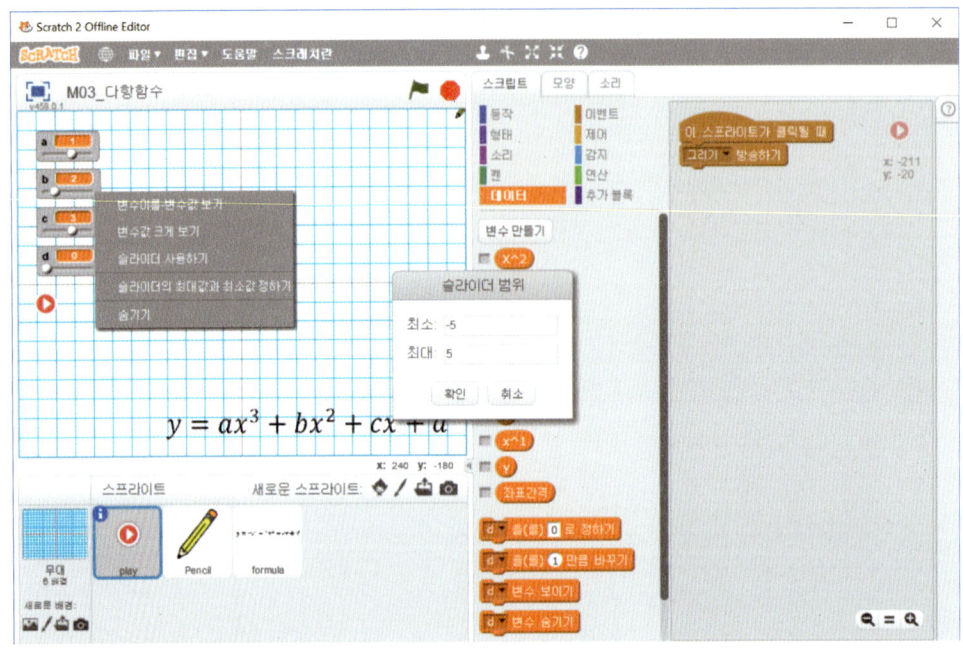

6 변수 초기화와 시작 이벤트

변수를 만들었으니 프로그램 실행 시 초기화하겠습니다. 앞 장에서 변수의 초기화는 무대의 스크립트 영역에서 했습니다. 무대의 스크립트 영역에 이벤트 블록 중 [클릭했을 때] 블록의 아래에 있는 명령을 봐 주세요. 각 변수의 값은 [변수▼ 을(를) 0 로 정하기] 데이터 블록을 이용해 정했습니다. 앞 장의 프로젝트에서 변수 'a', 'b', 'c'와 '좌표간격'은 값은 이미 초기화돼 있으니 그대로 사용하겠습니다.

새로 만든 변수 'd'의 값은 4로 정하겠습니다. 다음 페이지의 화면처럼 [변수▼ 을(를) 0 로 정하기] 블록을 가져다 변수 이름으로 'd'를 지정하고 값으로 4를 지정합니다. 그리고 기존 블록에 붙입니다.

이제 ▶ 버튼을 눌러서 프로그램이 실행되면 기존 변수와 함께 변수 'd'의 값도 초기화됩니다.

10장_ 다항 함수

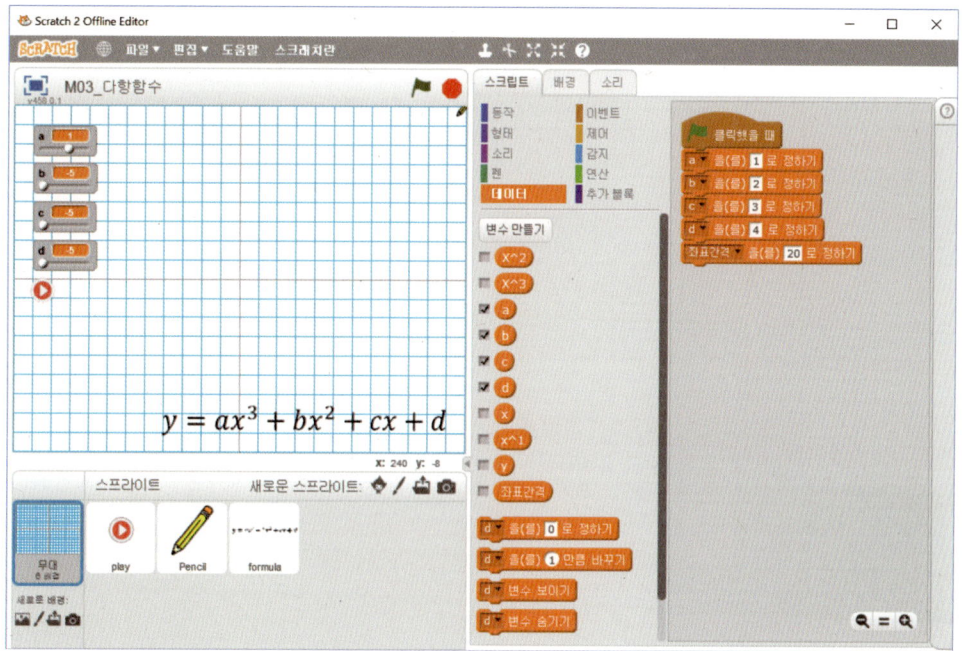

이제 이벤트를 발생하는 스크립트를 보겠습니다. 이차 함수 프로젝트에서 이미 ⏵ 버튼을 클릭했을 때 발생하는 이벤트를 만들었습니다. 이번 예제에서는 별도의 변경 없이 기존에 만든 '그리기' 이벤트를 그대로 사용할 것입니다.

그럼 기존에 만들어 둔 이벤트를 잠시 복습해 볼까요? ⏵ 버튼을 누르면 그래프를 그리게 하는 이벤트를 사용하는 이유는 ⚑ 버튼을 눌러서 프로그램이 실행된 후에도 사용자가 a, b, c, d의 값을 슬라이더로 바꿀 수 있기 때문이라고 했습니다. 그리고 변수의 값을 슬라이드로 바꾸고 나서 ⏵ 버튼을 누를 때 '그리기' 이벤트를 발생시켜 그래프를 그리게 하는 겁니다.

이 이벤트는 실행 버튼인 'Play' ⏵ 스프라이트에 만들어져 있습니다. 'Play' 스프라이트의 스프라이트 영역을 보면 스프라이트 자신이 클릭될 때 실행되는 [이 스프라이트가 클릭될 때] 블록이 있습니다. 나중에 'Play'(⏵) 스프라이트가 클릭되면 연필 스프라이트에 그래프를 그리라고 '그리기' 이벤트 신호를 보내는 역할은 [그리기▼ 방송하기] 블록이 합니다. 다음 페이지의 화면에 있는 스크립트를 보고 이벤트의 개념을 다시 한번 정리해 보세요.

175

프로그래머가 알려주는 수학

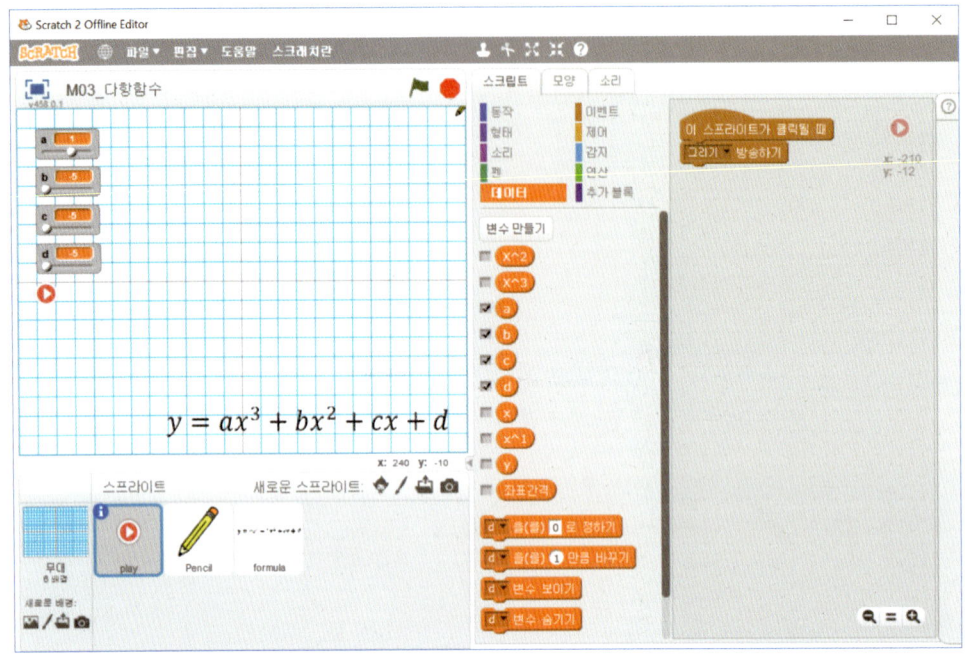

7 연필 스크립트 고치기

다시 말하지만 이번 프로젝트는 이미 만들어진 이차 함수 프로젝트를 다른 이름으로 저장해서 만들었습니다. 그러므로 연필 스프라이트에도 이미 많은 스크립트가 있습니다. 이번에도 삼차 함수와 관련해서 새로 필요한 부분만 만들고 기존 스크립트를 고치면 됩니다.

이전의 이차 함수 연필 스프라이트의 스크립트도 복습해 보겠습니다. ▶ 버튼이 눌러서 '그리기' 이벤트가 발생한 후, 연필 스프라이트에서 '그리기' 메시지를 받는 역할은 [그리기▼ 을(를) 받았을 때] 블록이 합니다. 이 블록 아래에 그래프를 새로 그리기 위해 [지우기] 블록을 붙여서 무대를 지웠고 [펜 색깔을 ■(으)로 정하기] 블록과 [펜 굵기를 ❶ (으)로 정하기] 블록을 이용해 펜의 색과 굵기도 지정했습니다.

함수 공식인 y=ax3+bx2+cx+d에서 a는 0이 될 수 없다고 했으므로 먼저 [a = 0] 블록과 [만약 ◇ (이)라면 / 아니면] 블록을 합쳐서 조건을 확인한 후, 만약 a의 값이 0이면 [a가 0이면 이차함수를 그릴 수 없습니다 을(를) ❷ 초동안 말하기] 블록으로 'a가 0이면 이차함수를 그릴 수 없습니다.'라고 화면에 보여주고 [모두▼ 멈추기] 블록으로 프로그램을 멈춥니다.

변수 'a'의 값이 0이 아닌 경우에는 펜의 시작 위치를 `x 을(를) -240 로 정하기` 블록으로 무대의 맨 왼쪽인 -240으로 정합니다. 그리고 `x = 240` 블록과 `까지 반복하기` 블록을 이용해 x 좌표의 값이 무대 우측 끝의 위치인 240일 때까지 `x 을(를) 1 만큼 바꾸기` 블록을 반복해서 연필을 조금씩 이동시킵니다.

그리고 이차 함수의 공식을 `y 을(를) a * x^2 + b * x^1 + c * 좌표간격 로 정하기` 블록으로 만들어 y의 값을 계산하고, 변수 'x'와 'y' 값으로 연필 스프라이트의 위치를 `x: x y: y 로 이동하기` 블록으로 이동시킵니다.

연필 스프라이트가 움직일 때 펜으로 그래프를 그리기 위해 `펜 내리기` 블록을 사용했고, 모든 동작이 끝나면 `펜 올리기` 블록을 이용해 그리기를 멈췄습니다. 아래 스크립트를 보고 배운 내용을 복습해 보고, 혹시 기억이 나지 않으면 앞 장으로 되돌아가 차근차근 따라 해 보세요.

프로그래머가 알려주는 수학

앞에서 새로운 변수를 만들 때 기존 이차 함수의 공식과 이번에 사용하는 삼차 함수의 공식의 차이점을 확인했습니다. 이번에는 삼차 함수 곡선을 그리는 방식과 이전 이차 함수 그래프를 그리는 방법의 차이점을 확인해 연필 스프라이트의 스크립트를 수정하겠습니다. 다시 한번 이차 함수의 일반형인 $y=ax^2+bx+c$와 삼차 함수의 공식인 $y=ax^3+bx^2+cx+d$를 비교해보겠습니다.

두 공식을 비교해보고 고쳐야 할 부분을 찾으셨나요?

먼저 새로 만든 x^3를 의미하는 'x^3'의 값을 정하는 부분을 만들어야겠죠? 수학에서 x^3의 값은 x^2 값에 x를 곱해주는 것입니다. 스크래치 프로그램으로 생각하면 변수 'x^3'은 변수 'x^2'에 변수 'x'를 곱한 값일 것입니다. 이를 명령 블록으로 만들면 `x^2 * x^1` 처럼 되겠죠? 변수 'x^3'의 값도 `변수를 0로 정하기` 블록으로 정합니다. `x^3를 x^2 * x^1 로 정하기` 블록처럼 변수의 이름을 'x^3'으로 바꾸고 값은 앞에서 만든 `x^2 * x^1` 블록을 사용합니다. 명령 블록이 완성되면 변수 'x^2'를 정하는 `x^2를 x^1 * x^1 로 정하기` 블록 아래에 넣으면 됩니다.

다음으로 변수 'y'에 삼차 함수의 계산 결과를 넣겠습니다. 삼차 함수의 공식인 y=ax3+bx2+cx+d를 스크래치 명령 블록으로 만들어 볼까요? 좀 복잡하지만 연산 블록과 변수를 조합하면 `a * x^3 + b * x^2 + c * x^1 + d` 처럼 만들 수 있습니다.

앞에서 일차, 이차 함수 프로젝트를 하면서 무대 배경 좌표의 격자 선 간격이 20픽셀 단위로 돼 있으므로 결괏값에 20을 곱해서 확대해야 화면의 격자 하나가 1인 것처럼 보여줄 수 있다고 설명했습니다. 그러므로 위에서 만든 삼차 함수 결괏값에 `○ * 좌표간격` 블록을 이용해 좌표 간격의 값인 20을 곱해야 합니다. 결국 '좌표간격'의 값까지 곱한 `a * x^3 + b * x^2 + c * x^1 + d * 좌표간격` 블록의 값이 변수 'y'의 값이 됩니다. 블록이 완성되면 이 블록을 기존의 이차 함수 블록 대신 변수 'y'의 값으로 넣습니다.

10장 _ 다항 함수

이제 연필 스프라이트의 스크립트가 완성됐습니다. 아래 화면을 보고 블록 하나씩 따라가 보며 그대로 만들었는지 확인해 보세요.

프로그램이 완성됐으니 🏁 버튼을 눌러서 실행해 볼까요? 프로그램이 실행되면 변수의 값을 바꿔서 다른 모양의 삼차 함수 곡선을 만들어 보겠습니다. 변수 'a'의 값은 −1로 하고 'b'의 값은 2로, 'c'의 값은 3으로 정합니다. 그리고 변수 'd'의 값을 −1로 설정합니다. 이제 준비가 됐으니 ▶ 버튼을 눌러서 '그리기' 이벤트를 발생시킵니다. 아래 화면처럼 멋진 곡선이 만들어지나요?

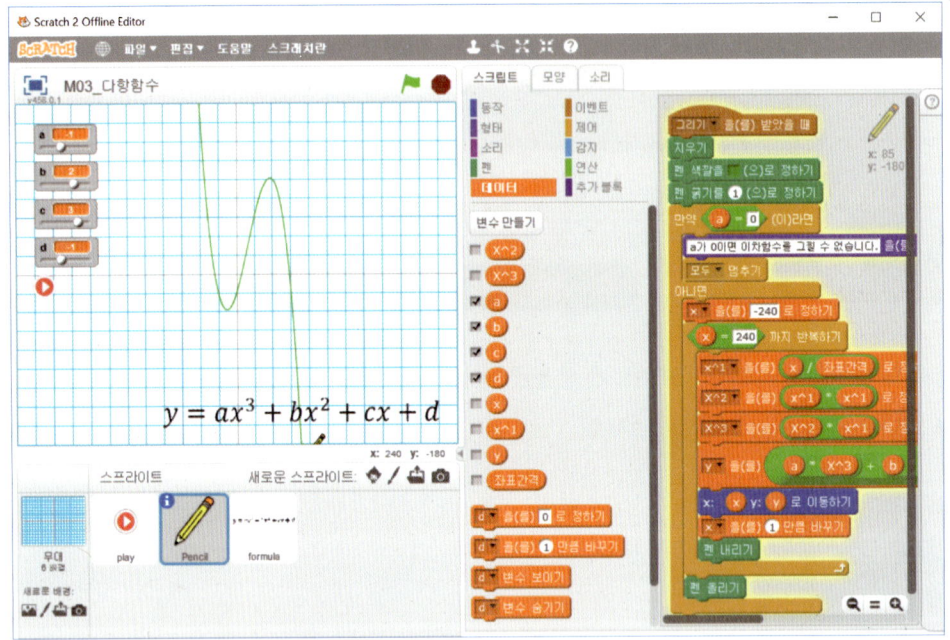

지금까지 스크래치로 다양한 함수의 그래프를 만들었습니다. 이제 프로그램과 수학이 가까운 사이라는 것이 느껴지지요? 앞으로 나올 수학 이론도 프로그램으로 만들어보면 친한 친구처럼 느껴질 것입니다.

지수와 로그 11

1 지수 함수의 개념

일차, 이차 그리고 다항 함수를 공부했으니 이번에는 좀 더 재미있는 함수 개념에 대해 알아보겠습니다. 바로 지수 함수와 로그 함수라는 개념입니다.

앞서 이차 함수를 공부할 때 등장한 수학자와 힘센 청년의 내기가 기억나시나요? 수의 증가를 우습게 생각하다가 큰코다친 청년이 생각나는군요. 지수적 증가는 더욱 폭발적인 증가를 의미합니다.

은행에 돈을 맡기면 이자를 받습니다. 이자를 계산하는 방법에는 단리법과 복리법이 있다는 것을 아시나요? 우리가 은행에 맡기는 돈을 원금이라고 합니다. 1년 단위로 10%의 이자를 받기로 약속하고 원금 10,000원을 은행에 맡겼다고 해보겠습니다.

그럼 1년이 지났을 때 이자는 얼마일까요? 원금 10,000원의 10%를 이자로 받기로 했으니 1년 후 이자 금액은 1,000원이 되겠군요. 그럼 다시 1년이 지나서 2년이 될 때 이자를 생각해 볼까요? 원금 10,000원에 대한 10%를 다시 이자로 준다면 다시 2년 후에 1,000원을 받게 됩니다. 3년이 돼도 4년이 되도 매년 원금 10,000원에 대한 10% 이자인 1,000원씩을 받게 됩니다. 이러한 이자 계산법을 단리법이라고 합니다.

이번에는 우리에게 더 유리한 이자 계산법인 복리법을 알아볼까요? 처음 이자가 붙는 1년 후는 단리법과 같이 원금 10,000원에 대해 10%인 1,000원이 이자로 발생합니다. 그런데 2년이 되는 시점에서 원금을 처음 맡긴 10,000원에 1년 후에 발생한 이자 1,000원을 합해서 생각하게 됩니다.

그러면 2년 후의 이자는 원금 11,000원의 10%인 1,100원이 됩니다. 3년이 되는 시점에는 원금이 12,100원이 되어 이자도 1,210원으로 올라갑니다. 이렇게 원금과 이자가 늘게 되면 10년 후에 단리법과 복리법에 따른 예금액의 차이가 얼마나 되는지 보겠습니다.

그림 11.1 지수 함수와 복리 계산

10년만 지나도 복리법에 따른 예금액이 25,937원이 되어 단리법보다 무려 6,000원 정도 이득을 보게 되는군요. 복리법과 같이 예금액이 급격하게 증가하는 것도 지수적인 증가의 예입니다.

지수적 증가의 위력을 한 번 더 확인해 보겠습니다. 전염병을 옮기는 세균은 급속도로 늘어납니다. 박테리아 같은 세균은 둘로 나눠서 번식합니다. 세균 하나가 둘이 되고 둘이 넷이 되고 넷이 여덟이 되는 식으로 증가합니다. 번식을 10번만 해도 1,024마리가 되고 번식을 20번 반복하면 1,048,576마리로 늘어나니 정말 무섭지 않나요?

지수 함수의 형태를 식과 그래프로 생각해 보겠습니다. 앞에서 본 세균의 번식을 공식으로 나타내 보겠습니다. 한 번에 2배로 번식하고 매번 거듭제곱으로 증가하게 됩니다. 세균 번식의 지수적 증가를 식과 그래프로 그리면 다음 페이지에 나온 것과 같습니다.

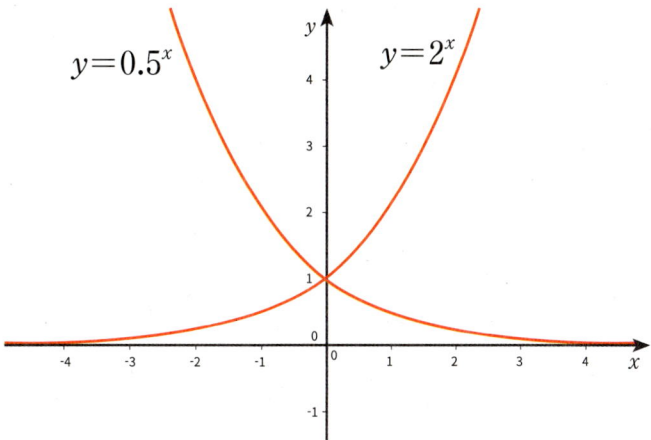

그림 11.2 지수 함수 그래프

지수함수의 일반식을 표시해 보겠습니다. 상수 a가 1이 아닌 양의 수일 때 지수함수를 표시하면 아래와 같습니다.

$$y=a^x (a는 1이 아닌 상수)$$

상숫값 a가 1보다 작은 분수일 경우 지수함수는 x값이 증가할 때 y값이 급격히 감소하는 형태를 나타낼 수도 있습니다.

2 로그 함수의 개념

이번에는 로그 함수로 넘어가 보겠습니다. 먼저 로그라는 개념에 대해 알아볼 필요가 있겠군요. 로그 함수를 일반식으로 표현할 때 a를 '밑'이라 표현하고 x를 '진수'라고 합니다. 이때 a는 1이 아닌 양수이고 x는 양수입니다. '진수'인 x를 '밑' a에 대한 지수함수로 표현하면 지수에 해당하는 값이 로그 함수의 결괏값이 됩니다.

$$y=log_a x=log_a a^m=m$$

예를 들어 이해해 볼까요? 2²는 4이고 3²는 9입니다. 그럼 이 값으로 로그 계산을 이해해 보겠습니다.

$log_2 4 = log_2 2^2 = 2$

$log_3 9 = log_3 3^2 = 2$

로그 함수도 급격히 변한다는 측면에서는 지수함수와 유사합니다. 다른 점은 지수함수가 급격히 증가하는 반면 로그 함수는 변하는 값이 급격히 감소하는 형태를 나타낸다는 것입니다. 그래서 지수함수와 로그 함수는 역함수의 관계에 있다고 합니다. 즉, $y=x$축을 대칭축으로 접으면 같은 모양이 나오게 됩니다.

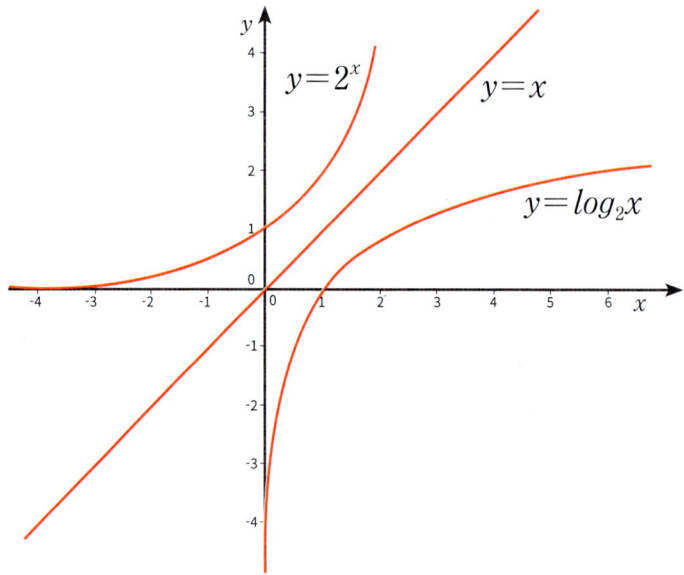

그림 11.3 로그 함수 그래프

생리학자 베버는 자극에 대한 반응을 연구했습니다. 처음에 자극이 강하면 변화를 감지하기 위해 더 큰 자극을 줘야 하고 최초의 자극이 작으면 상대적으로 작은 자극도 감지할 수 있다는 현상을 알아냈습니다. 조용한 실내에서는 크게 들리던 음악 소리가 시끄러운 거리에서는 잘 안 들리는 현상입니다. 이를 '베버의 법칙'이라고 부릅니다. 이 법칙은 수학적으로는 로그 함수에 해당합니다. 위의 로그 그래프를 보는 것과 같이 감각의 양은 감각을 일으킨 자극의 로그에 비례하게 되는 것입니다. 즉, 다음 페이지의 그림처럼 기차가 지나가는 커다란 소음이 청각을 자극하면 소리를 듣기 위해 조용한 환경일 때보다 엄청나게 많은 감각이 필요한 것이지요. 자연 현상에도 로그 함수가 숨어있다니 놀랍군요.

그림 11.4 로그 함수와 베버의 법칙

3 스크래치로 만든 지수 함수

스크래치로 지수 함수를 이용한 예제를 생각해 볼까요? 성경에 보면 "그 후에 아들의 아들 그 아들들이 대를 이어 아브라함이 이삭을 낳고

이삭이 야곱을 낳고 …..애굽에서 큰 민족을 이루게 됩니다."라는 구절이 나옵니다. 한 사람이 대를 이어가며 자식을 낳고 가족을 이루다 보면 큰 민족을 이루게 됩니다. 이 과정을 지수 함수의 원리로 설명해 볼까요?

지수 함수의 일반식을 다시 정리해 보면 상수 a가 1이 아닌 양의 수일 때 지수 함수를 표시하면 아래와 같습니다.

$y = a^x$ (a는 1이 아닌 상수)

한 세대에 자식을 두 명씩 낳는다고 생각하겠습니다. 그러면 상수 a의 값은 2입니다. 첫 세대는 한 명의 존재가 고독하게 살고 있습니다.

$2^0 = 1$

가족을 이루고 세월이 지나 5번의 번식을 거치면 지수의 법칙에 의해 마지막 세대의 구성원은 인 36명이고 전체 가족의 수는 63명에 이릅니다.

$$2^0 + 2^1 + 2^2 + 2^3 + 2^4 + 2^5 = 63$$

10번의 번식을 거치면 마지막 세대의 구성원은 2^{10}인 1,024명이고 전체 가족의 수는 2,047명이나 됩니다.

$$2^0 + 2^1 + 2^2 + \cdots\cdots + 2^9 + 2^{10} = 2,047$$

같은 방식으로 15번의 세대를 거치면 전체 가족 수가 무려 65,535명으로 번성하게 됩니다.

$$2^0 + 2^1 + 2^2 + \cdots\cdots + 2^{14} + 2^{15} = 65,535$$

지수 함수의 원리로 세대를 거칠수록 가족이 급격히 증가하는 것을 알 수 있습니다. 그런데 가족 수가 증가하는 과정을 보다 보니 가족 수를 구하는 규칙을 발견할 수 있습니다. 번식 횟수가 5일 경우 가족의 수는 63, 즉 $2^6 - 1$이고 번식을 10회 할 경우 2,047, 즉 $2^{11} - 1$입니다. 자식 수가 a이고 번식 수가 n일 때 가족 수 y의 일반식은 다음과 같습니다.

$$y = a^{n+1} - 1$$

지금까지 예제의 이론에 대해 알아보았으니 예제가 어떻게 만들어졌는지 완성된 프로그램을 실행해 보겠습니다. 스크래치 오프라인 에디터의 [파일] 메뉴에서 [열기]를 눌러 'M04' 폴더에 있는 'M04_지수함수.sb2' 파일을 열어보겠습니다.

지수 함수 예제 파일이 열리면 다음 페이지에 나온 것과 같은 화면이 보입니다. 그리고 무대 오른쪽 위에 있는 🏁 버튼을 클릭해서 프로그램을 실행해 보겠습니다. 한 세대에서 자식을 둘만 낳는다고 생각했으므로 '자식수' 변수를 슬라이드로 조정해서 값을 2로 정합니다. 그리고 15번 번식한 경우 가족의 수를 구하기 위해 '번식수'를 15로 정합니다. 그리고 무대에 있는 ▶ 버튼을 눌러서 가족의 수가 늘어나는 것을 확인하세요.

11장 _ 지수와 로그

프로그램을 실행하고 있나요? 세대를 거치면서 가족들이 늘어나는 과정이 애니메이션과 함께 보일 겁니다. 모두 15번 번식 과정을 거치고 나서 무대 위에 있는 '가족수' 변숫값이 65,535로 변한 것을 확인하셨나요?

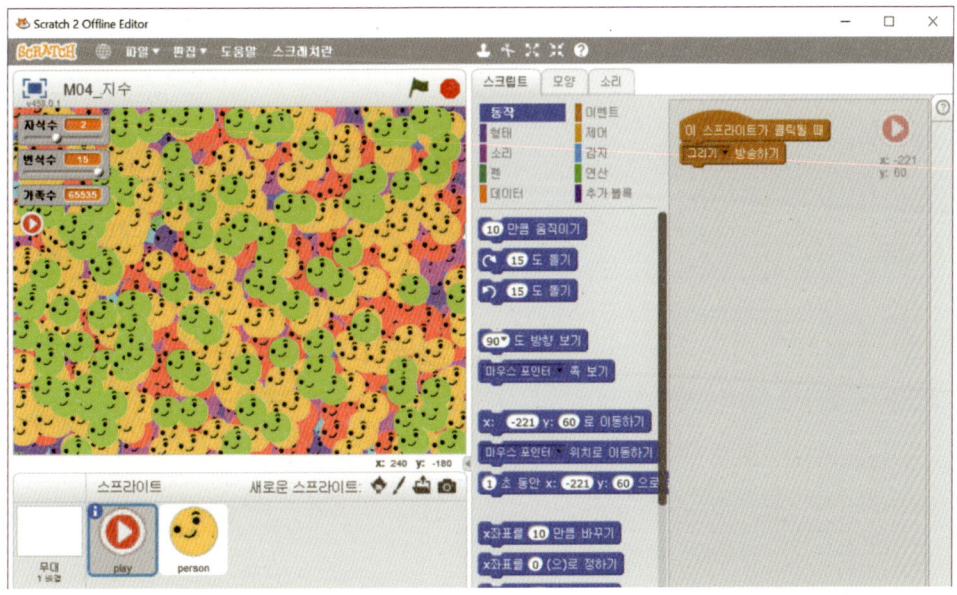

4 스프라이트 만들기

재미있는 애니메이션과 함께 가족이 늘어나는 과정을 보면서 지수 함수의 위력을 확인하니 더 흥미롭지요? 이제 프로젝트를 하나씩 따라가며 만들어 보겠습니다. 스크래치 오프라인 에디터를 실행해 새로운 프로젝트를 만들어 보겠습니다.

이번 예제에서도 기본적으로 제공되는 고양이 스프라이트를 사용하지 않을 예정이므로 스프라이트 창의 고양이 그림 위에서 마우스 오른쪽 버튼을 누르고 메뉴가 나오면 [삭제] 버튼을 눌러서 고양이 스프라이트를 없앱니다.

그럼 사용할 스프라이트 그림 파일을 외부에서 가져오겠습니다. 새로운 스프라이트 버튼 중 세 번째에 위치한 [스프라이트 파일 업로드하기] 버튼을 누르고 내려받은 파일 중 'M04' 폴더 안에 있는 'person.png'와 'play.png'를 선택합니다. 그리고 [확인] 버튼을 누르면 두 개의 파일이 스프라이트 영역에 생깁니다.

11장 _ 지수와 로그

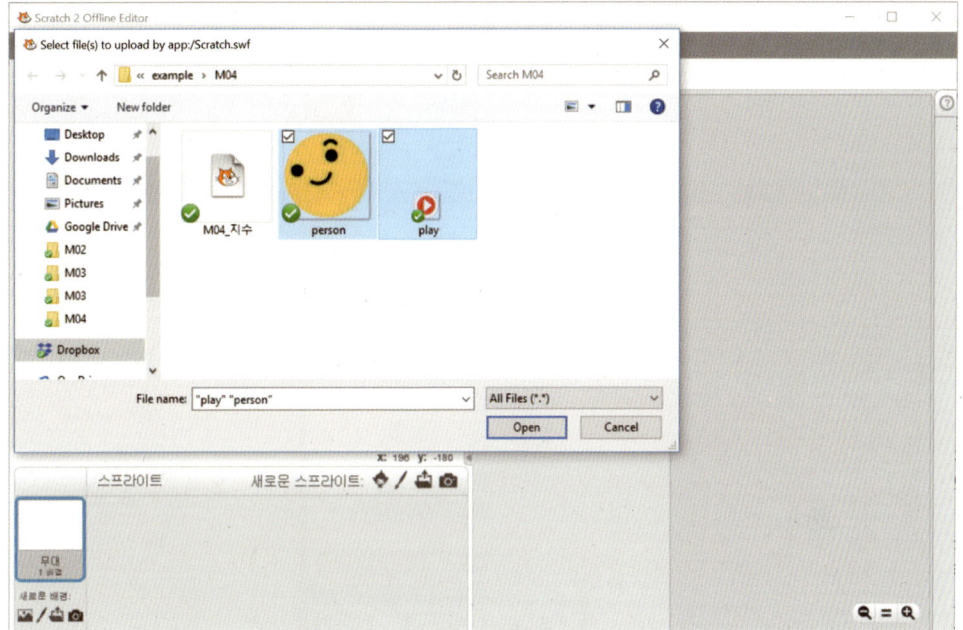

가져온 사람 모양 'person'(😊) 스프라이트도 사용하기에 크기가 크군요. 그러면 상단 메뉴 바 오른쪽에 있는 축소 버튼을 누르고 무대에 있는 스프라이트 그림을 클릭해 보세요.

아래 그림처럼 'person'( ) 스프라이트의 크기가 적당하게 작아질 때까지 마우스를 클릭하면 됩니다. 이제 사용할 스프라이트를 모두 가져왔으니 다음 단계로 넘어가 볼까요?

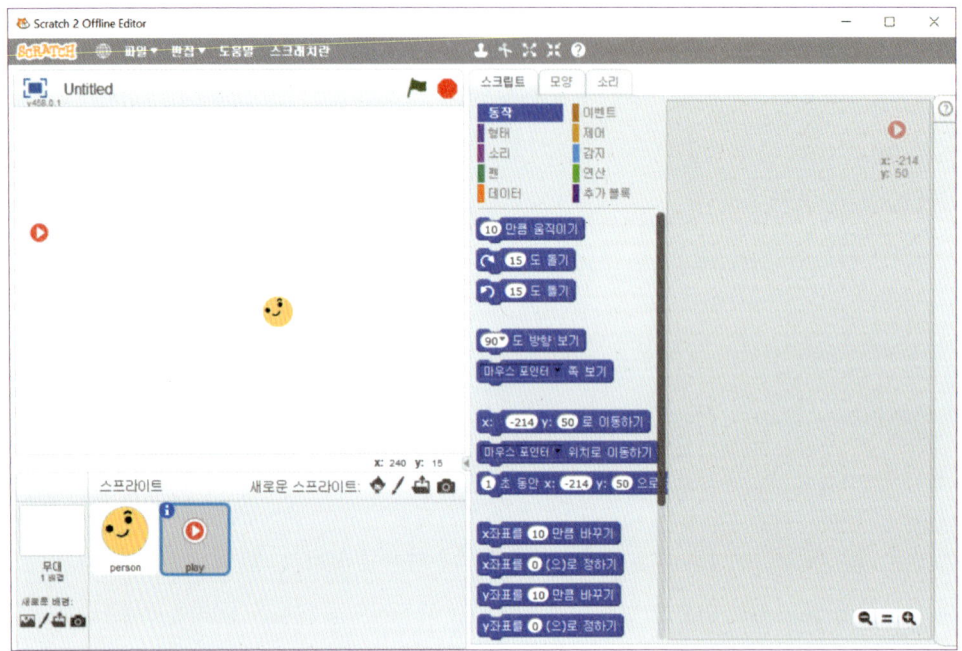

5 변수 만들기

이번 프로젝트에서 사용할 변수를 만들어 봅시다. 어떤 변수가 필요할까요? 우선 이번 예제에서 결괏값은 가족의 수이므로 '가족수'라는 변수를 만들겠습니다. 앞의 예제에서는 자식의 수를 2명으로 생각했는데 이 값도 변화시킬 수 있도록 '자식수'라는 변수도 만들어 보겠습니다. 몇 번 번식할 것인지 횟수도 필요하겠군요. 그래서 '번식수'라는 변수도 만들고 내부적으로 번식을 거칠 때마다 횟수를 세는 '복제횟수'라는 변수도 만들겠습니다.

변수를 만드는 방법은 많이 해 봤기 때문에 기억하실 겁니다. 블록 팔레트에 있는 데이터 명령 중 [변수 만들기] 버튼을 누르고 알림창이 나타나면 변수 이름을 입력하고 [확인] 버튼을 누르면 됩니다. 앞에서 정의한 네 가지 변수를 하나씩 만들어 보세요.

새로 만든 변수 중 '복제횟수'는 내부적으로 복제한 횟수를 세는 데 사용하고 화면에 값을 보여줄 필요가 없으므로 변수 이름 앞에 있는 체크 표시를 지웁니다. 그리고 '가족수' 변수도 처음에는 보이지 않다가 실행 후 결괏값만 보이도록 체크 표시를 지워서 처음에는 안 보이게 만들겠습니다.

무대 화면에 보이는 '자식수'와 '번식수' 변수의 값을 슬라이더로 조정할 수 있게 바꾸겠습니다. 아래 화면처럼 무대에 표시된 변수 위에서 마우스 오른쪽 버튼을 누른 후 메뉴에서 [슬라이더 사용하기]를 선택합니다.

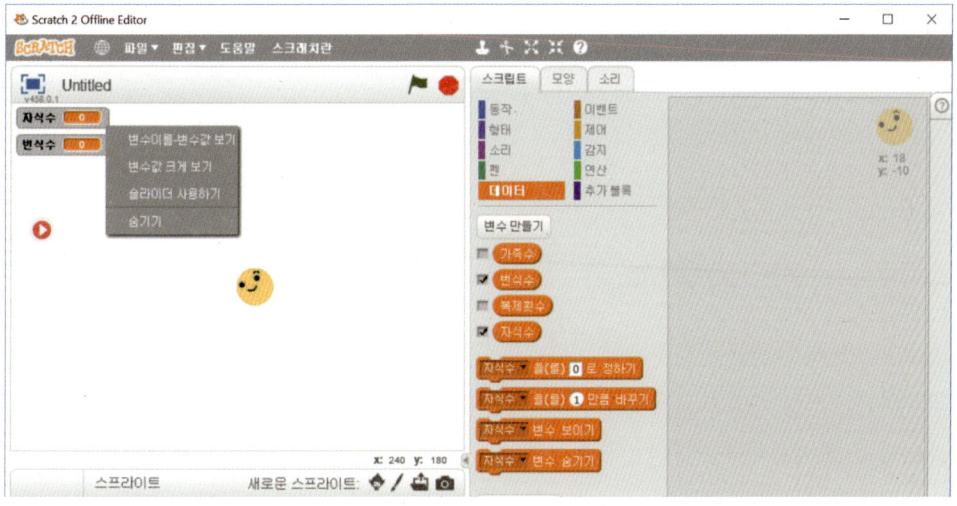

프로그래머가 알려주는 수학

무대에 표시된 '자식수'와 '번식수' 변숫값의 범위를 정해주겠습니다. 슬라이더의 최솟값과 최댓값을 필요한 범위 만큼 조정하는 방법을 기억하시나요? 변수의 이름 위에서 마우스 오른쪽 버튼을 누른 다음 [슬라이더의 최대값과 최소값]이라는 메뉴를 선택합니다. 그리고 슬라이더 범위 알림창에 각 변수의 최솟값과 최댓값을 입력하겠습니다.

한 세대에서 가질 수 있는 자식 수는 최대 5명으로 정하겠습니다. 그러므로 변수 '자식수'의 최솟값을 0으로 하고 최댓값은 5로 지정하면 됩니다. 번식은 최대 15번까지 하도록 설정할까요? 그러려면 '번식수' 변수의 값도 최솟값은 0으로 하고 최댓값은 15로 값을 정합니다.

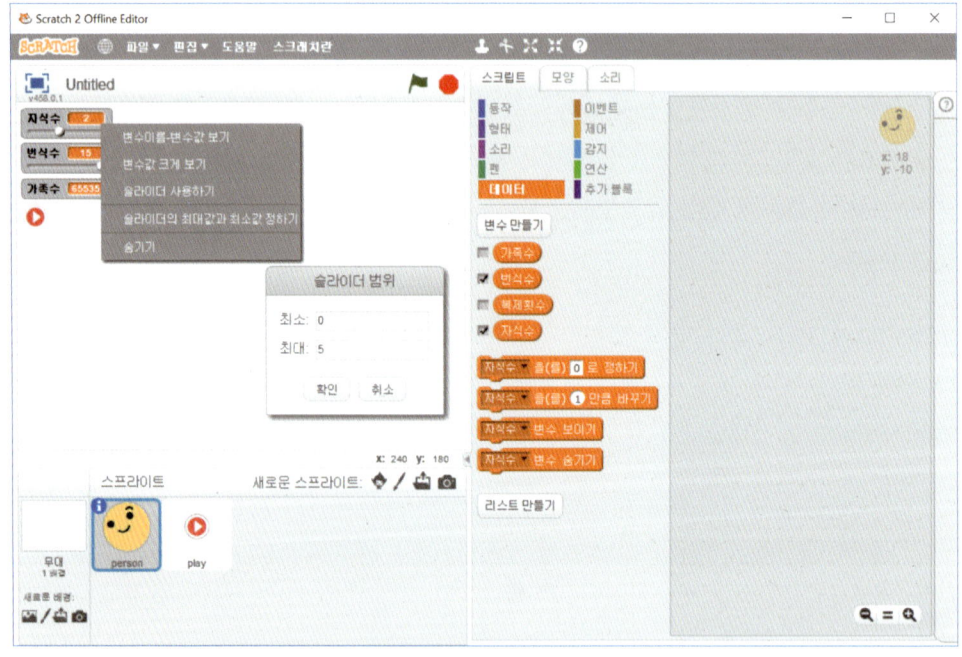

6 시작 이벤트

변수를 만들었으니 시작 이벤트를 발생시키는 스크립트를 보겠습니다. 앞 장에서 일차, 이차, 다항 함수 프로젝트에서 이미 🏁 버튼을 클릭했을 때 발생하는 이벤트를 사용했습니다. 이번 예제에서도 같은 방식으로 '그리기' 이벤트를 사용할 것입니다.

그럼 기존에 사용했던 이벤트를 잠시 복습해 보겠습니다. ● 버튼을 누르면 이벤트를 실행하는 이유가 무엇이죠? ▶ 버튼을 눌러서 프로그램이 실행된 후에도 사용자가 '자식수'와 '번식수'의 값을 슬라이더로 바꿀 수 있기 때문입니다. 그리고 변수의 값을 슬라이더로 바꾸고 나서 ● 버튼을 누를 때 '그리기' 이벤트를 발생시켜 그래프를 그리게 하는 겁니다.

이 이벤트는 앞 장과 같이 실행 버튼인 'Play'(●) 스프라이트에 만들어져 있습니다. 'Play' 스프라이트의 스프라이트 영역에 스프라이트 자신이 클릭될 때 실행되는 이 스프라이트가 클릭될 때 이벤트 블록을 가져다 둡니다.

나중에 'Play'(●) 스프라이트가 클릭되면 연필 스프라이트에 그래프를 그리라고 '그리기' 이벤트 신호를 보내는 것은 그리기 방송하기 블록이 해줍니다. '그리기'라는 이름으로 이벤트를 만들기 위해서는 이벤트 명령 중 메시지1 방송하기 블록을 가져다가 이미 가져다 둔 이 스프라이트가 클릭될 때 블록 아래에 붙여둡니다. 그리고 다음 페이지의 화면처럼 메시지 이름을 누르고 '새 메시지'를 클릭한 후 알림창에 메시지 이름으로 '그리기'를 입력하고 [확인] 버튼을 누르면 '그리기' 메시지가 완성됩니다.

나중에 'Play'(⏵) 스프라이트가 클릭되면 사람 스프라이트에 '자식수'와 '번식수' 변숫값에 따라 가족을 늘리는 작업을 시작하라고 [그리기 방송하기] 블록이 '그리기' 이벤트 신호를 보내게 됩니다. 아래 화면에 있는 스크립트를 보면서 이벤트를 발생시키는 방법을 다시 익혀보세요.

7 사람 스크립트 만들기

이제 사람 스프라이트(😊)에서 ▶ 버튼이 눌러서 '그리기' 이벤트가 발생한 후 지수 함수의 원리를 이용해 세대를 거쳐 가족을 늘려나가는 스크립트를 만들 겁니다.

'그리기' 이벤트를 받으면 스크립트를 실행하기 위해 [그리기▼ 을(를) 받았을 때] 이벤트 블록을 가져와 스크립트 영역에 둡니다. 시작하기 전에 만약 기존에 화면에 그린 내용이 있다면 이를 지우기 위해 [지우기] 펜 블록을 연결합니다. 결괏값은 모든 작업이 끝나고 보여줄 것이므로 [가족수▼ 변수 숨기기] 블록으로 '가족수' 변수를 화면에서 숨기는 작업을 합니다. 그리고 변수의 [변수▼ 을(를) 0 로 정하기] 블록을 이용해 '가족수' 변수의 초깃값을 1로 정하겠습니다. 다음으로 복제를 진행한 횟수를 의미하는 '복제횟수' 변수는 '그리기'를 시작할 때마다 0으로 초기화해야겠죠?

일단 [숨기기] 블록을 이용해 사람 스프라이트를 보이지 않게 합니다. 나중에 스프라이트를 복제할 때 보이게 할 테니까요.

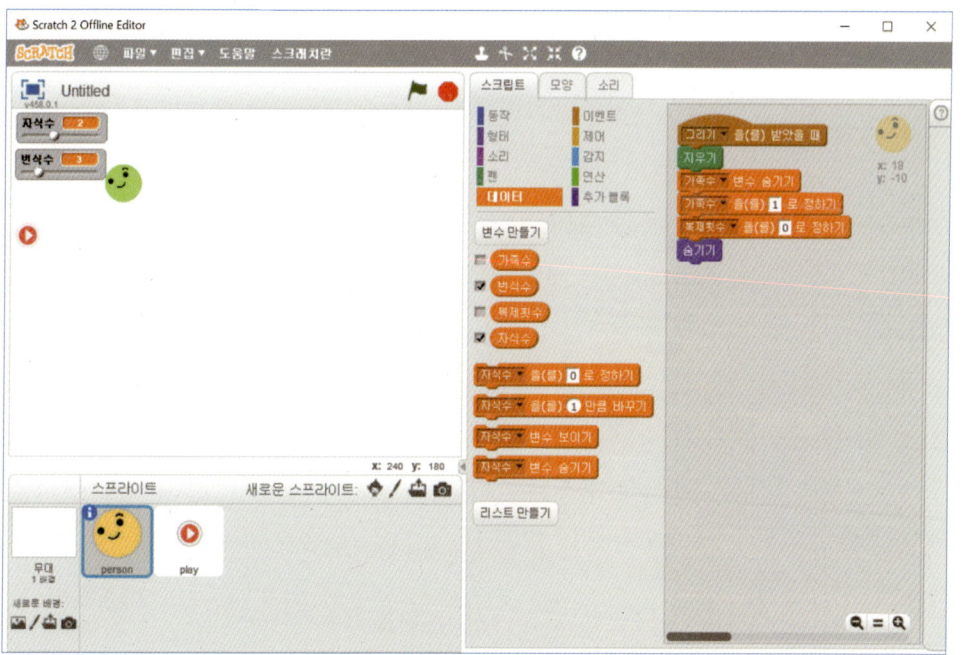

프로그래머가 알려주는 수학

그럼 복제했을 때 스프라이트를 보이게 하는 스크립트를 만들어 보겠습니다. 스프라이트가 복제됐을 때 실행되는 명령은 복제되었을때 블록이라는 것을 기억하시죠? 그리고 보이기 블록을 이용해 복제된 후 사람 스프라이트(😊) 모양이 화면에 보이게 합니다.

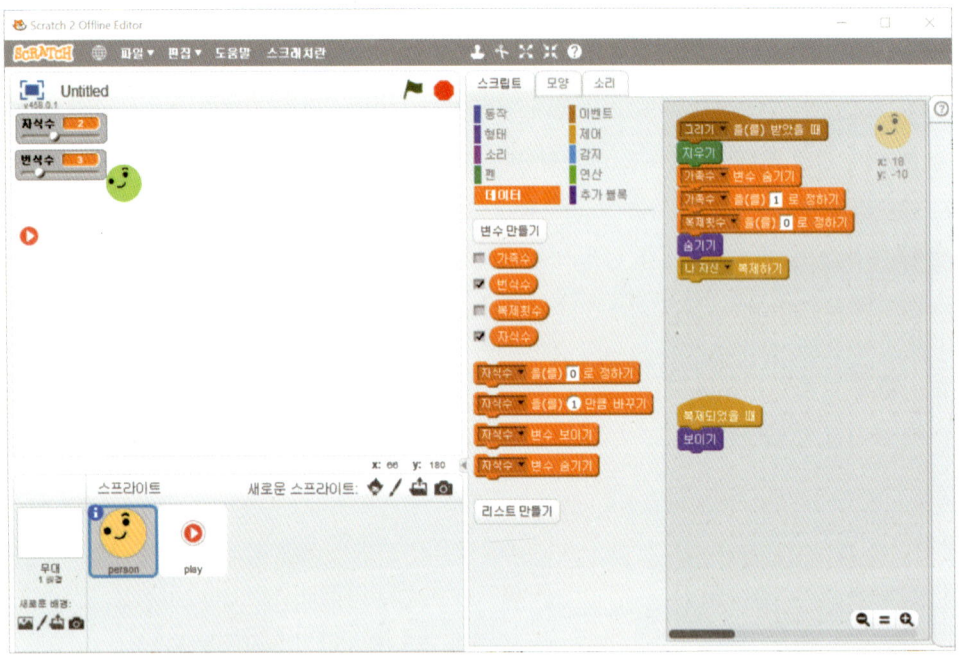

이번에는 스프라이트를 복제하는 나자신▼복제하기 블록을 사용하겠습니다. 그리고 변수와 10번반복하기 블록을 이용해 화면에서 슬라이드로 정한 번식수 값만큼 반복합니다. 0.1초기다리기 블록을 가져다가 값을 2.2로 바꿔서 10번반복하기 블록 안에 넣으면 2.2초 간격으로 반복하게 됩니다. 반복할 때마다 변수▼을(를) 1 만큼 바꾸기 블록의 변수를 '복제횟수'로 바꿔서 2.2초마다 '복제횟수'의 값이 자식수 만큼 1씩 증가하게 합니다. 이렇게 하는 이유는 스프라이트가 복제되고 2초 동안 움직인 후 다시 복제되기 때문입니다. 즉, 복제되고 움직이는 시간 2초와 복제되는 데 걸리는 시간인 약 0.2초를 감안해서 '복제횟수'를 세는 것입니다.

11장 _ 지수와 로그

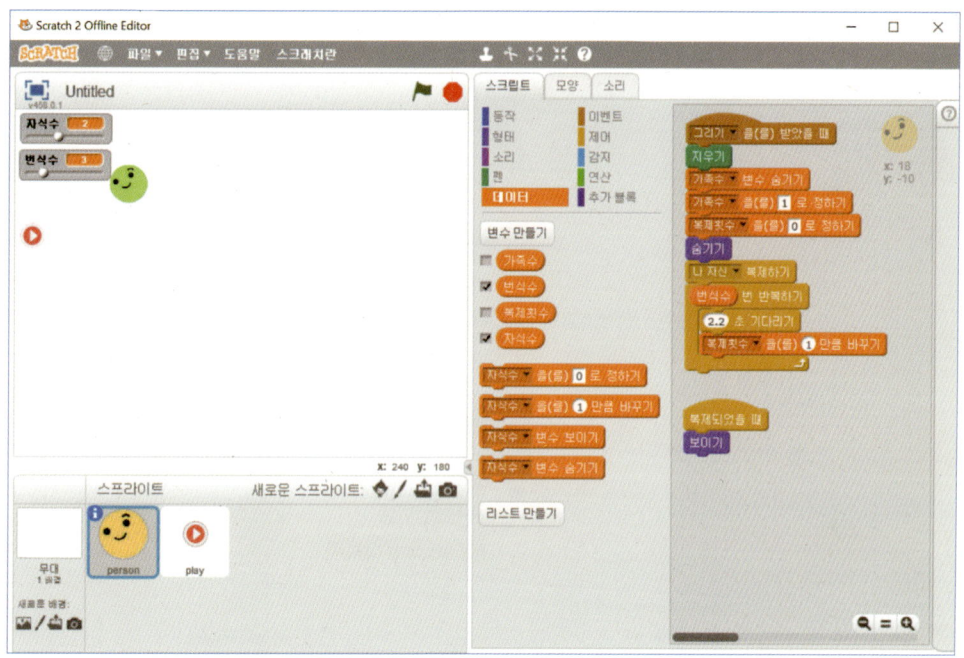

그럼 복제됐을 때 2초간 움직이는 동작을 만들어 보겠습니다.

이전에 만든 `복제되었을 때` 블록과 `보이기` 블록 아래에 `색깔 효과를 25 만큼 바꾸기` 블록을 가져다 둡니다. 그러면 복제될 때마다 😊 스프라이트의 색깔이 조금씩 다르게 바뀌게 됩니다. 그리고 `2 초 동안 x: -240 부터 240 사이의 난수 y: -180 부터 180 사이의 난수 으로 움직이기` 블록을 만들어서 붙입니다. x좌표와 y좌표 모두 난수를 발생시켰으니 2초 동안 화면 불특정한 방향으로 복제된 스프라이트가 움직이겠군요. 2초 동안 움직임이 끝나면 `도장찍기` 블록으로 멈춘자리에 복제된 사람 😊 스프라이트를 도장 찍듯이 표시해 둡니다. 그리고 `숨기기` 블록을 이용해 스프라이트를 숨깁니다. `숨기기` 블록을 이용해 스프라이트를 숨겨도 이미 `도장찍기` 블록으로 도장을 찍어뒀으니 나중에 `지우기`로 화면을 지우기 전까지는 복제된 사람의 모양이 무대 화면에 남습니다.

197

프로그래머가 알려주는 수학

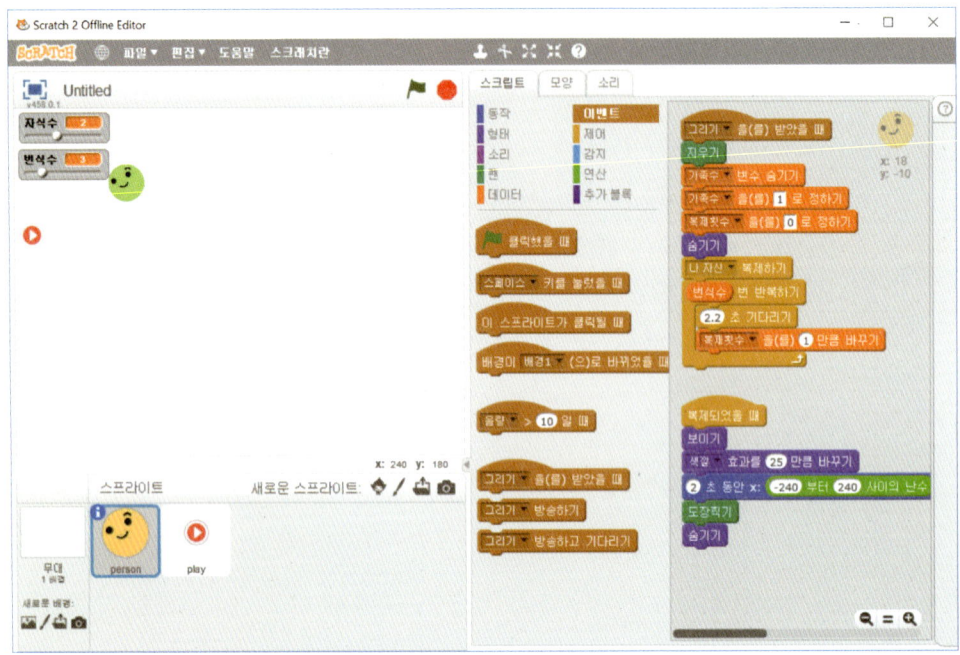

복제된 후 `자식수`의 값만큼 자식을 또 복제해야겠죠? 그런데 복제를 반복하는 것도 번식수만큼만 해야 합니다. 매번 복제할 때마다 수를 세어 '복제횟수' 변수에 넣어둔 것을 기억하시죠? 그러므로 `변식수 > 복제횟수` 연산 블록과 `만약 (이)라면` 조건 블록을 이용해 '번식수' 변수의 값만큼만 복제하게 합니다. `변식수 > 복제횟수` 조건을 실행하기 전에 한 번 복제하고 시작했으니까 `변식수 > 복제횟수` 조건으로 '복제횟수'가 '번식수'보다 하나 적은 수만큼 복제하면 총 '번식수'만큼 실행한 것이 되겠지요.

한번 조건을 실행할 때마다 `자식수`만큼 `10 번 반복하기` 조건 블록으로 반복해서 `나 자신 복제하기` 블록으로 새로운 복제를 합니다. 즉, '자식수' 변수의 값을 2로 정했다고 하면 매번 2번씩 복제해서 자식을 2명 낳는 셈이지요.

복제를 반복하면 지수 함수의 원리에 의해 급격히 많은 복제본이 생기고 생길 때마다 각 복제본은 컴퓨터의 메모리를 사용해 어느 순간 되면 메모리 부족으로 프로그램이 정지할 수 있습니다. 그러므로 매번 복제를 하고 나서 `이 복제본 삭제하기` 블록을 실행해 주세요. 복제본을 삭제해도 앞에서 `도장찍기` 블록으로 표시해둔 복제본의 모양은 화면에 남아있습니다.

11장 _ 지수와 로그

이제 화면에 복제본을 만드는 기능을 완성했습니다. ▶ 버튼을 눌러서 프로그램을 실행한 후 변숫값을 조정하고 ▶ 버튼을 눌러보세요. 재미있는 애니메이션과 함께 사람 스프라이트(😊)가 복제하면서 화면을 채우고 있나요?

8. 가족 수 계산 함수 만들기

이번에는 가족 수를 계산해서 화면에 보여주는 기능을 함수(추가 블록)로 만들겠습니다. 앞에서 추가 블록에 대해 배운 내용이 기억나시죠? 아래 화면처럼 블록 팔레트 추가 블록에서 [블록 만들기] 버튼을 누릅니다. 그리고 새로운 블록 알림창에서 블록 이름을 '가족수계산'이라 지정하고 [확인] 버튼을 누릅니다.

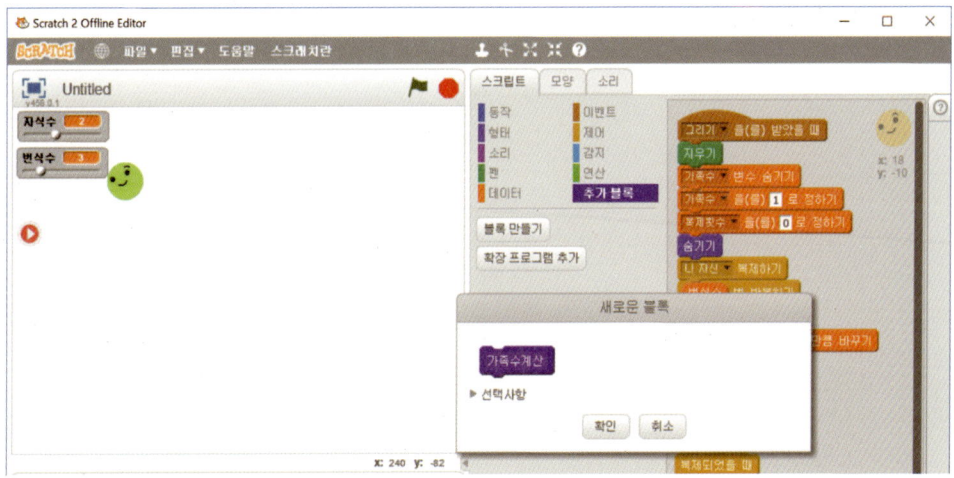

앞에서 정리한 가족 수 계산 공식을 다시 살펴보겠습니다. 자식 수가 a이고 번식 수가 n일 때 가족 수 y의 일반식은 다음과 같습니다.

$y = a^{n+1} - 1$

이 공식을 추가 블록을 정의하는 블록 아래에 스크립트로 만들어 볼까요? 블록의 값을 블록을 이용해 변수 '가족수'에 다시 넣는 행위를 번 블록으로 반복하면 $y = a^{n+1}$ 의 기능을 하게 되겠네요. 여기서 블록을 이용해 '가족수' 변수에서 −1만큼 줄이면 우리가 원하는 $y = a^{n+1} - 1$ 공식을 스크립트 블록으로 완성할 수 있습니다. 오른쪽 화면을 보고 여러분이 만든 내용과 비교해 보세요.

이제 모든 기능이 완성됐습니다. 버튼을 눌러서 프로그램을 실행하세요. 그리고 변수 '자식수'를 2로 조정해서 세대를 거치면서 2명씩 자식을 낳게 해주고 '번식수'를 3으로 조정해서 3번 번식 과정을 거치게 합시다. 그런 다음 버튼을 눌러보세요.

11장 _ 지수와 로그

아래 화면처럼 다양한 색의 사람 스프라이트(😊)가 세 번 복제되면서 화면을 채우고 복제 과정이 끝나면 가족 수가 15로 증가한 것을 보여줍니다.

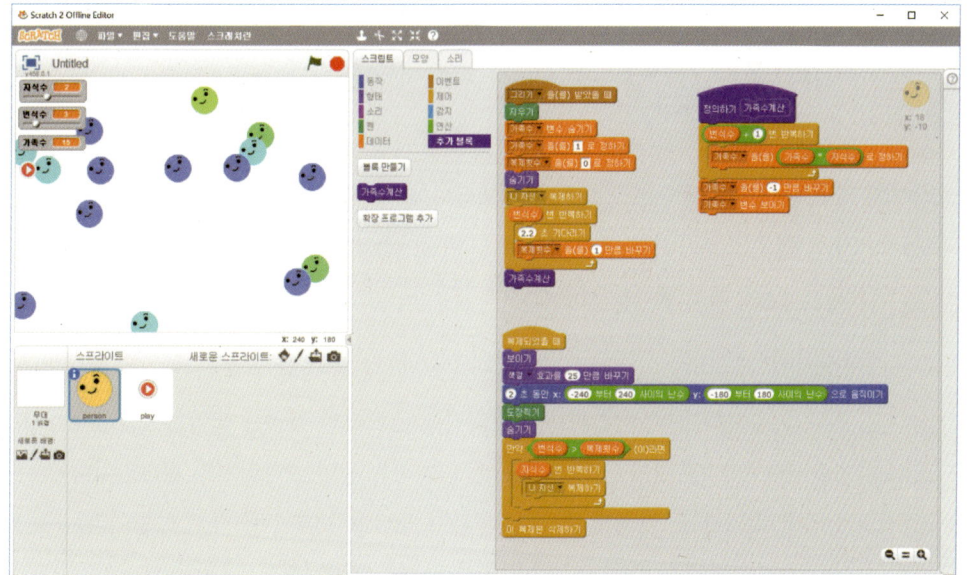

12 벡터

1 벡터의 개념

앞에서 일차 함수를 배우면서 데카르트가 천장에서 움직이는 파리를 보고 좌표와 그래프의 개념을 생각해 냈다는 일화를 소개했습니다. 그리고 좌표에 그래프를 나타내는 여러 가지 규칙인 함수에 관해서도 공부했습니다. 이번에는 방향을 갖는 좌표의 움직임을 의미하는 벡터라는 개념에 대해 생각해 보겠습니다.

벡터는 물리학에도 자주 나오는 개념인데 그 원리가 사실은 우리의 생활 속에 깊이 뿌리 박혀 있습니다. 우리가 운동회에서 많이 하는 줄다리기에서 벡터의 원리를 찾아보겠습니다. 서로 다른 방향으로 줄을 당기면 힘이 큰 쪽으로 줄이 이동하는 것이 줄다리기의 원리입니다. 너무나도 쉽고 당연한 일입니다. 여기에 중요한 두 가지 개념이 있습니다. 바로 방향이라는 것과 크기라는 개념입니다. 벡터는 바로 크기와 방향을 가지는 양입니다.

그림 12.1 줄다리기와 벡터

벡터를 크기와 방향을 가진 양이라고 정의했는데, 크기만 가지고 방향이 없는 경우 스칼라라고 부릅니다. 길이나 넓이 같은 값은 방향이 없는 스칼라값입니다.

비행기를 타고 외국에 나갔다 돌아올 때 같은 거리를 오가는 데도 이동 시간이 달라서 의아한 경우가 있습니다. 서울에서 LA로 가는 비행기는 11시간 걸리는 데 비해 같은 거리를 돌아오는 LA에서 서울로 향하는 비행기는 13시간 30분 정도 걸립니다. 같은 거리를 날아가는 데 2시간 30분 가량 차이가 나는 이유가 뭘까요? 바로 제트기류(Jet Stream)라고 불리는 시속 200~300km/h 편서풍의 영향입니다. 비행기가 같은 속도로 날아도 제트기류에 편승하면 그만큼 속도가 높아지고 반대로 맞바람을 받으면 속도가 느려지게 됩니다. 결국, 비행기의 벡터는 비행기 자체 힘의 크기와 방향에 바람의 크기와 방향을 고려해서 결정됩니다.

그림 12.2 제트기류와 벡터

인류가 벡터를 연구하기 시작한 시점은 아주 오래된 옛날로 거슬러 올라갑니다. 고대 이집트 시대에도 거대한 피라미드를 만들기 위해 큰 돌을 사용했습니다. 무거운 돌을 움직이기 위해서 힘과 방향에 관해 연구했다는 기록이 나옵니다. 해상운송을 위해서도 파도와 바람의 방향에 관한 연구가 계속됐습니다. 특히 중세 유럽의 열강들이 경쟁적으로 신대륙을 찾기 위해 장거리 항해가 필요해졌을 때 바람의 방향과 파도의 움직임을 이용해 배의 속도를 최적화하는 연구가 이뤄졌습니다. 이처럼 생활 속에서 발전을 거듭하던 벡터는 영국의 유명한 과학자 뉴턴에 의해 체계적인 이론으로 발전했습니다.

그럼 배를 타고 강을 건너면서 벡터와 벡터의 연산을 이해해 보겠습니다. 선착장에서 배를 저어 맞은편 선착장으로 건너가려 합니다. 그런데 강의 물이 하류로 흘러 맞은편 선착장에서 하류 쪽으로 떨어진 지점에 도착하겠군요. 우리에게 익숙한 상황입니다.

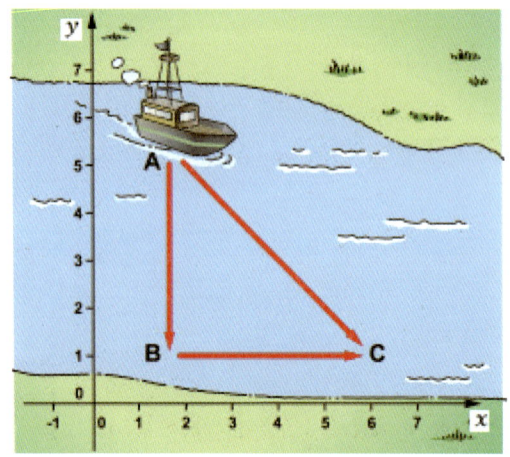

그림 12.3 강물의 흐름과 벡터

좌표와 그래프를 배우고 있으니 이번에는 좀 더 과학적으로 설명해 볼까요? 출발하는 지점의 좌표를 A, 맞은편 선착장의 위치를 B, 하류 쪽에 도착한 지점을 C라고 하겠습니다. 우리는 배로 A에서 B 방향으로 시속 4km/h의 크기의 벡터로 이동했습니다. 그런데 강물은 B에서 C 방향으로 시속 4km/h 속도의 벡터로 흐릅니다. 이 두 벡터가 합해지면 A에서 C의 방향으로 이동하는 새로운 벡터가 생깁니다.

이를 벡터의 식으로 나타내면 아래와 같습니다.

$$\overrightarrow{AB} + \overrightarrow{BC} = \overrightarrow{AC}$$

벡터의 원리를 잘 이용해서 상류 방향으로 이동했다면 목적지에 도착할 수 있었을 겁니다. 정확하게 목적지에 도착하기 위해서는 배가 이동하는 벡터와 강물의 벡터가 이루는 각의 크기를 알아야 합니다.

2 스크래치로 만든 벡터

스크래치로 만든 벡터 예제를 실행해 보겠습니다. 먼저 스크래치 오프라인 에디터의 [파일] 메뉴에서 열기를 눌러 'M05' 폴더에 있는 'M05_벡터.sb2' 파일을 열어보겠습니다.

예제 파일이 열리면 아래와 같은 화면이 보입니다. 그리고 무대 오른쪽 위에 있는 ▶ 버튼을 클릭해서 프로그램을 실행해 보겠습니다. 프로그램을 실행하면 좌표 x와 y의 값이 3으로 초기화되는군요. 이제 무대에 있는 ▶ 버튼을 눌러서 좌표에 벡터 그래프가 그려지는 것을 확인하세요.

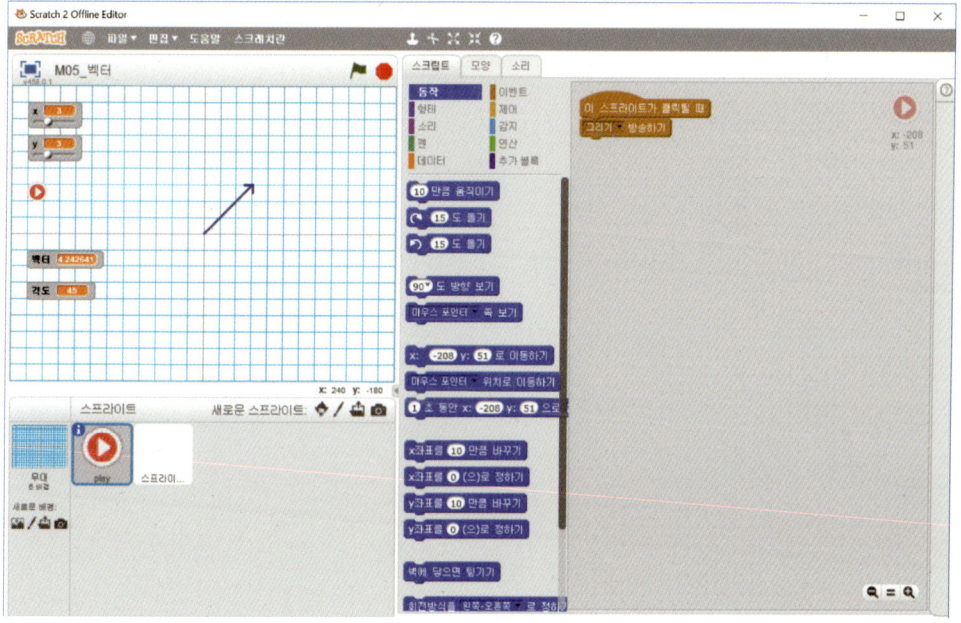

예제를 실행하고 나니 x와 y가 3일 때 그 벡터의 값이 4.242641이라는 것과 각도가 45도라는 것을 알 수 있습니다.

프로그래머가 알려주는 수학

3 무대와 스프라이트 만들기

이제 프로젝트를 하나씩 따라가며 만들어 보기 위해 스크래치 오프라인 에디터를 실행해 새로운 프로젝트를 만들어 보겠습니다. 그러면 아래 그림처럼 새로운 프로젝트 화면이 나옵니다. 맨 먼저 할 일은 무대의 배경부터 바꾸는 것입니다. 스크래치 저장소에 있는 좌표 그림을 배경으로 사용할 것이므로 새로운 배경 버튼 네 개 중 맨 왼쪽에 있는 [저장소에서 배경 선택] 버튼을 클릭하겠습니다.

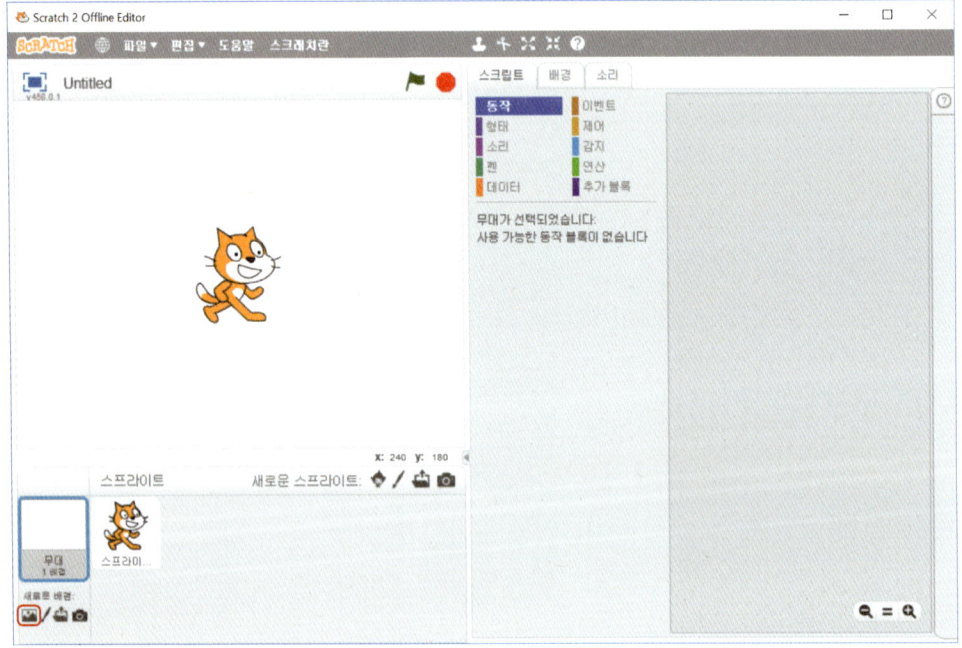

그러면 스크래치에서 제공하는 다양한 배경 그림이 나오겠죠? 앞에서 함수를 배우면서 사용했던 20픽셀 단위로 좌표를 표시하는 'xy-grid-20px'라는 그림을 쓰겠습니다. 그림을 선택하고 [확인] 버튼을 누릅니다.

12장 _ 벡터

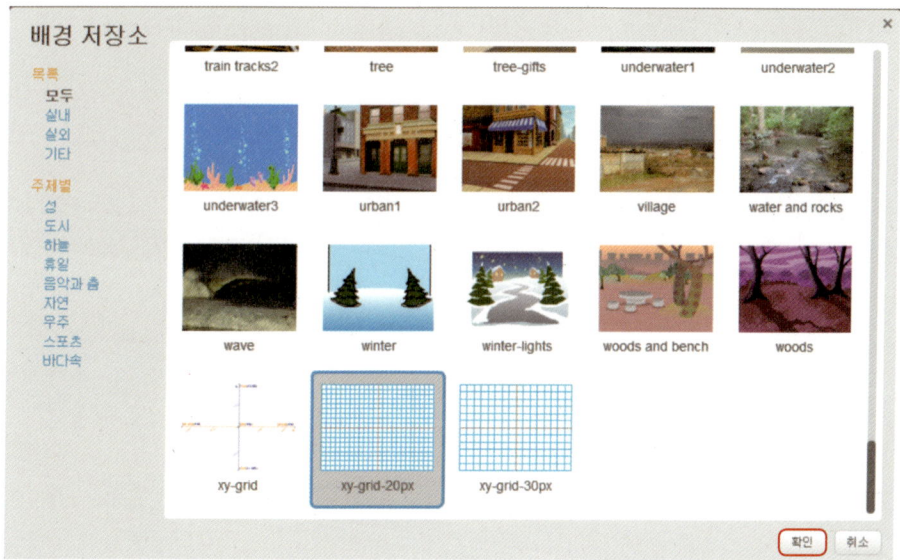

이번 예제도 새 프로젝트에 있는 고양이 스프라이트를 사용하지 않을 예정이므로 지워버리겠습니다. 화면처럼 스프라이트에 있는 고양이 그림( ) 위에서 마우스 오른쪽 버튼을 클릭해 [삭제]를 선택합니다.

207

다음으로 외부에서 스프라이트로 사용할 그림 파일을 가져오겠습니다. 앞 장과 같이 이벤트를 알리는 시작 버튼에 해당하는 'play'라는 이름의 그림 파일(▶)을 가져오겠습니다. 예제 파일의 'M05' 폴더에서 'play.png'라는 그림 파일을 선택하면 됩니다.

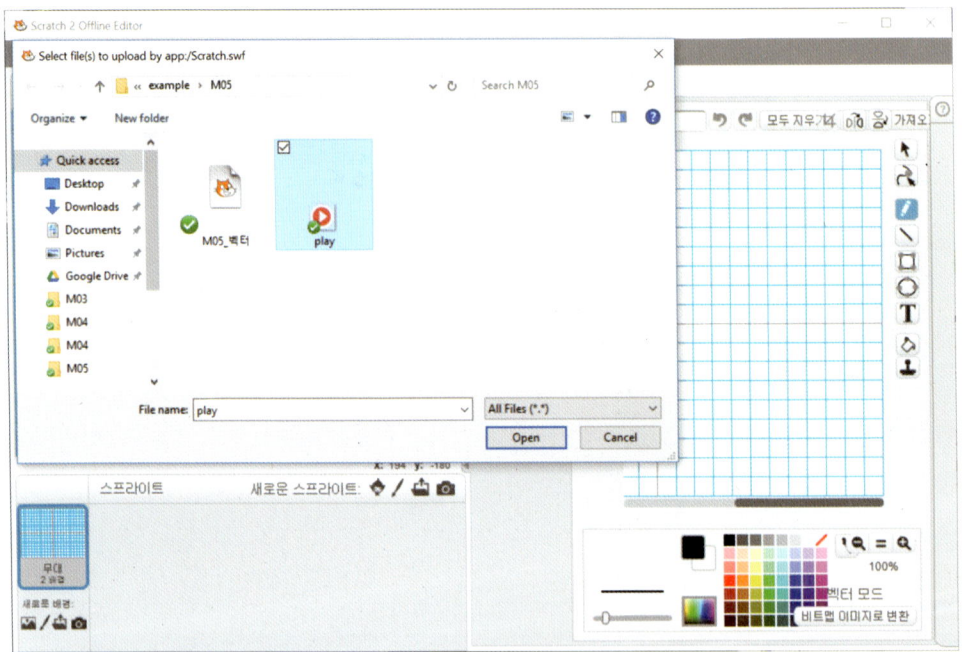

이번에는 아무 그림도 없는 빈 스프라이트를 만들겠습니다. 다음 페이지의 화면처럼 새로운 스프라이트를 만드는 버튼 중 두 번째 있는 붓 모양의 [새 스프라이트 그리기] 버튼을 눌러주세요. 그러면 아무 내용도 없는 스프라이트가 생깁니다. 여기에 그림을 그릴 수도 있지만 여기서는 아무것도 그리지 않고 벡터를 그리는 스크립트를 만드는 용도로 사용하겠습니다.

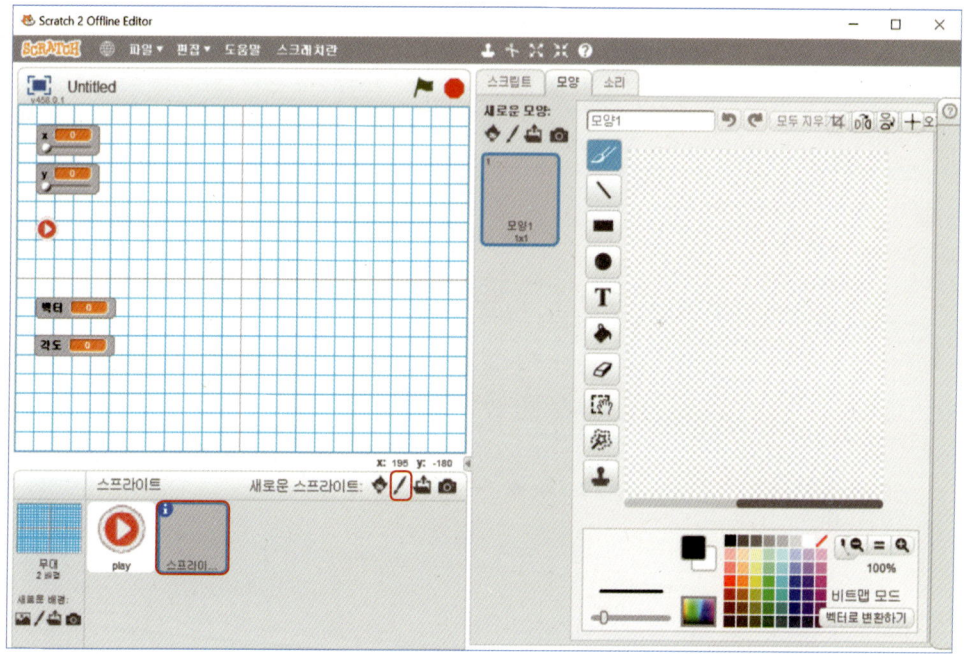

4 변수 만들기

자, 그럼 프로그램에서 사용할 변수를 정리해 볼까요? 우선 x와 y 두 축의 힘의 크기를 저장할 변수 'x'와 'y'가 필요하겠군요. 그리고 무대 화면에 결괏값을 보여주기 위해 '벡터'와 '각도'라는 이름의 변수도 만들겠습니다.

앞에서 좌표 배경을 쓸 경우 사용했던 '좌표간격'이라는 변수도 만들겠습니다. 무대 배경인 좌표의 격자가 20픽셀이니 결괏값에 '좌표간격'의 값인 20을 곱해서 한 격자가 1인 것처럼 보이게 하려고 사용하는 변수입니다. 이 변수는 화면에서 보일 필요가 없으므로 변수 이름 앞에 체크 표시를 지웁니다.

변수를 만드는 방법을 잊어버리진 않았겠죠? 다음 페이지의 화면처럼 블록 팔레트의 데이터 영역에서 [변수 만들기] 버튼을 누르고 알림창에 변수 이름을 넣고 [확인] 버튼을 누르면 됩니다. 차례로 변수를 만들어 주세요.

프로그래머가 알려주는 수학

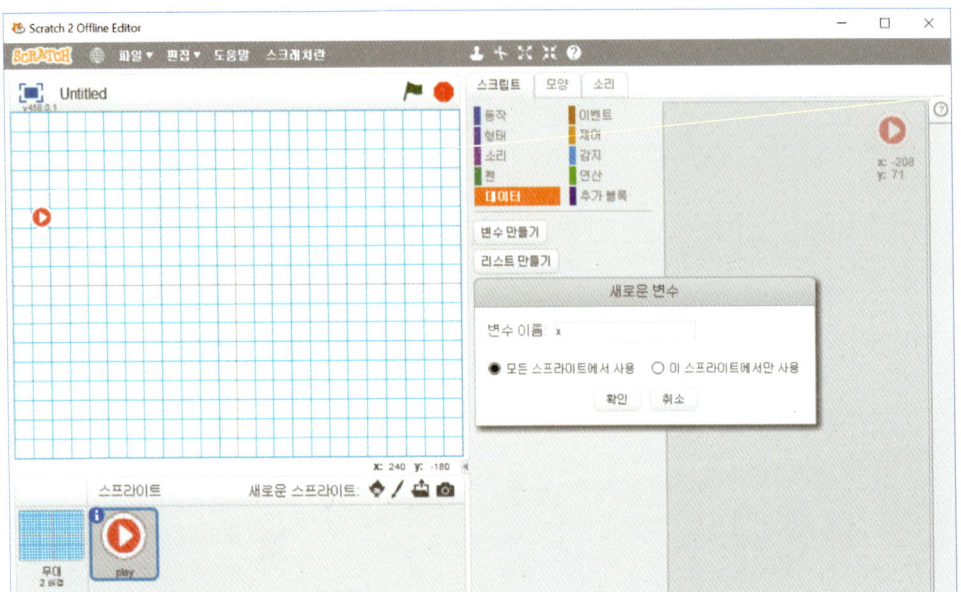

이번 예제의 'x'와 'y' 변수의 값은 슬라이더를 이용해 편하게 조정하겠습니다. 아래 그림처럼 무대에 표시된 변수 이름 위에서 마우스 오른쪽 버튼을 누른 후 [슬라이더 사용하기] 메뉴를 선택하면 변수의 모양이 슬라이더로 바뀝니다.

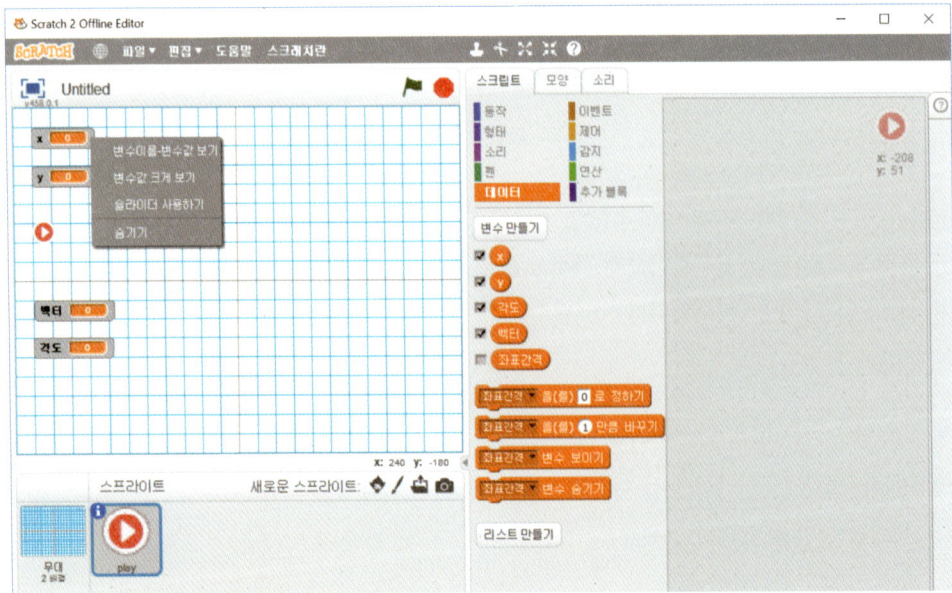

이제 슬라이더 값의 범위를 지정해 줄 차례군요. 기본적으로 슬라이더의 최솟값은 0, 최댓값은 100으로 지정돼 있습니다. 이번 벡터 예제에서 변수 'x'와 'y' 값은 0부터 10까지로 지정하겠습니다. 두 변수의 이름 위에서 마우스 오른쪽 버튼을 누르면 메뉴가 나옵니다. 이 가운데 [슬라이더의 최대값과 최소값]이라는 메뉴를 선택해 알림창에서 최솟값과 최댓값을 입력하고 [확인] 버튼을 누르면 값이 변경됩니다.

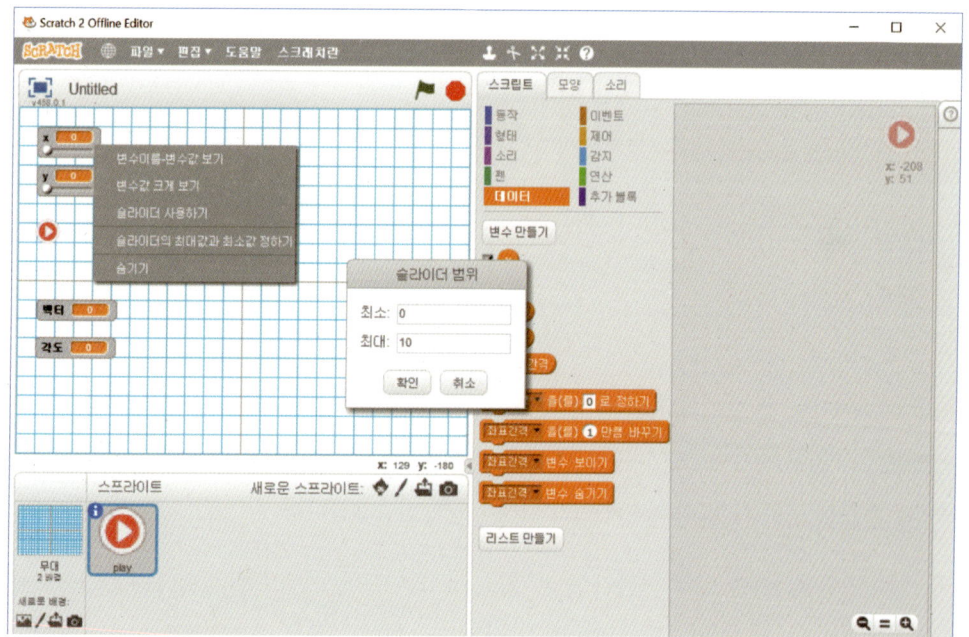

5. 변수 초기화와 시작 이벤트

변수를 초기화하고 시작 이벤트를 만들어 봅시다. 버튼을 눌러서 프로그램이 실행될 때 여러 변수를 초기화하는 스크립트는 다음 페이지의 화면처럼 무대에서 구현하겠습니다. 먼저 무대를 마우스로 클릭해서 선택한 후 블록 팔레트에서 클릭했을 때 이벤트 블록을 마우스로 드래그해서 무대 스크립트 영역으로 옮겨둡니다.

이제 변수를 초기화하겠습니다. 데이터 블록 중 변수 을(를) 0로 정하기 블록을 스크립트 영역으로 세 번 드래그합니다. 그리고 변수 이름을 'x', 'y' 그리고 '좌표간격'으로 바꿉니다. 'x'와 'y' 변수의 값은 3으로 정하고 '좌표간격'은 앞에서와 같이 20으로 지정합니다.

프로그래머가 알려주는 수학

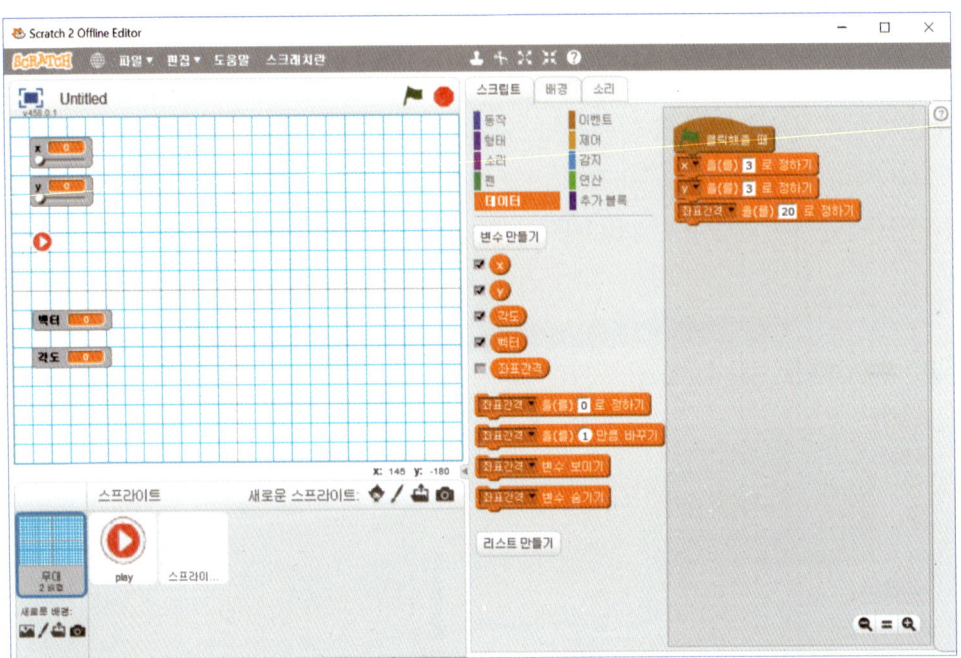

이번 예제에서도 앞 장의 방식과 같이 사용자가 ▶ 버튼을 누를 때는 준비만 하고 있다가 마음껏 변수의 값을 슬라이드로 바꾸고 나서 ● 버튼을 누를 때 그래프를 그리게 만들겠습니다. 즉, ● 버튼을 누를 때 '그리기' 이벤트가 발생하도록 만들겠습니다.

이 기능을 구현하려면 실행 버튼인 'Play'(●) 스프라이트에 이벤트를 실행하는 스크립트를 만들어야 합니다. 먼저 'Play' 스프라이트를 선택하고 이벤트 블록 중 [이 스프라이트가 클릭될 때] 블록을 가져다 스크립트 영역에 옮겨 둡니다. 그리고 [메시지1▼ 방송하기] 블록을 [이 스프라이트가 클릭될 때] 블록 아래에 붙입니다. 다음 페이지의 화면처럼 [메시지1▼ 방송하기] 블록에서 '새 메시지…' 메뉴를 선택합니다. 새로운 메시지를 입력하는 창에 '그리기'라는 이름의 메시지를 만듭니다. 이제 ● 버튼을 클릭하면 [그리기▼ 방송하기] 블록이 다른 스프라이트에 '그리기'라는 이벤트를 방송하게 되는 것입니다.

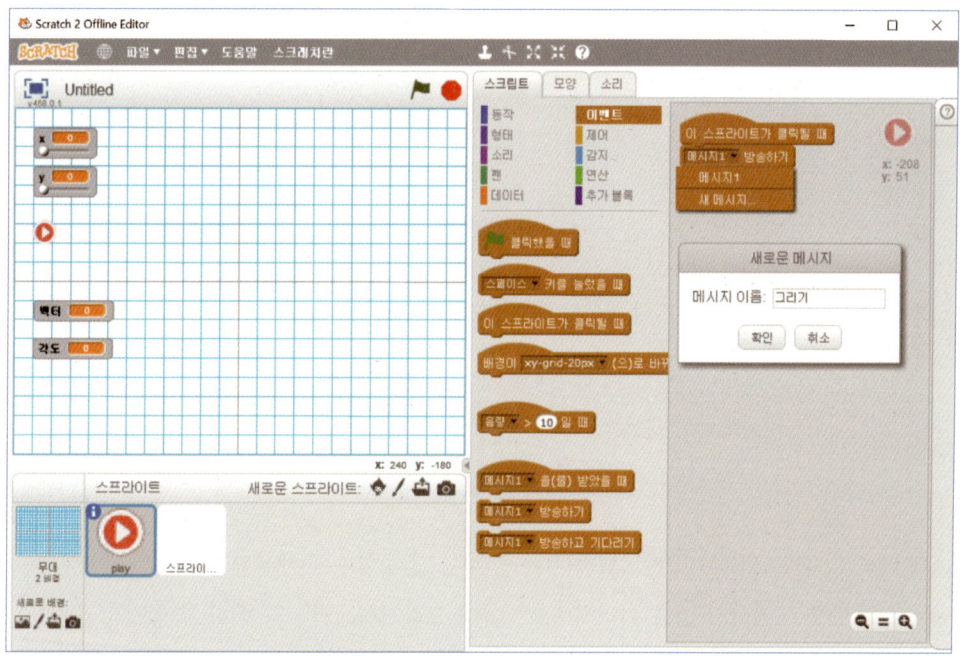

6 벡터 스크립트 만들기

그림 ▶ 버튼이 눌려서 '그리기' 이벤트가 발생했을 때 새로 만든 스프라이트에서 '그리기' 메시지를 받아 명령을 실행하는 스크립트를 만들겠습니다. 이벤트 명령 블록에서 [메시지1▼ 을(를) 받았을 때] 블록을 가져와 '그리기' 이벤트를 선택합니다. 이제 '그리기'라는 이벤트가 발생하면 [그리기▼ 을(를) 받았을 때] 블록 아래의 명령이 실행됩니다.

'그리기' 메시지를 받아서 처음 하는 일은 위치 이동 [x: 0 y: 0 로 이동하기] 블록을 이용해 스프라이트의 좌표와 좌표를 모두 (0, 0)으로 이동시키는 것입니다. 그리고 이전에 화면에 그래프가 그려져 있을 경우를 생각해서 [지우기] 블록을 실행해 화면을 깨끗이 지웁니다. 일단 [펜 올리기] 블록으로 그림을 그리지 않게 하고 [펜 색깔을 ■ (으)로 정하기] 블록으로 펜의 색을 파란색으로 정한 다음 [펜 굵기를 1 (으)로 정하기] 블록을 가져다가 굵기를 3으로 지정합니다. 이제 펜으로 그림을 그릴 준비가 됐으니 [펜 내리기] 블록을 사용합니다.

프로그래머가 알려주는 수학

이제 벡터 그래프 각도를 구해보겠습니다. 앞에서 일차 함수를 배우면서 탄젠트 삼각함수를 이용해 각도를 구했던 방법을 기억하나요? 아래 그림처럼 x와 y의 벡터 그래프의 기울기는 `atan(y/x)` 블록으로 구할 수 있습니다. 하지만 스크래치에서 각도는 y축을 기준으로 0도부터 시계방향으로 증가하므로 `90 - atan(y/x)` 블록의 값을 스크래치에 알려줘야겠습니다. 아래 그림을 보면 이해하는 데 도움될 것입니다.

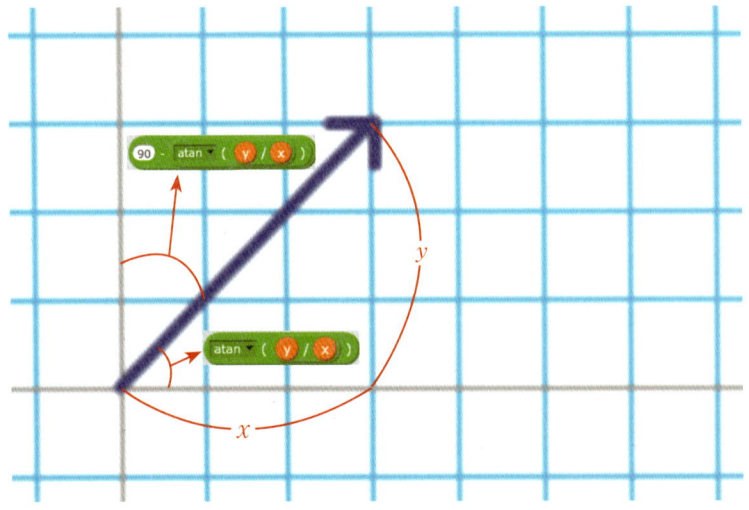

214

이번에는 '벡터'의 값을 구하겠습니다. 이 값을 구하려면 삼각함수의 피타고라스 정리를 이해해야 합니다.

수학의 아버지라고 불리는 피타고라스는 삼각비의 관계를 연구하면서 대단한 법칙을 발견했습니다. 바로 직각삼각형의 빗변 제곱은 다른 두 변의 제곱의 합과 같다는 원리입니다. 우리는 삼각비의 기본이 되는 이 원리를 피타고라스의 정리라고 부릅니다.

$$a^2 + b^2 = c^2$$

그림 12.4 피타고라스의 정리

위 그림에서 보는 바와 같이 우리가 구하는 벡터와 x, y는 직각삼각형을 이루고 있습니다. 그러므로 피타고라스의 정리 공식을 적용하면 '$x^2 + a^2 =$ 벡터^2'와 같이 표현할 수 있겠네요. 이제 의 값을 구하는 공식을 알았으니 이를 이용해 '벡터'의 값을 구해 봅시다. 혹시 제곱근이라는 것을 들어봤나요? 제곱근이라는 것은 제곱해서 그 수가 되는 실수를 의미합니다. 예를 들면 '벡터^2'의 제곱근이 '벡터'가 됩니다. 그럼 제곱근을 이용하면 '벡터'의 값을 구할 수 있겠군요. 수학에서 제곱근은 $\sqrt{}$ 기호를 사용합니다. 이를 정리해서 수식으로 나타내면 아래와 같습니다.

$$\text{벡터} = \sqrt{\text{벡터}^2} = \sqrt{x^2 + y^2}$$

프로그래머가 알려주는 수학

이제 이 수식을 스크래치 명령 블록으로 만들겠습니다. 연산 명령 중 제곱근을 구하는 `제곱근▼ (9)` 블록이 있네요. 여기에 x와 y의 제곱을 더해서 `제곱근▼ ( x * x + y * y )` 블록을 만들면 됩니다.

옆 화면처럼 구한 각도와 벡터값을 변수 '각도'와 '벡터'에 `변수▼ 을(를) 0 로 정하기` 블록을 이용해 대입하면 됩니다.

벡터 함수 그래프의 각도를 구했으니 `180▼ 도 방향 보기` 동작 블록을 이용해 '각도' 변수의 값을 바라보게 합니다. 그리고 `5 만큼 움직이기` 블록을 이용해 펜이 '벡터' 값에 '좌표간격'을 곱한 만큼 직선을 그리도록 `벡터 * 좌표간격` 블록을 값으로 사용합니다.

벡터를 그리는 스크립트가 완성됐으니 무대 위에 있는 ▶ 버튼을 눌러서 프로그램을 실행한 후 ▶ 버튼을 눌러보세요. 무대에 펜이 멋진 벡터 직선 그래프를 그려줄 것입니다.

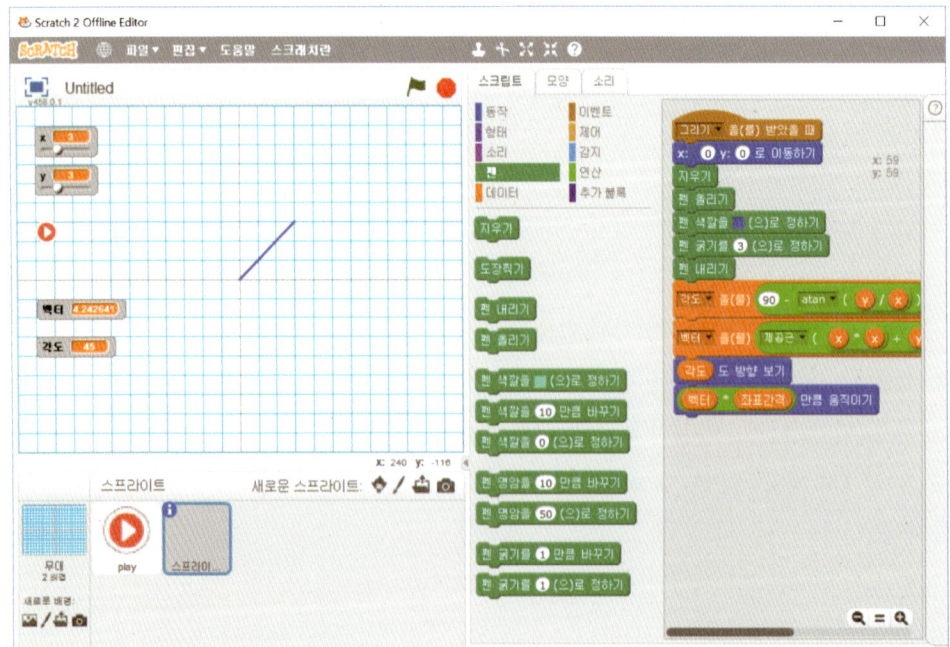

이제 벡터 그래프를 좀 더 멋있게 만들기 위해 화살표를 표시하겠습니다. 그리는 효과를 높이기 위해 `1초 기다리기` 블록을 이용해 선을 그릴 때 0.25초 간격을 주도록 하겠습니다. 화살표는 직선의 45도로 기울어져 있습니다. 먼저 `각도 - 135` 블록과 `180도 방향 보기` 블록을 이용해 바깥쪽을 보게 합니다. 그리고 `5만큼 움직이기` 동작 블록에 10을 입력해서 조금 움직여 화살표를 표시합니다. 나중에 반대편 화살표를 그리기 위해서는 벡터의 꼭짓점으로 돌아와야 하므로 이번에는 '각도'에 45도를 더한 각도를 바라보도록 다시 `5만큼 움직이기` 블록에 10을 입력해서 펜이 돌아오게 합니다.

🏁 버튼을 누르고 ▶ 버튼으로 벡터를 실행하니 아래 화면처럼 한쪽의 화살표가 생겼군요.

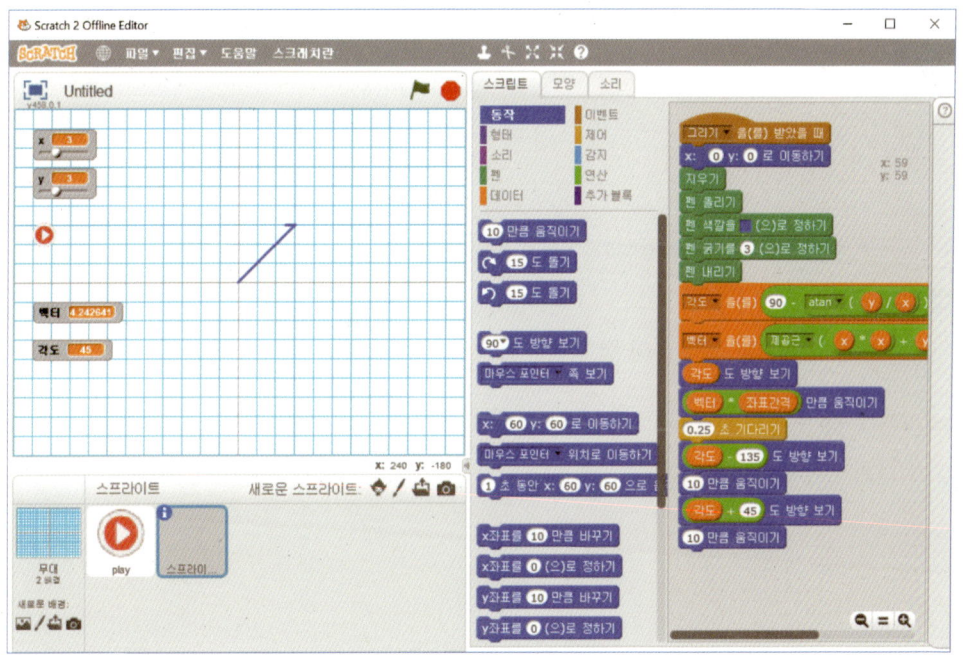

이번에는 반대편 화살표만 만들어주면 되겠군요. 다음 페이지의 화면처럼 앞에서 만든 화살표 관련 명령 블록 위에서 마우스 오른쪽 버튼을 클릭하면 해당 블록을 복제할 수 있습니다. 블록을 복사해서 아래에 붙여주세요.

프로그래머가 알려주는 수학

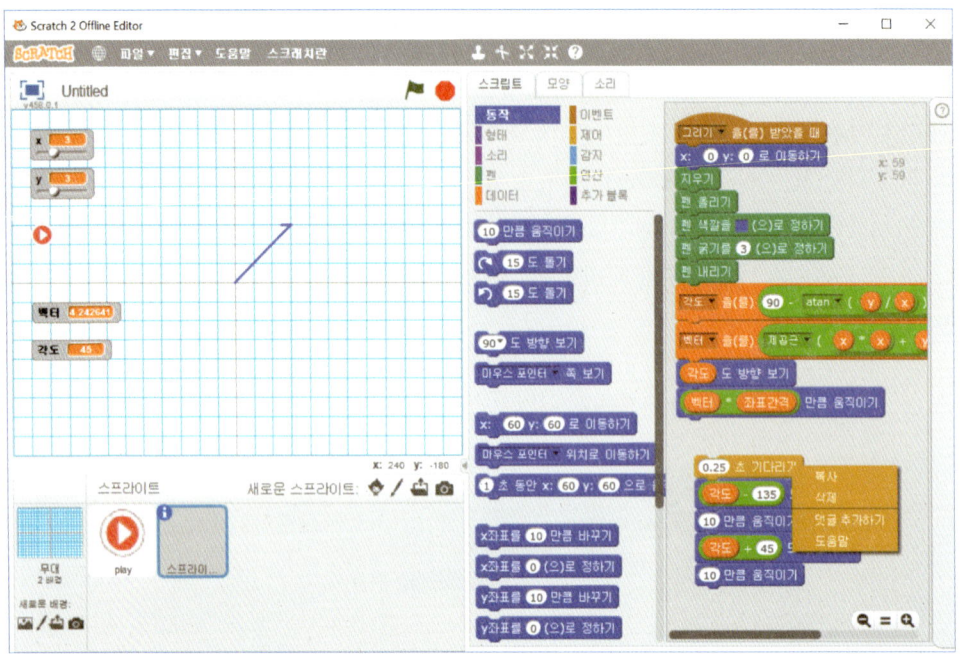

이제 복제된 화살표 블록의 방향만 반대로 바꿔주면 되겠군요. 반대편 화살표를 그릴 때는 `180도 방향 보기` 블록의 값으로 '각도'+135의 방향을 보게 하고, 화살표를 그린 후 펜이 벡터의 꼭짓점으로 돌아올 때는 그릴 때와 반대 방향인 '각도' −45도를 바라보게 하면 됩니다.

🏁 버튼과 ▶ 버튼을 클릭해서 완성된 벡터를 확인하세요. x와 y의 값에 따라 멋진 벡터 화살표가 좌표 위에 그려졌습니다.

12장 _ 벡터

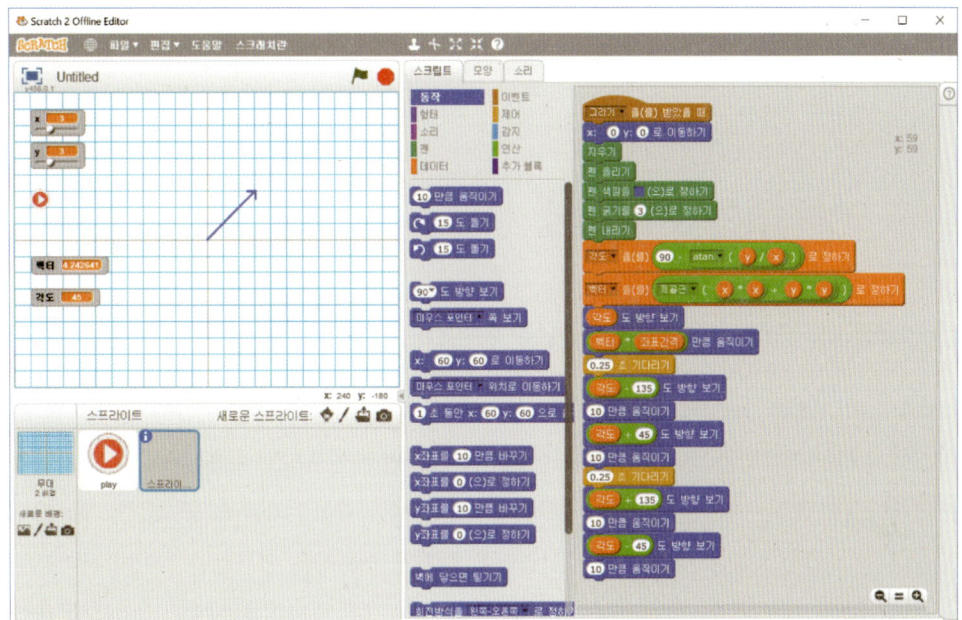

지금까지 벡터에 대해 공부했습니다. 다음으로 벡터로 표시되는 변과 각의 관계를 연구하는 재미있는 학문인 삼각함수를 배워 보겠습니다.

13 사인 함수

1 삼각함수의 개념

이번 장부터 앞으로 세 단원은 사인, 코사인, 탄젠트 삼각함수에 대해 배우겠습니다. 삼각함수는 삼각형의 세 변의 길이와 세 각의 크기에 관한 법칙을 연구하는 학문입니다.

삼각함수의 기원은 언제부터일까요? 삼각함수를 체계적으로 발전시킨 수학자는 1768년 프랑스에서 태어난 푸리에입니다. 그러나 이전부터 삼각법은 연구되고 활용됐습니다. 150년경 프톨레마이오스라는 학자는 '알마게스트'라는 책을 통해 삼각함수의 주요 공식을 소개하기도 했습니다. 기원전 180년경에는 히파르코스라는 학자가 천문학을 연구하면서 이미 삼각표를 정리했습니다. 그보다 오래전 고대 이집트의 수학서인 '아메스 파피루스'에도 삼각법에 대한 기록이 있으니 삼각법은 아주 오랜 옛날부터 우리 일상생활에서 토지를 측량하고 천문을 관측하며 배를 항해하는 등 생활 전반에서 사용된 밀접한 학문입니다.

먼저 삼각함수를 공부하기에 앞서 각도에 대해 생각해 보는 게 좋겠네요. 시계를 보고 있으면 각도를 이해하기 쉽겠군요. 3시에는 시침과 분침이 이루는 각도가 90°입니다. 그러면 6시가 됐을 때 각도는 몇 도일까요? 그렇습니다. 180°입니다. 이처럼 회전하는 각도를 도(°) 단위로 표시하는 일반적인 방법을 육십분법이라고 합니다.

그림 13.1 육십분법의 개념

그럼 호도법이라고 하는 새로운 각도 표현 방법을 알아보겠습니다. 호도법은 반지름의 길이 r과 호의 길이 s와의 비율로 나타내며 단위로는 라디안을 사용합니다. 반지름의 길이와 호의 길이가 같을 때 라디안 값은 1이 되는군요. 호의 길이가 반지름의 길이보다 2배이면 라디안 값이 2가 됩니다. 일반식으로 표현하면 $radian = s/r$로 표현할 수 있습니다.

그림 13.2 호도법의 개념

반지름이 r인 원의 둘레가 $2\pi r$이라는 공식을 아시나요? 혹시 모르신다고 해도 π는 원주율이라고 해서 '3.1415⋯.'의 값을 가지고 반지름과 원의 둘레에 대한 공식이라 생각하면 됩니다. 일반 각이 360°일 때 호의 길이가 $2\pi r$이니 라디안은 $2\pi r/r$로 간단히 2π가 되는군요. 그러면 중심각이 180°인 반원의 라디안이 π가 된다는 것을 쉽게 알 수 있습니다. 라디안의 값이 180°일 때 π라면 a°일 때는 어떻게 될까요? 라디안 값을 일반식으로 나타내면 $radian = (\pi/180) \times a$가 됩니다.

삼각함수는 삼각형의 변과 각의 비율과 관계를 연구하는 학문으로 발전해서 오랜 옛날부터 천문학, 기하학 등에서 널리 사용됐습니다. 가장 간단한 직각삼각형의 변과 각의 비율을 보고 사인이라는 개념을 알아보겠습니다. 각 $\angle A$의 사인값은 변 $\overline{BC}$와 변 $\overline{AC}$의 비율을 의미합니다.

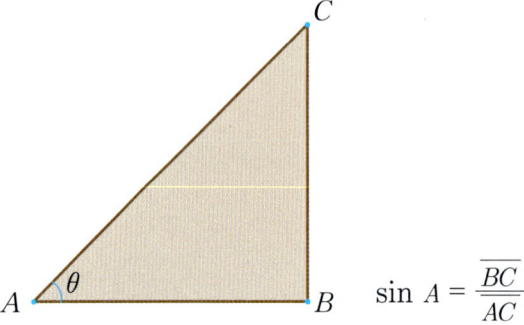

그림 13.3 사인 함수의 개념

앞에서 배운 원과 호도법 라디안 값을 이용해 삼각함수 사인의 정의를 생각해 보겠습니다. 삼각형 그림을 통해 원의 호와 교점 P의 좌표가 (a, b)일 때 $\overline{OP}$와 x축이 만드는 일반 각 θ 라디안의 사인값은 b와 반지름 r의 비율이라는 것을 알 수 있습니다. 이를 일반식으로 나타내면 $\sin \theta = b / r$입니다.

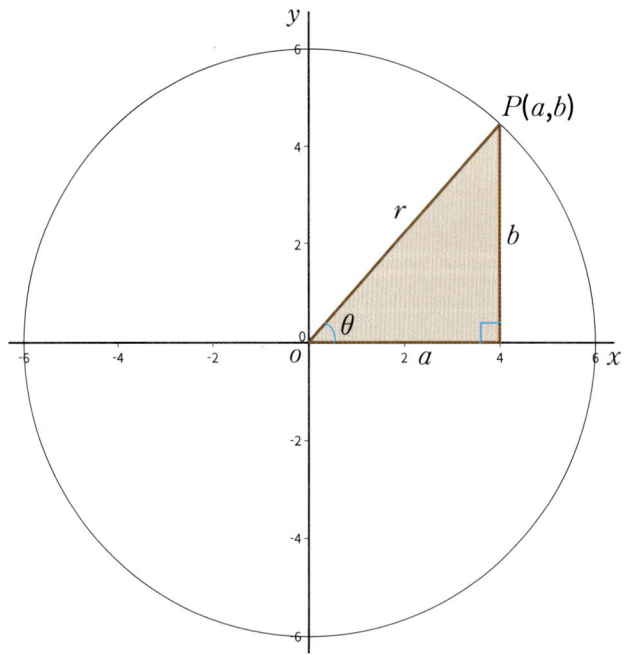

그림 13.4 원과 사인 함수

2 미끄럼틀과 사인 함수

그간 따라오느라 너무 어려웠지요? 이번에는 아주 쉬운 예를 통해 삼각함수 사인의 원리를 이해하겠습니다.

철수는 공원에서 미끄럼틀을 제일 좋아합니다. 어느 날 친구들과 미끄럼틀의 높이가 궁금해졌습니다. 긴 줄자를 이용해 미끄럼틀의 길이를 측정해 보니 6m였습니다. 미끄럼틀의 각도가 30°라는 것을 공원 관리실에서 확인했습니다. 사인의 원리를 이용해 미끄럼틀의 높이를 계산할 수 있을까요? 힌트 하나를 드리겠습니다. 각도가 30°일 때 $\sin \theta$ 값은 1/2입니다.

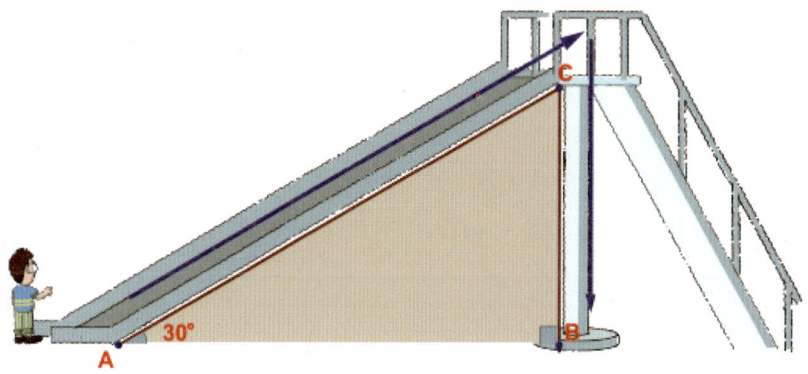

그림 13.5 미끄럼틀 속의 사인 원리

먼저 공식에 맞춰서 해법을 찾아보겠습니다. $\sin \theta = b$(미끄럼틀의 높이) / r(미끄럼틀의 길이)입니다. 우리가 구하려는 미끄럼틀의 높이 b는 $\sin \theta$ 값 1/2과 미끄럼틀의 길이 6m를 곱한 값 3m라는 것을 알 수 있습니다.

각도에 따른 $\sin \theta$ 값의 변화를 식으로 나타내면 $y = \sin x$가 되고 그래프로 나타내면 2π를 주기로 y의 값이 −1에서 1사이를 원점에 대칭인 곡선이 그려집니다. 이 함수 그래프를 사인 곡선이라고 합니다.

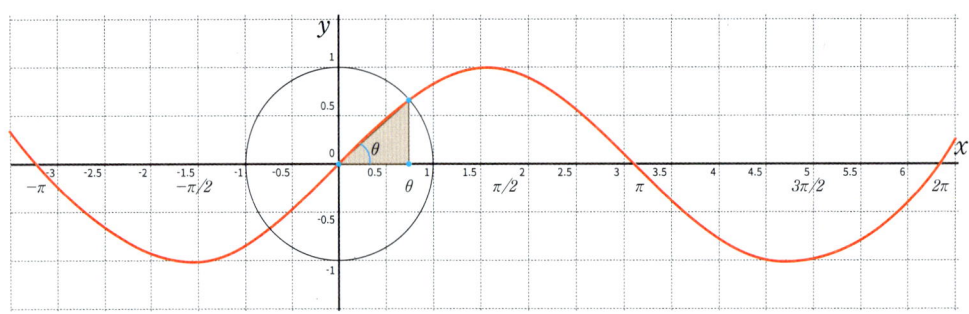

그림 13.6 사인 곡선

3 스크래치로 만든 사인 함수

스크래치로 만든 사인 함수 예제를 실행해 보겠습니다. 이번 예제는 앞에서 사인 함수의 간단한 예로 살펴 본 미끄럼틀의 높이를 구하는 것입니다. 미끄럼틀의 길이와 삼각형의 내각을 입력하면 사인 함수를 이용해 미끄럼틀의 높이와 사인값을 구하는 프로그램입니다.

먼저 완성된 예제 파일을 실행해 보겠습니다. 스크래치 오프라인 에디터를 실행하고 [파일] 메뉴에서 [열기]를 눌러 내려받은 예제 파일 중 'M06' 폴더에 있는 'M06_사인함수.sb2' 파일을 열어보세요.

다음 페이지의 화면에 완성된 예제 파일이 보입니다. 우선 무대 위에 있는 ▶ 버튼을 클릭해 프로그램을 실행해 보겠습니다. 프로그램이 실행되면 변수 '미끄럼틀의 길이'의 값은 6으로, 삼각형의 내부 각도에 해당하는 'θ' 변숫값은 30도로 설정돼 있습니다. 이제 무대에 있는 ▶ 버튼을 누르면 펜이 좌표에 사인 그래프를 그리고 미끄럼틀의 높이와 사인 값을 구해서 보여 줍니다.

13장_사인 함수

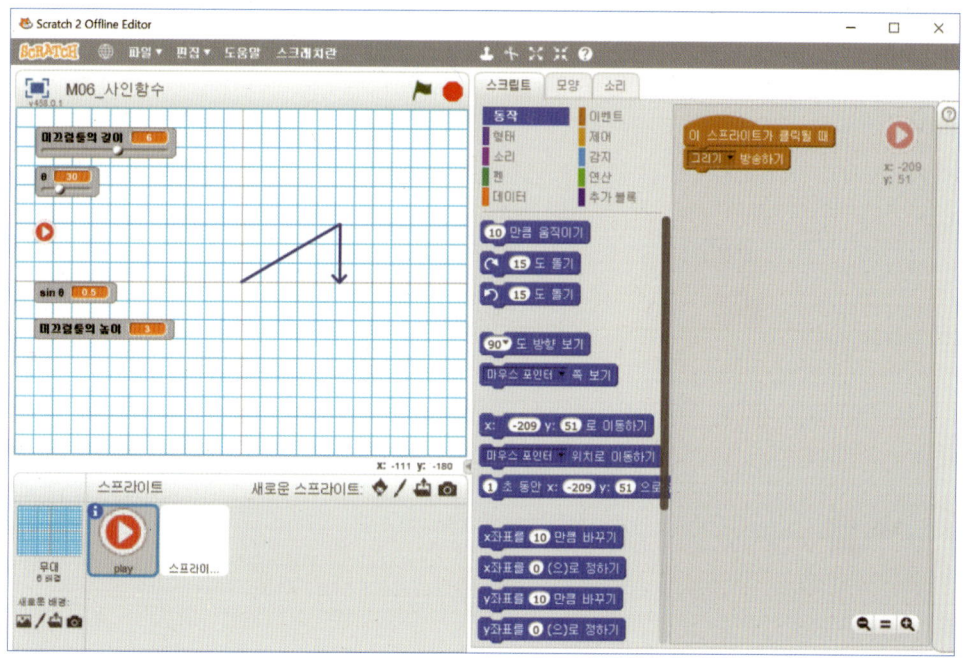

예제를 실행한 결과 미끄럼틀의 길이가 6이고 삼각형 내각이 30도일 때 미끄럼틀의 높이는 3 이고 사인값은 0.5라는 것을 알 수 있습니다.

4 무대와 스프라이트 만들기

이번 예제도 새로 프로젝트를 만들어서 하나씩 따라가며 만들어 보겠습니다. 스크래치 오프라인 에디터를 실행해 새로운 프로젝트를 만들어 보세요. 그리고 무대의 배경부터 바꾸겠습니다. 앞에서 좌표를 이용한 다른 예제처럼 스크래치 저장소에 있는 좌표 그림을 배경으로 사용할 것입니다. 새로운 배경 버튼 네 개 중 맨 왼쪽에 있는 '저장소에서 배경선택' 버튼을 클릭하세요.

프로그래머가 알려주는 수학

스크래치가 제공하는 다양한 배경 그림이 나오는 알림창에서 필요한 배경 화면을 선택하겠습니다. 앞에서 함수를 배우면서 사용했던 'xy-grid-20px'라는 그림을 찾으세요. 그리고 그림을 선택하고 [확인] 버튼을 누르면 됩니다.

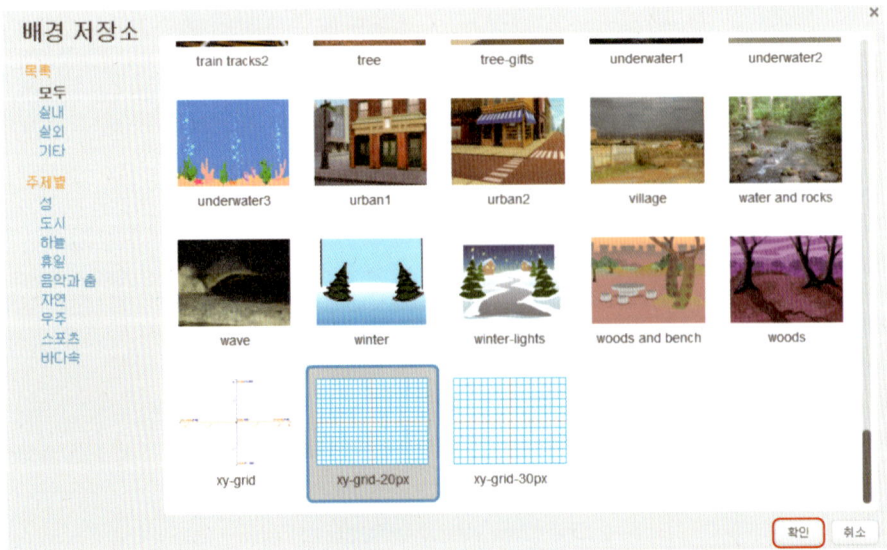

13장 _ 사인 함수

이번에도 고양이 스프라이트는 지워버리겠습니다. 아래 화면처럼 스프라이트 그림 위에서 마우스 오른쪽 버튼을 클릭한 후 [삭제]를 선택해서 지웁니다.

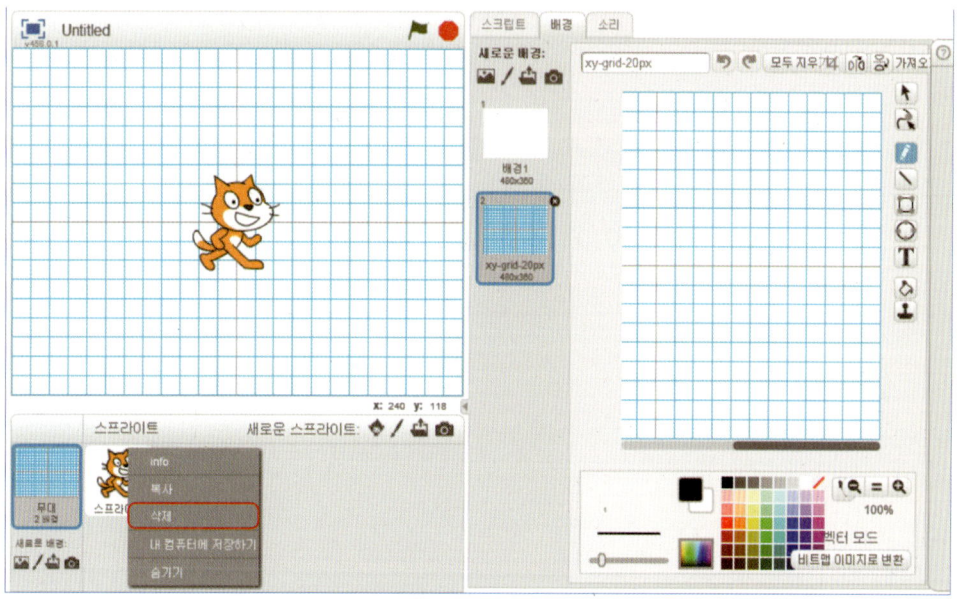

이번에도 이벤트를 알리는 시작 버튼에 해당하는 'play'(▶)라는 이름의 그림 파일을 외부에서 가져오겠습니다. 예제 'M06' 폴더에서 'play.png'라는 그림 파일을 가져오세요.

프로그래머가 알려주는 수학

앞 장에서 아무 그림도 없는 빈 스프라이트를 만들어서 벡터 스크립트를 만들었던 것을 기억하시죠? 이번에도 빈 스프라이트를 이용해 삼각함수 그래프를 그릴 겁니다. 아래 화면처럼 새로운 스프라이트를 만드는 버튼 중 두 번째 있는 붓 모양의 [새 스프라이트 그리기] 버튼을 눌러서 빈 스프라이트를 만드세요.

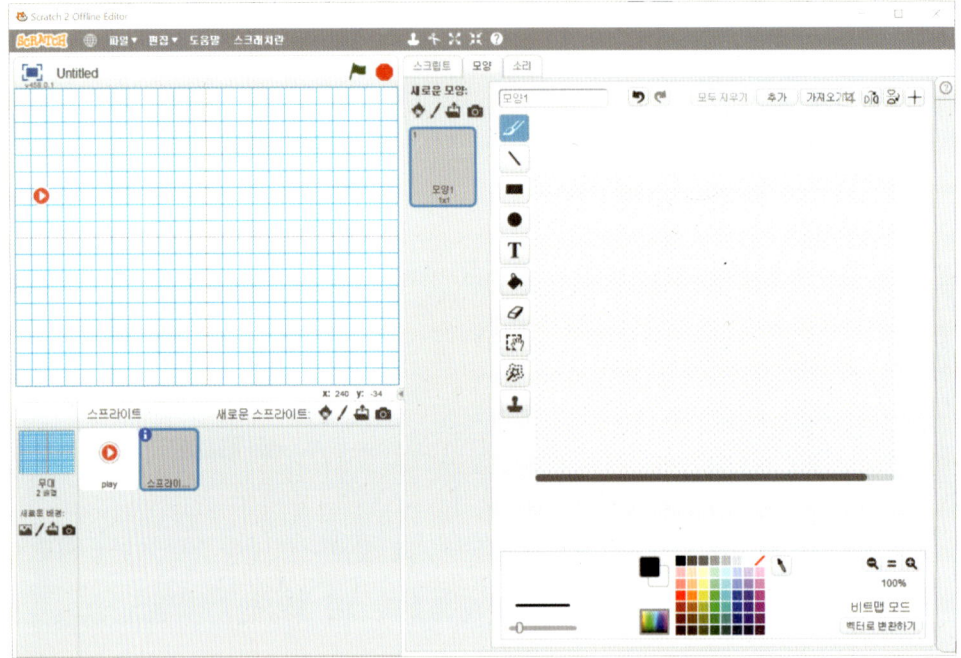

5 변수 만들기

이번에도 프로그램에서 사용할 변수를 정리하고 시작하겠습니다. 예제에서 미끄럼틀의 높이를 구하기 위해 두 가지 값을 입력했습니다. 첫째는 미끄럼틀의 길이고 두 번째는 삼각형의 내부 각도였습니다. 이를 의미하는 '미끄럼틀의 길이'와 'θ'라는 이름의 변수를 만들겠습니다.

변수를 만들기 위해 다음 페이지의 화면처럼 블록 팔레트의 데이터 명령에서 [변수 만들기] 버튼을 이용하는 것은 기억나시죠?

13장 _ 사인 함수

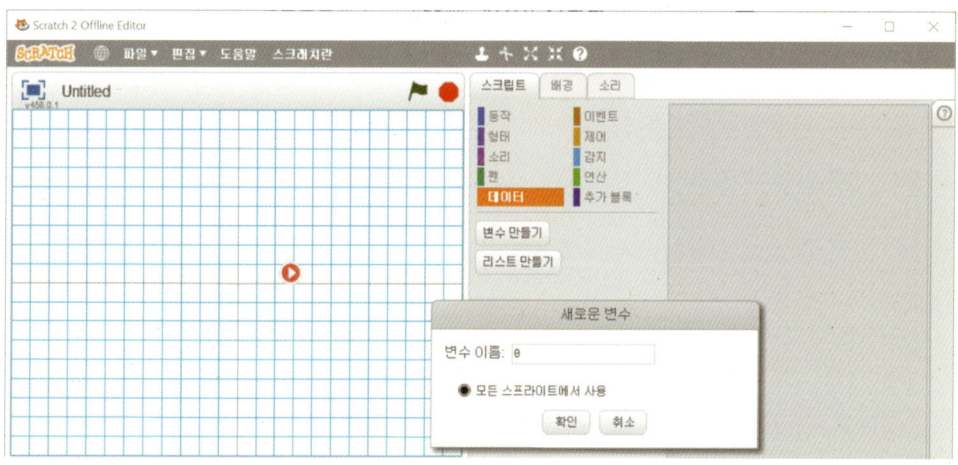

그런데 혹시 삼각형의 각도에 해당하는 'θ' 기호를 찾고 있나요? 이 기호는 워드와 같은 문서 편집기에서 복사해서 사용하면 됩니다. 제가 사용하는 Microsoft Word 2013에서는 아래 화면처럼 [삽입] 메뉴에서 [기호]를 선택해서 나오는 창에서 'θ' 기호를 찾을 수 있습니다. 혹시 'θ' 기호를 못 찾으시면 이 기호의 이름인 'theta'라고 쓰고 사용해도 됩니다.

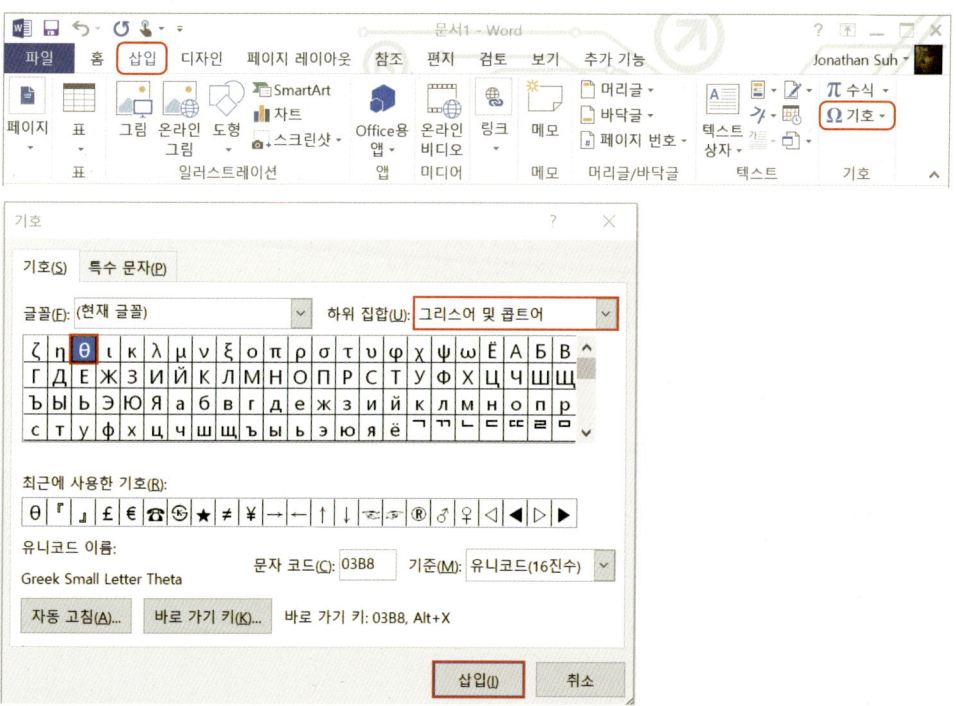

프로그래머가 알려주는 수학

이제 결괏값인 미끄럼틀의 높이와 사인값을 저장할 '미끄럼틀의 높이'와 'sin θ' 변수를 만듭니다. 그리고 내부 계산에 사용할 '각도'라는 이름의 변수와 앞에서 좌표 배경을 쓸 경우 사용했던 '좌표간격' 변수도 만들겠습니다. '각도'와 '좌표간격' 변수는 화면에서 보일 필요가 없으므로 변수 이름 앞에 체크 표시를 지웁니다.

변수를 만든 후 아래 화면처럼 무대에서 변수와 스프라이트의 위치를 적당한 곳에 놓아 주세요.

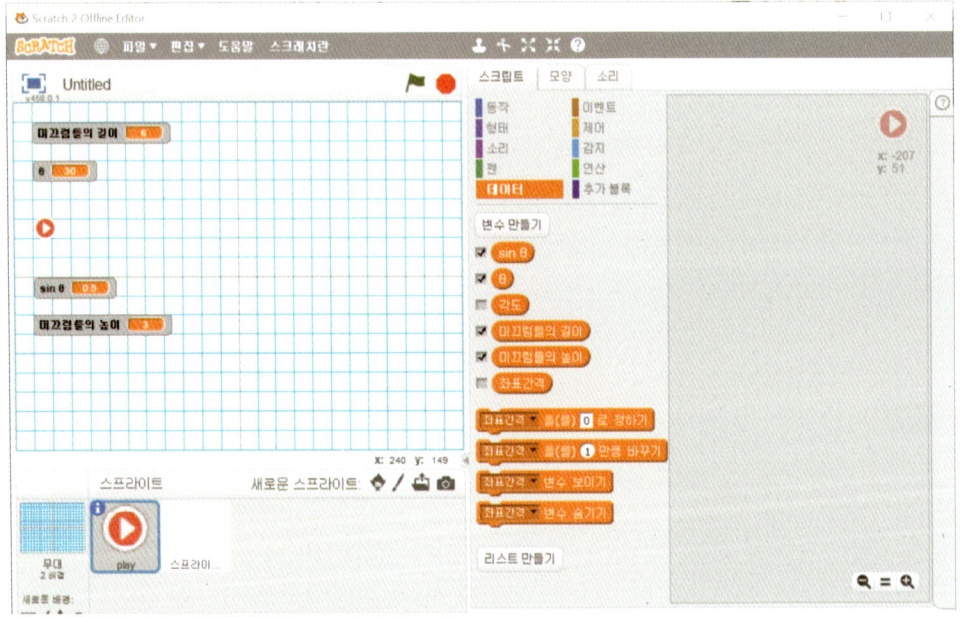

이번 예제에서도 '미끄럼틀의 길이'와 'θ' 변수의 값은 슬라이더를 이용해 입력할 수 있게 만들겠습니다. 다음 페이지의 그림처럼 무대에 표시된 변수 이름 위에서 마우스 오른쪽 버튼을 누른 후 [슬라이더 사용하기] 메뉴를 선택하면 변수의 모양이 슬라이더로 바뀝니다.

13장_사인 함수

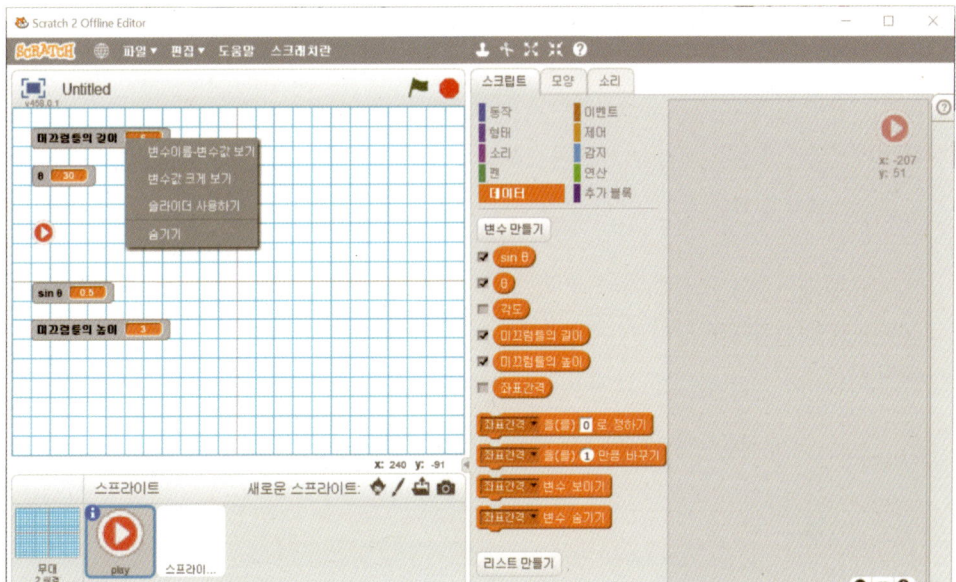

이번에도 변숫값의 범위를 지정하겠습니다. 슬라이더를 통해 미끄럼틀의 길이를 최솟값은 0으로 최댓값은 10으로 지정하겠습니다. 그리고 삼각형의 내부 각도는 0도부터 90도까지로 제한할 것이므로 변수 'θ'의 최솟값은 0으로, 최댓값은 90으로 변경합니다.

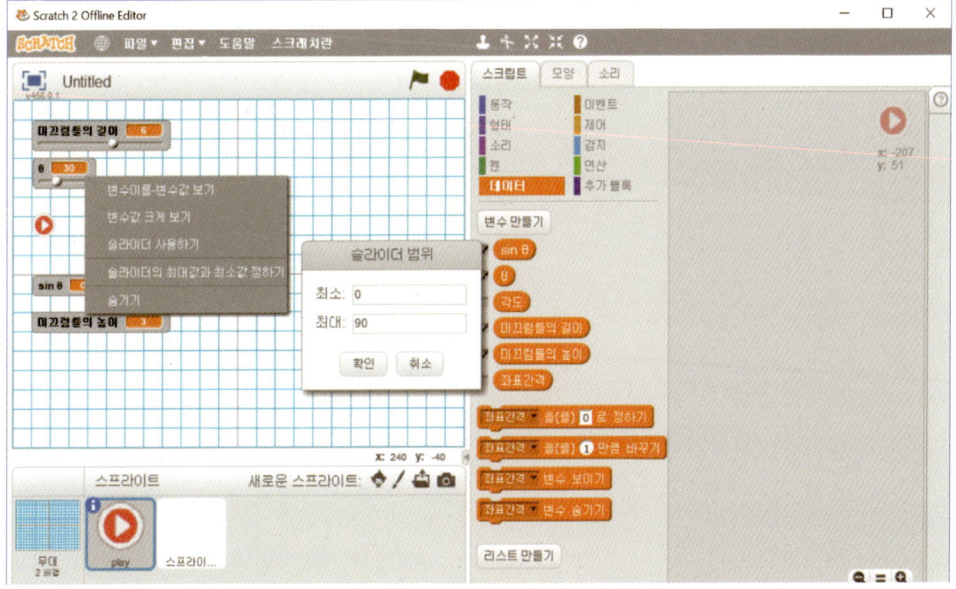

6 변수 초기화와 시작 이벤트

다음 단계로 변수를 초기화하고 시작 이벤트를 만들어 보겠습니다. 변수의 초기화는 무대의 스크립트에서 하겠습니다. 무대의 스크립트 영역에 [클릭했을 때] 이벤트 블록을 마우스로 드래그해서 옮겨둡니다.

이제 블록 팔레트에서 데이터 블록 중 [변수▼을(를) 0 로 정하기] 블록을 스크립트 영역으로 옮깁니다. 이 블록으로 '미끄럼틀의 길이' 변수의 값을 6으로 정합니다. 그리고 'θ' 변숫값은 30도로 초기화합니다. 나머지 '좌표간격'은 앞에서와 같이 좌표 위에 있는 격자의 간격인 20으로 정해 둡니다.

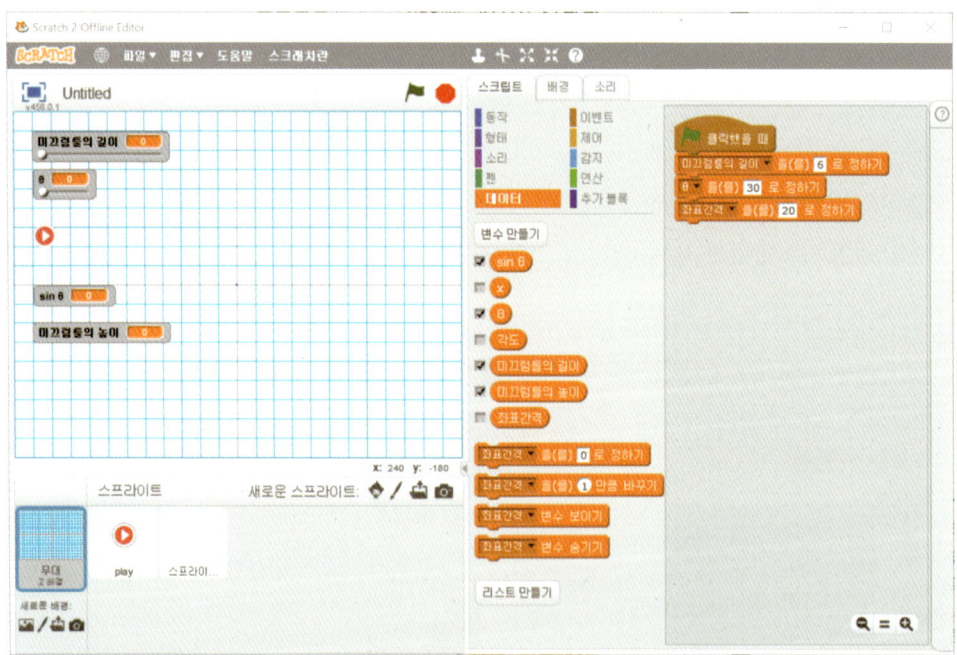

이번 예제에서도 ▶ 버튼으로 프로그램을 실행해도 변수의 값을 슬라이드로 바꾸고 나서 ▶ 버튼을 누를 때 '그리기' 이벤트를 발생시키겠습니다.

앞의 예제처럼 실행 버튼인 'Play' 스프라이트(▶)에 이벤트를 실행하는 스크립트를 만들어 봅시다. 먼저 'Play' 스프라이트를 선택하고 이벤트 블록 중 [이 스프라이트가 클릭될 때] 블록과 블록을 스크립트 영역에 옮겨 둡니다. 그리고 아래 화면처럼 '새 메시지…' 메뉴를 선택해 새로운 메시지를 입력하는 창에 '그리기'라는 이름의 메시지를 입력합니다. 이제 버튼을 클릭하면 블록이 '그리기'라는 이벤트를 방송하게 되는 것입니다.

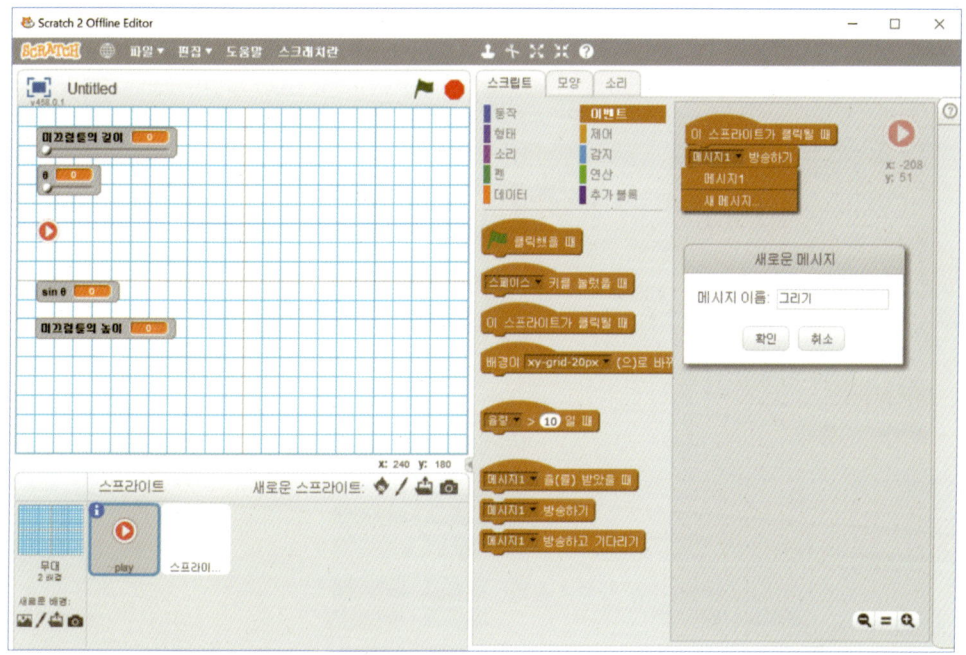

7 그래프 스크립트 만들기

이번에 만드는 사인 함수의 그래프를 그리는 방식도 이전 장에서 벡터를 좌표에 그리는 것과 유사합니다. 버튼이 눌린 후 '그리기' 이벤트가 발생한 후 새로 만든 스프라이트에서 '그리기' 메시지를 실행하도록 만들겠습니다. 이벤트 명령 블록에서 블록을 가져와 '그리기' 이벤트를 선택합니다. 이제 '그리기'라는 이벤트가 외부에서 발생하면 블록 아래의 명령이 실행됩니다.

'그리기' 메시지를 받아서 처음 하는 일은 펜의 위치를 원점으로 하고 그리기 준비를 하는 것입니다. 원점으로 이동하기 위해 위치 이동 블록을 사용합니다. 여기에 스프라이트의 x좌표는 0, y좌표도 0으로 이동하도록 값을 넣습니다. 만약 이전에 화면에 그래프가 그려져 있을 경우에는 화면을 깨끗하게 지우고 시작하도록 `지우기` 블록을 사용합니다. `펜 올리기` 블록을 사용해 그림을 그리지 않게 하고 `펜 색깔을 ■(으)로 정하기` 블록과 `펜 굵기를 ① (으)로 정하기` 블록을 이용해 펜의 색은 파란색으로 하고 굵기는 3으로 설정합니다. 이제 펜으로 그림을 그릴 준비가 됐으니 `펜 내리기` 블록을 연결합니다.

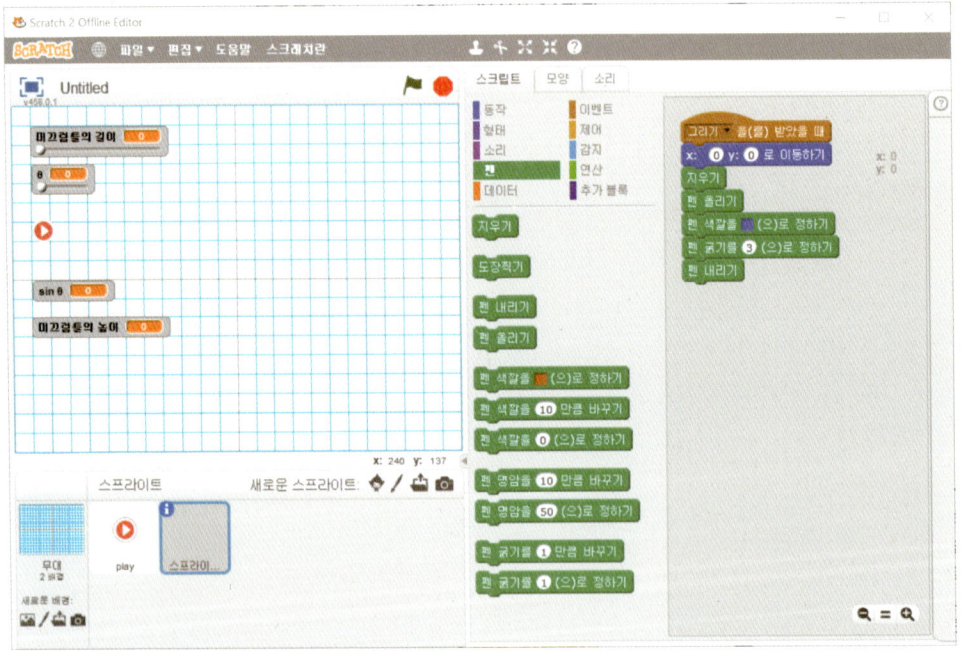

미끄럼틀의 길이가 빗변이고 내부 각도가 'θ'도인 삼각형을 그리겠습니다. 앞 장에서 스크래치에서 각도를 계산하는 방식을 설명했습니다. 삼각형의 관점에서 보면 각도가 변수 θ의 값이지만 스크래치에서 각도는 y축을 기준으로 0도부터 시계방향으로 증가하므로 좌표의 각도는 `90 - θ` 블록의 값이 될 것입니다. 다음 페이지의 그림을 보면 이해가 되나요?

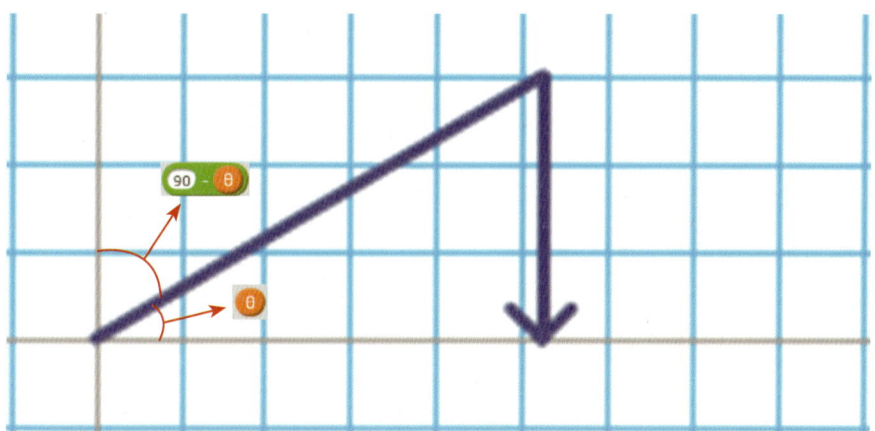

각도 θ의 값에 대한 사인값을 구하기는 쉽습니다. 스크래치에 사인값을 구하는 함수가 있으니까요. 연산 블록 중 `sin (θ)`을 이용하면 사인값을 구할 수 있습니다.

앞에서 공부한 사인 함수 공식에 맞춰서 해법을 찾아보겠습니다. 공식은 sin θ = b(미끄럼틀의 높이) / r(미끄럼틀의 길이)입니다. 그럼 구하려는 미끄럼틀의 높이 b는 sin θ 값과 미끄럼틀의 길이를 곱한 값 이라는 것을 알 수 있습니다.

$$b(미끄럼틀의 높이) = \sin θ \times r(미끄럼틀의 길이)$$

이 수식을 스크래치 명령 블록으로 만들어 보면 `sin θ * 미끄럼틀의 길이` 블록과 같은 형태겠군요. 아래 그림처럼 `변수 을(를) 0 로 정하기` 블록을 이용해 이 값을 '미끄틀의 높이' 변수에 대입하면 됩니다. 아래 그림처럼 말입니다.

지금까지 삼각함수 그래프의 각도와 변의 길이를 구했습니다. 이제 `180▼ 도 방향 보기` 블록을 이용해 '각도' 변수의 값을 바라보게 합니다. 그리고 `5 만큼 움직이기` 블록으로 펜이 '미끄럼틀의 길이에 '좌표간격'을 곱한 만큼 직선을 그리게 합니다.

삼각형의 빗변에 해당하는 '미끄럼틀의 길이'를 그리고 나면 `1 초 기다리기` 블록에 0.25의 값을 입력해서 잠시 간격을 둡니다. 그리고 아래 화면처럼 `180▼ 도 방향 보기` 블록의 값을 180도로 지정해 아래 방향을 향하게 합니다.

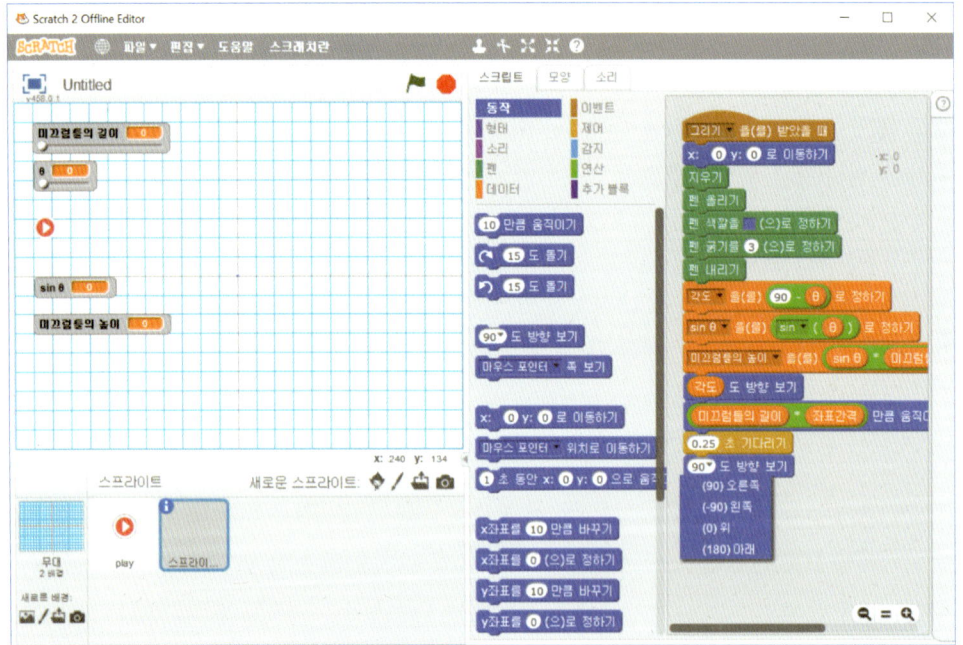

이제 미끄럼틀의 높이에 해당하는 삼각형의 다른 변을 그리는 단계입니다. 역시 `5 만큼 움직이기` 블록을 이용해 계산해서 구한 '미끄럼틀의 높이' 값에 '좌표간격'을 곱한 만큼 직선을 아래로 그리게 합니다.

13장 _ 사인 함수

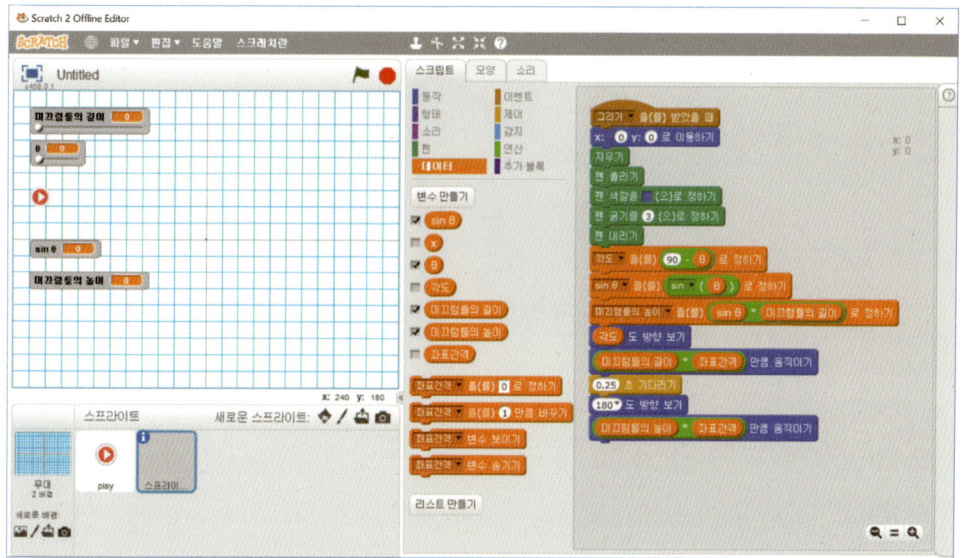

이번에도 그래프의 방향 효과를 높이기 위해 화살표를 표시하겠습니다. 화살표를 그릴 때도 `1초 기다리기` 블록을 이용해 0.25초 간격을 주겠습니다. 사인 함수 그래프를 그린 마지막 점, 그러니까 미끄럼틀 높이에 해당하는 변의 끝점에서 우선 45도 방향을 보고 `5만큼 움직이기` 블록으로 10만큼 짧은 선을 그립니다. 짧은 선을 그린 후 시작점으로 돌아오기 위해 그릴 때 반대 방향인 -135도를 보게 합니다. 그리고 `5만큼 움직이기` 블록으로 10만큼 선을 그리면 화살표를 그리기 전의 위치로 돌아올 수 있습니다.

반대편 화살표도 같은 방법으로 그리면 됩니다. 단지 화살표의 방향이 반대이니 시작할 때는 -45도를 보게 하고 다시 돌아올 때는 방향을 135도로 지정하면 됩니다. 다음 페이지의 그림을 보면 이해하는 데 도움이 될 것입니다.

237

프로그래머가 알려주는 수학

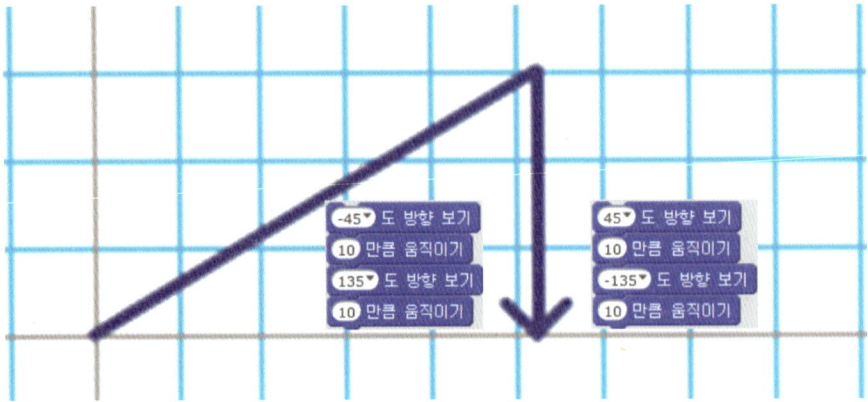

이제 코드가 모두 완성됐습니다. 🏁 버튼과 ▶ 버튼을 클릭해 완성된 사인 함수 그래프를 확인해 보세요. '미끄럼틀의 길이'와 'θ' 변수의 값을 바꿔가면서 사인 함수의 원리를 이해해 보세요.

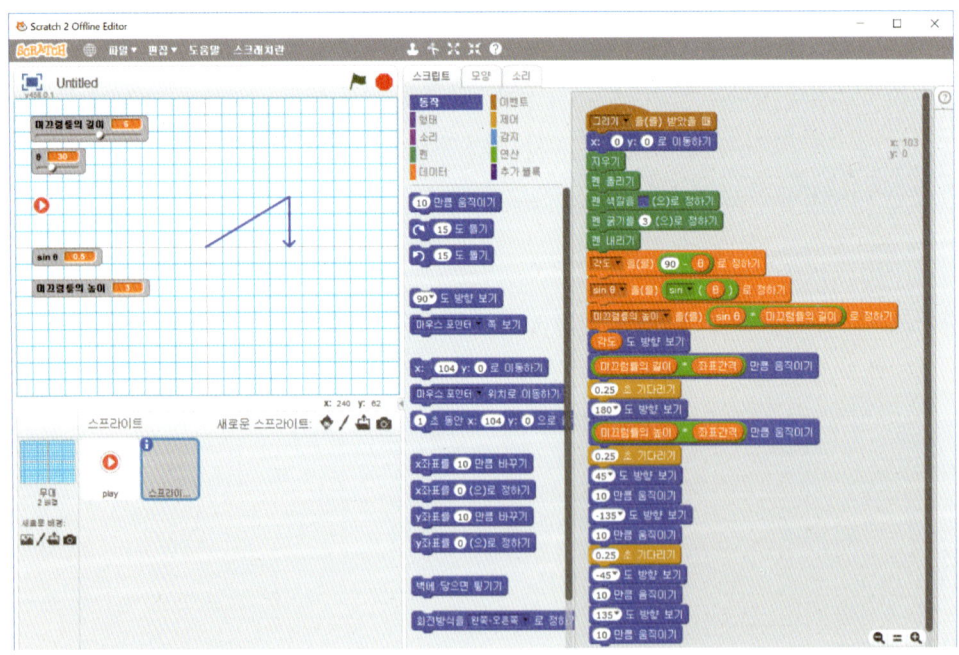

이렇게 해서 삼각함수 중 첫 번째 사인 함수를 공부했습니다. 다음으로 또 다른 삼각함수인 코사인 함수를 배우겠습니다.

코사인 함수 14

1 코사인 함수의 개념

이번에는 코사인 함수에 대해 알아보겠습니다. 이미 사인 함수를 열심히 익혔으니 코사인 함수는 쉽게 이해할 수 있을 겁니다.

사인 함수를 배우면서 사용한 직각삼각형의 변과 각의 비율을 통해 코사인이라는 개념을 알아보겠습니다. 각 ∠A의 코사인값은 $\overline{AB}$ 변과 $\overline{AC}$ 변의 비율을 의미합니다.

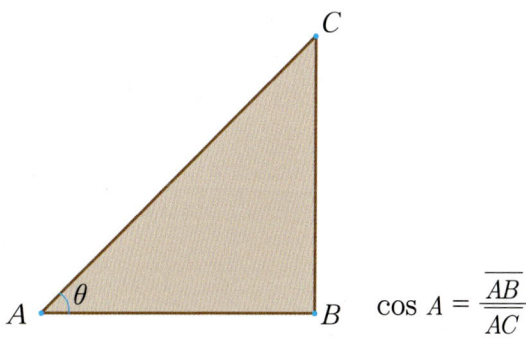

그림 14.1 코사인 함수의 개념

이번에도 원과 호도법 라디안 값을 이용해 삼각함수 코사인의 정의를 생각해 보겠습니다. 원의 호와 교점 P의 좌표가 (a, b)일 때 변 $\overline{OP}$와 x축이 만드는 일반각 θ 라디안의 코사인값은 반지름 r과 a의 비율이라는 것을 확인할 수 있습니다. 일반식으로 나타내면 $\cos \theta = a / r$입니다.

프로그래머가 알려주는 수학

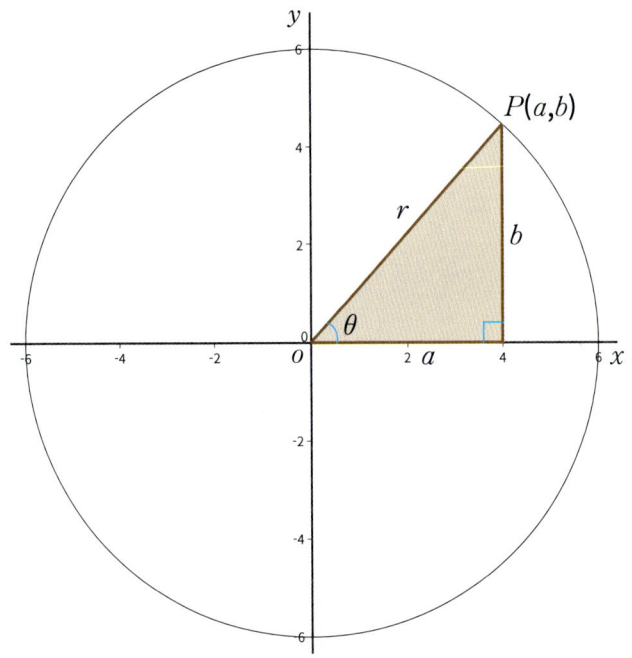

그림 14.2 원과 코사인 함수

2 미끄럼틀과 코사인 함수

미끄럼틀을 활용해 삼각함수 코사인의 원리를 이해해 보겠습니다. 이번에는 좀 더 경사가 진 미끄럼틀을 이용하겠습니다. 경사가 무려 60도(°)나 되니 약간 무섭군요. 미끄럼틀의 끝에서 중간 기둥까지의 거리를 재보니 5m였습니다. 이번에 알아볼 값은 미끄럼틀의 길이입니다. 먼저 계산을 위해 코사인값을 알려드리겠습니다. 각도가 60도일 때 $\cos \theta$ 값은 1/2입니다.

14장 _ 코사인 함수

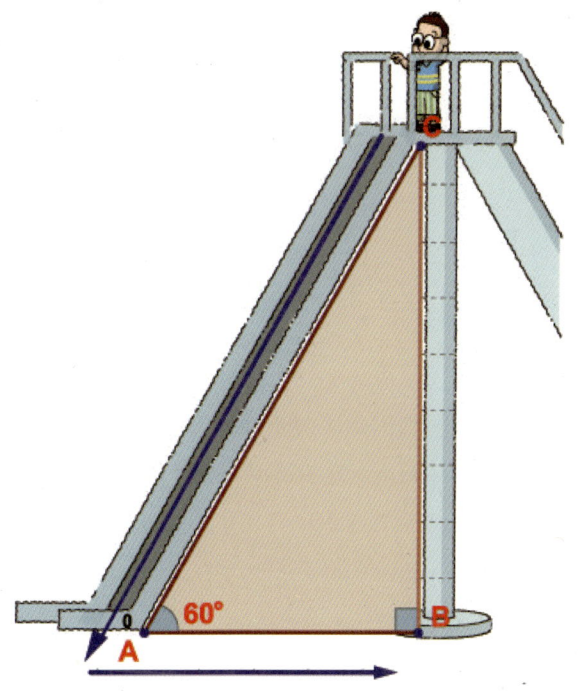

그림 14.3 미끄럼틀 속의 코사인 원리

우리가 배운 코사인 함수로 이 문제를 풀어 봅시다. 먼저 문제에 대해 아는 것부터 정리해 보겠습니다. 삼각형 밑변인 미끄럼틀 중심까지의 거리에 해당하는 직선 거리는 5m입니다. 각도는 60°이고 이때 $\cos\theta$ 값은 1/2입니다. 우리가 구하려는 답인 미끄럼틀의 길이는 삼각형의 빗변에 해당하는군요. 공식을 정리해 보면 $\cos\theta = a$ (미끄럼틀 중심까지 거리) / r (미끄럼틀의 길이)입니다. 미끄럼틀의 길이 r은 $\cos\theta$ 값 1/2과 미끄럼틀의 길이를 곱한 값이 미끄럼틀과 중심까지의 거리인 5m이군요. 그렇다면 미끄럼틀의 길이가 10m라는 것을 알 수 있습니다.

코사인 곡선도 확인해 보겠습니다. 각도에 따른 $\cos\theta$ 값의 변화를 식으로 나타내면 $y = \cos x$가 되고 그래프로 나타내면 y의 값이 −1에서 1 사이로 원점에 대칭인 곡선이 그려집니다. 사인 곡선과 패턴은 유사하지만 곡선의 시작 위치가 다른 것을 알 수 있습니다.

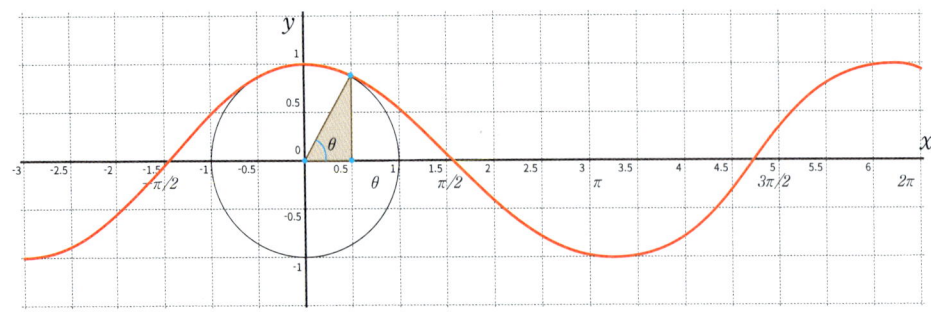

그림 14.4 코사인 곡선

사실 복잡하고 어려워 보이는 삼각함수는 실생활에서 유용하게 사용되고 있습니다. 기원전 2세기 수학자였던 히파르코스는 삼각함수의 원리를 이용해 지구에서 달까지의 거리가 약 39만 km라고 측정했습니다. 지구의 반지름과 위도의 각도를 이용해 삼각함수로 거리를 계산했는데, 기원전 2세기에 계산한 값이 현대 과학으로 측정한 실제 거리와 오차가 5% 정도라고 합니다. 이 밖에도 커다란 다리를 건설할 때 크기를 측정하는 것처럼 더욱 복잡한 계산도 삼각함수로 해결할 수 있다니 흥미롭지 않나요?

 ## 스크래치로 만든 코사인 함수

이번 장에서 만들어볼 프로그램에서도 미끄럼틀 예제를 이용해 코사인 함수의 원리를 알아보겠습니다. 이번에 코사인 함수를 이용해서 구할 값은 미끄럼틀의 길이입니다. 프로그램에서 미끄럼틀 중심까지의 거리와 삼각형의 내각을 입력하면 코사인 함수를 이용해 미끄럼틀의 길이와 코사인값을 구할 것입니다.

먼저 완성된 예제 파일을 열어보겠습니다. 스크래치 오프라인 에디터를 실행하고 [파일] 메뉴에서 [열기]를 눌러 예제 파일 중 'M07' 폴더에 있는 'M07_코사인함수.sb2' 파일을 열어보세요.

예제를 열면 완성된 프로젝트가 다음 페이지의 화면처럼 보일 것입니다. 프로젝트가 열리면 무대 위에 있는 ▶ 버튼을 클릭해서 실행해 보세요. 프로그램이 실행되면 변수 '미끄럼틀 중심까지의 거리' 값은 5로 초기화되고, 삼각형의 내부 각도에 해당하는 'θ' 변숫값은 60도로 정해집니다. 무대에 있는 ▶ 버튼을 클릭해서 펜이 좌표에 코사인 그래프를 그리고 미끄럼틀의 길이와 코사인값을 구하는 것을 확인하세요.

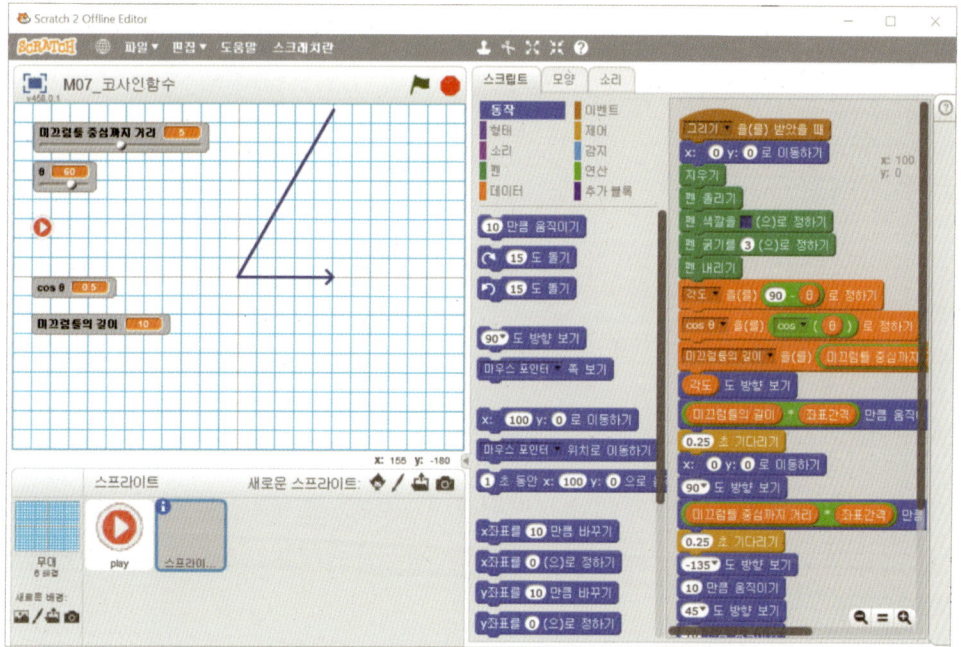

예제를 실행한 결과, 미끄럼틀 중심까지의 거리가 5이고 삼각형 내각이 60도일 때 미끄럼틀의 길이는 10이고 코사인값은 0.5라는 것이 확인됐습니다.

4 무대와 스프라이트 확인하기

이번에 배우는 코사인 함수는 앞에서 배운 사인 함수와 유사한 개념입니다. 그리고 앞 장에서 사용한 미끄럼틀의 예를 이번에도 사용할 것이므로 새로운 프로젝트를 만들기보다는 기존의 사인 함수 예제 프로젝트를 가져다 필요한 부분을 고쳐서 코사인 함수 예제를 만들겠습니다.

그럼 앞 장의 예제를 스크래치 오프라인 에디터에서 열어보세요. 기존의 사인 함수 예제 파일은 'M06' 폴더에 있는 'M06_사인함수.sb2'입니다.

프로그래머가 알려주는 수학

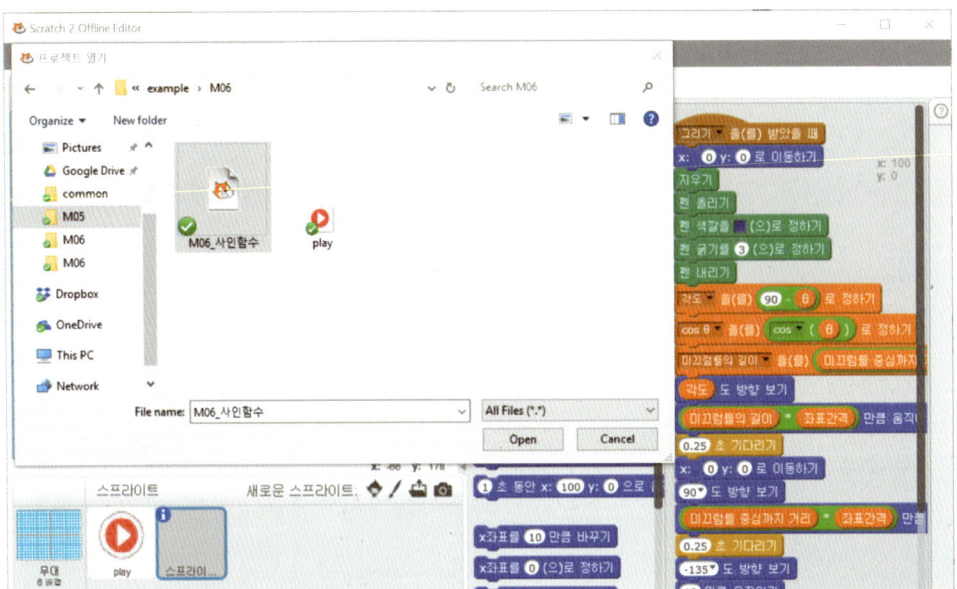

기존 사인 함수 예제 프로젝트를 열었나요? 이제 이 프로젝트를 새로운 이름으로 저장하겠습니다. 프로젝트를 저장하는 입력창에 'M07_코사인함수'라고 이름을 정한 후 원하는 위치에 저장합니다.

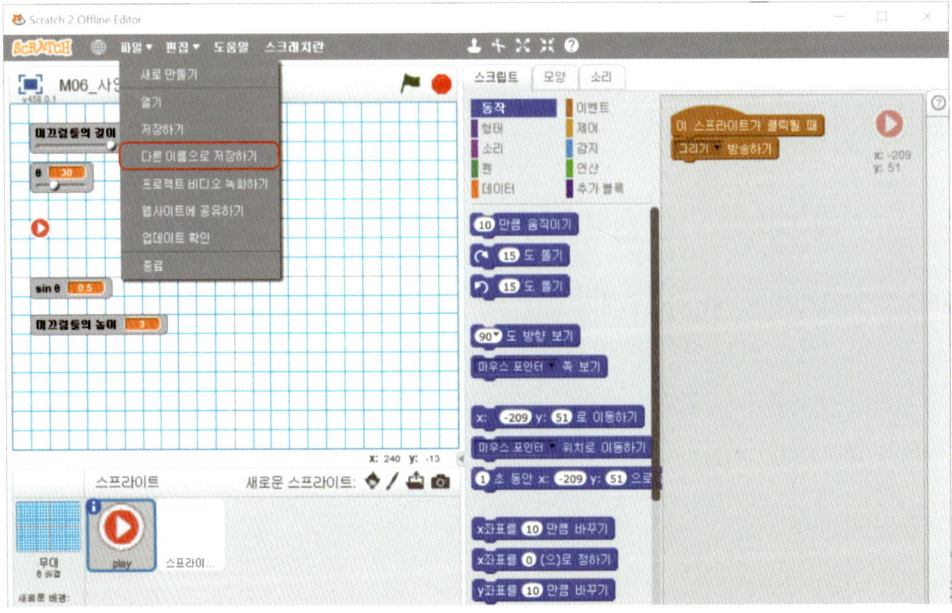

14장 _ 코사인 함수

이번 예제에서는 기존 프로젝트와 같은 무대 배경과 스프라이트를 사용할 예정이기 때문에 새로 무대 배경이나 스프라이트를 가져올 필요가 없습니다.

이전에 사용했던 무대 배경과 스프라이트에 대해 잠깐 복습해 볼까요? 무대 배경은 스크래치 저장소에 있는 20픽셀 단위 격자가 그려진 'xy-grid-20px'라는 좌표 그림을 사용했습니다. 새 프로젝트에 제공되는 고양이 스프라이트는 지워버렸습니다. 이벤트를 알리는 시작 버튼으로 외부에서 'play.png'라는 ● 그림 파일을 사용했습니다. 그리고 새로운 스프라이트를 만드는 버튼 중 두 번째 있는 붓 모양의 [새 스프라이트 그리기] 버튼을 눌러서 빈 스프라이트를 만들어서 여기에 펜으로 그래프를 그리는 스크립트를 만들었지요.

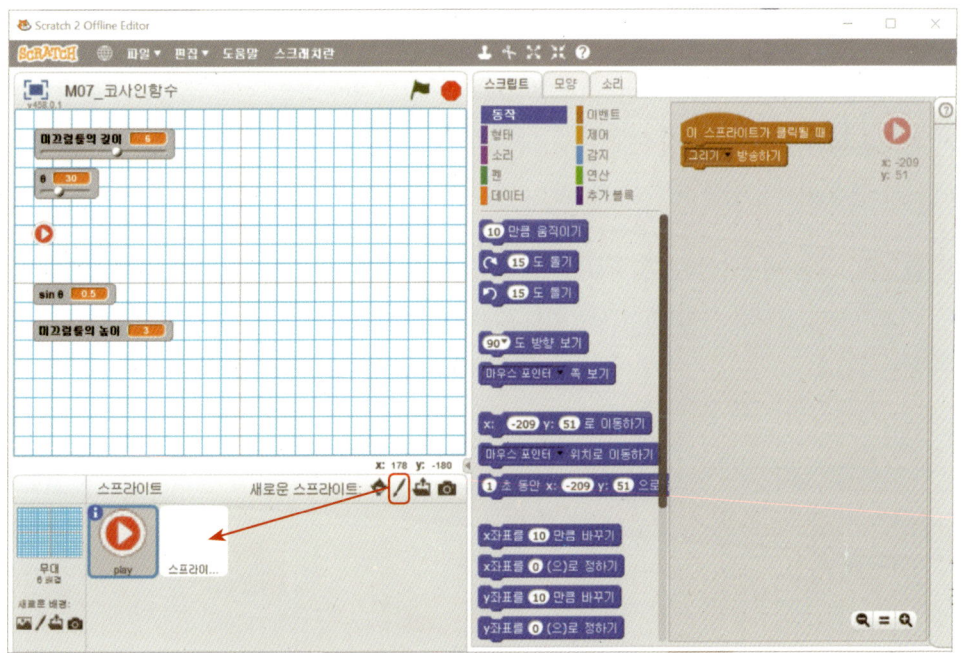

245

프로그래머가 알려주는 수학

5 변수 만들기

새로 프로젝트를 만들지 않고 이미 만들어진 사인 함수 예제를 가져다 코사인 함수 프로젝트로 만들었기 때문에 많은 변수와 블록을 다시 사용할 수 있습니다. 특히 변수는 새로 만들 필요가 없고 몇몇 변수의 이름만 바꾸면 됩니다.

어떤 변수의 이름을 바꾸면 될까요? 먼저 이번 장에서는 코사인 함수를 다룰 테니 'sin θ'라는 이름의 변수를 'cos θ'로 바꿔야겠군요. 이번 예제에서 입력하는 값은 미끄럼틀 중심까지의 거리와 각도이므로 이전 사인 함수의 입력 값인 '미끄럼틀의 길이'를 '미끄럼틀 중심까지 거리'로 이름을 바꿔주세요.

변수의 이름을 바꾸려면 아래 화면처럼 블록 팔레트 데이터 명령에 보이는 변수 이름 위에서 마우스 오른쪽 버튼을 누르고 [변수 이름 수정하기]를 클릭한 다음, 이름 수정하기 알림창에서 새로운 이름을 넣고 [확인] 버튼을 누르면 됩니다. 그러면 변수 이름이 무대와 관련된 블록에 모두 변경됩니다. 상당히 편리하지요?

또 한 가지 고칠 변수 이름은 결괏값인 '미끄럼틀의 높이'입니다. 이번 코사인 함수 예제에서는 '미끄럼틀의 길이'를 구할 것이므로 위와 같은 방법으로 변수의 이름을 '미끄럼틀의 길이'로 변경해 주세요.

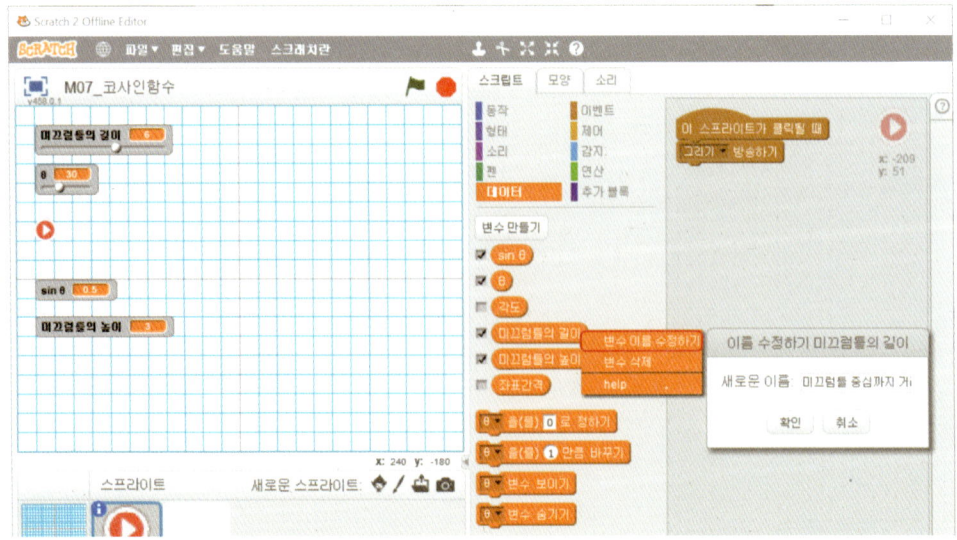

변수의 이름을 바꾸면 아래 화면과 같이 무대 위에 있는 입력값과 결괏값에 해당하는 변수 이름도 함께 바뀐 것을 확인할 수 있습니다. 이제 변수를 쉽게 준비했으니 다음 단계로 넘어가 보겠습니다.

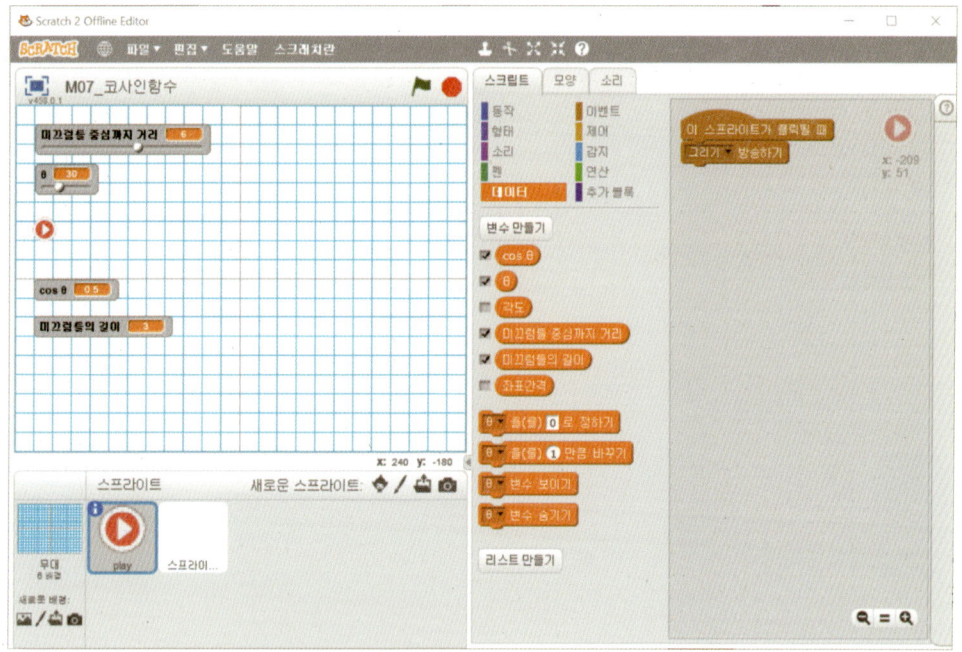

6 변수 초기화와 시작 이벤트

다음 단계는 변수를 초기화하고 시작 이벤트를 준비하는 것입니다. 앞 장에서 변수의 초기화는 무대의 스크립트에서 했던 것을 기억하나요? 이전 장의 예제를 가져왔으니 변수 초기화를 위한 스크립트도 값만 변경하고 사용할 수 있습니다.

무대의 스크립트 영역을 살펴볼까요? 처음에 [클릭했을 때] 이벤트 블록이 있어서 🏁 버튼을 눌러서 프로그램이 실행되면 바로 초기화됩니다. 초기화되는 내용은 [변수 을(를) 0 로 정하기] 블록을 이용해 세 개의 변숫값을 대입하는 것입니다. 첫 번째 대입값은 앞에서 변수의 이름을 바꿔서 '미끄럼틀 중심까지 거리'로 변경돼 있네요. 그 값을 5로 정하겠습니다. 그리고 삼각형 내부

프로그래머가 알려주는 수학

각도를 의미하는 'θ' 변숫값은 60도로 초기화합니다. 나머지 '좌표간격'은 앞에서와 같이 좌표의 격자 간격인 20으로 정해 둡니다.

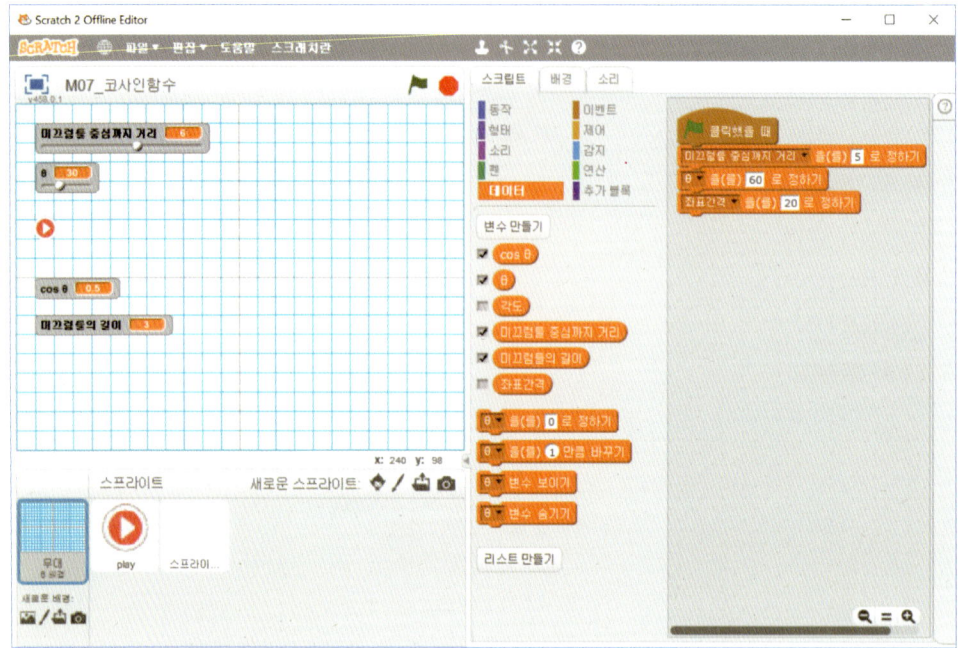

이번 예제에서도 ⚑ 버튼으로 프로그램을 실행하고 변수의 값을 슬라이드로 바꿀 수 있습니다. 변숫값을 모두 바꾸고 ▶ 버튼을 누를 때 '그리기' 이벤트가 발생해서 그래프를 그릴 것입니다.

앞의 예제에서 실행 버튼인 'Play' ▶ 스프라이트에 이벤트를 실행하기 위해 만든 스크립트를 그대로 사용할 것입니다. 'Play' 스프라이트를 살펴볼까요?

이 스프라이트가 클릭되면 실행되는 [이 스프라이트가 클릭될 때] 블록이 있습니다. 만약 이 스프라이트가 클릭되면, 다시 말해 ▶ 버튼을 클릭하면 [그리기 방송하기] 블록이 '그리기'라는 이벤트를 방송하도록 구성돼 있습니다. 다음 페이지의 화면을 보고 다시 확인해 보세요.

14장 _ 코사인 함수

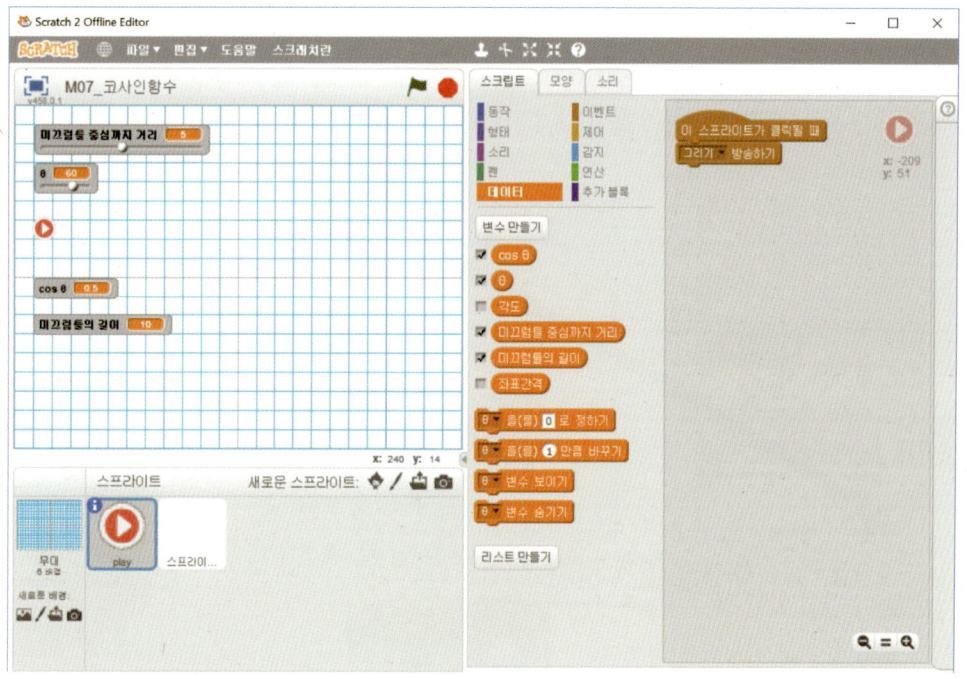

7 그래프 스크립트 만들기

이미 지난 사인 함수 예제에서 미끄럼틀 그래프를 그리는 스크립트를 만들었으니 이 가운데 코사인 함수를 적용하기 위해 고칠 부분에 대해 알아보겠습니다. 코사인 그래프를 그리는 스크립트는 그림이 없는 빈 스프라이트에서 만들겠습니다.

잠깐 스크립트를 복습해 볼까요? 그래프는 ▶ 버튼이 눌린 후 '그리기' 이벤트를 받아서 그려야 하므로 `그리기 을(를) 받았을 때` 블록을 사용합니다. 펜의 위치를 원점으로 정하기 위해 위치 이동 `x: 0 y: 0 로 이동하기` 블록을 사용하고 화면을 깨끗하게 지우고 시작하기 위해 `지우기` 블록을 넣었습니다. `펜 올리기` 블록으로 일단 그림을 그리지 않게 하고 `펜 색깔을 (으)로 정하기` 블록과 `펜 굵기를 ① (으)로 정하기` 블록을 이용해 펜의 색을 파란색으로 지정하고 굵기를 3으로 설정합니다. 펜으로 그림을 그릴 준비가 됐으니 `펜 내리기` 블록을 사용했습니다.

프로그래머가 알려주는 수학

각도를 계산하는 방식은 앞의 사인 함수와 같습니다. 아래 그림처럼 삼각함수에서 각도가 변수 θ의 값이지만 스크래치에서 각도는 y축을 기준으로 0도부터 시계방향으로 증가하므로 사용하는 각도는 (90 - θ) 블록의 값이 될 것입니다.

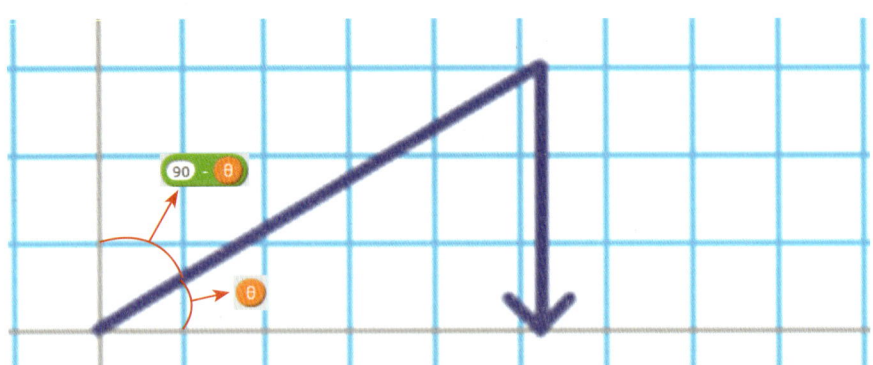

각도 θ의 값에 대한 코사인값을 구하기 위해 오른쪽 화면처럼 기존 사인 함수 sin(θ) 블록의 'sin'을 클릭해서 'cos' 값으로 바꿔주세요. 그러면 각도 θ의 코사인값을 구할 수 있겠죠?

14장 _ 코사인 함수

다음으로 코사인 함수 공식을 정리하면서 미끄럼틀의 높이를 구해볼까요? 앞에서 미끄럼틀 예제로 공부한 코사인 공식은 cos θ = a (미끄럼틀 중심까지 거리) / r (미끄럼틀의 길이)입니다. 그럼 구하려는 미끄럼틀의 길이 r은 미끄럼틀 중심까지의 거리 a를 cos θ으로 나눈 값이 되겠군요.

$$r\ (미끄럼틀의\ 길이) = a\ (미끄럼틀\ 중심까지\ 거리) / \cos\theta$$

스크래치에서는 아래 화면처럼 `미끄럼틀 중심까지 거리 / cos θ` 블록을 `변수▼ 을(를) 0 로 정하기` 블록의 값으로 사용하고 변수 이름을 '미끄럼틀의 길이'로 바꾸면 됩니다.

이번에는 코사인 함수를 이용해 삼각형의 두 변의 길이를 구하겠습니다. 미끄럼틀의 길이에 해당하는 삼각형 빗변을 그리는 방식은 사인 함수의 것과 같습니다. `180▼ 도 방향 보기` 블록을 이용해 변수 '각도'의 값을 바라보게 하고 `5 만큼 움직이기` 블록을 이용해 펜이 '미끄럼틀의 길이' 값에 '좌표간격'을 곱한 만큼 직선을 그리게 합니다.

그런데 코사인 함수에서는 사인 함수와 달리 미끄럼틀의 높이가 아니고 지면에서 미끄럼틀 중심까지의 거리에 해당하는 삼각형의 아랫변을 그려야 합니다. 아래 화면처럼 변의 길이는 `5 만큼 움직이기` 블록에 펜이 '미끄럼틀 중심까지 거리' 값에 '좌표간격'을 곱한 값을 대입합니다.

좌표의 원점에서 출발해서 미끄럼틀의 높이에 해당하는 빗변을 그리고 나서 두 번째 미끄럼틀 중심까지 거리에 해당하는 삼각형의 아랫변을 그리려면 다시 원점으로 돌아와야 합니다. 그러기 위해 두 번째 아랫변을 그리기 전에 다음 페이지의 화면처럼 `x: 0 y: 0 로 이동하기` 블록을 추가해서 펜의 위치를 x 좌표와 y 좌표의 값이 0인 원점으로 이동시키겠습니다.

14장 _ 코사인 함수

두 번째 미끄럼틀 중심까지의 거리에 해당하는 삼각형의 아랫변의 방향은 항상 오른쪽이어야 합니다. 그러므로 [180도 방향 보기] 블록의 값을 아래 화면처럼 90도로 바꿔야 합니다.

이제 코사인 함수 변을 그리는 코드를 만들었으니 🚩 버튼과 ▶ 버튼을 클릭해서 그래프를 확인하세요. 두 변이 잘 그려지는 것이 확인되는데 뭔가 이상하군요. 그렇습니다. 한쪽 화살표의 방향을 바꿔야 합니다.

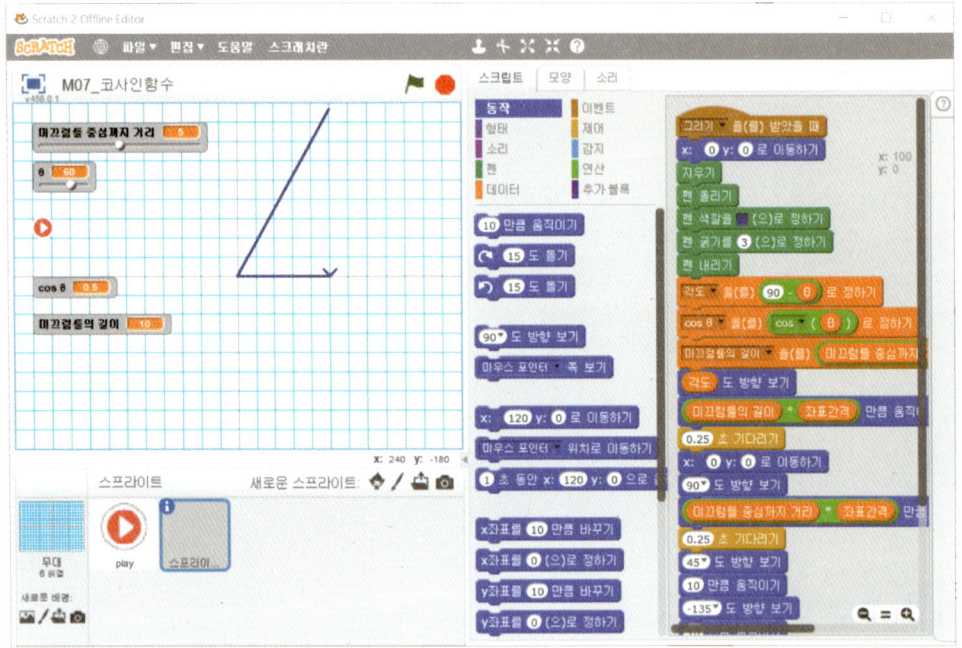

다음 페이지의 화면처럼 지면에서 미끄럼틀 중심까지의 거리에 해당하는 아랫변의 끝에서 그려지는 화살표 블록 중 방향이 −45도로 시작해서 다시 돌아올 때는 방향을 135도로 정한 블록은 그대로 둡니다.

다른 화살표의 방향을 바꾸겠습니다. 사인 함수 예제에서 45도 방향으로 시작해서 −135도로 돌아오는 블록의 값을 변경하겠습니다. 해당하는 `180▼ 도 방향 보기` 블록의 값을 −135도로 바꾸고 반대 방향으로 돌아오는 각도는 45도로 정합니다. 다음 페이지의 그림을 보면 이해가 되나요?

14장 _ 코사인 함수

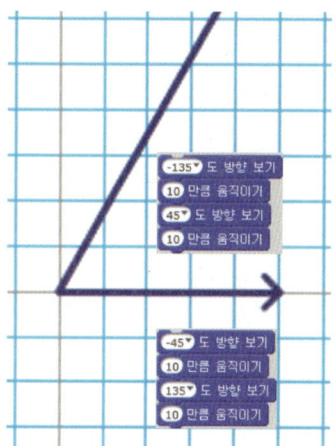

이제 화살표를 그리는 코드까지 모두 완성했습니다. ▶ 버튼과 ▶ 버튼을 클릭해서 완성된 코사인 함수 그래프를 확인하세요. '미끄럼틀 중심까지 거리'와 삼각형의 내부 각도 'θ' 변수의 값을 바꿔가면서 사인 함수의 원리를 이해해 보세요.

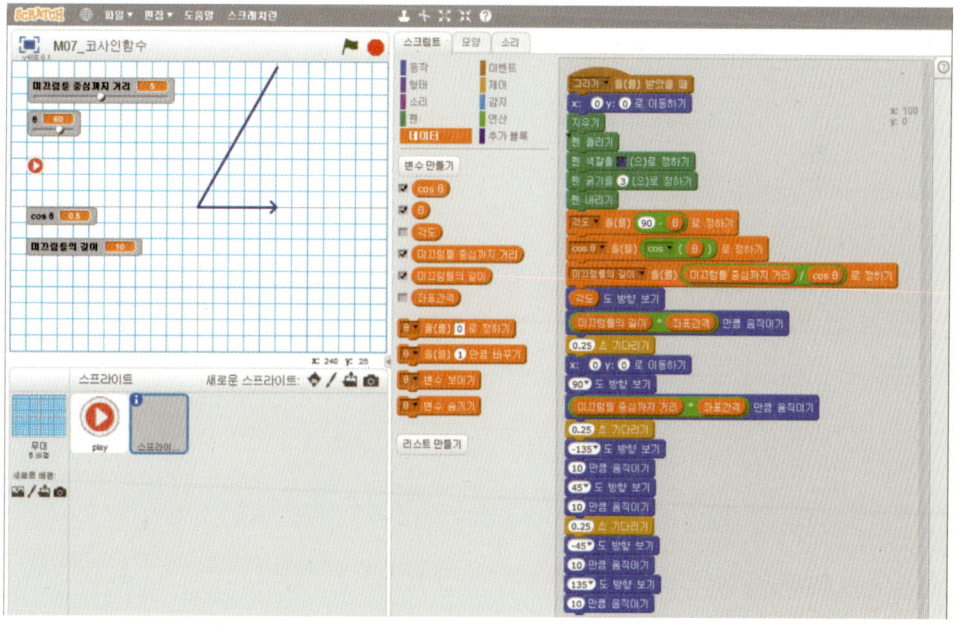

이렇게 해서 두 번째 삼각함수인 코사인 함수를 알아봤습니다. 이제 삼각함수 중 탄젠트 함수가 남아있네요. 다음 장에서 살펴보겠습니다.

15 탄젠트 함수

 탄젠트 함수의 개념

삼각함수 중 탄젠트 함수에 대해 알아볼 시간이 왔습니다. 탄젠트 함수도 사인, 코사인 함수와 비슷한 개념이니 어렵지 않을 것입니다.

이번에도 직각삼각형의 변과 각의 비율을 통해 탄젠트 함수의 개념을 알아보겠습니다. 각 $\angle A$의 탄젠트 값은 $\overline{AB}$ 변과 $\overline{BC}$ 변의 비율을 의미합니다.

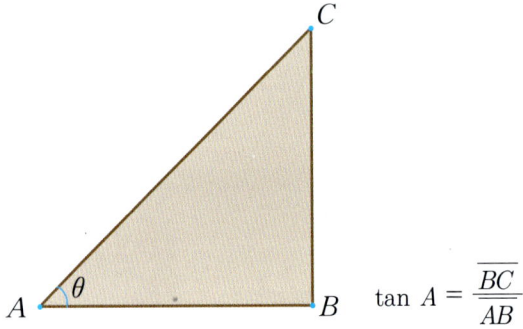

그림 15.1 탄젠트 함수의 개념

원과 호도법 $radian$ 값을 통해 삼각함수 탄젠트의 개념을 살펴볼까요? 그림을 통해 원의 호와 교점 P의 좌표가 (a, b)일 때 $\overline{OP}$와 x축이 만드는 일반각 θ 라디안의 탄젠트 값은 a와 b의 비율이라는 것을 그림을 통해 알 수 있습니다. 일반식으로 나타내면 $\tan \theta = b / a$입니다.

15장 _ 탄젠트 함수

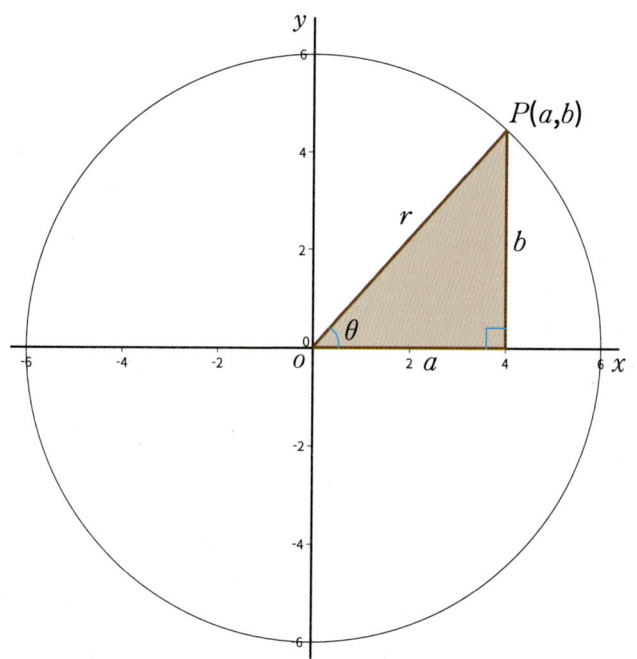

그림 15.2 원과 탄젠트 함수

2 미끄럼틀과 탄젠트 함수

자, 이제는 너무나 익숙해진 미끄럼틀을 활용해 삼각함수 탄젠트의 원리를 머릿속에 쏙 집어넣겠습니다. 이번에는 경사가 45°인 미끄럼틀을 이용하겠습니다. 미끄럼틀의 끝에서 중간 기둥까지의 거리를 재보니 5m였습니다. 그럼 미끄럼틀의 높이를 알아볼까요? 각도가 45°일 때 $\tan \theta$ 값은 1이니 쉽게 계산할 수 있겠군요.

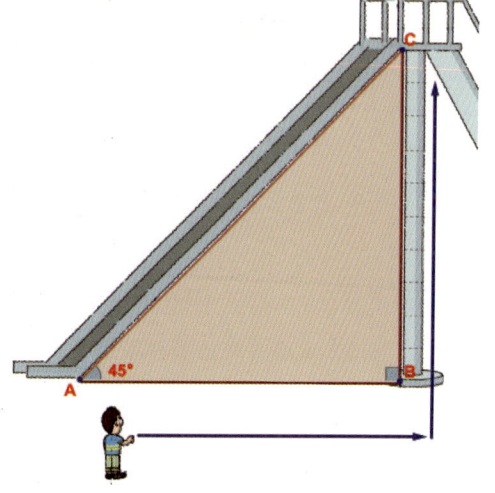

그림 15.3 미끄럼틀 속의 탄젠트 원리

이번에도 공식에 맞춰서 해법을 찾아보겠습니다. 탄젠트 함수의 공식은 $\tan \theta = b$(미끄럼틀의 높이) / a(미끄럼틀 중심까지 거리)입니다. 우리가 구하려는 미끄럼틀의 높이 b는 $\tan \theta$ 값 1 과 미끄럼틀 중심까지의 거리인 5m를 곱한 값입니다. 식에 넣어보니 아주 쉽게 미끄럼틀의 높이가 5m라는 것을 알 수 있습니다.

일상생활 속에서 탄젠트가 적용된 예를 찾아볼까요? 도로를 달리다 보면 경사도를 표시한 표지를 볼 수 있습니다. 유심히 살펴보면 경사도를 표시하는 숫자가 백분율로 표시된 것을 알 수 있습니다. 바로 탄젠트 비율을 나타낸 것입니다. 가령 10%라고 써진 경사도는 10m를 달리면 1m만큼 높이가 올라가는 경사라는 것을 의미합니다.

그림 15.4 도로의 경사도와 탄젠트 원리

탄젠트를 이용해 삼각함수의 관계를 생각해 보겠습니다. 앞서 미끄럼틀의 예에서도 봤듯이 사인, 코사인, 탄젠트의 개념은 삼각형의 세 변 중 두 변의 관계를 나타낸 것으로 서로 공통의 변을 가지고 있습니다. 먼저 사인곡선을 다시 그려보겠습니다. 그리고 x의 값이 θ 위치에서 $\sin x$에 대한 $\tan x$ 값을 y좌표에 표시하겠습니다. 그리고 모든 점에 대해서도 $\sin x$에 대한 $\tan x$를 y좌표에 표시하고 점들을 연결했더니 놀랍게도 코사인 곡선이 나오는군요. 이제 세 삼각함수의 관계를 정리해 보겠습니다.

$$\sin x = \cos x \times \tan x$$
$$\cos x = \frac{\sin x}{\tan x}$$
$$\tan x = \frac{\sin x}{\cos x}$$

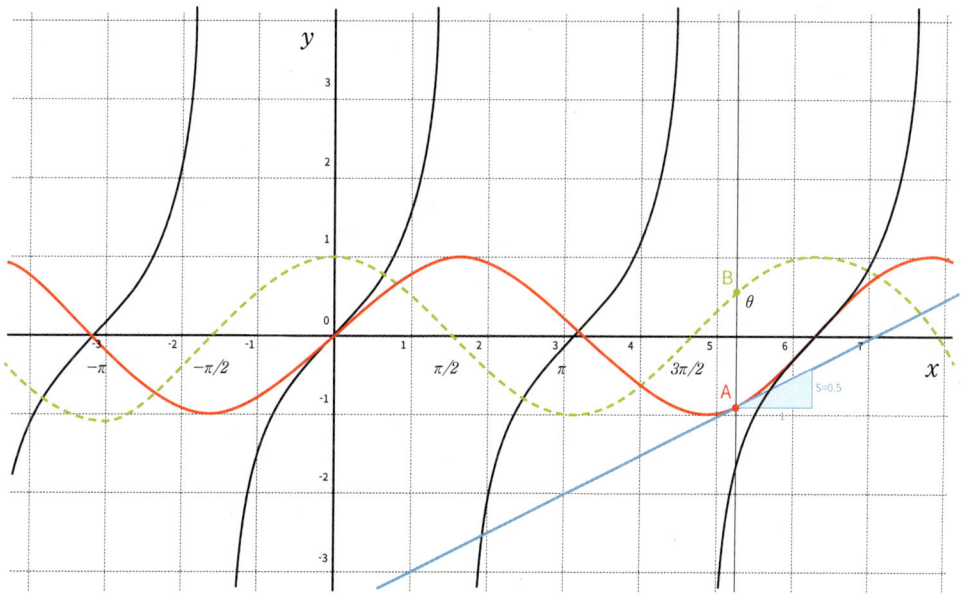

그림 15.5 탄젠트 곡선

탄젠트 곡선은 사인, 코사인 곡선과는 다른 형태로 x의 값이 $\pi/2$에 가까워질수록 양의 무한대에 가까워지고 $-\pi/2$에 다가갈수록 음의 무한대에 가까워지는 곡선이 0을 중심으로 반복되어 나타납니다.

3 스크래치로 만든 탄젠트 함수

탄젠트 함수에 관해서도 미끄럼틀의 예를 이용해 예제를 만들었습니다. 이번에는 탄젠트 함수를 이용해 어떤 문제를 풀어볼까요? 탄젠트 함수로는 미끄럼틀의 높이를 구해보겠습니다. 예제를 이용해 미끄럼틀 중심까지의 거리와 삼각형의 내각을 입력하면 탄젠트 함수를 이용해 미끄럼틀의 높이와 탄젠트값을 구할 것입니다.

프로그래머가 알려주는 수학

우선 완성된 예제 파일을 실행해서 어떻게 작동하는지 확인해 보겠습니다. 스크래치 오프라인 에디터를 실행하고 [파일] 메뉴에서 예제 파일의 'M08' 폴더에 있는 'M08_탄젠트함수.sb2' 파일을 열어보세요.

탄젠트 예제 프로젝트가 아래 화면처럼 보일 것입니다. 프로젝트를 열었으니 ▶ 버튼을 클릭해 프로그램을 실행해 보세요. 프로그램이 실행되면 변수 '미끄럼틀 중심까지 거리'의 값은 5로 초기화되고, 삼각형의 내부 각도에 해당하는 'θ' 변숫값은 45도로 정해집니다. 이제 무대에 있는 ▶ 버튼을 클릭해서 탄젠트를 이용한 그래프가 그려지고 미끄럼틀의 높이와 탄젠트 값이 구해지는 것을 확인하세요.

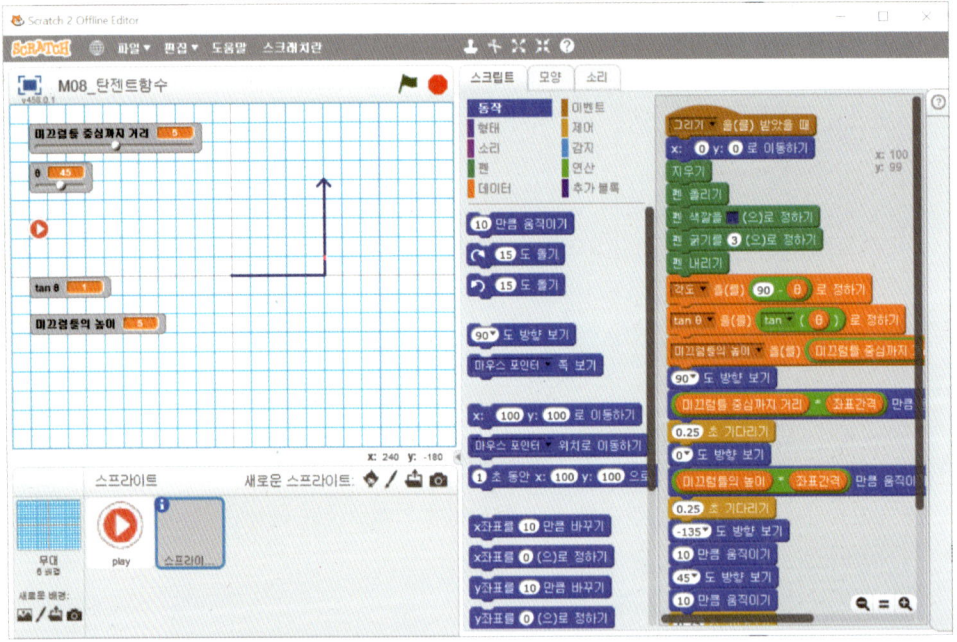

프로그램을 실행해 보니 미끄럼틀 중심까지의 거리가 5이고 삼각형 내각이 45도일 때 미끄럼틀의 높이는 5이고 탄젠트값은 1이라는 것이 확인됐습니다.

15장 _ 탄젠트 함수

4 무대와 스프라이트 확인하기

이번에 배우는 탄젠트 함수도 앞에서 배운 사인, 코사인 함수와 비슷한 삼각함수입니다. 그러므로 새로운 프로젝트를 만들지 않고 코사인 함수 예제를 가져다가 수정해서 만들겠습니다.

그럼 앞 장의 예제 파일인 'M07' 폴더의 'M07_코사인함수.sb2' 파일을 스크래치 오프라인 에디터로 열어보세요. 프로젝트가 열리면 아래 화면처럼 [파일] 메뉴에서 [다른 이름으로 저장하기]를 클릭합니다.

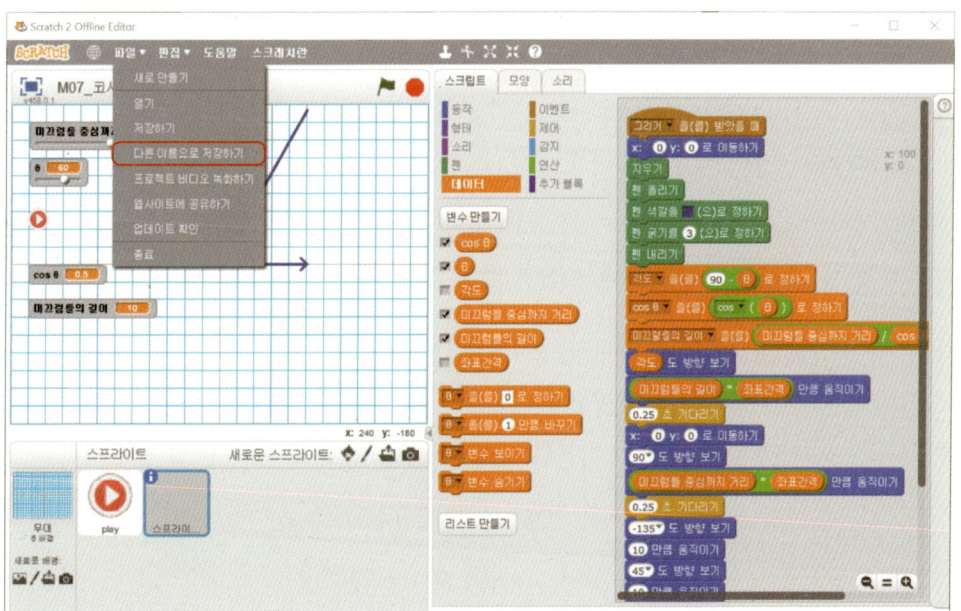

이제 이 프로젝트를 새로운 이름으로 저장하겠습니다. 입력창에 'M08_탄젠트함수'라고 이름을 정한 후 [저장] 버튼을 눌러주세요.

261

프로그래머가 알려주는 수학

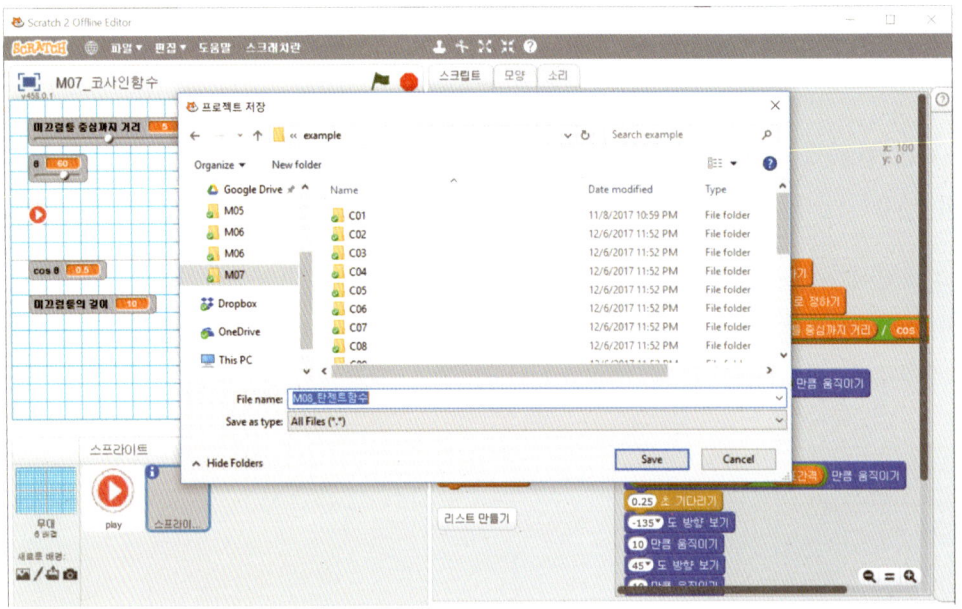

이번 예제에서도 기존 프로젝트와 같은 무대 배경과 스프라이트를 사용할 예정이므로 새로 무대 배경이나 스프라이트를 가져올 필요가 없습니다.

무대 배경과 스프라이트에 대해 다시 설명하겠습니다. 스크래치 저장소에 있는 'xy-grid-20px'라는 좌표 그림을 무대 배경으로 사용했습니다. 스프라이트는 두 개를 사용했는데 첫째는 '그리기' 이벤트를 알리는 시작 버튼으로 'play.png'라는 그림 파일(▶)입니다. 그리고 빈 스프라이트를 이용해 탄젠트 함수 그래프를 그리는 스크립트를 만듭니다. 무대와 스프라이트를 하나씩 살펴보세요.

5 변수 만들기

이번에도 앞장에서 코사인 함수를 배우면서 만든 프로젝트에 있는 변수를 그대로 사용할 것입니다. 단지 두 변수의 이름을 탄젠트 함수 예제에 맞게 변경할 것입니다.

첫 번째로 이름을 바꿀 변수는 'cos θ'입니다. 이번 예제가 탄젠트 함수에 관한 것이니 다음 페이지의 화면처럼 'tan θ'라고 이름을 바꾸면 됩니다. 변수의 이름을 바꾸는 방법을 다시 설명하겠습니다. 블록 팔레트 데이터 명령에서 변수 이름 위에 마우스 오른쪽 버튼을 누르면 이름 수정하기 알림창이 나타납니다. 여기에 새로운 이름을 넣고 [확인] 버튼을 누르면 변수의 이름이 변경됩니다. 변경된 이름은 관련된 모든 블록에도 동시에 적용되고 무대 위에 있는 이름도 함께 바뀝니다.

또 한 가지 고쳐야 할 변수 이름은 결괏값인 '미끄럼틀의 길이'입니다. 이번 탄젠트 함수 예제에서는 '미끄럼틀의 높이'를 구할 것이므로 '미끄럼틀의 높이'로 변수 이름을 변경합니다.

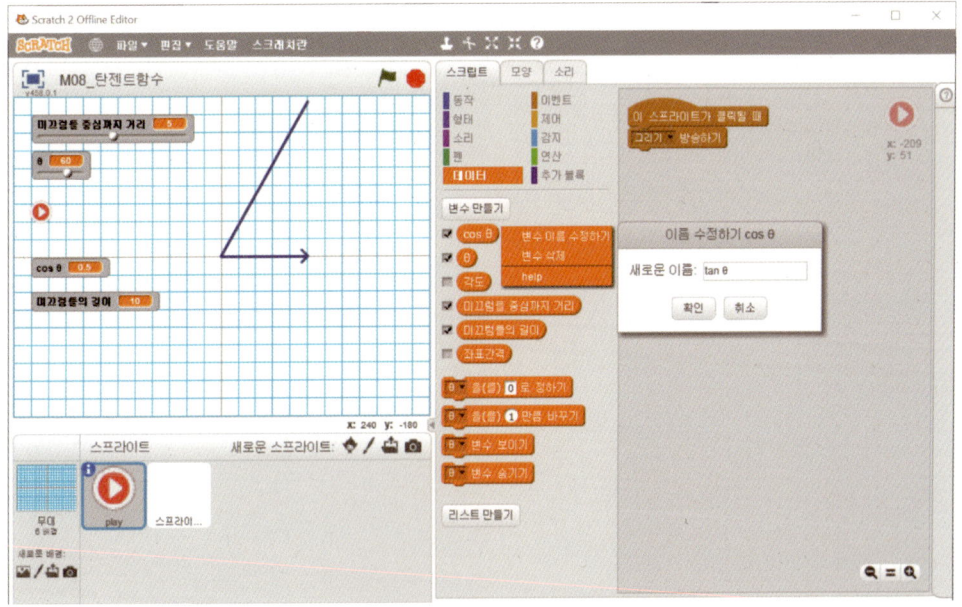

6 변수 초기화와 시작 이벤트

이제 변수를 초기화하는 부분을 수정하겠습니다. 탄젠트 예제도 앞의 사인, 코사인 예제와 같은 형식을 가지고 있으니 변수 이름과 값만 앞의 탄젠트 미끄럼틀 예제에 맞게 고치면 됩니다.

무대의 스크립트 영역을 다시 살펴봅시다. 처음에 이벤트 블록이 있군요. 이 블록은 ▶ 버튼을 눌러서 프로그램이 실행되면 바로 아래의 명령들이 실행되게 하는 역할을 합니다. 다음으로 변수의 값을 초기화하기 위해 블록을 세 개 사용했습니다. 첫 번째 변수 '미끄럼틀 중심까지 거리'의 값은 5로 바꾸겠습니다. 그리고 삼각형 내부 각도를 의미하는 'θ' 변숫값은 45도로 조정하고, 나머지 '좌표간격'은 이전과 같은 좌표 배경화면을 사용하므로 좌표의 격자 간격인 20으로 그대로 둡니다.

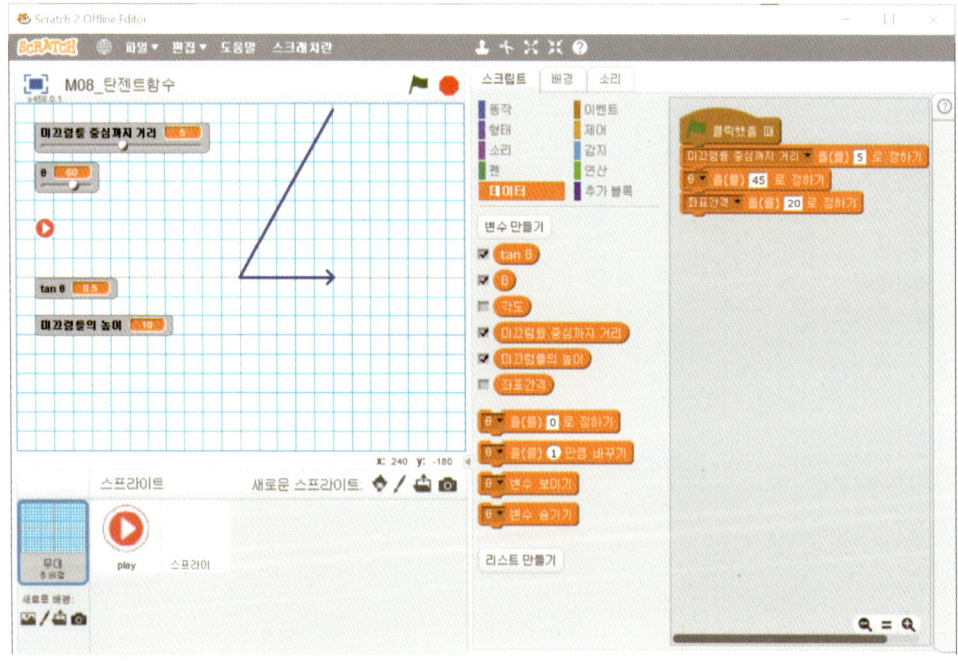

이번 예제에서도 ▶ 버튼으로 프로그램을 실행하고 변수의 값을 바꾼 후 ● 버튼을 누를 때 그래프를 그리는 방식을 사용합니다. 그러므로 이전 예제에서 만든 'Play' ● 스프라이트의 스크립트는 수정할 필요 없이 그대로 사용하면 됩니다. 스프라이트의 스크립트를 다시 살펴볼까요?

먼저 이 스프라이트가 클릭되면 실행하는 블록이 있습니다. 그다음으로는 블록이 있어서 ● 버튼을 클릭하면 무대와 다른 스프라이트에 '그리기'라는 이벤트를 방송하게 됩니다.

15장 _ 탄젠트 함수

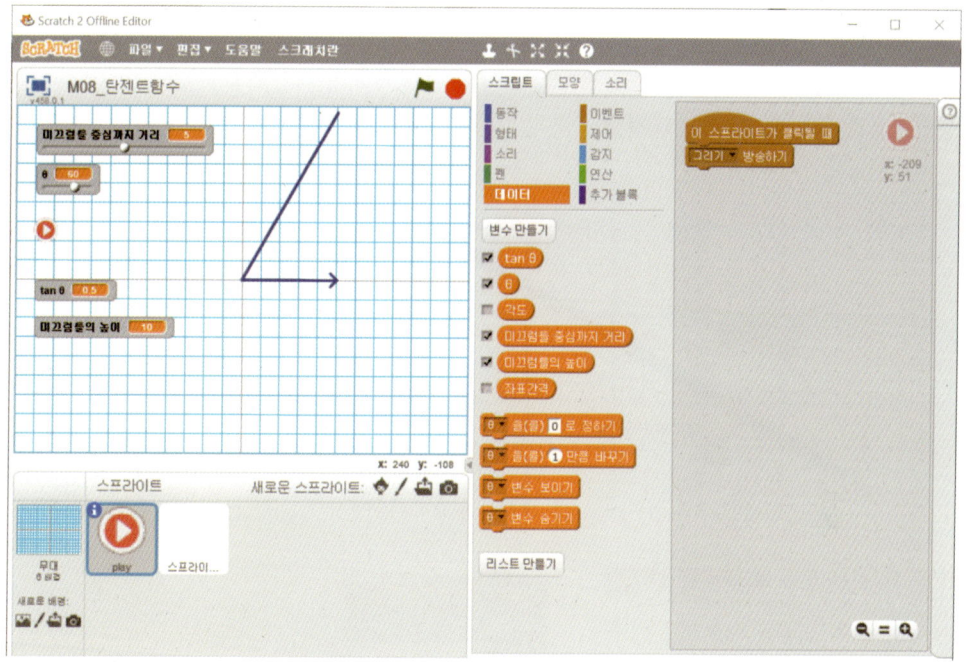

6 그래프 스크립트 만들기

기존 코사인 함수 예제 프로젝트에는 이미 미끄럼틀 그래프를 그리는 스크립트가 만들어져 있습니다. 이 가운데 탄젠트 함수와 미끄럼틀의 높이를 구하는 부분만 고치면 이번 예제의 스크립트를 완성할 수 있습니다. 그래프를 그리는 스크립트는 그림이 없는 빈 스프라이트에 있습니다.

스크립트를 하나씩 따라가 볼까요? 처음 나오는 `그리기 을(를) 받았을 때` 블록은 ▶ 버튼이 눌린 후 '그리기' 이벤트가 발생하면 실행되는 명령입니다. 다음으로 그리기 전에 펜을 초기화해야 하므로 먼저 펜의 위치를 `x: 0 y: 0 로 이동하기` 블록을 사용해 좌표의 원점으로 옮기고 `지우기` 블록을 사용해 화면을 지웁니다. `펜 올리기` 블록으로 펜을 올려두고 `펜 색깔을 ■ (으)로 정하기` 블록과 `펜 굵기를 1 (으)로 정하기` 블록을 이용해 펜의 색과 굵기를 지정합니다. 이제 펜의 설정을 마쳤으니 `펜 내리기` 블록을 사용해 그리기를 준비합니다.

265

프로그래머가 알려주는 수학

스크래치에서 각도를 계산하는 방식은 다른 삼각함수와 같습니다. 아래 그림처럼 삼각함수에서 각도가 변수 θ의 값이지만 스크래치에서 각도는 y축을 기준으로 0도부터 시계방향으로 증가하므로 프로그램에서는 90-θ 블록의 값을 각도로 사용할 것입니다.

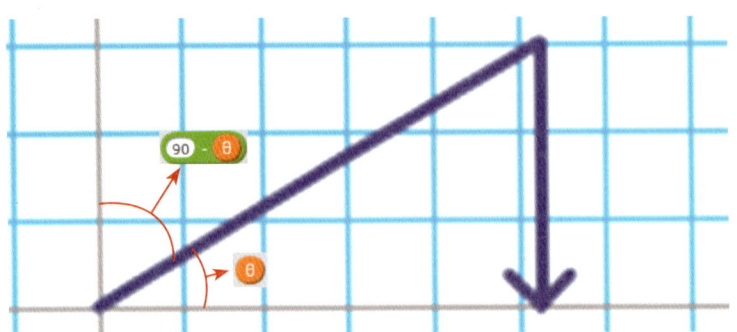

오른쪽 화면처럼 블록의 변수 이름을 'tan θ'로 바꾸고 값은 코사인 함수 블록의 'cos'을 'tan'으로 바꿔주세요. 그러면 각도 θ의 탄젠트값을 사용할 수 있습니다.

15장 _ 탄젠트 함수

이제 탄젠트 함수 공식을 다시 정리하며 블록으로 만들 차례입니다. 탄젠트 함수의 공식은 tan θ = b(미끄럼틀의 높이) / a(미끄럼틀 중심까지 거리)입니다. 앞의 공식을 변형해서 보겠습니다. 구하려는 미끄럼틀의 높이 b는 tan θ 값과 미끄럼틀 중심까지의 거리를 곱해서 구할 수 있습니다.

$$b(미끄럼틀의 높이) = a(미끄럼틀 중심까지 거리) \times \tan \theta$$

이 공식을 스크래치 스크립트로 만들면 `미끄럼틀 중심까지 거리 * tan θ` 블록처럼 되겠군요. 아래 화면처럼 이 블록을 `변수 을(를) 0 로 정하기` 블록의 값으로 사용하고 변수 이름을 '미끄럼틀의 높이'로 바꿔주세요.

이제 탄젠트 함수로 삼각형의 두 변의 길이를 구하는 작업을 해야겠습니다. 탄젠트 함수에서 처음 구할 변은 지면에서 미끄럼틀 중심까지의 거리인 삼각형의 아랫변입니다. 아랫변은 항상 좌표의 원점에서 출발해서 x축을 따라 오른쪽으로 향합니다. 그러므로 `180 도 방향 보기` 블록의 값인 변수 '각도'를 제거하고 다음 페이지의 그림처럼 오른쪽을 의미하는 90도를 선택합니다.

프로그래머가 알려주는 수학

```
그리기 ▼ 을(를) 받았을 때
x: 0 y: 0 로 이동하기
지우기
펜 올리기
펜 색깔을 [ ] (으)로 정하기
펜 굵기를 3 (으)로 정하기
펜 내리기
각도 ▼ 을(를) 90 - θ 로 정하기
tan θ ▼ 을(를) tan ( θ ) 로 정하기
미끄럼틀의 높이 ▼ 을(를) 미끄럼틀 중심까지 거리 * tan θ 로 정하기
10 ▼ 도 방향 보기                    →  각도
  (90) 오른쪽
  (-90) 왼쪽         * 좌표간격 만큼 움직이기
  (0) 위
  (180) 아래        이동하기
90 ▼ 도 방향 보기
미끄럼틀 중심까지 거리 * 좌표간격 만큼 움직이기
```

아랫변의 길이는 '미끄럼틀 중심까지 거리' 값에 '좌표간격'을 곱한 값으로 구합니다. 그리고 이 값을 `10 만큼 움직이기` 블록의 값으로 사용해 펜이 아랫변의 길이만큼 움직이게 합니다.

```
그리기 ▼ 을(를) 받았을 때
x: 0 y: 0 로 이동하기
지우기
펜 올리기
펜 색깔을 [ ] (으)로 정하기
펜 굵기를 3 (으)로 정하기
펜 내리기
각도 ▼ 을(를) 90 - θ 로 정하기
tan θ ▼ 을(를) tan ( θ ) 로 정하기
미끄럼틀의 높이 ▼ 을(를) 미끄럼틀 중심까지 거리 * tan θ 로 정하기
90 ▼ 도 방향 보기
미끄럼틀 중심까지 거리 * 좌표간격 만큼 움직이기
0.25 초 기다리기
x: 0 y: 0 로 이동하기
90 ▼ 도 방향 보기
미끄럼틀의 높이 * 좌표간격 만큼 움직이기
0.25 초 기다리기
-135 ▼ 도 방향 보기
10 만큼 움직이기
```

15장 _ 탄젠트 함수

삼각형의 두 번째 변은 미끄럼틀의 높이에 해당하는 빗변입니다. 탄젠트 함수에서는 앞에서 그린 삼각형의 아랫변의 끝점에서부터 두 번째 변을 연속해서 그리면 됩니다. 그러므로 코사인 함수에서 두 번째 변을 그리기 위해 다시 원점으로 돌아올 때 사용했던 `x: 0 y: 0 로 이동하기` 블록을 제거합니다.

그리고 두 번째 미끄럼틀 높이에 해당하는 변은 항상 좌표의 위를 향하고 있으므로 펜이 그리는 방향을 위로 향하게 해야 합니다. 그러기 위해서 아래 화면처럼 `180 도 방향 보기` 블록의 값을 0도로 조정합니다.

지금까지 탄젠트 함수 변을 그리는 코드를 만들었으니 🏁 버튼과 ⏺ 버튼을 클릭해서 그래프를 확인해봅시다. 두 변은 잘 그려지는데 역시 화살표가 문제군요. 이번에도 화살표 한쪽 면의 방향을 바꿔야 합니다.

프로그래머가 알려주는 수학

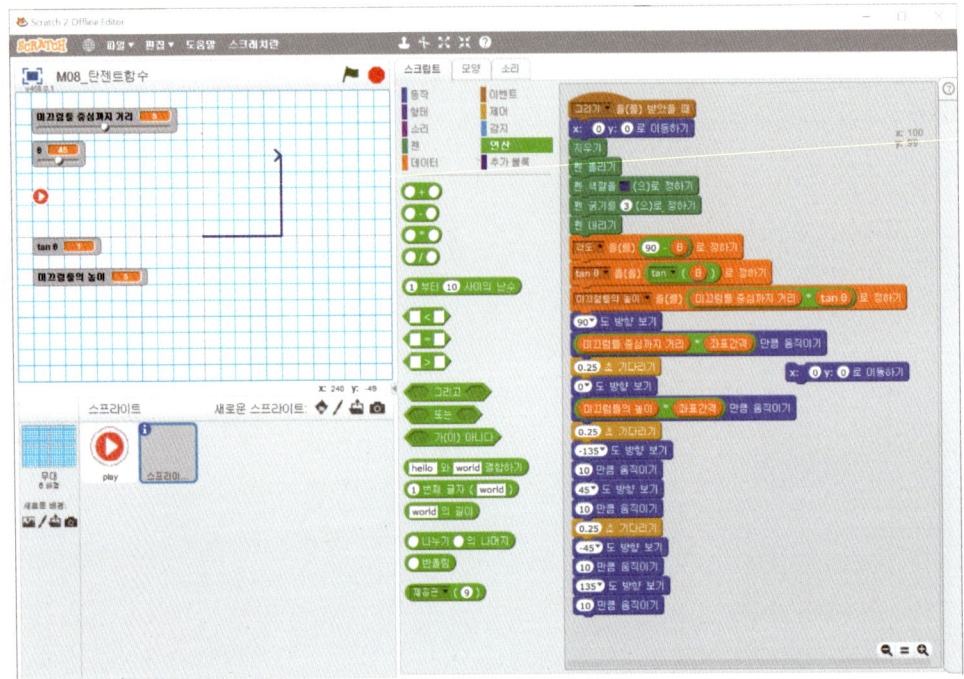

이전 코사인 함수 그래프를 그리면서 사용했던 화살표 블록 중 방향이 −135도로 시작해서 다시 돌아올 때는 방향을 45도로 정한 블록은 바꿀 필요 없이 그대로 사용해도 됩니다.

코사인 함수 예제에서 사용한 나머지 화살표의 방향을 시작하는 방향은 180도 방향 보기 블록의 값을 135도로 바꾸고 반대 방향으로 돌아오는 각도는 −45도로 바꾸면 됩니다. 아래 그림을 보고 잘 수정했는지 확인해 보세요.

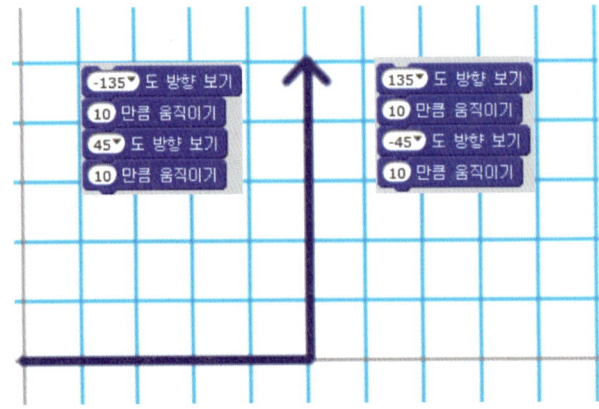

모두 제대로 수정했으면 화살표가 올바른 방향을 하고 있을 겁니다. 🏁 버튼과 ▶ 버튼을 클릭해서 완성된 탄젠트 함수 그래프를 실행해 보겠습니다. '미끄럼틀 중심까지 거리'와 삼각형의 내부 각도 'θ' 변수의 값을 바꿔가면서 실행하고 그래프의 모양과 결괏값을 확인해 보세요.

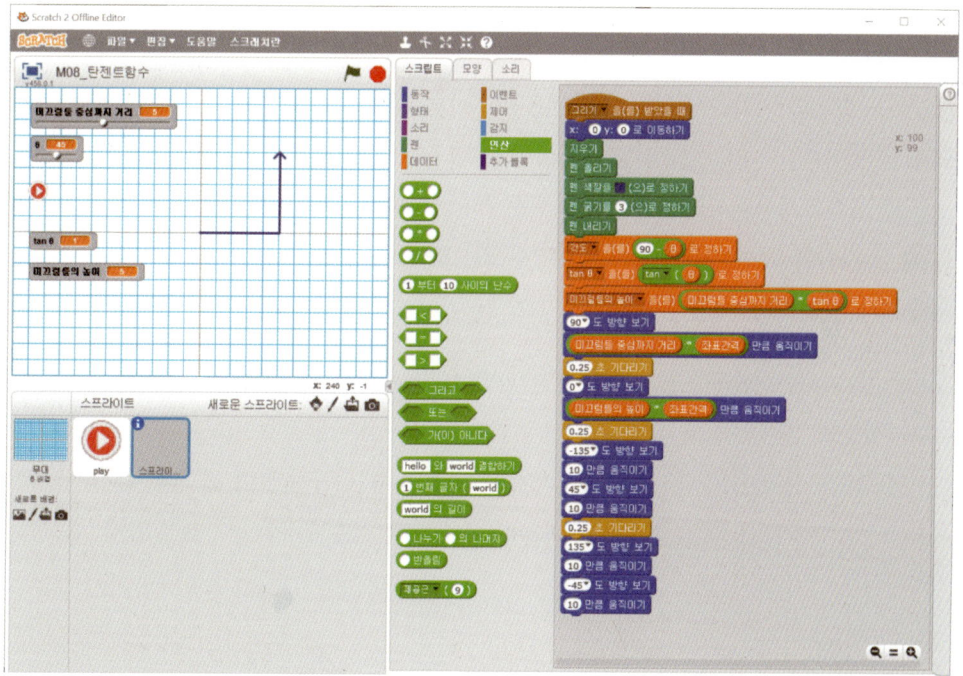

지금까지 사인, 코사인, 탄젠트 삼각함수에 대해 공부했습니다. 미끄럼틀의 예를 알아보니 삼각함수도 그리 어려운 것은 아니죠? 이번 단원을 마치기 전에 삼각함수를 아주 유용하게 사용한 수학자의 이야기를 소개하겠습니다.

기원전 620년경에 태어난 그리스의 수학자 탈레스도 삼각함수를 이용했다고 합니다. 이집트 아마시스 왕은 거대한 피라미드의 높이를 측정하라고 탈레스에게 요청했는데, 탈레스는 짧은 막대를 이용해 긴 피라미드의 높이를 알아냈습니다. 막대의 길이와 그림자의 길이가 같아지는 시점에 피라미드의 중심에서 그림자 꼭짓점까지 길이를 측정해서 피라미드의 높이를 증명한 것입니다. 두 변의 길이가 같은 이등변 삼각형의 원리를 이용한 것이지요.

16 미분

1. 미분의 개념

함수의 변화를 연구하는 학문은 미분이라는 개념에서 꽃을 피웁니다. 우연인지는 모르겠지만 같은 시대의 대표적인 과학자인 뉴턴과 라이프니츠는 미분이라는 개념을 완성하고 서로 자기의 작품이라고 다투기까지 했습니다. 위대한 두 과학자의 성품과 연구 업적을 봤을 때 두 사람은 각자 연구를 통해서 미분을 완성했다고 믿고 있습니다. 그래서 많은 사람이 뉴턴과 라이프니츠를 미분의 공동 창시자로 생각하고 있습니다.

미분은 함수의 순간변화율을 구하는 계산 과정입니다. 먼저 함수의 변화율이라는 개념을 알아봐야겠군요. 앞에서 공부한 함수 중 가장 단순한 일차 함수를 통해 변화율이라는 개념을 알아보겠습니다. 변화율은 y의 변화와 x의 변화 비율입니다. 쉽게 말해 변화율은 y의 증가량(Δy)을 x의 증가량(Δx)으로 나눈 값을 의미합니다. 일차 함수에서의 변화율은 언제 어디서나 일정합니다.

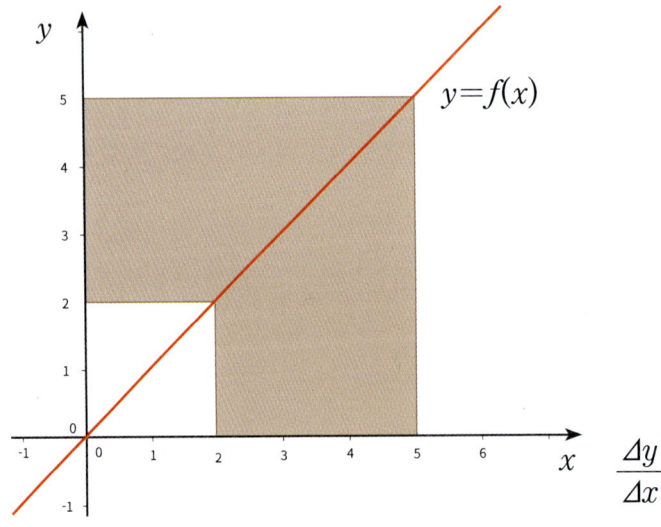

그림 16.1 변화율의 개념

그런데 함수가 이차 함수 이상으로 복잡해지면 변화율도 함께 복잡해집니다. 함수 내에서 변화율도 변하게 되지요. 그래서 특정한 구간을 정했을 때 그 구간의 변화율을 평균변화율이라고 합니다.

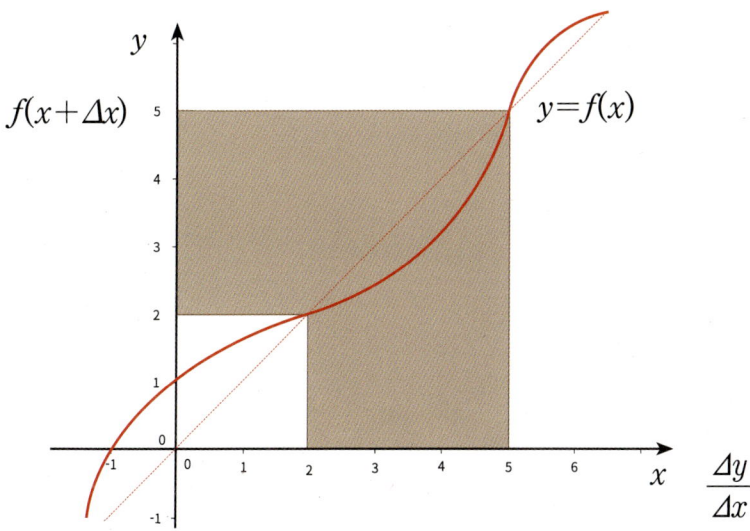

그림 16.2 평균 변화율의 개념

다차 함수에서는 구간 내에서도 특정 x 지점의 변화율은 대부분 다른 값을 가지므로 평균변화율은 그 구간의 대표변화율로는 생각할 수 있지만 특정 지점의 변화율이라고 할 수는 없습니다. 특정 지점의 변화율은 순간변화율이라고 합니다. 순간변화율을 구하기 위해서는 어떻게 해야 할까요? 변화하는 구간을 계속 잘게 나누다 보면 x의 변화량(Δx)이 0에 거의 가까워질 때 변화율을 순간변화율 또는 미분계수라고 합니다.

전문적인 용어로는 평균변화율의 극한($limit$)을 취해 함수 $f(x)$의 특정 지점 x에서 x의 변화량(Δx)이 0에 수렴한다고 하고 아래와 같이 표현합니다. 이처럼 함수를 미분해서 생성되는 함수를 도함수라고 합니다.

$$\frac{d}{dx}f(x) = \lim_{\Delta x \to 0} \frac{f(x + \Delta x) - f(x)}{\Delta x}$$

2 일상생활 속의 미분

미분의 이론을 설명하다 보니 내용이 좀 어려워졌군요. 이번에도 아주 쉬운 예를 들어 미분을 생각해 보겠습니다. 놀이동산에서 탔던 롤러코스터를 생각해 봅시다. 타고 있는 열차가 천천히 가파른 철로를 올라가면서 느꼈던 긴장감을 기억하시나요? 그리고 가장 꼭대기 정점에 올랐을 때 짧은 순간이지만 열차가 멈췄을 때 정말 무서웠죠? 그리고 빠른 속도로 열차가 미끄러져 아래로 내려갈 때의 아찔함 때문에 롤러코스터를 다시 찾게 됩니다.

그림 16.3 롤러코스터와 미분의 원리

그림에서 보는 바와 같이 세 지점의 순간변화율은 접선의 기울기라는 것을 알 수 있습니다. 처음에 열차가 올라가는 동안은 순간변화율이 증가하다가 정상에서 증가도 감소도 아닌 지점에 서게 됩니다. 이때 x의 지점을 극대라고 하고 함수 $f(x)$의 값을 극댓값이라고 합니다. 이때 $f(x) = 0$이 되겠군요. 그리고 열차가 내려올 때는 순간변화율이 감소하게 됩니다.

미분을 실생활에 사용하는 예는 무척 많습니다. 도로에서 자동차의 속도를 감지하는 것도 두 지점의 센서를 이용해 그 사이의 속도변화율을 가지고 측정하는 것입니다. 그리고 현수교를 만들 때 밧줄이 받게 될 지점별 하중을 미분으로 계산해서 안전하게 만듭니다. 300km/h가

넘는 속도로 달리는 고속열차도 미분을 이용해 순간변화율, 즉 순간 가속도를 조절하면 효율적인 운행을 할 수 있습니다.

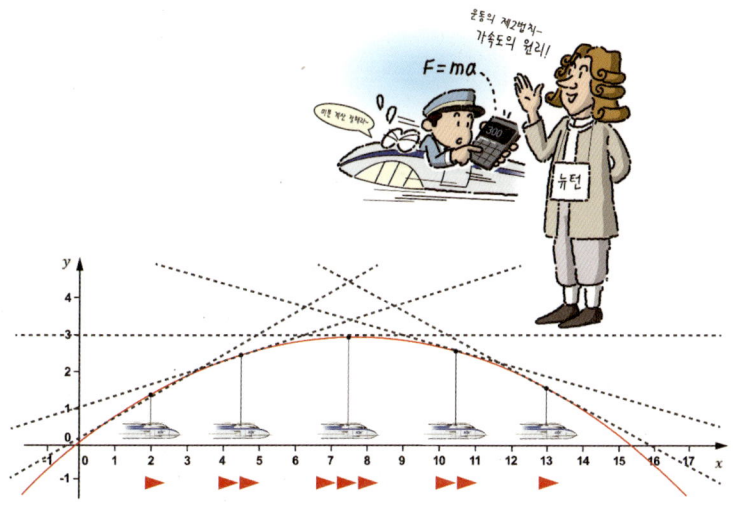

그림 16.4 고속철도와 미분의 원리

고속열차도 처음 출발하면 점차 가속도를 높인 후 종착역에 다가가면 감속해서 정지해야 합니다. 출발역과 종착역 간의 거리를 알 수 있으므로 어느 지점까지 가속하고 어느 지점부터 감속해야 하는지 순간변화율을 미분으로 계산해 내면 브레이크를 밟지 않고도 효율적이고 신속하게 운행할 수 있을 것입니다.

어려워만 보이던 미분도 차근히 따라 해 보고 우리 주변에서 찾아보니 친숙한 친구가 된 느낌입니다.

3 스크래치로 만든 미분

이번에 만들 미분 함수의 예제는 어떻게 구성돼 있을까요? 먼저 완성된 예제 파일을 열어보고 어떻게 작동하는지 확인해 보겠습니다. 스크래치 오프라인 에디터를 실행하고 [파일] 메뉴에서 [열기]를 선택한 후 예제 파일 중 'M09' 폴더에 있는 'M09_미분.sb2' 파일을 열어보세요.

아래 화면과 같은 미분 예제 프로젝트가 보일 것입니다. 우선 ▶ 버튼을 클릭해 프로그램을 실행해 보세요. 입력 변수의 값을 그대로 둔 상태에서 무대에 있는 ▶ 버튼을 클릭하겠습니다. 다항 함수의 그래프가 그려지고 다양한 결괏값이 구해지는 것을 확인하세요.

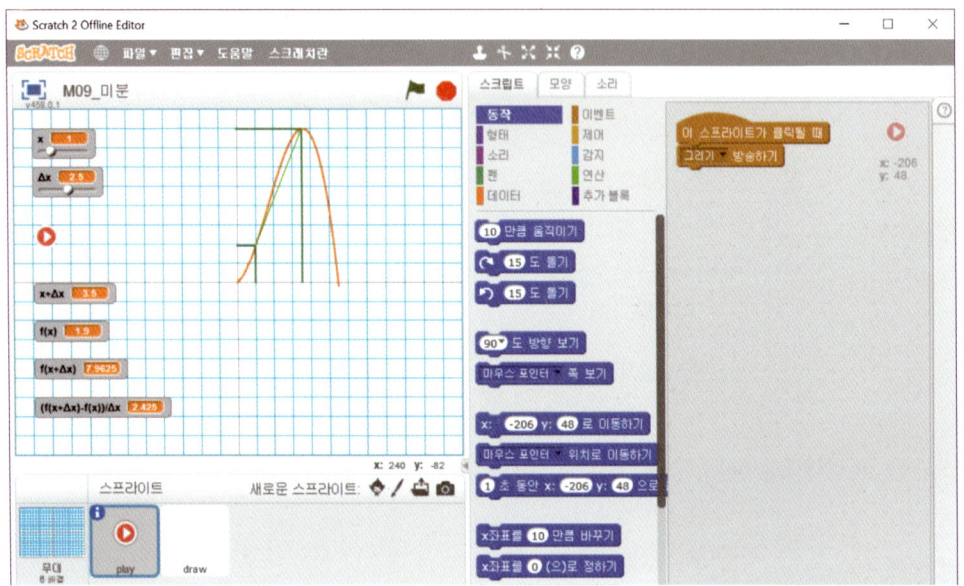

자세히 보니 앞에서 배운 미분의 평균 변화량을 구하는 변수와 그래프가 보이는군요. 특정 지점 x와 x의 변화량(Δx)을 지정하고 프로그램을 실행하면 다항 함수 곡선에 대한 $f(x)$, $f(x+\Delta x)$ 함숫값과 평균 변화율 $(f(x+\Delta x)-f(x))/\Delta x$을 구해주고 이를 그래프로 표현해 주는군요. 특정 지점 x와 x의 변화량(Δx)의 값을 슬라이드로 조절해서 간격을 줄이니 평균 변화율이 순간변화율에 다가가는 것을 그래프로 확인할 수 있습니다.

4 무대와 스프라이트 확인하기

이번 예제를 한 단계씩 만들어 볼 시간이 왔습니다. 미분을 배우기 위해 새로운 프로젝트를 만들겠습니다. 프로젝트를 새로 만들면 기본적으로 제공되는 고양이 스프라이트를 삭제하겠습니다. 다음 페이지의 화면처럼 스프라이트 영역의 고양이 그림 위에서 마우스 오른쪽 버튼을 클릭합니다. 메뉴에서 [삭제]를 선택하면 해당 스프라이트가 지워집니다.

16장_미분

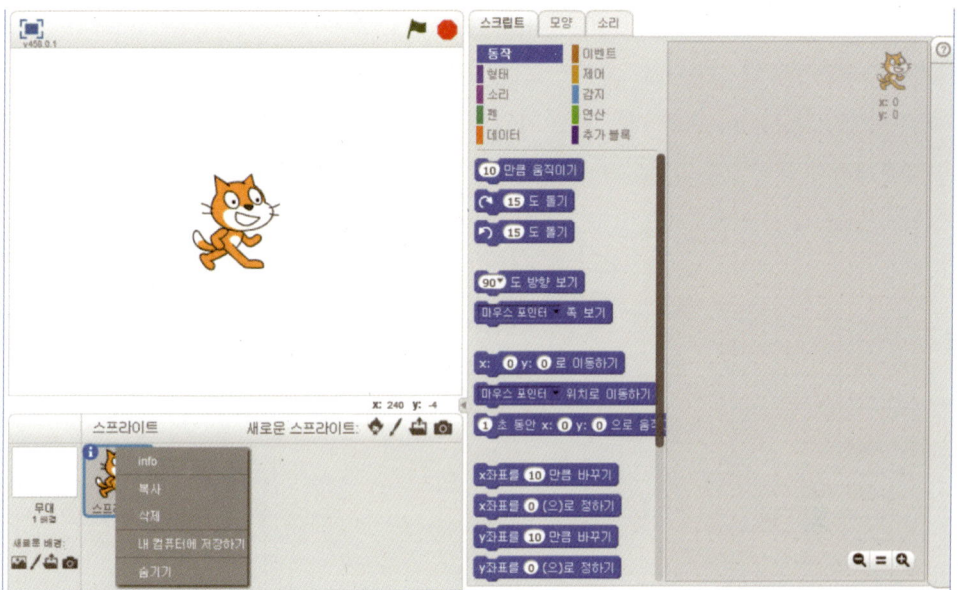

다음으로 무대의 배경을 선택하겠습니다. 이번에도 좌표와 그래프를 그릴 것입니다. 그러므로 앞에서 계속 사용했던 좌표 그림을 가져와서 사용하겠습니다. 스크래치 저장소에 있는 다양한 무대그림 중 'xy-grid-20px'라는 이름의 좌표 그림을 선택합니다. 이 좌표는 20픽셀 단위의 격자가 하나의 눈금으로 돼 있습니다.

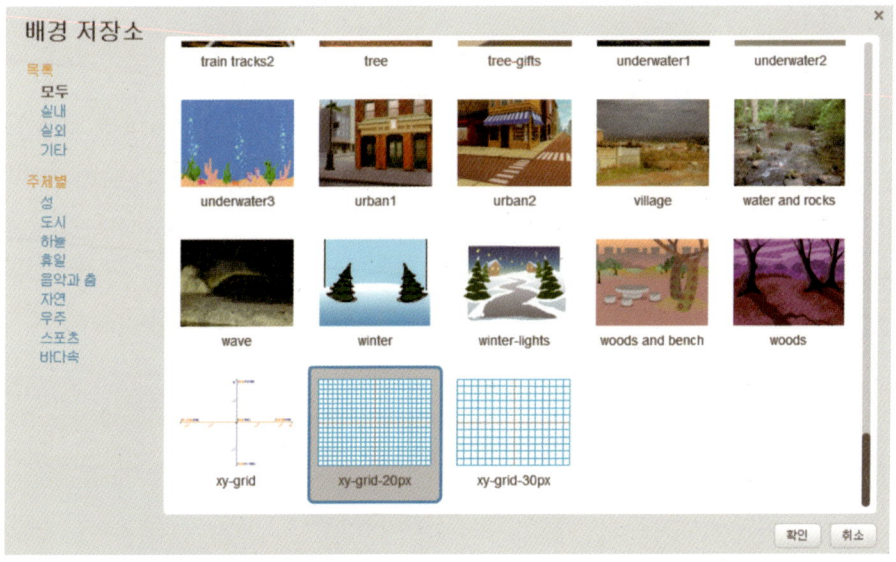

무대를 구성했으니 예제에서 사용할 스프라이트를 선택하겠습니다. 미분 예제에서는 두 개의 스프라이트를 사용할 것입니다. 첫째는 앞의 예제와 같은 방식으로 '그리기' 이벤트를 알리는 시작 버튼으로 'play.png'(▶)라는 그림 파일입니다. 아래 화면처럼 새로운 스프라이트 버튼 중 외부에서 그림 파일을 가져오는 세 번째 버튼을 누르고 파일 선택 창에서 'M09' 폴더에 있는 'play.png'를 선택해 주세요.

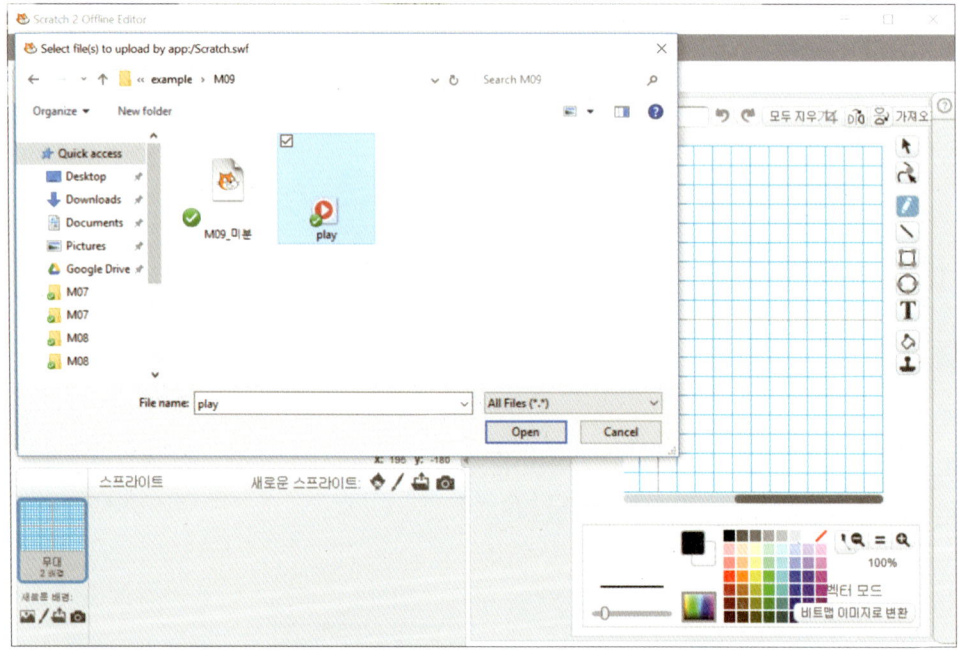

이번 예제에서도 앞에서 배운 삼각함수의 프로젝트와 같이 빈 스프라이트를 이용해 미분 그래프를 그리는 스크립트를 만듭니다. 그림이 없는 빈 스프라이트를 만들려면 다음 페이지의 화면처럼 새로운 스프라이트를 만드는 버튼 중 두 번째 있는 붓 모양의 [새 스프라이트 그리기] 버튼을 눌러주세요.

16장 _ 미분

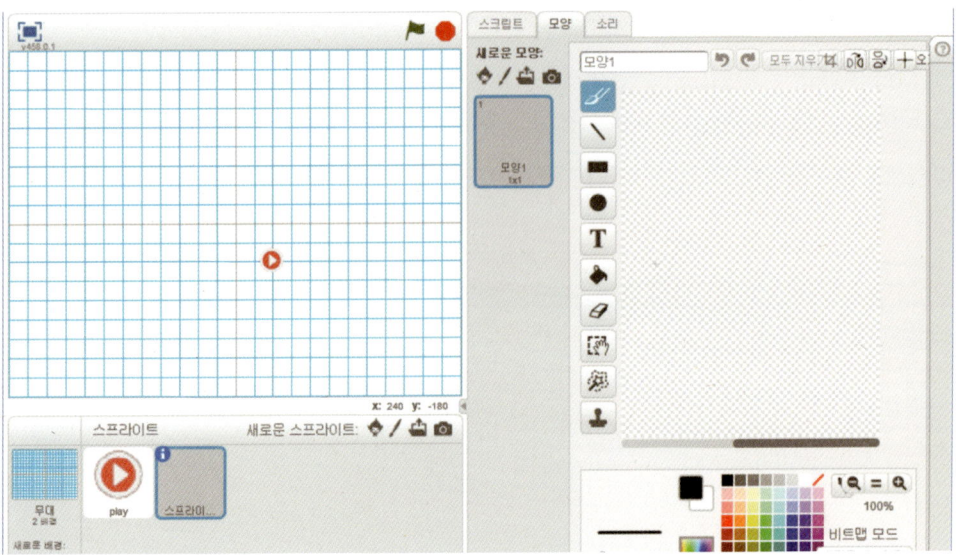

새로 만든 빈 스프라이트의 이름이 그냥 스프라이트라고 적혀있군요. 스프라이트는 필요에 따라 이름을 바꿀 수 있으므로 그래프를 그리는 의미를 명확하기 위해 'draw'라는 이름을 주겠습니다. 이름을 바꾸려면 아래 화면처럼 스프라이트 위에서 마우스 오른쪽 버튼을 클릭한 후 메뉴에서 [info]를 선택합니다.

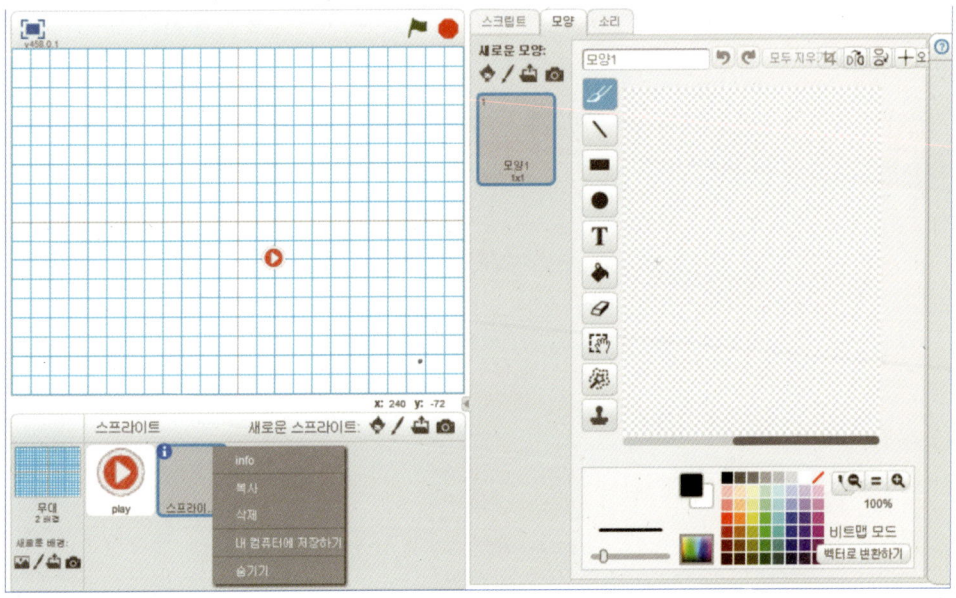

그러면 스프라이트의 정보를 보여주는 내용으로 스프라이트 영역이 바뀝니다. 이 가운데 위에 있는 이름란에 원하는 이름을 넣어주세요. 여기서는 'draw'라는 이름을 사용하기로 했으니 이 이름을 넣어주세요. 그리고 왼쪽 위 모서리에 있는 파란색 화살표 버튼을 눌러서 스프라이트로 돌아가세요. 스프라이트의 이름이 바뀐 것을 확인하셨나요?

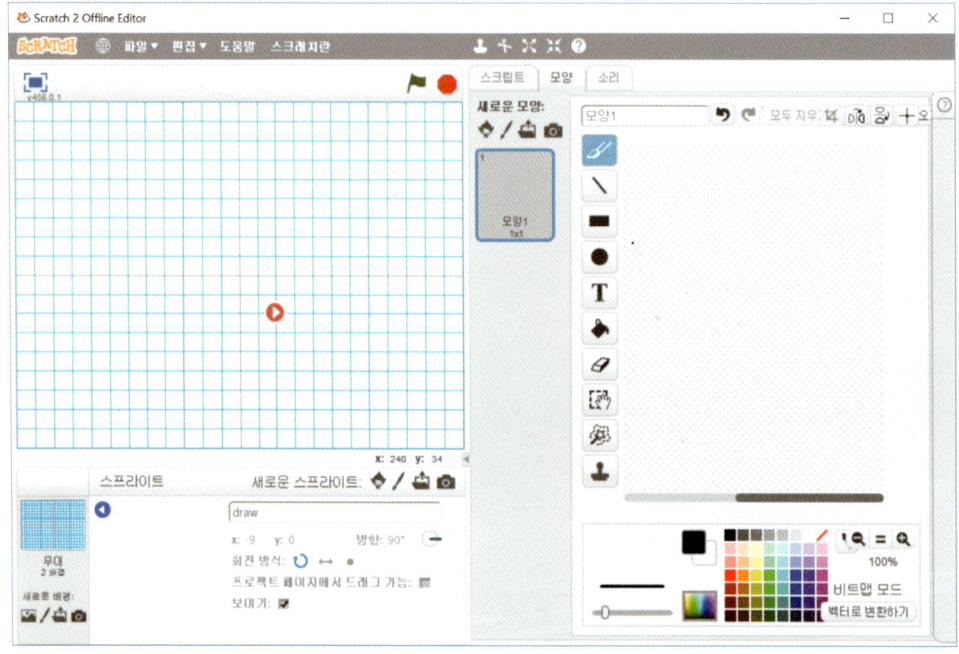

지금까지 작업한 내용을 'M09_미분'이라는 이름으로 원하는 위치에 저장해 두겠습니다. 상단의 [파일] 메뉴 중 [저장하기]를 선택하고 알림창에서 파일의 이름과 위치를 지정합니다.

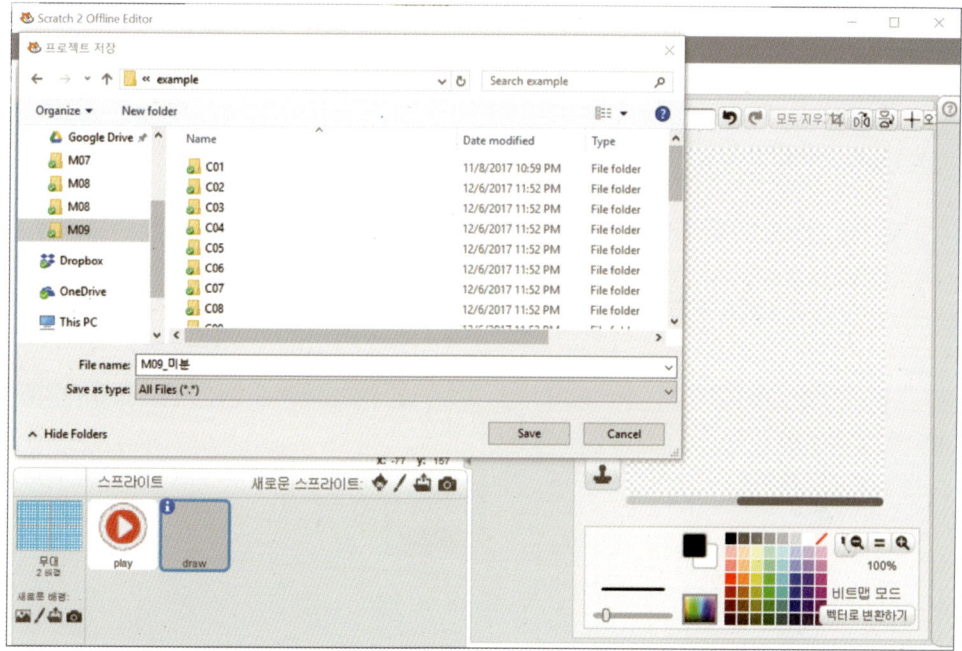

5 변수 만들기

이번 예제에는 조금 많은 변수를 사용할 것입니다. 예제 프로그램에서 평균 변화율을 구하기 위한 미분 공식을 구성하는 요소들을 변수로 사용해서 변화하는 값을 화면에 보여줄 예정이니까요.

그럼 미분 공식을 다시 보고 필요한 변수를 찾아보겠습니다.

$$\frac{d}{dx}f(x) = \lim_{\Delta x \to 0} \frac{f(x + \Delta x) - f(x)}{\Delta x}$$

미분 공식 중 x와 변화량 Δx를 변수로 만들어 입력값으로 쓰겠습니다. 그리고 두 값의 합인 $x+\Delta x$를 변수로 만들고 x와 Δx의 함숫값인 $f(x)$와 $f(x+\Delta x)$도 변수로 선언합니다. 공식 전체에 해당하는 미분 값인 $(f(x+\Delta x)-f(x))/\Delta x$ 역시 변수로 만들어 결괏값을 보여주겠습니다.

그리고 다항 함수 그래프를 그리기 위해 아래 삼차 함수 공식에 나오는 a, b, c, d와 x^3을 의미하는 X^3, x^2를 의미하는 X^2, x를 나타내는 'X^1'도 변수로 만들겠습니다.

$$y = ax^3 + bx^2 + cx + d$$

그럼 변수를 하나씩 만들어 봅시다. 블록 팔레트 데이터 영역에서 [변수 만들기] 버튼을 눌러서 알림창에 변수 이름을 입력한 후 [확인] 버튼을 눌러 아래 화면처럼 변수를 만들면 됩니다.

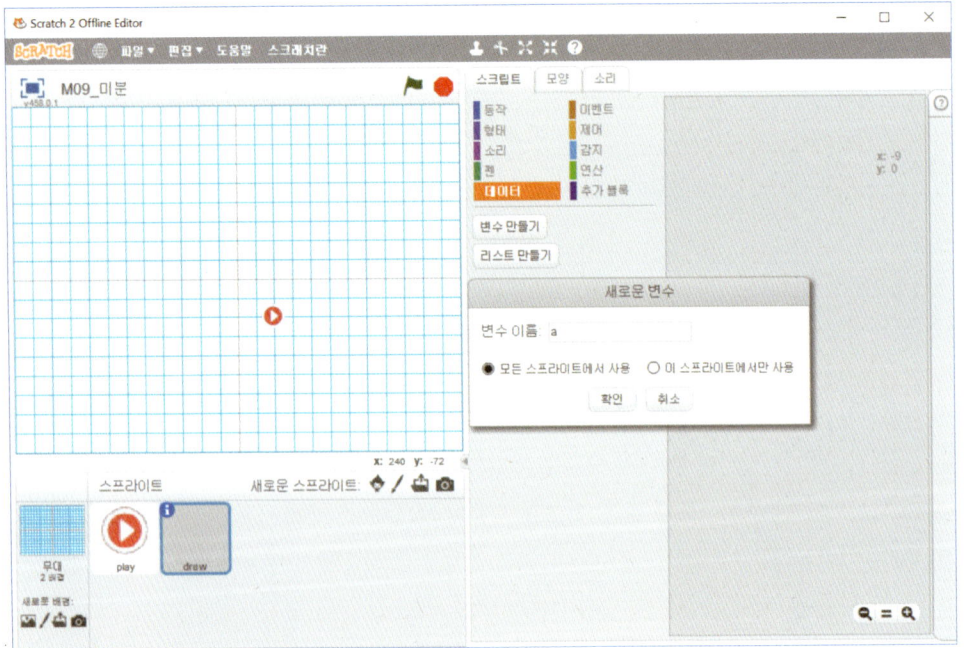

이번에는 내부 계산을 위한 변수 몇 개를 더 만들겠습니다. 뒤에 f(x) 함수를 계산하는 추가 블록을 만들 것입니다. 이 결괏값을 저장하기 위해 f(x)_return이라는 변수도 만듭니다. 그래프를 그리기 위해 x 와 y의 변하는 좌표를 담아두는 x좌표와 y좌표라는 변수도 만듭니다. 앞에서 좌표를 이용하는 예제에서 20픽셀 좌표 격자에 결괏값을 표시하기 위해서 사용했던 '좌표간격' 변수도 그대로 사용하겠습니다.

다음 페이지의 화면처럼 화면에 표시되는 변수는 무대에 적당한 위치에 옮겨두고, 내부 계산에만 사용되는 변수는 변수 이름 앞에 있는 체크 표시를 지웁니다.

16장 _ 미분

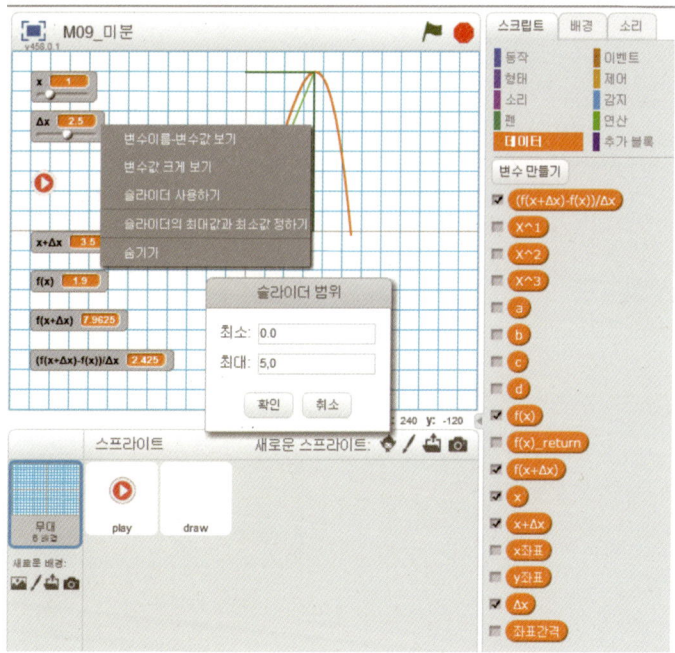

이제 입력하는 값인 x와 Δx 변수는 슬라이더로 입력 방식을 변경하겠습니다. 그리고 입력할 수 있는 최솟값과 최댓값을 정합니다. x의 경우에는 0부터 5로 정하고 Δx 변수는 좀 더 세밀한 실숫값을 나타낼 수 있도록 0.0부터 5.0 사이로 범위를 지정합니다.

6 변수 초기화와 시작 이벤트

지금까지 만든 변수 중 일부는 프로그램 실행 시 초기화하겠습니다. 앞의 예제에서 변수의 초기화는 보통 무대의 스크립트 영역에서 했습니다. 이번 장도 무대의 스크립트 영역에 클릭했을 때 이벤트 블록을 가져다 두고 여기서 변숫값을 초기화하겠습니다. 각 변수의 값은 변수▼ 을(를) 0 로 정하기 데이터 블록을 이용해 정하겠습니다. 먼저 삼차 함수를 정의하는 변수 'a', 'b', 'c', 'd'의 값은 각각 −0.3, 1.5, 0.7, 0으로 초기화합니다. 입력한 변숫값을 사용해서 프로그램을 실행하면 화면에 멋진 다항 함수 그래프가 그려질 것입니다. '좌표간격'은 값은 앞에서와 같이 20으로 정합니다. 나중에 슬라이드로 값을 바꿀 수 있지만 'x'의 값은 1로, Δx의 값은 2.5로 우선 정해 둡니다.

프로그래머가 알려주는 수학

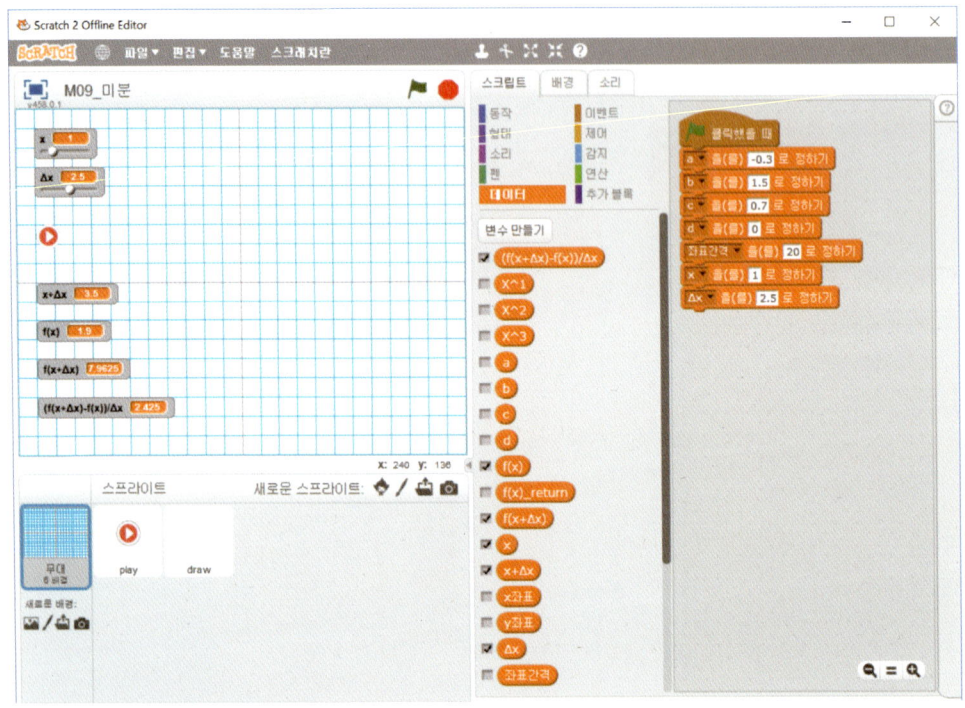

앞에서 배운 삼각함수의 예제와 같이 '그리기' 이벤트를 발생하는 스크립트를 만들겠습니다. 이번에 만들 예제도 프로그램이 실행된 후 변숫값을 조정하고 ▶ 버튼을 클릭했을 때 '그리기' 이벤트를 발생시킬 것입니다.

이 스크립트는 'Play' ▶ 스프라이트에서 만들어야겠죠? 'Play' 스프라이트를 선택한 후 스크립트 영역에 [이 스프라이트가 클릭될 때] 블록을 둬서 스프라이트 자신이 클릭될 때 실행되게 합니다. 나중에 'Play'(▶) 스프라이트가 클릭되면 그래프를 그릴 수 있게 [그리기▼ 방송하기] 블록을 사용해 '그리기' 이벤트 신호를 보내게 합니다. '그리기'라는 이벤트를 만들려면 다음 페이지의 화면처럼 이벤트 블록 중 [메시지1▼ 방송하기] 블록을 가져다가 '새 메시지…'를 눌러서 알림창에 '그리기'라고 이벤트 이름을 넣으면 됩니다.

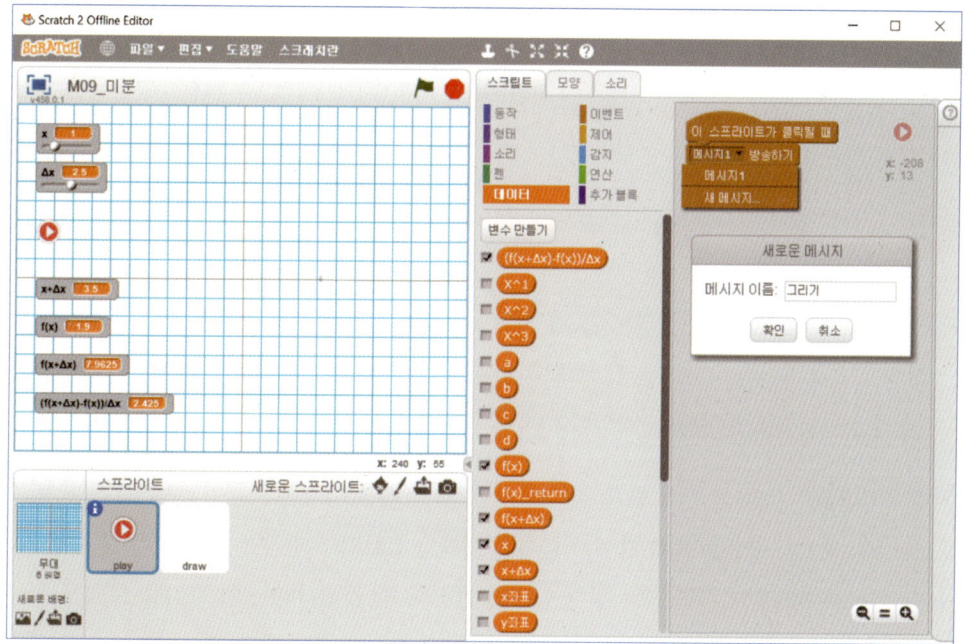

7 그래프 스크립트 만들기

이제 본격적으로 그래프를 그릴 단계입니다. 앞에서 이름을 'draw'라고 바꾼 스프라이트에서 스크립트를 만들겠습니다.

먼저 '그리기' 이벤트를 받는 부분부터 만들어야겠네요. `그리기▼ 을(를) 받았을 때` 블록을 놓아  버튼이 눌려서 '그리기' 이벤트가 발생한 후, 'draw' 스프라이트에서 '그리기' 메시지를 받게 합니다. 이 블록 아래에 그래프를 새로 그리기 위해 `지우기` 블록으로 무대를 지우고 시작하겠습니다. 처음에는 삼차 함수 그래프를 그릴 텐데, `펜 색깔을 ■(으)로 정하기` 블록과 `펜 굵기를 ❶ (으)로 정하기` 블록을 이용해 펜의 색을 주황색으로, 굵기는 2로 지정하겠습니다.

 버튼을 눌러서 매번 새로 그래프를 그릴 때 'x좌표', 'y좌표', 'x+Δx' 변숫값을 초기화하겠습니다. 변수를 초기화하기 위해 `변수▼ 을(를) ❶ 로 정하기` 블록을 사용하겠습니다. 'x좌표'와 'y좌표'의 값을 0으로 하고 'x+Δx' 변숫값은 슬라이드로 조정한 입력값인 'x'와 'Δx' 값의 합으로 정합니다.

이번에는 추가 블록으로 삼차 함수를 계산하는 기능을 만들어 보겠습니다. 스크래치에서 추가 블록으로 불리는 함수를 만들면 코드도 간결해지고 다시 사용하기도 편리하다고 배웠습니다. 추가 블록을 만드는 방법이 기억나시나요?

명령 팔레트에서 보라색 추가 블록 영역에 가면 [블록 만들기]라는 버튼이 있습니다. 이 버튼을 눌러서 생기는 새로운 블록 창에서 블록의 이름을 'f(x)'라고 정하겠습니다. 이 함수에 x의 숫자 값을 보내면 그에 해당하는 삼차 함수를 계산해 줄 것입니다. x의 숫자를 보내기 위해 선택사항을 클릭하고 [숫자 매개변수 추가하기] 버튼을 눌러 함수에 보내는 매개변수의 이름을 'x'로 정하고 [확인] 버튼을 누릅니다.

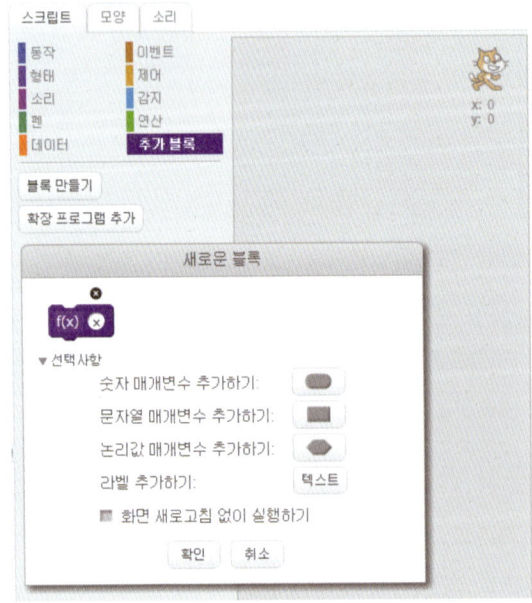

이제 이렇게 만든 'f(x)'라는 이름의 추가 블록에 기능을 구현하겠습니다. 다항 함수 단원에서 삼차 함수의 기능을 구현하는 방식에 대해 자세히 설명했습니다. 삼차 함수 공식인 $y=ax^3+bx^2+cx+d$를 이용해 간략히 정리해 볼까요? [변수▼ 을(를) 0 로 정하기] 데이터 블록을 이용해 공식에서 x를 나타내는 변수 'x^1'의 값을 매개변수로 받은 'x'의 값으로 정하고, x^2를 의미하는 'x^2'는 앞서 값을 저장한 변수 'x^1'의 제곱인 두 번 곱한 값으로 하겠습니다. 세 번째 x^3를 의미하는 'X^3'의 값은 쉽게 짐작이 되나요? 그렇습니다. x^2를 의미하는 'x^2'에, x를 나타내는 변수 'x^1'의 값을 곱하면 되겠네요.

마지막으로 $y=ax^3+bx^2+cx+d$ 공식에 맞춰 계산한 함수의 결괏값을 'f(x)_return' 변수에 넣으면 됩니다. 모두 오른쪽 그림처럼 블록을 만들었나요?

지금까지 추가 블록을 만들었으니 이제는 추가 블록을 사용해 보겠습니다. 변수 'x'의 값에 대한 함숫값을 'f(x)'에 넣고, 변수 'x+Δx'의 함수 결과를 'f(x+Δx)' 변수에 대입하겠습니다. 삼차 함숫값을 계산하는 'f(x)' 추가 블록을 만들기 전에는 각각을 계산하는 스크립트를 만들어야 했지만 'f(x)' 추가 블록을 만들고 나면 그냥 함수인 'f(x)' 추가 블록에 매개변수를 넣어 보내주면 결괏값을 받아올 수 있습니다. 함수, 즉 추가 블록의 위력을 다시 한번 느낄 수 있지요?

다음 페이지의 스크립트를 보면 더 이해하기가 쉬울 겁니다. 먼저 변수 'x'의 값에 대한 함숫값 'f(x)'를 구하기 위해 추가 블록 [f(x) 1]에 변수 'x'를 매개변수로 보냅니다. 그리고 추가 블록이 계산한 결괏값이 든 변수 'f(x)_return'의 값을 [변수▼ 을(를) 0 로 정하기] 블록을 이용해 변수 'f(x)'에 저장합니다.

'x+Δx' 변숫값에 대한 함수 결과를 구하는 과정도 같습니다. 추가 블록 [f(x) 1]에 변수 'x+Δx'를 매개변수로 보냅니다. 그리고 변수 'f(x+Δx)'에 [변수▼ 을(를) 0 로 정하기] 블록을 이용해 변수 'f(x)_return'에 들어있는 결괏값을 대입합니다. 함수인 추가 블록 [f(x) 1]을 만들어 삼차 함수를 구하는 코드를 간결하게 구현해서 여러 번 사용하는 것을 다음 페이지의 그림에서 확인할 수 있습니다.

프로그래머가 알려주는 수학

```
그리기 ▼ 을(를) 받았을 때
지우기
펜 색깔을 ■ (으)로 정하기
펜 굵기를 2 (으)로 정하기
x좌표 ▼ 을(를) 0 로 정하기
y좌표 ▼ 을(를) 0 로 정하기
x+Δx ▼ 을(를) ( x + Δx ) 로 정하기
f(x) x
f(x) ▼ 을(를) f(x)_return 로 정하기
f(x) x+Δx
f(x+Δx) ▼ 을(를) f(x)_return 로 정하기
(f(x+Δx)-f(x))/Δx ▼ 을(를) ( ( f(x+Δx) - f(x) ) / Δx ) 로 정하기
```

이제 지금까지 구한 'f(x)', 'f(x+Δx)'와 'Δx' 값을 이용해 f(x+Δx)−f(x))/Δx를 계산하세요. 그리고 그 결괏값을 위의 스크립트처럼 [변수▼ 을(를) 0 로 정하기] 블록을 사용해 변수 '(f(x+Δx)−f(x))/Δx)'에 입력해 봅시다.

이번에는 추가 블록 'f(x)'를 이용해 더욱 재미있는 기능을 만들어 보겠습니다. 삼차 함수 그래프를 그리는 것이지요. 기본적으로 좌표에 그래프를 그리는 것은 x의 값을 1씩 증가시키면서 변화하는 x값에 해당하는 y좌푯값을 구해서 펜으로 연결하는 과정입니다. 앞에서 변화하는 좌표의 위치를 표시하기 위해 변수 'x좌표'와 'y좌표'를 만들었습니다. 그리고 그 초깃값을 모두 0으로 지정했으니 그래프를 그리는 시작점은 x와 y좌표 모두 0인 원점일 것입니다.

여기서는 그래프를 좌표의 1사분면, 즉 x와 y 좌푯값이 0 이상인 구역에만 그리고 싶습니다. 그럼 그래프 그리기를 y 좌표의 값이 0이 될 때까지 하면 되겠군요. 그런데 좌표의 y 값은 소수점이 있는 실수로 변할 겁니다. 어떻게 0이 됐는지 알 수 있을까요? 다른 방법이 있을 수 있지만 여기서는 바닥함수를 사용하겠습니다. 바닥함수는 그 실숫값 이하의 가장 가까운 정수를 가져다 줍니다. 예를 들면, 'y좌표' 값이 0.5, 0.4, 0.3, 0.2, 0.1, 0.0까지 모두 바닥함수의 값은 0입니다. 그러다 'y좌표' 값이 −0.1이 되는 순간 바닥함수의 값은 이 수보다 작은 최대 정수인 −1이 되는 거지요. 그러면 [바닥 함수▼ (y좌표) < 0] 블록처럼 'y좌표'의 바닥함수 값이 0보다 작을 때까지 [까지 반복하기] 블록을 이용해 그리기를 반복하면 되겠습니다.

그래프를 그리는 반복문 안에서 어떤 작업을 하는지 보겠습니다. 우선 증가하는 'x좌표' 값에 해당하는 'y좌표' 값을 구하기 위해 `f(x) 1` 추가 블록에 'x좌표'를 '좌표간격'으로 나눈 값을 매개변수로 보냅니다. 이차, 다항 함수에서 배웠지만 나중에 'y좌표' 결괏값에 '좌표간격'을 곱할 것이므로 입력값에서는 '좌표간격'만큼 나눠야 합니다. 이 추가 블록으로 얻은 결괏값 'f(x)_return'을 `변수 을(를) 0 로 정하기` 블록으로 변수 'y좌표'에 넣습니다. 그리고 `x: 120 y: -140 로 이동하기` 블록의 x좌표의 값을 'x좌표'로 하고 y좌표의 값은 'y좌표'에 '좌표간격'을 곱한 값을 지정해 펜을 이동시킵니다. 그다음 `변수 을(를) 1 만큼 바꾸기` 블록을 이용해 x의 값을 1만큼 증가시켜서 다음 반복할 때의 위치를 계산하도록 준비합니다. `펜 내리기` 블록이 있으니 펜이 변하는 위치에 따라 그리기를 계속하겠지요? 아래 스크립트를 보고 한 단계씩 따라서 확인해 보세요.

지금까지 만든 스크립트를 실행해 삼차 함수 그래프가 그려지는지 확인해 보겠습니다. 🏁 버튼을 눌러서 프로그램을 실행하고 변숫값은 변경하지 않은 상태에서 무대에 있는 ⏵ 버튼을 눌러보세요. 다음 페이지의 화면처럼 원하는 그래프가 그려졌나요?

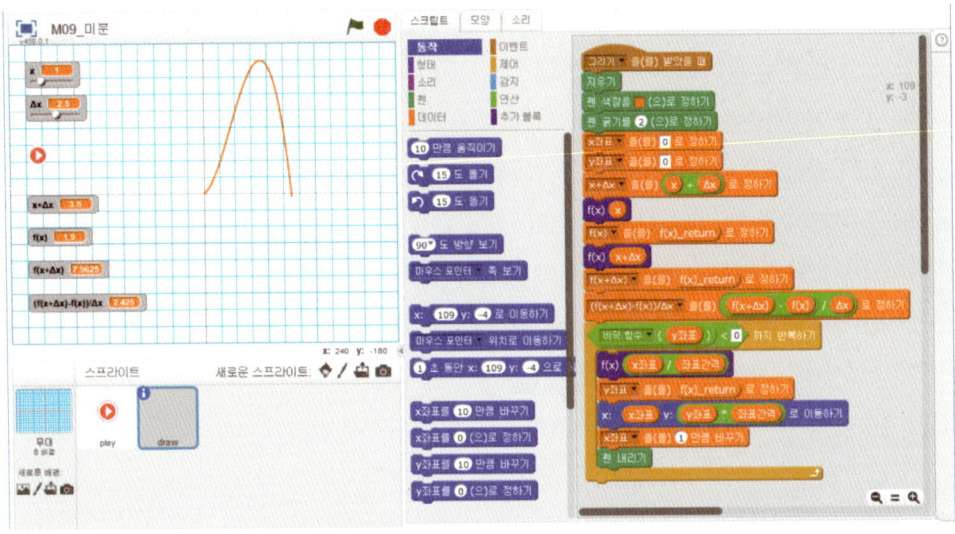

지금까지 삼차 함수 그래프를 그렸으니 이제 미분의 평균 변화율을 표시하기 위한 선과 그래프를 그리겠습니다. 먼저 그릴 선은 아래 화면처럼 변수 'x'의 위치에서 삼차 함수 곡선에 닿는 녹색의 기준선입니다.

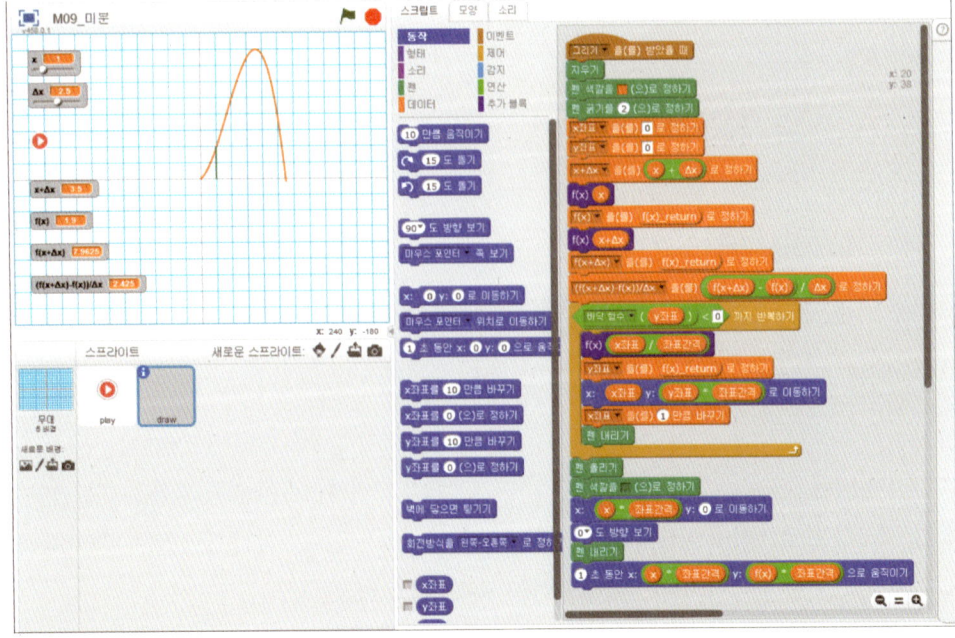

16장 _ 미분

이전 삼차 함수를 그리고 난 위치에서 이동해야 하므로 `펜 올리기` 블록으로 펜이 화면에 그림을 그리지 않게 하고 `펜 색깔을 (으)로 정하기` 블록으로 펜의 색을 녹색으로 바꿉니다. 변수 'x'의 값에 해당하는 기준선을 만들기 위해 `x: 120 y: -140 로 이동하기` 블록에 x좌표의 값으로 변수 'x'에 '좌표간격'만큼 곱한 값을 넣고 x축에서 그리기 시작할 것이므로 y 좌표는 0으로 설정하겠습니다. 그리고 `180도 방향 보기` 블록의 값을 0으로 해서 펜이 위를 보고 그리도록 방향을 정합니다. 그다음 `펜 내리기` 블록을 사용해 그리기를 준비합니다. 이제 `1 초 동안 x: 18 y: -10 으로 움직이기` 블록을 이용해 선을 그려서 앞에서 만든 삼차 함수 곡선과 닿게 합니다. x 좌표는 현 위치로 하고 y 좌표는 삼차 함수 곡선 위의 값인 변수 'f(x)'에 있는 계산 값에 '좌표간격'을 곱한 위치까지 움직이게 하면 되겠죠? 아래 스크립트를 보고 지금까지 만든 내용과 일치하는지 확인해 보세요.

이제 연속해서 변수 'f(x)' 값에 해당하는 y축의 기준선을 만들겠습니다. 아래 화면을 보면 어떤 선을 만들 것인지 이해되지요?

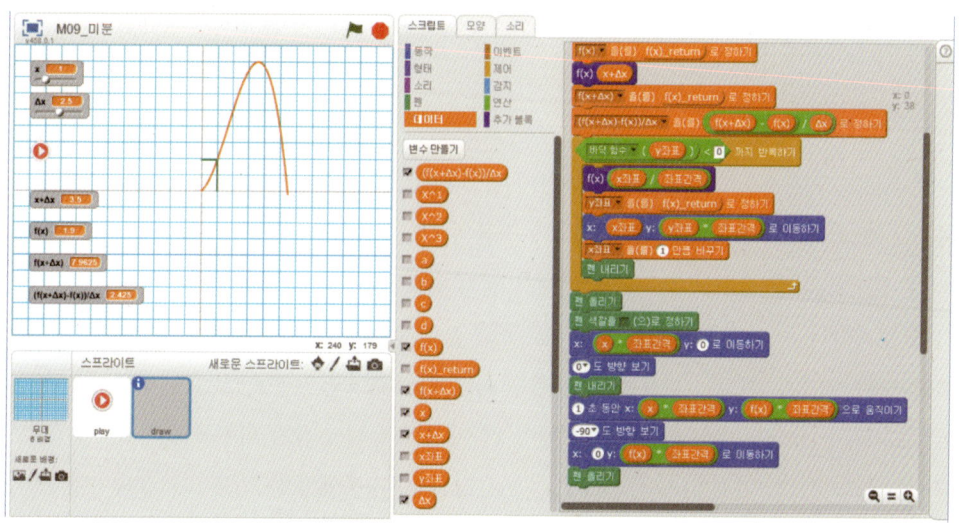

프로그래머가 알려주는 수학

펜이 왼쪽의 y축을 보고 선을 그려야 하므로 `180 도 방향 보기` 블록의 값을 -90으로 지정합니다. 'y'축으로 이동할 것이므로 `x: 120 y: -140 로 이동하기` 블록의 x 좌표의 값은 0으로 지정하겠습니다. y 좌표는 변수 'f(x)'에 '좌표간격'만큼 곱한 값을 넣고 펜이 이동하게 합니다. 선을 그리고 나면 다음 선을 그릴 때까지 `펜 올리기` 블록으로 펜이 이동 중에 화면에 그림을 그리지 않게 합니다.

다음으로 아래 화면처럼 변수 'Δx' 와 'f(Δx)'의 값에 해당하는 기준선도 같은 방법으로 만들겠습니다.

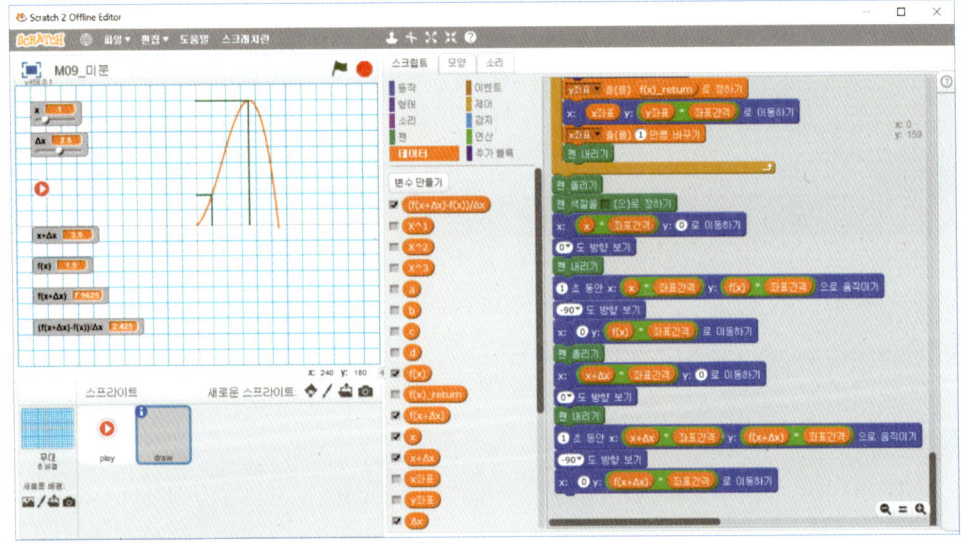

변수 'Δx'의 값에 해당하는 위치로 이동하기 위해 `x: 120 y: -140 로 이동하기` 블록에 x 좌표의 값을 변수 'Δx'에 '좌표간격'만큼 곱한 값을 넣고 y 좌표의 값은 0으로 해서 x축으로 이동하게 하겠습니다. `180 도 방향 보기` 블록의 값을 0으로 해서 펜이 위를 보게 하고 `펜 내리기` 블록을 사용해 그리기를 준비합니다. 이제 `1초 동안 x: 18 y: -10 으로 움직이기` 블록의 x좌표는 현 위치인 'x+Δx'에 '좌표간격'을 곱한 값으로 하고 y 좌표는 삼차 함수 곡선 위의 함숫값인 'f(x+Δx)'에 '좌표간격'을 곱한 위치로 정합니다. 그러면 1초 동안 펜이 x축에서 출발해서 삼차 함수 곡선과 만나는 점까지 선을 그리겠죠? 이제 함수 곡선의 'f(x+Δx)' 지점에서 y축에 닿는 선을 그리겠습니다. 펜이 왼쪽의 y축을 보게 `180 도 방향 보기` 블록의 값을 -90으로 지정합니다. 그리고 `x: 120 y: -140 로 이동하기`

블록의 x 좌표의 값은 0으로 하고 y 좌표는 변수 'f(x+Δx)'에 '좌표간격'만큼 곱한 값을 넣으면 펜이 y축을 향해 이동하게 합니다. 오른쪽 스크립트처럼 만들었나요?

이번에 그릴 선은 삼차 함수 곡선 위 두 구간을 잇는 선, 즉 평균 변화율을 나타내는 기울기 그래프입니다. 아래 화면에 표시된 직선입니다.

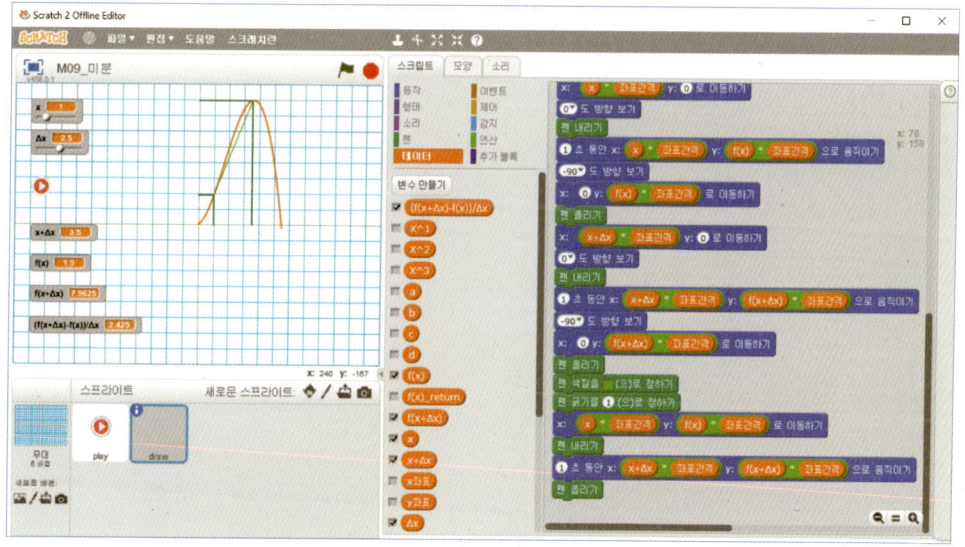

이제 또다시 새로운 위치로 이동해야 하므로 [펜 올리기] 블록으로 펜이 화면에 그림을 그리지 않게 하고 [펜 색깔을 ()로 정하기] 블록으로 펜의 색을 연두색으로 바꿉니다. [펜 굵기를 ① (으)로 정하기] 블록으로 펜 굵기를 1로 약간 얇게 바꿔주겠습니다. 그릴 직선의 시작 점은 변수 'x'의 값과 'f(x)'의 값, 다시 말해 변수 'x'의 기준선과 삼차 함수 곡선이 만나는 지점입니다. 시작점으로 이동하기 위해 [x: 120 y: -140 로 이동하기] 블록에 x 좌표의 값을 변수 'x'에 '좌표간격'만큼 곱한 값을 넣고 y 좌표에는 변수 'f(x)'에 '좌표간격'만큼 곱한 값을 넣습니다. 그리고 [펜 내리기] 블록을 사용해 그리기를 준비합니다. 이제 직선을 그릴 목표 지점을 정하고 [① 초 동안 x: 18 y: -10 으로 움직이기] 블록을 이용해 선을 그리면 되겠군요. 목표 지점은 x+Δx의 기준선과 삼차 함수 곡선이 만나는 점으로 x좌표는 변수 'x+Δx'에 '좌표간격'을 곱한 값이고 y좌표는 'f(x+Δx)'에 '좌표간격'을 곱한 값이 됩니다. 선을 다 그렸으면 [펜 올리기] 블록을 사용해 펜이 무대에 선을 더는 그리지 않게 합니다. 만들어진 스크립트는 오른쪽 그림과 같을 것입니다.

이제 스크립트가 모두 완성됐습니다. ▶ 버튼을 눌러서 프로그램을 실행하고 변수 'x'와 'Δx' 값을 슬라이드로 조정해 보세요. 그리고 ● 버튼을 눌러서 그래프와 접선, 그리고 평균 변화율을 확인하세요. 삼차 함수 곡선이 롤러코스터의 궤도라고 생각하고 다양한 구간의 기울기를 구해보면 미분의 원리를 이해할 수 있을 겁니다.

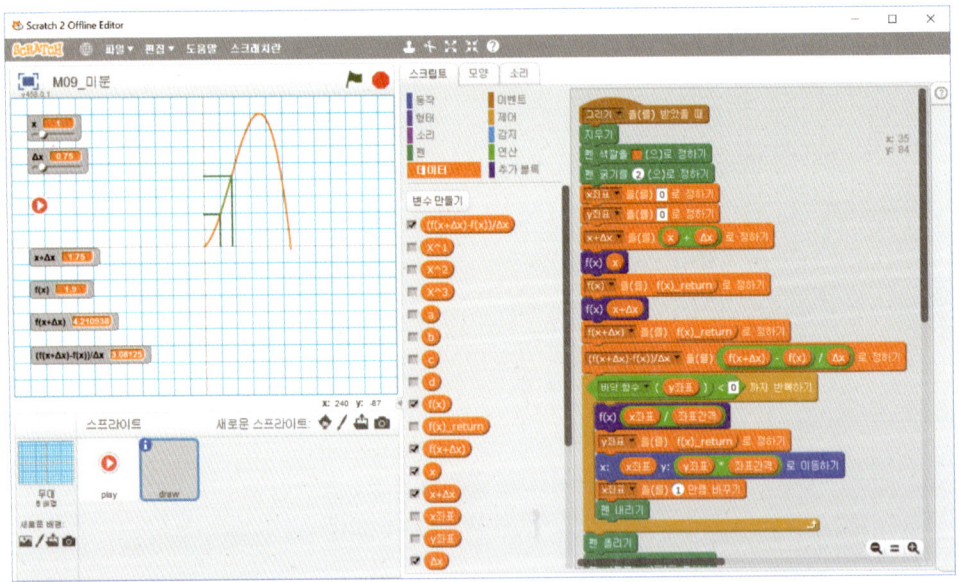

지금까지 미분이라는 어려운 개념을 살펴봤습니다. 미분을 정복한다는 생각보다는 미분의 기본 원리를 이해한다는 마음으로 정리해 보세요. 다음 장에서는 미분만큼이나 중요한 적분이라는 개념을 배우고 수학의 개념을 완성해 보려 합니다. 모두 준비됐나요?

적분 17

1 적분의 개념

뉴턴과 라이프니츠가 미분이라는 개념을 소개하면서 자연스럽게 등장한 개념이 적분입니다. 이후 미분과 적분은 수학뿐 아니라 공학이나 경제학에서도 자주 사용되는 중요한 개념으로 자리 잡았습니다. 미분이 함수의 순간변화율을 구하는 계산 과정이라면 적분은 함수의 면적을 계산하는 학문입니다.

사실 적분이라는 개념은 뉴턴이나 라이프니츠 같은 천재적인 학자들이 순간 고안해 낸 것이 아니고 아주 오래전부터 도형의 내부 넓이를 구하려던 소박한 생각에서 비롯된 것입니다.

적분의 역사가 구체적으로 기록돼 있지는 않지만 이미 이집트 시대에도 소유한 땅의 넓이와 수확량을 예측해서 세금을 거두기 위해 다양한 계산법을 생각해 냈습니다. 땅의 모양이 다행히 사각형이라면 밑변과 높이를 곱해서 넓이를 쉽게 구하겠지만 여러 가지 모양의 다각형, 타원형 또는 곡선 모양의 땅도 있으니 정확한 넓이를 구하기 위해 많은 고민을 거듭했습니다. 약 2,500년 전 그리스 시대에 이르러서는 완벽하지는 않지만 곡선과 타원의 면적을 계산하는 방식을 고안해서 사용했습니다. 아르키메데스는 구적법을 이용해 원과 구 등의 면적과 부피를 지금의 적분과 유사한 방식으로 구했습니다.

데카르트가 제시한 좌표와 그래프의 개념에서 뉴턴과 라이프니츠는 미적분학의 기반을 구축했습니다. 적분이라는 개념이 체계적인 학문으로 정립된 것은 19세기에 이르러 독일의 수학자 리만의 공로가 컸습니다. 적분은 오래전부터 자연스럽게 생겨난 개념이지만 학문으로서는 비교적 최근에 정립되어 꾸준히 발전되고 있습니다.

2 일상생활 속의 적분

그럼 이번에는 곡선 모양의 땅의 면적을 구해보면서 적분의 원리에 다가가겠습니다. 곡선 모양의 땅이 있다고 해봅시다. 정확한 면적을 알아야 여기에 따른 세금을 부과할 수 있습니다. 어떻게 하면 쉽고 정확하게 면적을 구할 수 있을까요? 해답은 우리가 아는 상식에서 찾을 수 있습니다. 바로 면적을 구하기 가장 쉬운 도형은 사각형이라는 것입니다. 곡선 안에 사각형을 넣어 사각형의 면적을 구하고 나머지 공간의 면적을 더해주면 곡선의 면적을 구할 수 있습니다. 이론적으로는 쉬워 보이는데 사각형을 집어넣고 나니 빈 곳이 꽤 되는군요. 그러면 공간을 최소화하는 방법은 무엇일까요? 그렇습니다. 사각형을 가능한 한 잘게 여러 개로 쪼개어 곡선 안에 넣으면 공간이 적어집니다. 잘게 쪼갠다는 것은 미분의 개념이고 이렇게 잘게 쪼갠 조각들을 모은다는 개념이 적분입니다. 가능한 한 잘게 나눌수록 공간이 작아지고 정확하게 면적을 계산할 수 있습니다.

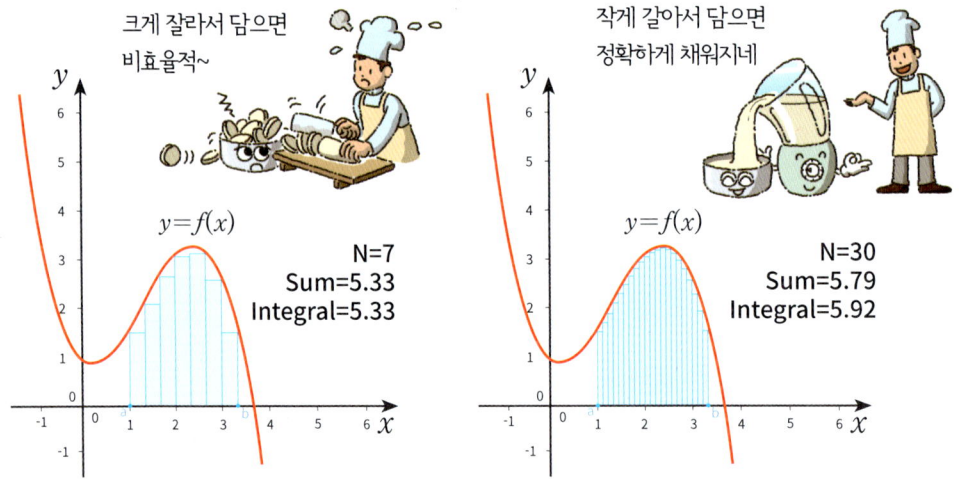

그림 17.1 적분의 개념

위에서 보는 함수 $y=f(x)$의 a지점과 b지점 간의 면적은 5.92입니다. 왼쪽 그래프에서는 면적에 7개로 나눈 사각형을 넣었더니 사각형들의 면적의 합이 5.33이 됐습니다. 오른쪽 그래프에서는 사각형을 보다 잘게 쪼개어 30개로 나누어 넣었더니 공간이 많이 줄어들어 사각형들의 면적의 합은 5.79로 실제 그래프 면적에 근접하는 것을 알 수 있습니다.

17장 _ 적분

수학에서 적분을 표시하는 방법을 배워보겠습니다. 우리가 주로 사용하는 적분 기호는 독일의 수학자 라이프니츠가 만든 ∫을 사용하고 인테그랄이라고 읽습니다. 잘게 나눈 조각을 모은다는 의미의 sum의 머리글자 S를 따온 기호입니다. 오른쪽 좌표에 있는 함수 $y=f(x)$의 a 지점과 b지점 간의 면적을 나타내고자 합니다.

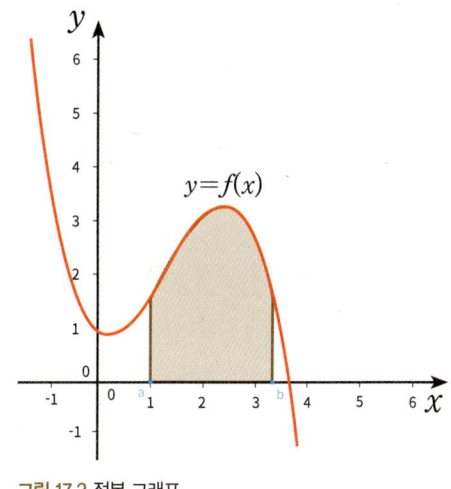

그림 17.2 적분 그래프

이 함수 그래프의 면적을 구하는 수학식은 아래와 같이 표시하고 '인테그랄 a에서 b까지 에프엑스 디엑스'라고 읽습니다.

$$\int_a^b f(x)\,dx$$

인테그랄도 어려운데 디에프까지 모르는 용어들이 나오는군요. 적분의 원리에 따라 수학식을 쉽게 설명해 볼까요? 위의 그래프의 면적도 결국은 잘게 쪼갠 사각형의 합으로 구할 수 있습니다. 이해를 돕기 위해 단순하게 네 개의 조각으로 나눠 함수 면적에 채워서 넣겠습니다. 그러면 구하려는 함수 그래프의 면적은 네 개의 사각형을 더한 값과 근삿값이 됩니다.

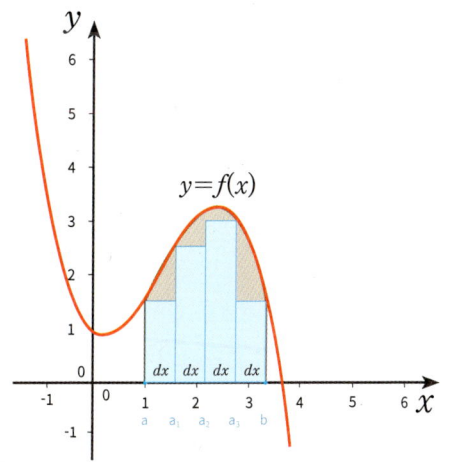

그림 17.3 적분 그래프와 면적

그림 17.3에 나온 네 사각형 크기의 합을 구해 보겠습니다. 첫 번째 사각형의 세로는 좌표 x 가 a일 때 함수의 y값인 $f(a)$와 x 구간의 변화량인 dx가 됩니다. 같은 방식으로 두 번째, 세 번째, 네 번째 사각형의 넓이도 구할 수 있습니다.

$$\text{넓이의 합} = f(a) \times dx + f(a_1) \times dx + f(a_2) \times dx + f(a_3) \times dx$$

당연히 사각형을 더 잘게 쪼개면 x 구간의 변화량인 dx도 작아지고 사각형 넓이의 합은 함수의 면적과 더 가까워지겠지요. 이것이 적분의 원리입니다.

3 스크래치로 만든 적분

인류 역사에서 적분이라는 개념이 필요하게 된 것이 고대 시대부터 땅의 면적을 정확히 측정하기 위한 것이라 이야기했습니다. 굴곡진 땅의 면적을 측정하기 위해 곡선 안에 작은 사각형을 넣어서 측정하는 방법도 생각해 봤고요. 이번 예제는 미분 함수에서 사용했던 삼차 함수 곡선을 땅의 모양이라고 생각하고 이 안에 상대적으로 큰 사각형 2개를 넣어서 측정한 면적과 잘게 쪼개어 4개로 만든 사각형을 채웠을 때 면적이 어떻게 다른지 스크래치로 비교해 보겠습니다. 물론 적분의 원리에 의해 사각형을 더 잘게 쪼개어 측정하면 좀 더 정확한 면적이 나오겠지요. 예제는 어떻게 구성돼 있을까요? 완성된 예제 파일을 열어보고 어떻게 작동하는지 확인해 보겠습니다. 스크래치 오프라인 에디터를 실행하고 [파일] 메뉴에서 [열기]를 선택한 후 예제 파일의 'M10' 폴더에 있는 'M10_적분.sb2' 파일을 열어보세요.

다음 페이지의 화면과 같은 적분 예제 프로젝트가 보일 것입니다. 그런데 ▶ 버튼이 두 개가 있군요. 하나는 '2개'라고 표시돼 있고 나머지 하나는 '4개'라고 적혀 있습니다. 우선 ▶ 버튼을 클릭해서 프로그램을 실행해 보세요. 그리고 위에 '2개'라고 표시된 ▶ 버튼을 클릭하겠습니다. 다항 함수의 그래프가 그려지고 그 안에 녹색으로 사각형 두 개가 채워지네요. 그리고 넓이의 합이 10.8로 구해집니다.

17장 _ 적분

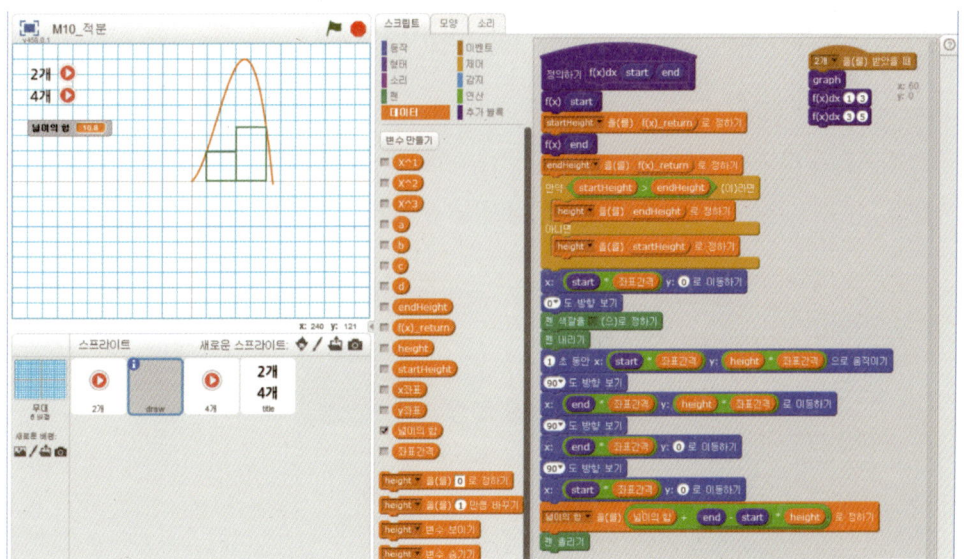

이번에는 아래에 있는 '4개'라고 적힌 ▶ 버튼을 클릭하겠습니다. 같은 다항 함수의 그래프가 그려지고 이번에는 녹색 사각형 네 개가 채워지네요. 그런데 넓이의 합이 17.9로 늘어난 것을 확인할 수 있습니다. 앞에서 설명한 대로 채워지는 사각형을 더 잘게 쪼개니까 눈으로 봐도 채워지는 면적이 넓어지고 그 사각형의 합도 늘었습니다. 이 예제로 적분의 개념이 좀 더 쉽게 이해되나요?

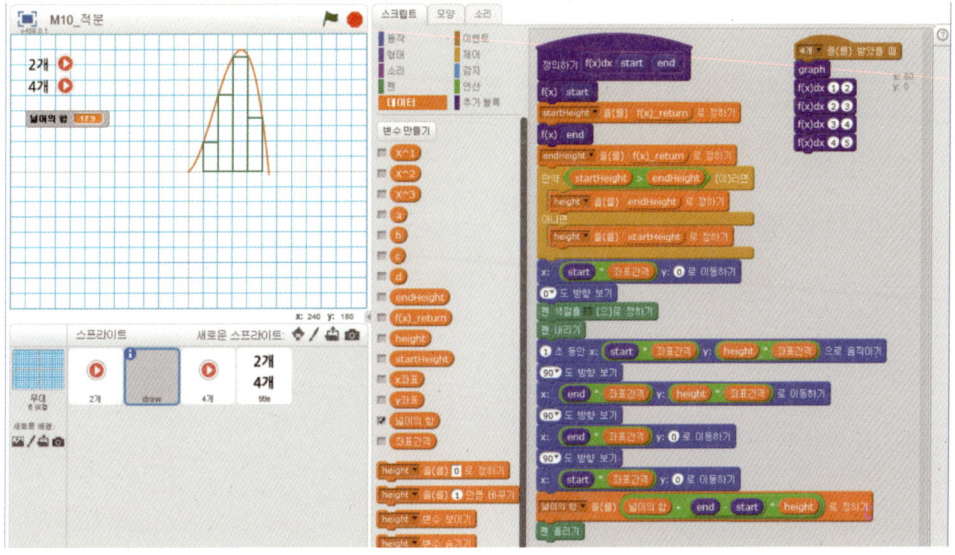

299

프로그래머가 알려주는 수학

4 무대와 스프라이트 확인하기

이제 적분을 배우기 위해 새로운 프로젝트를 만들겠습니다. 아래 화면처럼 새 프로젝트에 포함된 고양이 스프라이트를 삭제하겠습니다. 스프라이트 영역에서 고양이 그림 위에 마우스 오른쪽 버튼을 클릭한 후 메뉴에서 [삭제]를 선택하면 고양이 스프라이트가 지워집니다.

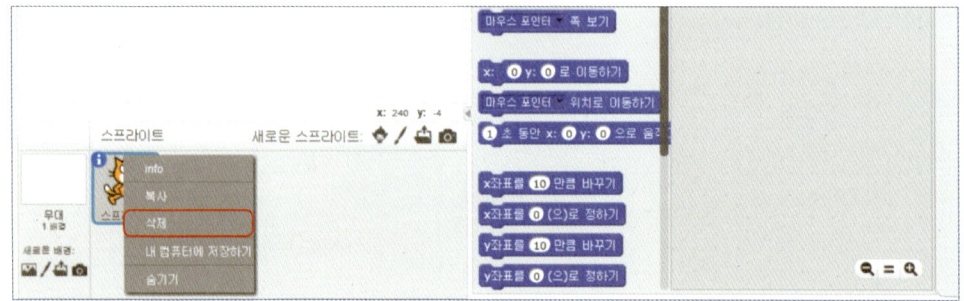

이번 예제에도 미분에서 사용한 좌표 그림을 무대의 배경으로 사용하겠습니다. 아래 화면처럼 스크래치 저장소에 있는 'xy-grid-20px'라는 이름의 좌표 그림을 선택해서 사용하세요. 이 좌표는 20픽셀 단위의 격자가 하나의 눈금으로 돼 있어 좌표와 그래프를 표시하기에 좋습니다.

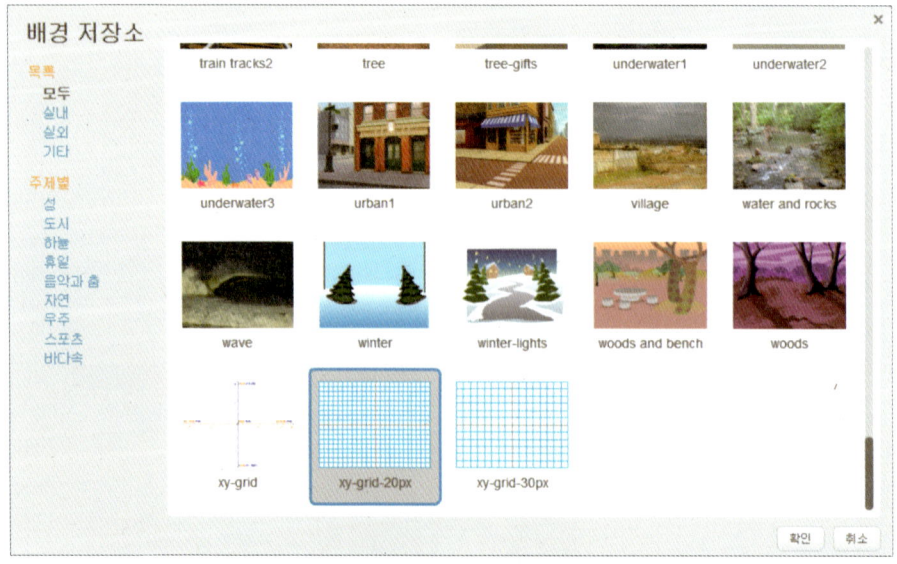

이번에는 예제에서 사용할 스프라이트를 선택하겠습니다. 적분 예제에서는 외부에서 두 개의 그림 파일을 이용해 세 개의 스프라이트를 만들 것입니다. 첫째는 앞의 예제와 같은 방식으로 이벤트를 알리는 용도로 'play.png'( )라는 그림 파일을 사용합니다. 그리고 무대에 '2개', '4개'를 표시하는 'title.png'라는 그림 파일도 가져올 것입니다. 새로운 스프라이트 버튼 중 외부에서 그림 파일을 가져오는 세 번째 버튼을 누르고 파일 선택 창에서 'M10' 폴더에 있는 'play.png'와 'title.png'를 선택해 주세요.

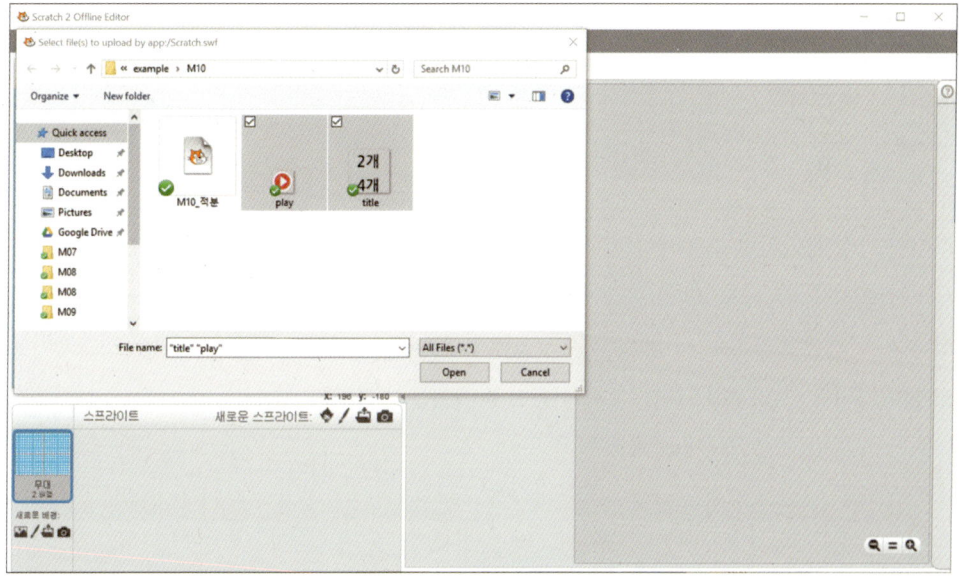

완성된 예제 프로그램에는 두 개의 시작 버튼이 있었습니다. 하나의 시작 버튼을 더 만들기 위해 'play.png'( )라는 그림 파일을 한 번 더 가져옵니다. 다음 페이지의 화면처럼 같은 파일을 한 번 더 가져오니 스프라이트 이름이 'play2'라고 돼 있습니다. 두 시작 버튼을 나타내는 스프라이트의 의미를 명확하게 하기 위해 이름을 바꾸겠습니다. 다음 페이지의 화면처럼 스프라이트 위에서 마우스 오른쪽 버튼을 클릭한 후 [info] 메뉴를 선택하세요.

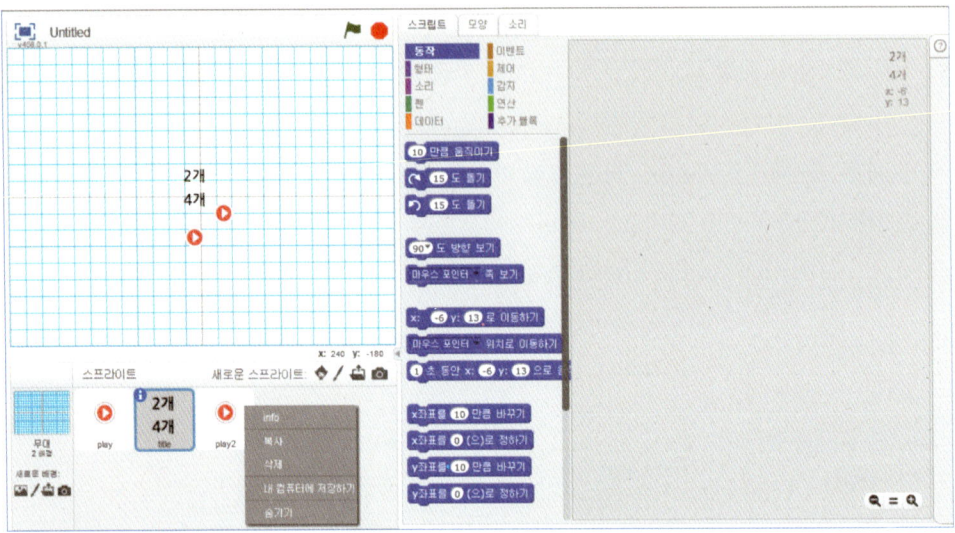

그러면 아래 화면처럼 스프라이트의 정보가 스프라이트 영역에 보입니다. 스프라이트의 이름을 바꿔줍시다. 두 개의 ▶ 스프라이트 중 하나의 이름을 '2개'로 바꾸고 나머지는 '4개'로 정합니다. 이름을 바꾸고 나서 왼쪽 위 모서리에 있는 파란색 화살표 버튼을 눌러서 스프라이트로 돌아가세요. 그리고 스프라이트의 이름이 바뀌었는지 확인합니다.

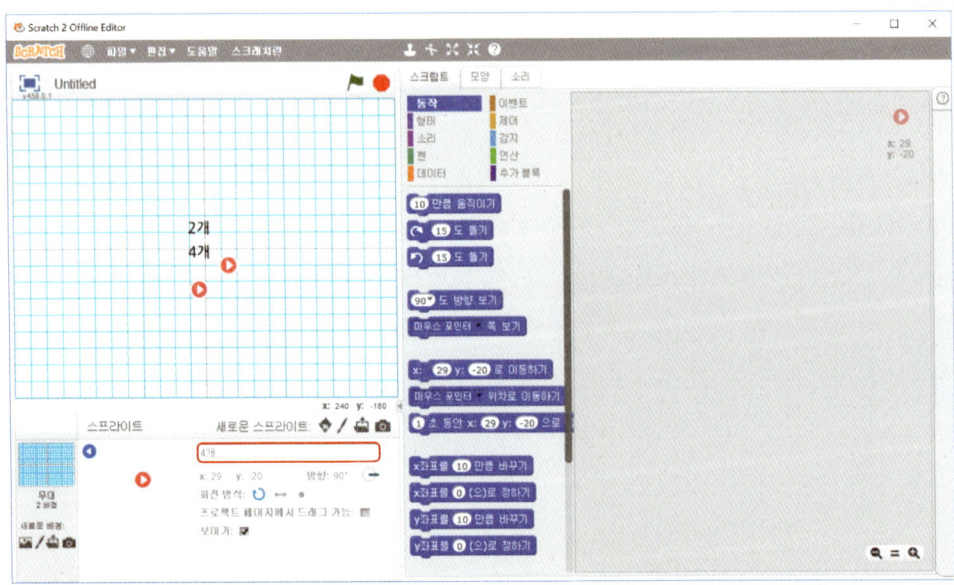

이번 예제도 앞에서 배운 미분 프로젝트와 같이 빈 스프라이트를 만들고 여기서 적분 그래프를 그리는 스크립트를 만들 겁니다. 아래 화면처럼 새로운 스프라이트를 만드는 버튼 중 두 번째에 있는 붓 모양의 [새 스프라이트 그리기] 버튼을 눌러서 그림이 없는 빈 스프라이트를 만드세요.

새로 만든 빈 스프라이트의 이름도 의미를 명확하게 하기 위해 'draw'라고 이름을 바꿉니다. 스프라이트의 이름을 바꾸는 과정을 다시 따라 해 볼까요? 빈 스프라이트 위에서 마우스 오른쪽 버튼을 클릭한 후 메뉴에서 [info]를 선택합니다.

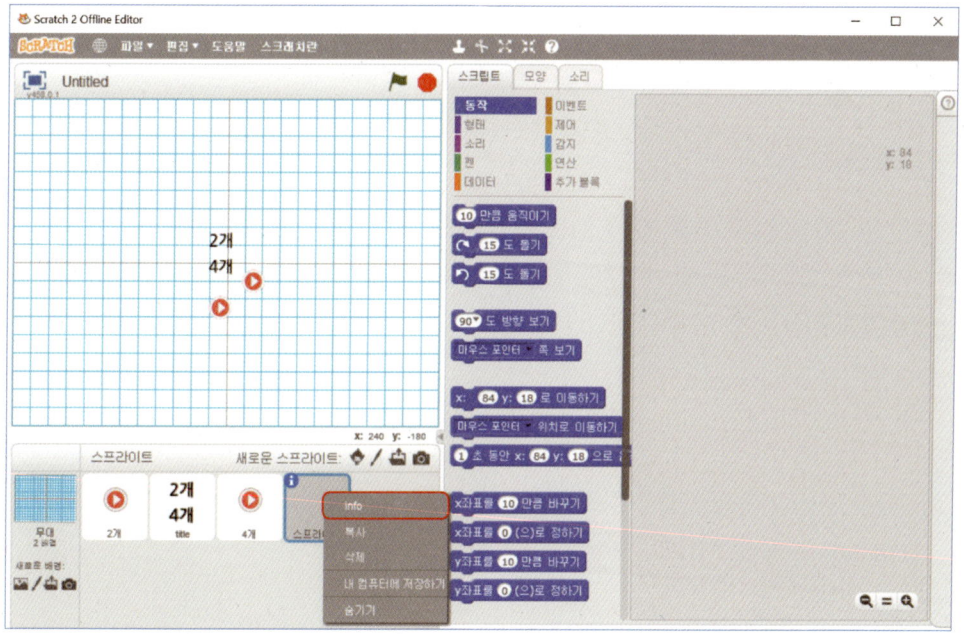

그러면 다음 페이지의 화면처럼 스프라이트 영역에 스프라이트 정보가 나옵니다. 스프라이트 정보 이름란에 원하는 'draw'라는 이름을 넣어주세요. 그리고 왼쪽 위 모서리에 있는 파란색 화살표 버튼을 눌러서 이름 변경을 마칩니다.

프로그래머가 알려주는 수학

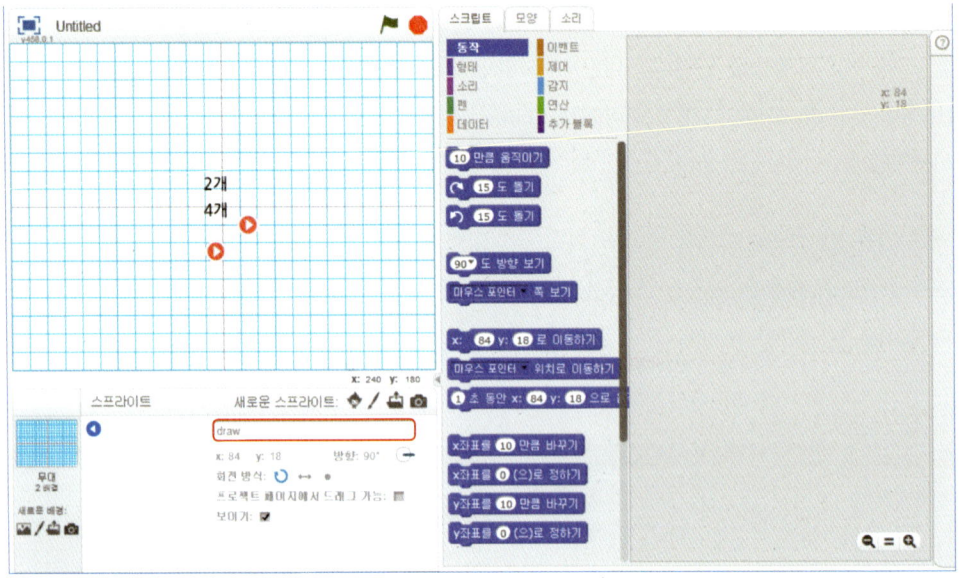

지금까지 작업한 프로젝트를 'M10_적분'이라는 이름으로 저장해 두겠습니다. 프로젝트를 저장하기 위해 메뉴에서 [파일] → [저장하기]를 차례로 선택하고 아래 화면처럼 알림창에서 파일의 이름과 위치를 정하고 저장합니다.

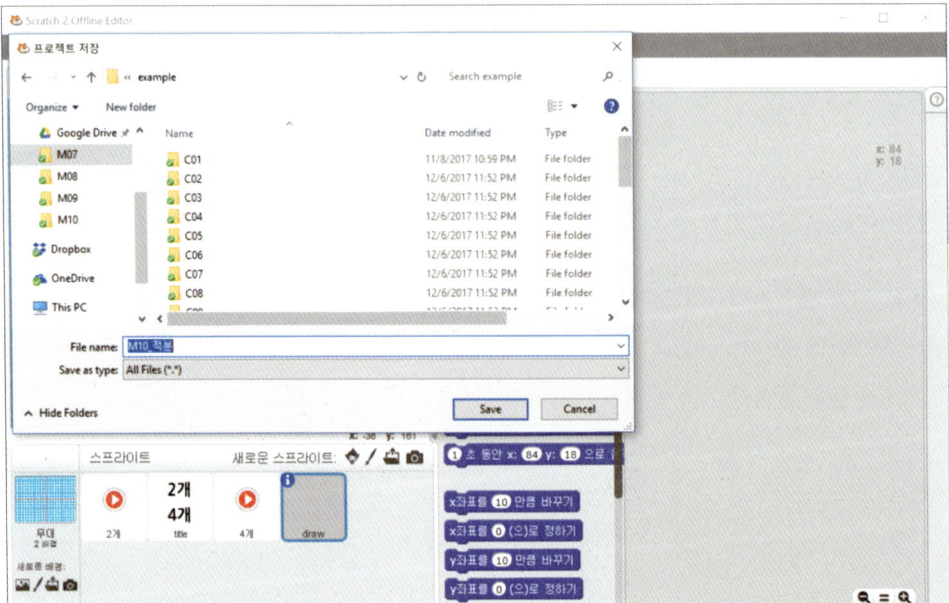

5 변수 만들기

이번 예제에도 여러 변수를 사용할 것입니다. 그중에는 앞서 배운 미분 예제 프로그램에서 사용한 변수도 많이 있습니다. 기본적으로 삼차 함수 곡선과 좌표를 사용하는 방식이 같으니까요. 그럼 미분 예제에서 사용했던 변수부터 정리해 볼까요?

먼저 다항 함수 그래프를 그리기 위해 사용했던 삼차 함수 공식을 보고 이를 위해 사용한 변수를 정리해 보겠습니다. 아래 공식 속에 나오는 'a', 'b', 'c', 'd'와 x^3을 의미하는 'X^3', x^2를 의미하는 'X^2', x를 나타내는 'X^1'가 변수로 필요하겠군요.

$$y = ax^3 + bx^2 + cx + d$$

앞에서 배운 미분 예제에서 함수와 내부 계산을 위한 변수 몇 개를 더 만들었습니다. 삼차 함수를 계산하는 f(x) 함수를 추가 블록의 결괏값을 저장하기 위해 'f(x)_return'이라는 변수도 만듭니다. 그래프를 그리기 위해 x와 y의 변하는 좌표를 담아두는 'x좌표'와 'y좌표'라는 변수도 만들었습니다. 무대의 배경인 좌표의 격자 간격이 20픽셀이므로 결괏값을 격자 크기에 맞게 확대해서 표시하는 데 사용했던 '좌표간격' 변수도 그대로 사용하겠습니다.

일단 지금까지 정의한 변수를 아래 화면처럼 하나씩 만들어 봅시다. 변수를 만들기 위해 블록 팔레트 데이터 영역에서 [변수 만들기] 버튼을 눌러서 알림창에 변수 이름을 입력한 후 [확인] 버튼을 누르는 과정은 모두 알고 있을 것입니다.

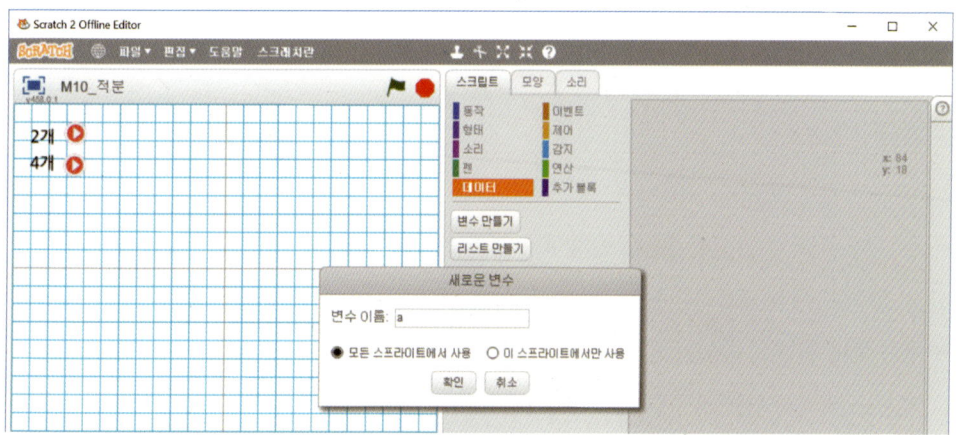

이번에는 미분 예제에서는 만들지 않았지만 적분 예제를 위해 사용할 변수 몇 개를 더 만들겠습니다. 적분의 개념이 함수 그래프 안에 들어가는 잘게 쪼갠 사각형을 채우고 사각형의 면적을 합하는 것이라 배웠습니다. 모두 사각형의 넓이를 구하는 방식은 높이에 밑변을 곱해야 한다는 것은 잘 알고 있을 겁니다. 사각형의 밑변은 격자 간격으로 정하면 되는데 높이는 어떻게 구할까요?

아래 그림을 보고 이해해 봅시다. 주황색 함수 곡선 그래프의 면적을 구하기 위해 사각형을 채울 것입니다. 사각형의 밑변은 격자 하나이므로 1이 됩니다. 그러면 함수 곡선 안에는 총 네 개의 사각형을 채울 수 있겠군요. 그럼 아래 그림의 첫 번째 사각형을 보고 높이를 구하는 방식을 생각해 봅시다. 미분에서 배운 f(x) 함수 추가 블록을 이용하면 'startHeight'와 'endHeight'를 구할 수 있습니다. 녹색 사각형의 좌측 변의 x는 1이므로 'startHeight'는 f(1)이 되어 추가 블록 f(x)에 매개변수 1을 보내면 그 값이 구해집니다. 같은 방식으로 우측 변은 x 좌표의 값이 2이므로 'endHeight'의 값은 f(2)가 됩니다. 그러면 사각형의 높이는 'startHeight'와 'endHeight' 중 작거나 같은 값이 되겠네요. 여기서는 'startHeight'가 사각형의 높이인 'height'가 됩니다. 그럼 이 사각형의 넓이는 'height'에 밑변의 길이인 1을 곱하면 되겠습니다.

오른쪽 그림을 보면 이해하기가 쉬울 겁니다. 사각형의 넓이를 계산하기 위해 사용한 'startHeight', 'endHeight', 'height'를 모두 변수로 선언하겠습니다.

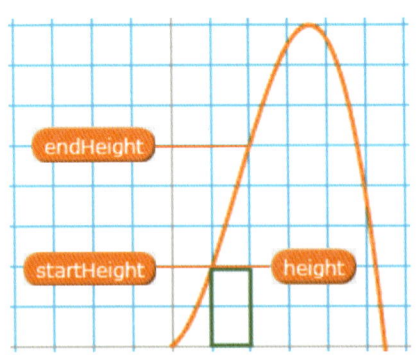

이제 남은 것은 사각형의 넓이의 합을 저장하고 무대에 보여 줄 '넓이의 합'이라는 변수를 만드는 겁니다. 이 예제에서는 변수 중 '넓이의 합'만 무대에 보여 줄 것이므로 다음 페이지의 화면처럼 블록 팔레트 데이터 영역에 보이는 변수 중 '넓이의 합'을 제외하고 나머지 변수 이름 앞에 있는 체크 표시를 지워주세요.

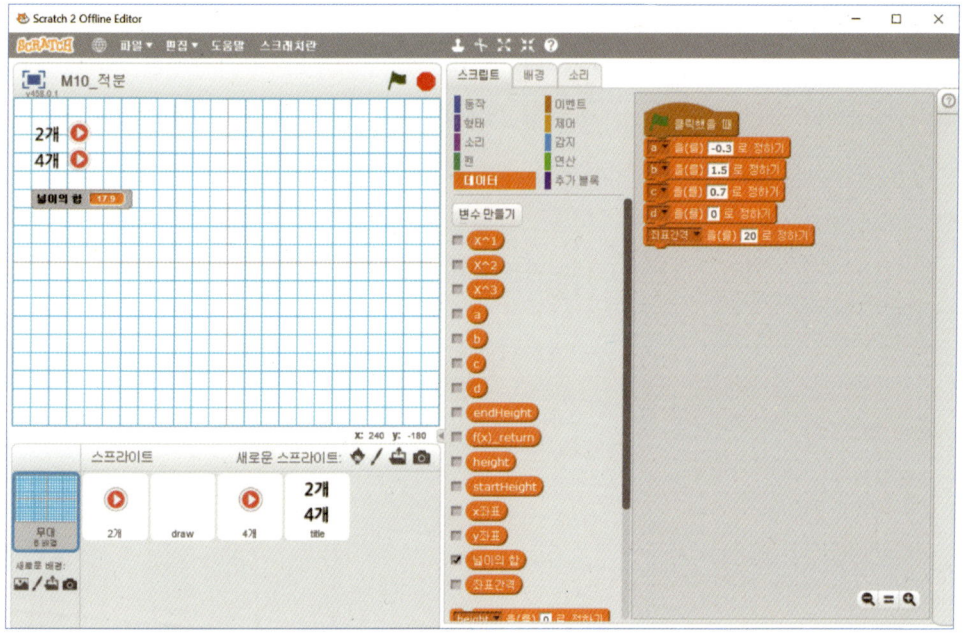

6 변수 초기화와 시작 이벤트

지금까지 만든 변수 중 삼차 함수 그래프를 그리기 위한 변수 'a', 'b', 'c', 'd'와 '좌표간격'은 프로그램 실행 시 초기화하겠습니다. 이번 예제에서도 변수의 초기화는 무대의 스크립트 영역에서 하겠습니다. 무대의 스크립트 영역에 [클릭했을 때] 이벤트 블록을 가져다 두고 아래에 변숫값을 초기화하겠습니다. 각 변수의 값은 [변수▼ 을(를) 0 로 정하기] 데이터 블록을 이용해 정합니다. 삼차 함수를 정의하는 변수 'a', 'b', 'c', 'd'의 값은 미분 예제와 같이 -0.3, 1.5, 0.7, 0으로 초기화합니다. 이 값으로 실행하면 화면에 앞에서 실행한 다항 함수 그래프가 그려질 것입니다. '좌표간격'은 값은 무대 좌표 그림의 격자 간격인 20으로 정합니다.

그래프를 그리는 이벤트를 위해 ▶ 버튼을 클릭했을 때 메시지를 발생하겠습니다. 그런데 적분 예제에는 ▶ 버튼이 두 개입니다. 그러므로 이벤트도 두 가지를 만들어야 합니다.

첫 번째 이벤트는 '2개'라고 이름을 정한 ▶ 스프라이트에 만들겠습니다. '2개' ▶ 스프라이트 스크립트 영역에 스프라이트 자신이 클릭될 때 실행되는 [이 스프라이트가 클릭될 때] 블록을 가져다 둡니다. 나중에 '2개' ▶ 스프라이트가 클릭되면 사각형 두 개를 함수 곡선 안에 그릴 것입니다. 그러기 위해서 '2개' 메시지를 보내는 기능을 [메시지1▼ 방송하기] 이벤트 블록에 만듭니다. 아래 화면처럼 새로운 메시지를 만들기 위해 [메시지1 방송하기] 블록의 메시지 영역을 클릭해서 나오는 메뉴 중 [새 메시지…]를 선택해서 '2개'라고 메시지 이름을 넣어서 새 메시지를 만들어 주세요.

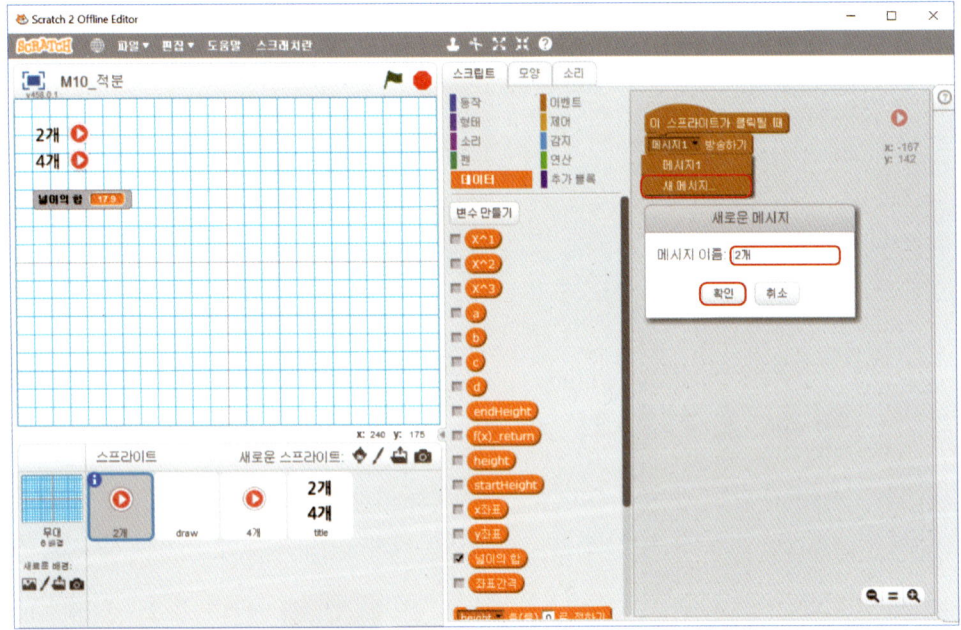

이번에는 같은 방식으로 '4개'라고 이름이 적힌 ▶ 스프라이트에 이벤트를 만들겠습니다. 다음 페이지의 화면처럼 '4개' ▶ 스프라이트 스크립트 영역에 스프라이트 자신이 클릭될 때 실행되는 [이 스프라이트가 클릭될 때] 블록을 가져다 둡니다. 이 스프라이트가 클릭 되면 사각형 네 개를 함수 곡선 안에 그리기 위해 '4개'라는 이름의 메시지를 발생시킬 것입니다. 다음 페이지의 화면처럼 이벤트 블록 중 [메시지1▼ 방송하기] 블록을 가져다 '4개'라는 이름의 새 메시지를 만듭니다.

17장 _ 적분

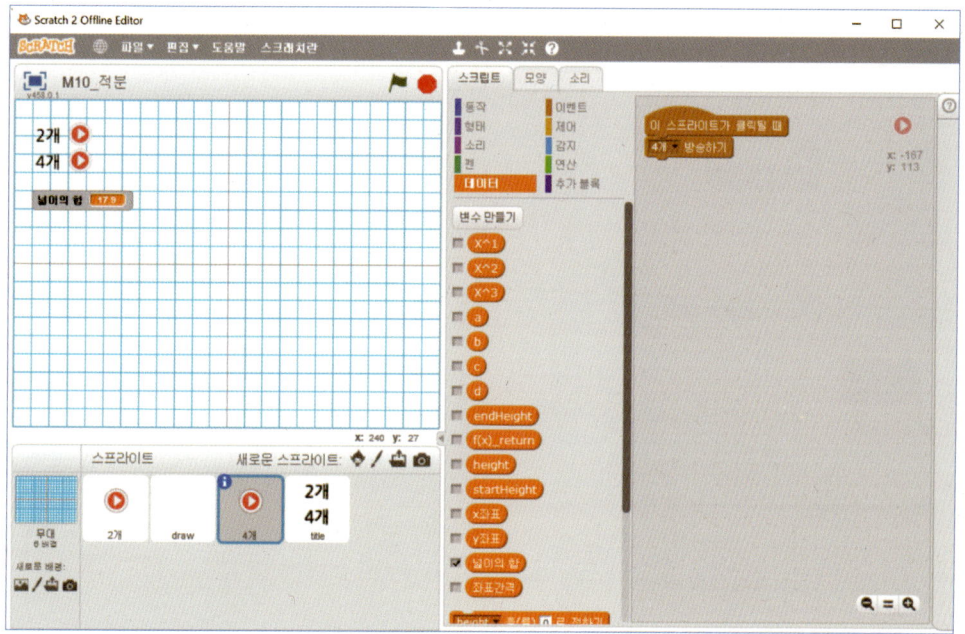

지금까지 두 가지 ▶ 실행 버튼의 이벤트 발생 스크립트를 만들었습니다. 다음으로 메시지를 받아 그래프를 그리는 스크립트를 만들어 보겠습니다.

 **그래프 스크립트 만들기**

　　적분 그래프를 그릴 때는 추가 블록을 세 개 사용할 것입니다. 그만큼 공통적으로 반복되는 기능이 많다는 것을 의미합니다.

그러면 어떤 기능을 함수, 즉 추가 블록으로 만들지 생각해 볼까요? 첫 번째는 삼차 함수 곡선 그래프를 무대에 그리는 'graph'라는 추가 블록입니다. 앞선 미분 예제에서는 프로그램에서 함수 곡선을 한 번만 그리면 됐지만 이번 적분 예제에서는 '2개'와 '4개' ▶ 실행 버튼을 누를 때마다 같은 함수 그래프를 그려야 하므로 반복 작업을 공통 함수인 추가 블록으로 만듭니다. 다음 페이지의 화면처럼 블록 팔레트에 있는 추가 블록 영역에서 [블록 만들기] 버튼을 눌러주세요. 그리고 새로운 블록 알림창에서 이름을 'graph'라고 정하고 추가 블록에 보낼 매개 변수가 없으므로 그냥 [확인] 버튼을 누릅니다.

309

프로그래머가 알려주는 수학

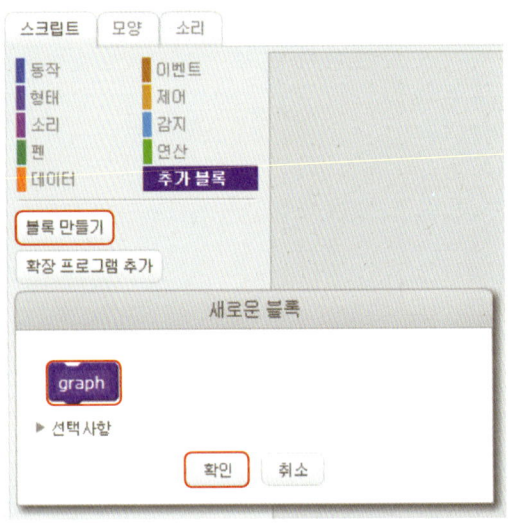

추가 블록이 만들어졌으면 추가 블록을 정의하는 블록 아래에 그래프를 그리는 스크립트 블록을 만듭니다. 삼차 함수 그래프를 그리는 방식은 앞에서 배운 미분 예제와 비슷합니다. 그러므로 간단히 필요한 부분을 정리하겠습니다. 다음 페이지의 스크립트 그림을 보며 한 단계씩 따라 해 보세요. 먼저 'graph'를 정의하는 추가 블록 아래에 그래프를 새로 그리기 위해 [지우기] 블록으로 무대를 지우고, [펜 색깔을 ■(으)로 정하기] 블록과 [펜 굵기를 ① (으)로 정하기] 블록을 이용해 펜의 색을 주황색으로 지정하고 굵기를 2로 지정하겠습니다. 그래프를 그리기에 앞서 'x좌표', 'y좌표', '넓이의 합' 변숫값을 초기화하겠습니다. 변수 초기화를 위해 [변수 을(를) ① 로 정하기] 블록을 사용했습니다.

앞의 미분 단원에서 그래프를 좌표의 1사분면인 x, y 좌표가 0보다 큰 구역에 그래프를 그리는 방법을 배웠습니다. 바로 바닥함수를 이용한 [바닥 함수 (y좌표) < 0] 블록으로 'y좌표'의 바닥 함수 값이 0보다 작을 때까지 [까지 반복하기] 블록을 이용해 그리기를 반복하는 로직입니다. 혹시 기억이 안 나거나 이해하기 어려우면 앞의 미분 단원으로 돌아가 복습해 보세요.

그래프를 그리는 반복문 안에서 하는 첫 번째 작업은 증가하는 'x좌표' 값에 해당하는 'y좌표' 값을 구하기 위해 [f(x) ①] 추가 블록에 값을 보내는 것입니다. 이후 'y좌표' 결괏값을 무대 화면에 '좌표간격'만큼 확대해서 보여줄 것이므로 [f(x) ①]에 보내는 매개변수는 'x좌표'를 '좌표간격'으로 나눈 값을 보냅니다. 이 추가 블록으로 얻은 결괏값 'f(x)_return'을 [변수 을(를) ① 로 정하기]

17장_적분

블록으로 변수 'y좌표'에 넣습니다. 그리고 x좌표의 값을 'x좌표'로 하고 y좌표의 값은 'y좌표'에 '좌표간격'을 곱한 값을 `x: 120 y: -140 로 이동하기` 블록에 줘서 펜이 이동하게 합니다. 이동 후에 `변수 을(를) 1 만큼 바꾸기` 블록을 이용해 x의 값을 1만큼 증가시켜서 다음 반복을 수행할 때 다음 위치를 계산하도록 준비합니다. `펜 내리기` 블록을 사용하면 펜이 이동하면서 그리기를 하겠지요?

지금까지 만든 그래프 스크립트를 테스트하기 위해 스크립트 블록을 클릭해 보세요. 아래 화면처럼 미분 예제와 같은 모양으로 삼차 함수 그래프가 무대에 그려지면 제대로 따라온 것입니다.

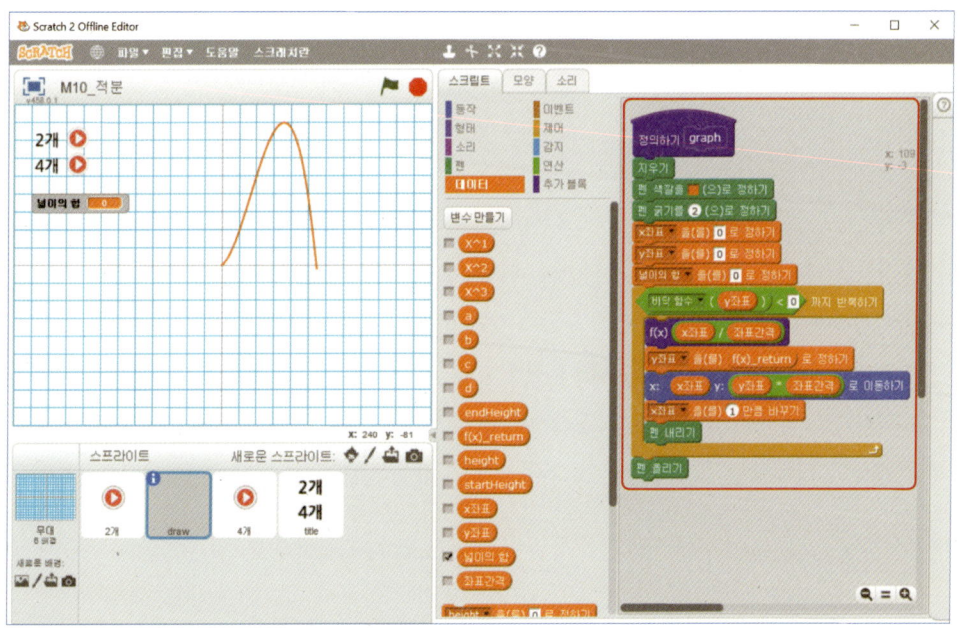

이번에는 두 번째 추가 블록으로 삼차 함수를 계산하는 기능을 추 만들어 보겠습니다. 아래 화면처럼 명령 팔레트의 보라색 추가 블록 영역에서 [블록 만들기]라는 버튼을 눌러 알림창에서 블록의 이름을 'f(x)'라고 정하겠습니다. 이 함수는 x의 숫자 값을 보내면 그에 해당하는 삼차 함수를 계산해 줄 것입니다. 그러므로 선택사항을 클릭하고 [숫자 매개변수 추가하기] 버튼을 눌러 매개변수의 이름을 'x'로 정하고 [확인] 버튼을 누릅니다.

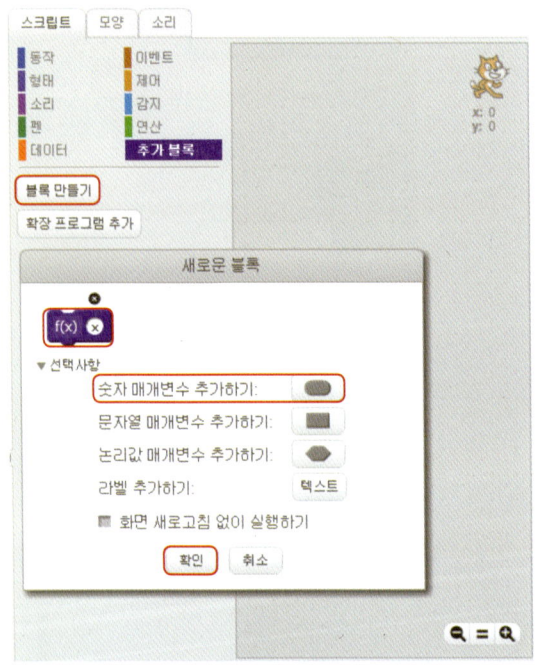

이제 만들어진 'f(x)'라는 이름의 추가 블록에 기능을 구현하겠습니다. 스크래치에서 삼차 함수의 기능을 구현하는 방식은 앞에서 배운 다항 함수 단원에서 자세히 설명했습니다. 삼차 함수 공식인 $y=ax^3+bx^2+cx+d$를 이용해 간략히 정리하겠습니다. 공식에 있는 x를 나타내는 변수 'x^1'의 값은 블록을 이용해 매개변수로 받은 'x'의 값으로 정합니다. x^2를 의미하는 'x^2'는 앞서 값을 저장한 변수 'x^1'의 제곱, 즉 두 번 곱한 값으로 하겠습니다. 세 번째 x^3을 의미하는 'x^3'의 값은 'x^2'에 'x^1'의 값을 곱한 값을 넣어줍니다.

다음으로 $y=ax^3+bx^2+cx+d$ 공식에 맞춰 계산한 함수의 결괏값을 'f(x)_return' 변수에 넣으면 됩니다. 다음 페이지의 그림을 보고 여러분이 만든 블록과 비교해 보세요.

17장 _ 적분

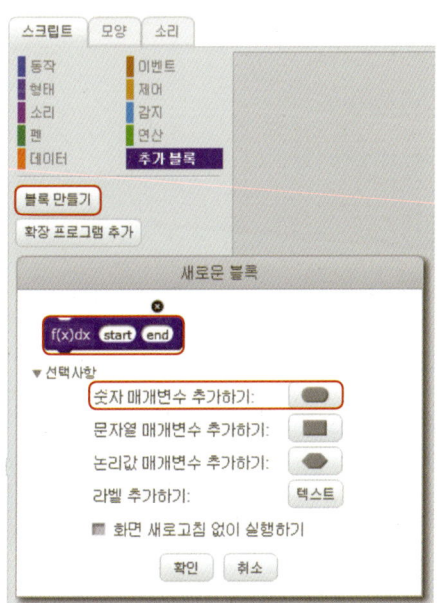

이제 세 개의 추가 블록 중 마지막 블록을 만들겠습니다. 세 번째 블록은 곡선 그래프 안에 채우는 사각형을 그리고 넓이를 계산하는 함수입니다. 이름은 'f(x)dx'라고 정하고, 사각형 밑변의 시작하는 왼쪽 x 좌표와 끝나는 오른쪽 x 좌표를 매개변수로 보내겠습니다.

설명한 내용을 토대로 추가 블록을 만들어 보겠습니다. 아래 화면처럼 추가 블록 영역에서 [블록 만들기] 버튼을 눌러 블록의 이름을 'f(x)dx'라고 정하겠습니다. 사각형 밑변의 시작점과 끝점의 x 좌표를 숫자 값으로 전달할 것이므로 선택사항을 클릭한 후 [숫자 매개변수 추가하기] 버튼을 사용해 'start'와 'end' 매개변수를 만듭니다.

프로그래머가 알려주는 수학

이제 'f(x)dx' 추가 블록의 스크립트를 만들겠습니다. 이 추가 블록의 목적은 함수 곡선 안에 사각형을 그리고 넓이를 계산하는 것이라고 했습니다. 사각형 밑변의 길이는 매개변수의 시작점과 끝점인 'start'와 'end'로 구하면 되겠군요. 그럼 사각형의 높이는 어떻게 구할까요? 사각형의 높이를 구하기 전에 사각형 왼쪽 변인 시작점 'start'에 해당하는 함수 접점 f(start)를 알고 역시 끝점인 'end'에 해당하는 함숫값 f(end)를 구해야겠습니다. 앞에서 특정 지점에 해당하는 함숫값을 구하기 위해 f(x) 추가 블록을 만들었으니 그냥 사용하면 됩니다. 추가 블록, 즉 함수라는 개념이 참 편하죠?

아래 화면처럼 사각형 밑변의 시작점 'start'에 대한 함숫값인 'f(start)'를 구하기 위해 f(x) 에 'start'를 매개변수로 보냅니다. 그리고 추가 블록이 계산한 결괏값이 든 변수인 'f(x)_return'의 값을 [변수 을(를) 0 로 정하기] 블록을 이용해 'startHeight' 변수에 저장합니다. 밑변의 끝점인 'end'에 대한 함수 결과를 구하는 과정도 같습니다. 추가 블록 f(x) 에 'end'를 매개변수로 보냅니다. 그리고 변수 'endHeight'에 [변수 을(를) 0 로 정하기] 블록을 이용해 'f(x)_return' 변수에 들어있는 결괏값을 대입합니다.

앞에서 변수를 정의하면서 살펴본 오른쪽 그림을 보고 결괏값 'startHeigh'와 'endHeight'를 이해해 봅시다. 주황색 함수 곡선 그래프의 안에 그려진 첫 번째 사각형 밑변의 시작점 'start'를 f(x) 추가 블록에 매개변수로 보내면 결괏값이 함수 곡선과 만나는 y 좌표가 됩니다. 그리고 이 값을 'startHeight' 변수에 입력했습니다. 같은 방식으로 우측 변의 끝점 'end'를 f(x) 추가 블록에 매개변수로 보내서 나온 결괏값을 'endHeight'에 입력합니다.

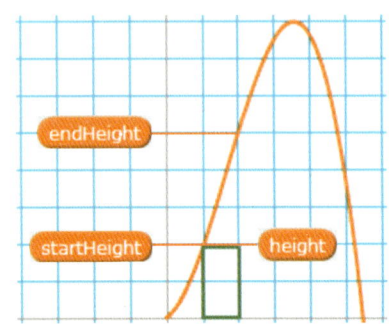

사각형 왼쪽과 오른쪽 변이 함수 곡선과 만나는 y좌표를 'startHeight' 그리고 'endHeight'로 구했으니 이제 사각형의 높이 'height'를 구하겠습니다. 위 그림을 보니 'startHeight', 'endHeight', 'height' 변수 간에 규칙이 있습니다. 변수 `startHeight`의 값이 `endHeight`의 값보다 크면 `height` 변수에 `endHeight`의 값을 넣고 아니면 `startHeight`를 대입하면 되겠군요. 이 기능을 스크립트 블록으로 만들면 아래 화면과 같습니다.

```
정의하기 f(x)dx start end
f(x) start
startHeight ▼ 을(를) f(x)_return 로 정하기
f(x) end
endHeight ▼ 을(를) f(x)_return 로 정하기
만약  startHeight > endHeight  (이)라면
    height ▼ 을(를) endHeight 로 정하기
아니면
    height ▼ 을(를) startHeight 로 정하기
```

지금까지 삼차 함수 곡선 안에 사각형을 채우는 데 필요한 값을 계산했습니다. 이제는 그 값을 가지고 사각형을 그리고 넓이를 계산하는 단계로 넘어가겠습니다. 다음 페이지의 스크립트를 보고 한 단계씩 따라 하세요.

사각형을 그리기 위해서는 먼저 출발점인 왼쪽 변의 아래 x 좌표 값으로 이동해야 합니다. 무대에서 x 좌표의 값은 무엇일까요? 그렇습니다. 실제 출발점인 'start'의 값에 '좌표간격'을 곱해준 값일 것입니다. 이 계산 값을 `x: 120 y: -140 로 이동하기` 블록의 x 값으로 넣고 y에는 0을 넣어 x축에 위치하게 합니다. 그리고 `180▼ 도 방향 보기` 블록의 값을 0으로 해서 펜이 위를 보도록 방향을 정합니다. 펜의 색깔은 `색깔을 (으)로 정하기` 블록을 이용해 녹색으로 바꿉니다. 이제 그릴 준비가 됐으니 `펜 내리기` 블록을 사용해 그리기를 준비합니다. 이제 `1 초 동안 x: 18 y: -10 으로 움직이기` 블록을 이용해 사각형의 왼쪽 변을 그리겠습니다. x 좌표는 현 위치와 같을 것이고 y 좌표는 사각형의 높이를 의미하는 'height'에 무대 격자에 표시하기 위해 '좌표간격'을 곱한 값이 됩니다. 다음 페이지의 화면의 코드를 확인해 보세요.

프로그래머가 알려주는 수학

사각형의 왼쪽 변을 그렸으니 이어서 윗변을 그리겠습니다. `180 도 방향 보기` 블록의 값을 90도로 지정해 펜의 방향을 오른쪽으로 바꾸겠습니다. 이번에는 y 좌표는 그대로 'height'에 '좌표간격'을 곱한 값이고 x 좌표의 값이 'end' 변숫값에 '좌표간격'을 곱한 값이 되겠네요. `x: 0 y: 0 로 이동하기` 블록에 x, y 값을 넣으면 펜이 윗변도 그립니다. 연속해서 사각형 오른쪽 변을 그리기 위해 `180 도 방향 보기` 블록에 90도를 지정해 펜이 아래로 향하게 합니다. 그리고 `x: 0 y: 0 로 이동하기` 블록을 이용해 x에는 'end' 변숫값에 '좌표간격'을 곱한 같은 값을 넣고 y는 0으로 지정해 선을 그리게 합니다. 나머지 사각형의 밑변도 같은 방법으로 90도 방향을 돌려서 y는 현재 위치인 0으로 정하고 x는 'start'에 '좌표간격'을 곱한 지점으로 위치를 설정합니다. 그러면 펜이 선을 그려 사각형이 완성됩니다.

```
x: (start * 좌표간격) y: 0 로 이동하기
0 도 방향 보기
펜 색깔을 (으)로 정하기
펜 내리기
1 초 동안 x: (start * 좌표간격) y: (height * 좌표간격) 으로 움직이기
90 도 방향 보기
x: (end * 좌표간격) y: (height * 좌표간격) 로 이동하기
90 도 방향 보기
x: (end * 좌표간격) y: 0 로 이동하기
90 도 방향 보기
x: (start * 좌표간격) y: 0 로 이동하기
```

이제 사각형의 넓이를 계산하겠습니다. 사각형의 넓이는 밑변의 길이에 높이를 곱한 값입니다. 높이는 'height'라는 변수의 값이고 밑변의 길이는 'end' 변숫값에서 'strart'의 값을 뺀 값입니다.

사각형의 넓이 = ('end' - 'start') * 'height'

그러면 여러 사각형의 '넓이의 합'은 어떻게 구할까요? 앞에서 계산한 '넓이의 합'에 지금 계산한 사각형의 넓이의 합을 더하면 되겠네요. 이를 수식으로 표현해 보겠습니다.

'넓이의 합' = '넓이의 합' + (('end' - 'start') * 'height')

이 수식을 스크래치 블록으로 만들면 아래와 같습니다.

`넓이의 합 ▾ 을(를) 넓이의 합 + end - start * height 로 정하기`

이렇게 만든 블록을 이전에 만든 사각형을 그리는 스크립트 블록 아래에 붙이세요. 지금까지 사격형을 그리는 작업과 넓이 계산을 마쳤으니 `펜 올리기` 블록을 사용해 다음 그림을 그릴 때까지 펜이 대기하게 합니다.

```
x: start * 좌표간격 y: 0 로 이동하기
0▾ 도 방향 보기
펜 색깔을 ■ (으)로 정하기
펜 내리기
1 초 동안 x: start * 좌표간격 y: height * 좌표간격 으로 움직이기
90▾ 도 방향 보기
x: end * 좌표간격 y: height * 좌표간격 로 이동하기
90▾ 도 방향 보기
x: end * 좌표간격 y: 0 로 이동하기
90▾ 도 방향 보기
x: start * 좌표간격 y: 0 로 이동하기
넓이의 합 ▾ 을(를) 넓이의 합 + end - start * height 로 정하기
펜 올리기
```

지금까지 세 개의 추가 블록을 만들면서 적분 그래프를 그리는 기능을 완성했습니다. 이제 남은 것은 '2개'와 '4개' ▶ 시작 버튼이 실행되어 이벤트가 발생할 때 이를 받아서 필요한 행동을 실행하는 것입니다. 먼저 '2개' ▶ 시작 버튼이 눌려 '2개'라는 메시지가 발생했을 때 이벤트 처리 스크립트를 보겠습니다. 이벤트의 `메시지1 ▾ 을(를) 받았을 때` 블록이 메시지를 받아주는 역할을 합니다. 메시지 이름을 '2개'로 지정해 주세요. 그리고 먼저 'graph' 추가 블록을 실행해 삼차함수 곡선 그래프를 그립니다. 그래프를 그린 후 함수 곡선 안에 2개의 사각형을 그릴 것입니다. 첫 번째 사각형의 시작과 끝 좌표는 1과 3입니다. 그러므로 'f(x)dx' 추가 블록에 1과 3을 매개변수로 보냅니다. 그 다음 다음 페이지의 그림처럼 두 번째 사각형을 그리기 위해 'f(x)dx' 추가 블록에 3과 5를 'start'와 'end' 매개변수로 보냅니다.

프로그래머가 알려주는 수학

이제 무대의 🏁 버튼을 눌러 프로그램을 실행하고 '2개' ▶ 시작 버튼을 클릭하세요. 아래 화면처럼 멋진 삼차 함수 곡선과 그 안에 2개의 사각형이 채워지면서 넓이의 합이 10.8로 계산됩니다.

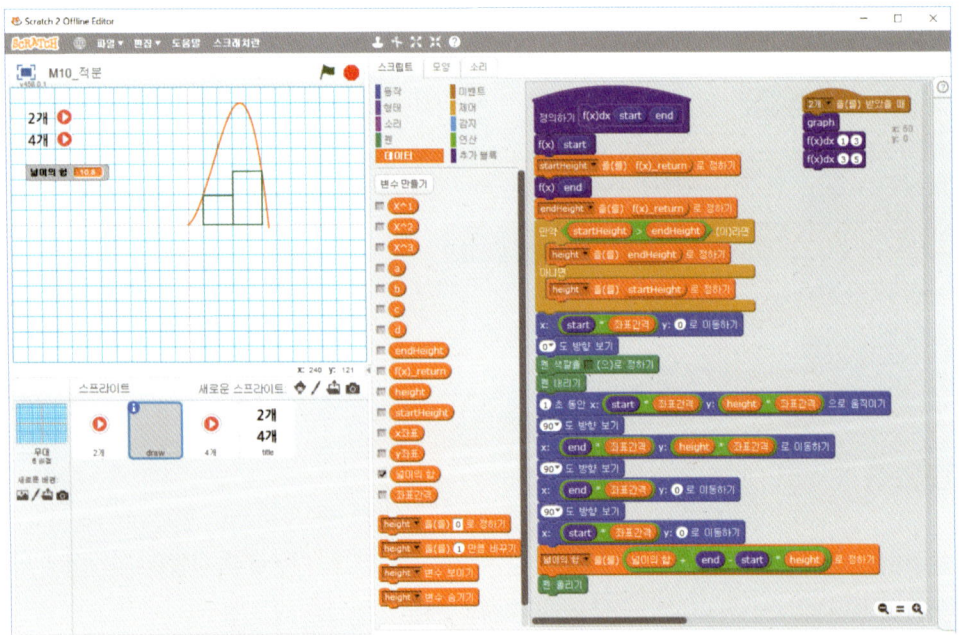

나머지 '4개' ▶ 시작 버튼이 눌렸을 때 대응하는 스크립트도 만들겠습니다. '4개'라는 이름의 메시지를 받기 위해 이벤트 블록을 가져다가 메시지 이름을 '4개'로 지정합니다. 이번에도 먼저 'graph' 추가 블록을 실행해 같은 형태의 삼차 함수 곡선 그래프를 그립니다. 이번에는 함수 곡선 안에 4개의 사각형을 그릴 것입니다. 각 사각형 밑변의 길이는 1이고 x좌표 1에서 시작해 5까지 네 개의 사각형을 그릴 것입니다. 첫 번째 사각형의 시작과 끝 좌표는 1과 2입니다. 그러려면 다음 페이지의 화면처럼 'f(x)dx' 추가 블록을 네 개 만들고 각 블록에 차례로 1과 2, 2와 3, 3과 4, 4와 5를 매개변수로 보냅니다.

17장 _ 적분

이제 '4개' ▶ 버튼을 클릭해서 아래 화면처럼 함수의 그래프가 그려지고 그 안에 사각형 네 개가 채워지는 것을 확인하세요. 그래프 안에 들어가는 사각형을 잘게 쪼개서 4개로 늘렸더니 넓이의 합이 17.9로 늘어났습니다. 좀 더 잘게 쪼갤수록 빈 곳이 줄어들고 곡면 도형이라도 좀 더 정확한 넓이를 계산할 수 있겠군요. 적분의 힘으로 말입니다.

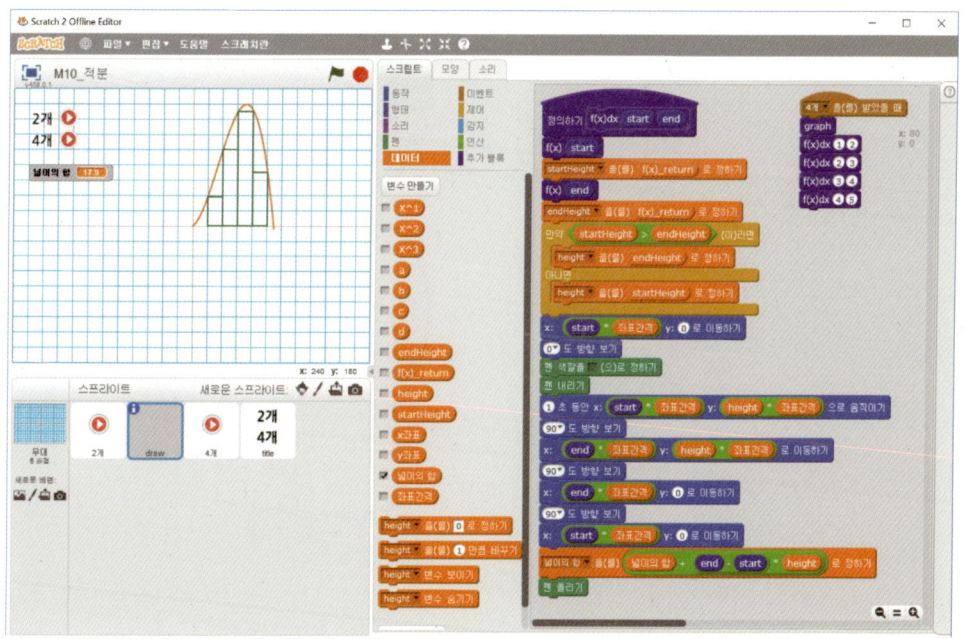

프로그래머가 알려주는 수학

수학 농담

물리학자와 수학자가 무인도에 갔을 때 해변에서 음식이 든 통조림을 발견했습니다.

물리학자는 갖은 방법을 동원해서 통조림을 열고자 노력했습니다.

그때 갑자기 수학자가 기발한 생각을 해냈습니다.

" 우리에게 통조림 따개가 있다고 가정하고…. "

찾아보기

A - O

AND 연산자	36
atan	138
If	46
NOT 연산자	37
OR 연산자	36

ㄱ

감지 명령	68
객체지향	101
구적법	295
그래프	122
극한	273

ㄴ

난수	67
논리 연산자	35
뉴턴	272

ㄷ

다항 함수	163
단리법	181
대입	30
데카르트	122

도함수	273
동작 명령	64

ㄹ

라디안	221
라이프니츠	272
로그 함수	181
리만	295

ㅁ

매개변수	82
메뉴 바	18
메시지	97
무대	18
무한 반복 블록	60
미분	272
미분계수	273
밑	183

ㅂ

반복문	58
반올림	139
방향	202
베버	184

벡터	202
변수	23
복리법	181
블록 팔레트	19

ㅅ

사인	221
산술 연산자	31
삼각함수	220
삼차 함수	168
수렴	273
순간변화율	272
스칼라	202
스크립트 영역	20
스프라이트	19
슬라이더	132

ㅇ

아르키메데스	166, 295
아메스 파피루스	220
알마게스트	220
연산 블록	31
오프라인 에디터	14
원점	123
원주율	221
육십분법	220
이벤트	86
이벤트 블록	133
이차 함수	142
인테그랄	297
일차함수	123

ㅈ

저장소	87
적분	295
제곱근	215
제곱 차수	123
제어 블록	51, 56
제트기류	203
조건문	42
조건 블록	42
조건 연산자	33
조지 불	35
좌표	122
지수 함수	181
진수	183

ㅊ

초기화	29
추가 블록	75

ㅋ

코사인	239
크기	202
크리애플 홈페이지	20
클래스	101

ㅌ

탄젠트	256
탈레스	271

ㅍ

펜 블록	138
평균변화율	273
포물선	145
푸리에	220
프로젝트	14
프톨레마이오스	220
피타고라스 정리	215

ㅎ

함수	74, 123
호도법	221
히파르코스	220, 242